Dirk Falkner
Strafttheorie von Leo Tolstoi

Juristische Zeitgeschichte
Abteilung 6, Band 57

Juristische Zeitgeschichte
Hrsg. von Prof. Dr. Dr. Dr. h.c. Thomas Vormbaum
(FernUniversität in Hagen, Institut für Juristische Zeitgeschichte)

Abteilung 6:
Recht in der Kunst – Kunst im Recht
Mithrsg.
Prof. Dr. Gunter Reiß
(Universität Münster)
Prof. Dr. Anja Schiemann
(Deutsche Hochschule der Polizei, Münster-Hiltrup)

Band 57

Redaktion: Christoph Hagemann

De Gruyter

Dirk Falkner

Straftheorie von Leo Tolstoi

De Gruyter

Die Arbeit wurde von der Rechtswissenschaftlichen Fakultät der FernUniversität in Hagen als Dissertation angenommen.

ISBN 978-3-11-072671-8
e-ISBN (PDF) 978-3-11-072620-6
e-ISBN (EPUB) 978-3-11-072624-4

Library of Congress Control Number: 2021938558

Bibliografische Information der Deutschen Nationalbibliothek

Die Deutsche Nationalbibliothek verzeichnet diese Publikation in der Deutschen Nationalbibliografie; detaillierte bibliografische Daten sind im Internet über http://dnb.dnb.de abrufbar.

Druck und Bindung: CPI books GmbH, Leck

MIX
Papier aus verantwortungsvollen Quellen
FSC www.fsc.org FSC® C083411

Abbildungen auf dem Schutzumschlag: Nikolai Ge: „Portrait of Leo Tolstoy"

www.degruyter.com

Danksagung

An dieser Stelle sei allen gedankt, die mich bei der Entstehung dieser Arbeit unterstützt haben.

Mein Dank gilt zuvörderst meinem hochkompetenten und freundlichen Doktorvater Herrn Prof. Dr. Stephan Stübinger, der meinen Wunsch zu promovieren mit Freude aufnahm, mir stets mit Rat und Tat zur Seite stand und die Arbeit durch wertvolle Anregungen und Hinweise förderte.

Den Kolleginnen und Kollegen am Lehrstuhl für Strafrecht, Strafrechtsgeschichte und Rechtsphilosophie an der FernUniversität in Hagen danke ich für die Schaffung von Freiräumen in intensiven Phasen meiner Arbeit an der Dissertation.

Mein besonderer Dank gilt Herrn Prof. Dr. Christoph Becker für seine mannigfache Unterstützung in der späteren Phase des Promotionsvorgangs.

Bedanken möchte ich mich auch bei den deutschen und internationalen Wissenschaftlern, die mir auf der Suche nach der einschlägigen Fachliteratur hilfsbereit zur Seite standen – Kandidat der Wiss. Frau Galina Alexejewa und Frau Nina Chliustowa (Jasnaja Poljana), Herrn Dr. Christian Bartolf (Berlin), Frau Dr. Edith Hanke (München), Herrn Prof. Dr. Konstantin Krakowskij (Moskau), Frau Prof. Dr. Donna Orwin (Toronto), Kandidat der Wiss. Herrn Sergei Schewzow (Odessa) und Herrn Prof. Dr. Jörg Schulte (Köln).

Weiteren Dank schulde ich meinen ehemaligen Lehrern an der Ludwig-Maximilians-Universität in München – dem kürzlich verstorbenen Herrn Prof. Dr. Peter Landau, der mich für die Rechtsphilosophie bereits im ersten Semester für immer begeisterte, und Herrn Prof. Dr. Thomas Duve, von dem ich die Anregung erhielt, mich auf diese Disziplin zu spezialisieren.

Diese Arbeit möchte ich meinen Eltern widmen. Ihre Liebe hat in mir den Optimismus und die Zuversicht wachsen lassen, die mich bei allem, was ich tue, auf meinem Weg begleiten.

Augsburg, 3. Januar 2021 *Dirk Falkner*

https://doi.org/10.1515/9783110726206-202

Inhaltsverzeichnis

Danksagung V

Abkürzungsverzeichnis XI

Vorwort 1

A) Einleitung 3

I. Der Forschungsstand im historischen Überblick 3

1. Vor 1917 3
2. Nach 1917 4

II. Methode der Arbeit 9

III. Inhaltsübersicht 13

IV. Russisches Strafrecht zur Zeit Tolstois 14

B) Quellen und Einflüsse 19

I. Westliche Denker 19

1. Arthur Schopenhauer 19
2. Immanuel Kant 20
3. Jean-Jacques Rousseau 22
4. Étienne de La Boétie 23

II. Fjodor Dostojewski 24

III. Religiöse Lehren 26

1. Christentum 27
   a) Heterodoxe Denker und Glaubensgemeinden 27
   b) Christlicher Abolitionismus 31
2. Nichtchristliche Religionen 36
   a) Einleitung 36
   b) Die Lehren Chinas 36
   c) Hinduismus 40
   d) Buddhismus 42

e) Islam ... 44
f) Bahaismus ... 45
IV. Tolstois Erfahrung mit Strafrecht ... 47
V. Rezeption und Umformung der fremden Einflüsse ... 51

C) Tolstois Kritik am Strafrecht ... 53
I. Einleitung ... 53
II. Strafrecht und Christentum ... 53
III. Strafrecht und Staat ... 58
IV. Strafrecht und Eigentum ... 63
V. Strafrecht und Menschenwürde ... 66
VI. Strafrecht und Gerechtigkeit ... 77
VII. Strafrecht und gesunder Menschenverstand ... 83

D) Exkurs: Tolstoi und die strafrechtlichen Sonderfragen ... 85
I. Todesstrafe ... 85
II. Art der Strafgesetzesanwendung ... 88

E) Kritik an den Justizangehörigen ... 91
I. Einleitung ... 91
II. Scharfrichter ... 91
III. Gefängnispersonal ... 93
IV. Gerichte ... 97
1. Richter und Geschworene ... 97
2. Staatsanwälte ... 102
3. Anwälte ... 105
V. Hohe Justizbeamte ... 110

F) Kritik an den Strafrechtswissenschaftlern und an ihren Lehren ... 115
I. Einleitung ... 115
II. Wiedervergeltungstheorie ... 115
III. Generalprävention ... 122
IV. Spezialprävention ... 126
V. Kriminalanthropologie ... 130

G) Fehlinterpretationen der Straflehre Tolstois 135
I. Tolstoi als Kritiker der russischen Strafjustiz 135
II. Tolstoi als liberaler Rechtsphilosoph 137
III. Tolstoi als Sozialist 142
IV. Tolstoi als Anarchist 147

H) Tolstois Konzept der Nächstenliebe 153

I) Nichtwiderstand gegen das Böse 161
I. Definition des Begriffs „Nichtwiderstand gegen das Böse“ 161
II. Das Bild des Verbrechers in der Rechtsphilosophie von Tolstoi 165
III. Praktische Anwendung des Konzepts des Nichtwiderstands 168
1. Außerhalb des Gesellschaftslebens 168
2. Ziviler Ungehorsam 175
IV. „Nichtwiderstand gegen das Böse“ und gewaltsamer Widerstand 183

J) Nachwirkung der Straflehre Tolstois im 20. Jahrhundert 191
I. Vor 1917 191
II. Ab 1917 200

Epilog 213

ANHANG

Literaturverzeichnis 219
I. Verwendete Abkürzungen 219
II. Bibliographie der verwendeten Schriften Tolstois und ihrer deutschen Übersetzungen 219
III. Bibliographie der verwendeten sonstigen Literatur 234

Zitierte Rechtsnormen 262
I. Aus „Swod sakonow Rossijskoi imperii“ 262
II. Sonstige Rechtsnormen 264

Abkürzungsverzeichnis

Anm.	Anmerkung
Bd.	Band
bzw.	beziehungsweise
ca.	ca.
f., ff.	folgende
Hrsg.	Herausgabe
Jh.	Jahrhundert
Kap.	Kapitel
n. Chr.	nach Christus
S.	Seite
u.a.	unter anderem, und anderes, und andere
usw.	und so weiter
v. Chr.	vor Christus
vgl.	vergleiche
Wiss.	Wissenschaft
z.B.	zum Beispiel

https://doi.org/10.1515/9783110726206-204

„Kunst und Leben sind nicht eins, aber sie müssen in mir einheitlich werden, in der Einheit meiner Verantwortung."

Michail Bachtin[1]

„Wie seltsam, dass ich vor den Menschen meiner Umgebung schweigen muss und nur mit jenen zeitlich und räumlich weit Entfernten sprechen darf, die mich einst hören werden."

Leo Tolstoi[2]

Vorwort

Die Straflehre von Leo Tolstoi (1828–1910) ist der umstrittenste und auch der am meisten missverstandene Teil seines philosophischen Erbes. Sie wurde auf das (fehlinterpretierte) Gewaltlosigkeitsgebot reduziert, als Verurteilung des zaristischen Strafsystems angesehen, als Aufruf zur kommunistischen Revolution gepriesen und geschmäht, als „anarchistisch" eingestuft – oder einfach als naive Fantasie abgetan.

Die vorliegende Arbeit hat die Aufgabe, die gängigen Verzerrungen und Missverständnisse auszuräumen, die Straftheorie des großen Schriftstellers und Denkers in ihrem zeitgeschichtlichen Kontext umfassend zu beleuchten, all ihre Elemente darzustellen und aufzuzeigen, dass sie (trotz aller Schwächen und Unzulänglichkeiten) gar nicht so weltfremd und utopisch war. Zugleich versteht sie sich als Beitrag zur Erforschung der Rechtsphilosophie des späteren 19. und frühen 20. Jahrhunderts. Zu den einzelnen Aspekten der Straflehre Tolstois wird allerdings nur Stellung genommen, wenn es für die umfassende Darstellung erforderlich ist.

Texte und Zitate Tolstois werden in Anlehnung an den monographischen Sammelband „Tolstoj als theologischer Denker und Kirchenkritiker" (2014) nach der sowjetischen Gesamtausgabe in 90 Bänden (1928–1958) unter Angabe der Bandnummer und Seitenzahl in deutscher Übersetzung zitiert.

Die Bibliographie der verwendeten deutschen Übersetzungen wird im Literaturverzeichnis separat aufgeführt. In wenigen näher bezeichneten Fällen wird auf mehrere Übersetzungen zugleich zurückgegriffen oder fehlende Stellen werden selbstständig ins Deutsche übertragen. Sonstige Übersetzungen der russischen Zitate werden ebenfalls vom Verfasser der Arbeit vorgenommen.

1 *Bachtin*, Kunst a.a.O., S. 94.

2 *Tolstoi*, Tagebucheintragung vom 26. Oktober 1907 a.a.O., Bd. 56 S. 76.

https://doi.org/10.1515/9783110726206-001

Die wörtlichen Zitate werden aus Gründen der Vereinheitlichung durchweg in neuer Rechtschreibung wiedergegeben. Die gelegentlichen französischen Einsprengsel werden in Fußnoten übersetzt.

Die zitierten Rechtsnormen werden am Ende der Arbeit in einem besonderen Verzeichnis aufgelistet.

Die meisten (auch modernen) Tolstoi–Übertragungen verwenden die Bibelübersetzungen aus der Zeit um 1900. Deshalb wird der Einheit halber auch im Übrigen auf die Lutherbibel von 1913 zurückgegriffen.

Die russischen Namen werden aus Gründen der Einfachheit in der gängigen Schreibweise wiedergegeben; so werden etwa der Schriftsteller selbst „Leo Tolstoi" statt „Lev Tolstoj" und sein enger Freund und Biograph „Pawel Birjukow" statt „Paul Birukoff"[3] genannt. Die Hervorhebungen stammen, soweit nicht anders angegeben, vom Verfasser der Arbeit.

3 Vgl. den Titel eines 1925 erschienenen Buchs *Paul Birukoff* „Tolstoi und der Orient".

A) Einleitung

I. Der Forschungsstand im historischen Überblick

„Tolstoi ist wohl berühmt, aber noch wenig bekannt.“

Nikolai Michailowskij[1]

1. Vor 1917

Leo Tolstoi wurde bereits zu Lebzeiten in Russland wie auch im Ausland als genialer Schriftsteller anerkannt und gewürdigt, und heute, mehr als ein Jahrhundert nach seinem Ableben, ist sein Ruhm nicht verblasst, sondern strahlt noch viel heller. Aber obwohl Tolstois Bücher mittlerweile in mehr als 100 Sprachen übersetzt worden sind,[2] obwohl allein „Krieg und Frieden“ inzwischen weltweit achtmal verfilmt wurde,[3] obwohl unzählige Intellektuelle, darunter Klassiker der Weltliteratur wie Thomas Mann (in seinem Vortrag über „Goethe und Tolstoi“) und Romain Rolland (in seinem Buch „La vie de Tolstoï“[4]), sich mit Tolstois Leben und Werk befassten, gibt es einen bedeutenden Teil seines geistigen Erbes, der von der Nachwelt noch immer nicht umfassend beleuchtet, sondern lediglich fragmentarisch aufgegriffen und dabei in der Regel missverstanden oder grob verzerrt wird – nämlich seine Straflehre. Diese Feststellung trifft auf die westliche Tolstoi-Rezeption genauso zu wie auf die russische.

Zunächst wurde Tolstois verstärkte Beschäftigung mit philosophischen und spirituellen Fragen ab 1880 nicht nur von russischen Lesern und Kritikern,[5] sondern sogar von einem Teil seiner nahen Umgebung mit irritierter Verwunderung wahrgenommen;[6] zum Beispiel flehte Tolstois langjähriger Bekannter, der realistische Schriftsteller Iwan Turgenew (1818–1883), zwei Monate vor dem Tod seinen Kollegen in einem Privatbrief geradezu an: „Kehren Sie zur

---

1 *Michailowskij*, zitiert nach *Walter*, Tolstoi, S. 1.
Nikolai Michailowski(j) (1842–1904) war ein bekannter russischer Literaturkritiker und Philosoph; siehe *Dieckmann*, Polemik, S. 90 ff.

2 Vgl. *Tarasoff*, Legacy, (S. 1).

3 Vgl. *Kostomarowa*, Woina, (S.1).

4 „Das Leben Tolstois“.

5 Vgl. *Dieckmann*, Polemik, S. 126 ff.

6 Vgl. *Keller / Sharandak*, Tolstoj, S. 75.

https://doi.org/10.1515/9783110726206-002

Literatur zurück! Dies ist Ihre eigentliche Gabe. Großer Dichter unseres russischen Landes, hören Sie meine Bitte!“[7]

Auch Jahre später, als Tolstois soziales und philosophisches Gedankengut in Russland nach und nach bekannt wurde und in allen Bevölkerungsschichten zahlreiche Anhänger fand, blieb eine umfassende Beschäftigung mit dem tolstoianischen Strafkonzept aus, obwohl die russische Rechtsphilosophie zwischen der Jahrhundertwende und der Oktoberrevolution von 1917 ihre Blütezeit erlebte.[8] Diskutiert wurden lediglich seine besonders auffälligen Aspekte, wie die Gewaltlosigkeitslehre[9] und die negative Einstellung zum (Straf-)Gericht.[10]

Aber auch im westlichen Ausland wurde die Straflehre Tolstois allenfalls bruchstückhaft behandelt, obwohl sein soziales und philosophisches Gedankengut in Westuropa und Nordamerika um 1900 genauso populär war wie sein literarisches Werk.[11] Für heftige Diskussionen sorgte lediglich eine aus dem strafrechtlichen Zusammenhang gerissene Gewaltlosigkeitslehre von Tolstoi, wobei dieser Diskurs nicht allein theoretischer Natur war. So scheiterte 1903 die Tolstoianer-Kommune im niederländischen Blaricum zum Teil an der erbitterten Kontroverse, ob die Siedler sich gegen die feindlichen Bauern aus den Nachbardörfern bewaffnen oder das Gebot des Nichtwiderstrebens gegen das Böse mit Gewalt strikt befolgen sollten.[12]

Auch das Erscheinen des Justizromans „Auferstehung“ führte nicht zur tiefgreifenden Beschäftigung mit der Straflehre Tolstois, obwohl das Buch selbst weltweit mit Begeisterung aufgenommen und allein 1899–1914 in 24 Sprachen übertragen wurde,[13] wobei allein in Deutschland im Jahr 1899 drei Übersetzungen erschienen.[14]

2. Nach 1917

Die bolschewistische Oktoberrevolution von 1917 bildete einen Meilenstein in der Weltgeschichte – und auch in der Geschichte der Tolstoi-Forschung. In

7 *Turgenew*, zitiert nach *Zweig*, Tolstoi a.a.O., S. 161.

8 Vgl. *Schlüchter*, Recht, S. 12 ff.

9 Siehe *Gelfond*, Kritika, S. 10 f.

10 Vgl. *Maklakow*, RM 1914, 35–72; *Gussew A.*, Ossnownye, S. 197–233.

11 Vgl. *Edgerton*, *CSP* 1989, 291.

12 Vgl. *Hanke*, Prophet, S. 144; *Nettlau*, Anarchisten, S. 364.

13 Vgl. *Grigorjew*, „Woskressenije“ a.a.O., S. 552.

14 Vgl. *Gornaja*, Zarubeshnyje a.a.O., S. 164.

Sowjetrussland bzw. der Sowjetunion selbst wurde der freien Tolstoi-Rezeption jäh ein Riegel vorgeschoben. Von nun an galt als einzige ideologisch korrekte Klassikerdarstellung das von Wladimir Lenin gezeichnete Bild.

In seinem Essay „Lev Tolstoj als Spiegel der russischen Revolution" (1908) lobte der russische Revolutionsführer Tolstoi als „genialen[n] Künstler, der nicht nur unvergleichliche Bilder aus dem russischen Leben, sondern auch erstklassige Werke der Weltliteratur geliefert [hatte]",[15] indem er „einen wunderbar starken, unmittelbaren und aufrichtigen Protest gegen gesellschaftliche Verlogenheit und Falschheit"[16] erhebe, verurteilte ihn aber zugleich als „Grundbesitzer, der sich als Narr in Christo gefällt"[17] und „eine verzückt-wahnsinnige Predigt des „Verzichts auf" gewaltsamen „Widerstand gegen das Böse"[18] von sich gebe, wobei die Tolstoianer-Bewegung „ausgerechnet die[se] schwächste Seite seiner Lehre zum Dogma erheben"[19] wolle. Diesem Urteil folgend, feierte die offizielle sowjetische Literaturwissenschaft Tolstoi als großen Schriftsteller und geißelte zugleich seine „reaktionäre Weltanschauung",[20] während die Sowjetbehörden die Tolstoianer brutal unterdrückten.[21]

Ab der Mitte der dreißiger Jahre ließ die Schmähkritik an Tolstoi allerdings stark nach – zum einen, weil es dem Sowjetregime inzwischen politisch inopportun erschien, die russischen Literaturklassiker zu hart anzugreifen,[22] und zum anderen durch die aktive Tätigkeit mehrerer einstiger Vertrauter von Tolstoi, die sich mit dem Kommunismus arrangierten, sei es aus eigennützigen Motiven, sei es (wie Tolstois enger Freund Wassilij Maklakow (1869–1957) schon 1921 vermutete),[23] weil sie Tolstois kongeniale Rechtslehre als einfachen Aufruf zur sozialen Revolution missverstanden. Diese Menschen, zu denen auch Tolstois ehemaligen Sekretäre Wladimir Tschertkow (1854–1936) und Nikolai Gussew (1882–1967) gehörten, interpretierten das geistige Erbe ihres verstorbenen Mentors und Freundes im Sinne der kommunistischen Weltanschauung.

---

15 *Lenin*, Tolstoj a.a.O., S. 183.

16 Ebd.

17 Ebd.

18 *Lenin*, Tolstoj a.a.O., S. 184.

19 *Lenin*, Tolstoj a.a.O., S. 185.

20 Vgl. *Lurje*, Posle, S. 97; *Jatschewki*, Obschtschestwenno-polititscheskie, S. 14 f.

21 Vgl. *Lurje*, Posle S. 91 ff.

22 Vgl. *Blum*, Klassika.

23 Vgl. *Maklakow*, bolschwewism, S. 38 ff.

Deshalb wurde die Straflehre Tolstois in den späteren Jahrzehnten der Sowjetunion von der offiziellen Kritik nicht mehr aggressiv gegeißelt, sondern milde belächelt,[24] ideologisch verzerrt,[25] auf den Konflikt mit der zaristischen Justiz reduziert[26] oder gar offen geleugnet – so behauptete Nikolai Gussew, der aufgrund seiner Nähe zum Schriftsteller als Koryphäe der sowjetischen Tolstoi-Forschung galt, wider besseres Wissen, dass Tolstoi an den Rechtsfragen kein Interesse gezeigt habe.[27] Auch die zunehmende Demokratisierung des Sowjetsystems (1985–1991), gefolgt vom Untergang der Sowjetunion (Dezember 1991) führte zu keiner Wende in der Tolstoi-Wahrnehmung, vielmehr wurden wesentliche Teile seines Erbes noch mehr vernachlässigt, weil Tolstois zahlreichen kirchenkritischen, politischen und philosophischen Schriften, darunter die wichtige Abhandlung „Mein Glaube" (1884),[28] in Russland seit der Perestroika nicht mehr neu herausgegeben wurden.[29] Und so beklagte die führende Tolstoi-Forscherin Galina Alexejewa:

> „Man muss feststellen, dass in wirklich hohen Auflagen nur ganze sieben Bücher erscheinen, die freilich Bestsellercharakter haben: 'Krieg und Frieden', 'Anna Karenina', 'Auferstehung', die Trilogie 'Kindheit, Knabenjahre, Jugendzeit', 'Hadschi Murat' – und das war's im Großen und Ganzen."[30]

Eine von Wladimir Tschertkow in die Wege geleitete[31] nahezu vollständige Gesamtausgabe von Tolstoi in 90 Bänden (1928–1958) erschien hingegen in einer so kleinen Auflage, dass sie dem breiten Lesepublikum nur in größeren Bibliotheken zugänglich war.[32]

Frei von ideologischen Zwängen blieben Tausende, zum Teil führende, russische Intellektuelle, die sich nach der bolschewistischen Machtübernahme von 1917 ins Ausland abgesetzt hatten. Sie waren aber stark von den blutigen Wirren der Revolution und des Bürgerkriegs (1917/1918–1922) schockiert

24 Vgl. *Alelexejew*, Iskanije, S. 57, 78, 79; *Smoljartschuk*, SGP 1978, 96.

25 Vgl. *Jantschewki*, Obschtschestwenno-polititscheskie., S. 2 ff.

26 Vgl. *Riwlin*, IWUSP 1961, 164–170.

27 Vgl. *Gussew N.*, Tolstoi, S. 230.

28 Mehrere Werke Tolstois erschienen erst viele Jahre nach der (weitgehenden) Vollendung, weshalb ihre Datierung in bibliographischen Verzeichnissen nicht einheitlich ist. Die hier gewählte Variante folgt dem Projekt des Staatlichen Leo-Tolstoi-Museums in Moskau „Der ganze Tolstoi auf einen Klick", das die 90 Bände der gesammelten Werke des russischen Schriftstellers digitalisierte und mit Kommentaren versah (http://tolstoy.ru/creativity/).

29 Vgl. *Archangelskij*, Tolstoi.

30 Ebd., im Artikel fälschlicherweise „Alexejewna" genannt.

31 Siehe *George / Herlth / Münch / Schmid*, Einleitung a.a.O., S. 29.

32 Vgl. *Lurje*, Posle, S. 97.

oder traumatisiert, und deshalb meist außerstande, sich mit der Rechtsphilosophie Tolstois sachlich auseinanderzusetzen.

Eine der wenigen Ausnahmen war der im Berliner „Internationalen Anwalt-Verein" anlässlich des 100. Geburtstags von Leo Tolstoi 1928 gehaltene Vortrag des Rechtswissenschaftlers Alexis Goldenweiser (1890–1979) „Tolstois Kampf gegen das Recht",[33] der jedoch (angesichts der umfangreichen Thematik) eher knapp und gedrängt ausfiel. Bemerkenswert war auch die 1932 veröffentlichte, von Gustav Radbruch angeregte und unterstützte[34] Dissertationsarbeit von Boris Sapir (1902–1989) „Dostojewsky und Tolstoi über Probleme des Rechts". Aber auch dieses Werk übertrieb (in Anknüpfung an die jahrzehntelange Tradition)[35] den Gegensatz zwischen diesen Autoren,[36] beschrieb Tolstoi als Rechtsnihilisten („ein Anhänger Tolstois muss das Recht als solches in allen seinen Formen verwerfen")[37] und vertiefte sich in kenntnisreiche, aber sachfremde Ausführungen über das sowjetische Strafrecht.[38]

Dafür stilisierten zahlreiche emigrierte Intellektuelle – darunter auch solche, die vor 1917 als eher liberal galten – Leo Tolstoi zum gewalttätigen Umstürzler, zum Mitverantwortlichen für die bolschewistische Revolution oder gar zu deren Urheber.[39] Schon 1918 brandmarkte der Philosoph Nikolai Berdjajew (1874–1948) Tolstoi als „bösen Geist der russischen Revolution",[40] drei Jahre später warf ihm der Dichter Dmitri Mereschkowski (1865–1941) vor, „Bolschewismus, [den] Selbstmord Europas",[41] in die Wege geleitet zu haben und das Pamphlet „Über den gewaltsamen Widerstand gegen das Böse" (1925) des Denkers Iwan Iljin (1882–1954), der sich einige Jahre später – in den Essays „Nationalsozialismus. Der neue Geist" (1933) und „Über Faschismus" (1948) – offen zum Faschismus bekannte, war so hasserfüllt gegen Tolstoi, dass sogar Mereschkowskis Ehefrau, die rechtskonservative Dichterin und Kritikerin Sinaida Hippius (1869–1945) schockiert war und entrüstet kommentierte, dass

---

33 *Goldenweiser, Alexis*, Archiv 1928/1929, 98–116.

34 Vgl. *Sapir*, Tolstoi, S. III.

35 Vgl. *Urban*, Einführung a.a.O., S. 8, 24.

36 Vgl. *Sapir*, Tolstoi, S. 1 ff.

37 *Sapir*, Tolstoi, S. 51.

38 Vgl. *Sapir*, Tolstoi, S. 90 ff.

39 Vgl. *Falkner*, Tolstoi a.a.O., S. 95 f. mit weiteren Nachweisen.

40 *Berdjaew*, Duchi a.a.O., S. 79, 81.

41 *Mereschkowski*, bolschwewism.

wenn nicht Nikolaus II., sondern Iljin der Zar gewesen wäre, dann hätte Tolstoi sein Leben am Galgen ausgehaucht.[42]

Aber bereits um 1930 vollzog sich der Meinungswandel unter den emigrierten Intellektuellen, weil sie mittlerweile einsahen, dass das Sowjetregime zumindest zu ihren Lebzeiten nicht stürzen würde, sich damit abfanden und sich einer sanften Resignation statt Hass und Hoffnung ergaben.[43] Sie sahen auch Leo Tolstoi durch das Prisma ihrer neuen Lebenseinstellung und stilisierten den streitbaren Kämpfer gegen die politische und soziale Ungerechtigkeit zum abgeklärten und weltentrückten Geist, der alles Irdische abgestreift hatte, um sich dem Transzendenten zu widmen.[44]

Zum Beispiel verglich einer der prominentesten russischen Emigranten, der Literaturnobelpreisträger von 1933, Iwan Bunin (1870–1953)[45] im Buch „Tolstois Befreiung" (1937), seinen Schriftstellerkollegen mit Buddha[46] und meinte, dass es für Tolstoi „in den Jahren seiner höchsten Weisheit keine Wohnstätte, keine Heimat und sogar keine Welt [mehr] gab, sondern nur Gott; es gab die „Befreiung", die Flucht, die Rückkehr zu Gott, das Aufgehen in ihm."[47]

Dieses positive, aber verzerrte Bild beeinflusste auch die westliche Tolstoi-Rezeption in der späten Zwischenkriegszeit – und in einem noch größeren Ausmaß nach 1945, als die meisten Literaturwissenschaftler im Westen Leo Tolstoi allen voran als Romancier und religiösen Denker begriffen[48] und seine „weltliche" Philosophie lediglich als kleines Anhängsel zur Glaubenslehre abtaten,[49] das zunächst eine gewisse Aufmerksamkeit erweckt habe, aber letztlich gescheitert sei,[50] da Tolstois aufklärerisch-idealistisches Menschenbild und insbesondere sein (oberflächlich interpretiertes) Konzept des Nichtwiderstands gegen das Böse mit Gewalt inzwischen widerlegt zu sein schienen;[51]

---

42 Vgl. *Hippius*, zitiert nach *Lurje*, Posle S. 74.

43 Vgl. *Ponomarew*, RL 2000, 206.

44 Vgl. *Ponomarew*, RL 2000, 207 ff. mit weiteren Nachweisen.

45 Der zeitgenössische russisch-deutsche Literaturhistoriker und Übersetzer Alexander Eliasberg (1878–1924) bezeichnete ihn schon 1922 als „wohl de[n] einzige[n] ruhige[n] wirklich nationale[n] Pol in der von der Heimat losgerissenen und in der Diaspora erstickenden russischen Literatur." *Eliasberg*, Literaturgeschichte, S. 155.

46 Vgl. *Bunin*, Tolstogo.

47 *Bunin*, Tolstogo.

48 So u.a. *Weisbein*, Tolstoi, S. 20 f.; *Spence*, Tostoy; *Edgerton*, Prophet a.a.O., S. 61–85; *Cain*, Tolstoy; *Philipp*, Tolstoi.

49 Vgl. *Nigg*, Ketzer, S. 530 ff.; *Lettenbauer*, Literaturgeschichte, S. 205.

50 Vgl. *Utechin*, Russian, S. 180.

51 Siehe *George / Herlth / Münch / Schmid*, Einleitung a.a.O., S. 14.

daher betrachten viele Leser Leo Tolstoi noch immer als Moralprediger ohne philosophischen Tiefgang.[52]

Erst seit den neunziger Jahren des 20. Jahrhunderts entstand wieder ein moderates Interesse an Tolstois Rechts- und Strafphilosophie, doch handelte es sich meist um historische Forschungsarbeiten, die sich mit ihrer frühen Rezeption befassten, sei es in Russland,[53] in Deutschland,[54] in den Niederlanden[55] oder weltweit.[56] In Hinblick auf die eigentliche Lehre Tolstois liest man dagegen noch immer oberflächliche Urteile wie „Rechtsnihilismus“[57] oder „der christliche Anarchismus“.[58]

Darum soll mit der vorliegenden Arbeit die Lücke in der Forschung nach fast 150 Jahren geschlossen und die Strafphilosophie Tolstois umfassend und frei von ideologischen oder religiösen Verzerrungen dargestellt werden.

II. Methode der Arbeit

Die meisten modernen Kritiker[59] erkennen in Tolstois Werk zwei große, ungefähr gleiche Phasen – zuerst die rein literarische (bis ca. 1880) und danach die religiös-philosophische. Diese Auffassung entstand bereits zu seinen Lebzeiten[60] und wurde im Wesentlichen von den konservativen Rezensenten geprägt, die den „guten“ bzw. „großen“ Künstler Tolstoi dem „schlechten“ bzw. „bösen“ Denker entgegensetzen und sie gegeneinander ausspielen wollten.[61] Aber auch zahlreiche marxistische Kritiker griffen diese Darstellung schon um 1900 bereitwillig auf, weil die Philosophie Tolstois ihnen genauso missfiel wie dem bürgerlich-aristokratischen Lager.[62]

Im Übrigen trug Tolstoi selbst maßgeblich zur Verbreitung dieses Mythos bei, indem er seine autobiographische Schrift „Beichte“ (1882) als große Zäsur in

52 Vgl. *George / Herlth / Münch / Schmid*, Vorwort a.a.O., S. 9.

53 Schlüchter, Recht.

54 *Hanke*, Prophet; *Sandfuchs*, Tolstojkritik.

55 *Lange*, Revolution.

56 *Alston*, Tolstoy.

57 So z.B. *Seul*, Recht; *Schlüchter*, Recht, S. 103.

58 So z.B. *Beyme*, Russland, S. 166; *Christoyannopoulos*, Tolstoy.

59 Vgl. *Kondratjew / Beljanin*, Tolstoi, S. 15 mit weiteren Nachweisen.

60 Vgl. *Maude*, Tolstoy, S. 4 ff.

61 Vgl. *Urban*, Einführung a.a.O., S. 8.

62 Vgl. *Urban*, Einführung a.a.O., S. 9.

seinem Leben bezeichnete[63] und seine früheren Bücher demonstrativ gering schätzte; zum Beispiel entgegnete er 1909 einem amerikanischen Besucher, der seinen Gastgeber als Verfasser von „Krieg und Frieden" und „Anna Karenina" gepriesen hatte: „Es ist genauso, als ob jemand zu Edison kommt und ihm sagt: 'Ich respektiere Sie als guten Mazurka-Tänzer'."[64]

Dabei sah der religiös-konservative russische Schriftsteller und Denker Konstantin Leontjew (1831–1891) schon 1890 ein, dass die angebliche „Wende" von Leo Tolstoi um 1880 keine „Krise" war, sondern ein lange vorbereiteter Übergang von den einen Formen des kreativen Schaffens, die Tolstoi mittlerweile als verbraucht ansah, zu den anderen, noch unbenutzten.[65] Mehrere kommunistische, insbesondere sowjetische Kritiker gewannen dieselbe Erkenntnis,[66] wagten jedoch aus Angst vor staatlichen Repressionen nicht, weitere Schlüsse auf Tolstois Werk zu ziehen. Auch die persönlichen Briefe Tolstois aus seinen späteren Lebensjahren widerlegen die gängige Vorstellung von einem plötzlichen „Umbruch" in seiner Weltanschauung. 1892 bestätigte er die Mutmaßung seines französischen Briefpartners Georges Dumas (1866–1946), dass die Grundsätze seiner Morallehre bereits in „Anna Karenina" (1878) und sogar in „Krieg und Frieden" (1869) vorzufinden seien, und räumte ein, dass seine in „Beichte" beschriebene Wende nicht sofort erfolgt sei und die im Spätwerk geäußerten Ideen bereits im Frühwerk im Keim existiert haben.[67]

Somit bleibt festzustellen, dass Tolstois frühere Schriften sich von seiner späteren Schaffensphase nur insoweit unterscheiden, als sie sich weniger häufig und intensiv mit (rechts-)philosophischen Fragen beschäftigen. Deshalb wird Tolstois Frühwerk ebenfalls analysiert – unter anderem in Hinblick auf die beiden Monumentalromane „Krieg und Frieden" und „Anna Karenina"; im Übrigen stellt diese Arbeit den ersten[68] Versuch dar, die strafrechtlichen Motive im Roman „Krieg und Frieden" darzustellen.

Miteinbezogen in die Betrachtung werden auch Tolstois noch frühere Notizen und Entwürfe, die von der Forschung jahrzehntelang nahezu vollständig ignoriert und meist nur einmal – in der 90-bändigen Tolstoi-Gesamtausgabe –

63 Vgl. *Tolstoi*, zitiert nach *Hanke*, Prophet, S. 34.

64 *Gussew N.*, Tolstym, S. 273.

65 Vgl. *Leontjew*, Tolstogo. Siehe auch *Walter*, Tolstoi, S. 5.

66 Vgl. *Urban*, Einführung a.a.O., S. 11 ff. mit weiteren Nachweisen; *Kondratjew / Beljanin*, Tolstoi, S. 28 mit weiteren Nachweisen.

67 Vgl. *Tolstoi*, Brief an Georges Dumas a.a.O., S. 189.

68 Der moderne russische Geisteswissenschaftler Konstantin Charabet meinte 2012: „Die Untersuchung des Romans [„Krieg und Frieden"] aus strafrechtlicher Sicht ist allem Anschein nach noch nicht vorgenommen worden". *Charabet*, Prestuplenije, S. 384.

veröffentlicht wurden. Diese Aufzeichnungen, die zum Teil ausschließlich der strafrechtlichen Problematik gewidmet sind, werden in der vorliegenden Arbeit zum ersten Mal umfassend erläutert und im Zusammenhang mit Tolstois Jugendprosa, wie etwa „Erinnerungen an den Kaukasus – Der Degradierte" (1856) und „Aus den Notizen des Fürsten D. Nechljudow. Luzern" (1857) interpretiert.

Einen weiteren Forschungsschwerpunkt bilden die Ende des 19. Jahrhunderts entstandenen religiösen und philosophischen Werke Tolstois. Dazu zählen neben den bereits genannten Büchern „Mein Glaube" und „Beichte" auch „Vereinigung und Übersetzung der vier Evangelien" (1883), „Das Reich Gottes ist inwendig in Euch"[69] (1893), „Über das Leben" (1886) sowie mehrere kleinere, weniger bekannte und teils unvollendete Schriften. Daran schließen sich die um dieselbe Zeit von Tolstoi grundlegend überarbeiteten Volksmärchen und Heiligengeschichten an, wo seine politischen und philosophischen Ansichten erneut zum Ausdruck kamen, sowie die bekannte Erzählung „Der Tod des Iwan Iljitsch" (1886), die nicht nur den Tod, sondern auch das Leben eines höherrangigen Gerichtsbeamten beschreibt. Einen besonderen Schwerpunkt legt die Arbeit auf Tolstois drittes und letztes Großwerk – den 1889–1899 geschriebenen Justiz- und Gerichtsroman „Auferstehung" (1899), der einen Höhepunkt in Tolstois Kampf gegen alle staatlichen und gesellschaftlichen Institutionen markiert.[70] Erläutert und interpretiert werden aber nicht nur die endgültige Form der „Auferstehung", sondern auch mehrere Entwürfe und Rohfassungen sowie zahlreiche kleinere, literarische wie auch philosophische Schriften von Tolstoi, die ebenfalls in den beiden letzten Jahrzehnten des 19. Jahrhunderts zu Papier gebracht wurden und im Zusammenhang mit „Auferstehung" standen.

Zu diesem Komplex gehören auch die Novellen „Der gefälschte Kupon" (1904) und „Göttliches und Menschliches" (1905), die Tolstoi zunächst als Episoden in „Auferstehung" anlegte, aber später zu selbstständigen Werken ausbaute.[71]

Auch die letzte Schaffensperiode von Leo Tolstoi (1900–1910) wird grundlegend untersucht – zunächst in Hinblick auf die politischen Schriften, die zur Zeit des Russisch-Japanischen Kriegs (1904–1905), gefolgt von der grausam niedergeschlagenen Russischen Revolution von 1905 und dem brutalen Terror-

69 Diese Redewendung ist eine biblische Metapher (vgl. Lukas 17, 21). Sie klingt in der revidierten Einheitsübersetzung von 2016: „das Reich Gottes ist mitten unter euch".

70 Vgl. *George / Herlth / Münch / Schmid*, Einleitung a.a.O., S. 12.

71 Vgl. *Gudsij*, „Wosskressenja" a.a.O., S. 374.

regime des Premierministers Pjotr Stolypin (1906–1911) besonders zahlreich und polemisch wurden. Ein besonderes Augenmerk legt die Arbeit auf den offenen Brief „Über das Recht. Briefwechsel mit einem Juristen" (1909), in dem Tolstoi seine Rechtskritik in zusammengefasster Form darstellte. Von großer Bedeutung sind aber auch die erzählerischen und dramatischen Schriften (u.a. „Nach dem Ball", „Hadschi Murat" und „Der lebende Leichnam") aus den letzten Lebensjahren des russischen Schriftstellers.

Tolstois jahrzehntelange Tagebuchaufzeichnungen (1847–1910) sowie die von ihm herausgegebenen Anthologien „Für alle Tage" (1908), „Für jeden Tag" (1906–1910), „Der Lebensweg" (1910) und seine privaten Briefe (u.a. an Mohandas Gandhi) werden ebenfalls analysiert. Ein spezielles Interesse gilt dabei seinen Kontakten mit befreundeten liberalen Juristen und Rechtswissenschaftlern, wie Nikolai Dawydow (1848–1920), Anatolij Koni (1844–1927) und dem bereits erwähnten[72] Wassilij Maklakow. Bei der Auslegung der von Tolstoi verfassten Texte wird die schon 1906 niedergelegte Erkenntnis des lettischen Publizisten und linksliberalen Politikers Miķelis Valters, alias Michael Walter (1874–1968), beachtet:

> „Gedankenschöpfer wie Tolstoi müssen als etwas Ganzes betrachtet werden, nicht als Leute, die diesen oder jenen Satz niedergeschrieben haben. Man darf also Tolstoi nicht wörtlich nehmen, vor allem darf man bei ihm nicht an Nebensächlichkeiten hängen bleiben."[73]

Mit der Behandlung der Primärquellen korrespondiert die Erläuterung der Straftheorien mehrerer prominenter Denker von der Antike bis zum ausgehenden 19. Jahrhundert, die Tolstoi zum Teil explizit[74] verwarf, sowie der sachlichen Kritik der Ideen Tolstois durch die zeitgenössischen Juristen und Rechtswissenschaftler,[75] die ihn veranlasste, seine Straflehre zu entwickeln und zu konkretisieren.

Die Auswahl der Sekundärliteratur wird erschwert durch die absichtlichen Verzerrungen der Lehre Tolstois seit 1917 – aus ideologischen Gründen oder persönlichen Ressentiments.[76] Deshalb werden in erster Linie Schriften herangezogen, die noch vor 1917 erschienen und von Menschen aus Tolstois Umgebung stammten, sowie wenige spätere – russische wie auch westliche – Forschungsarbeiten, deren Verfasser sich von den tradierten Urteilen nicht oder

72 Siehe oben Kapitel A) I. 2.

73 *Walter*, Tolstoi, S. 4.

74 Vgl. z.B. *Tolstoi*, Woskressenije a.a.O., S. 313.

75 Vgl. *Schlüchter*, Recht, S. 105 ff.

76 Siehe oben Kapitel A) I.

nur in geringerem Ausmaß beeinflussen ließen. Die sehr umfangreiche sowjetische und generell kommunistische Tolstoi-Forschung (schon 1937 zählte Iwan Bunin über 80 Schriften)[77] wird nicht pauschal verworfen, aber kritisch hinterfragt.

III. Inhaltsübersicht

Im ersten Teil der vorliegenden Arbeit werden der zeithistorische Hintergrund von Tolstois Straflehre und die Einflüsse auf sie dargestellt. Dazu gehören zum einen die Bücher der westlichen Autoren, aber auch seines russischen Zeitgenossen Fjodor Dostojewski, die Schriften der christlichen Abolitionisten, die religiösen Lehren Chinas, Indiens und Persiens sowie die Glaubensgrundsätze der „Duchoborzen" und anderer heterodoxer christlicher Religionsgemeinschaften[78] in Russland, die Tolstoi gegen die staatliche Verfolgung jahrzehntelang aktiv unterstützte.[79] Auch Tolstois eigene jahrzehntelange Erfahrung mit Rechtsfragen, die vom gescheiterten Jurastudium in Kasan (1845–1847) bis zum Protest gegen die Massenhinrichtungen unter Pjotr Stolypin reichte, und für die Entstehung und Entwicklung seiner Straflehre von besonderer Bedeutung war, wird ausführlich geschildert.

Im nächsten Kapitel werden Tolstois scharfe Ablehnung des Strafrechts, das er als ungerecht, menschenverachtend und widersinnig empfand, thematisiert und zahlreiche Gründe für diese Beurteilung genannt und ausführlich dargestellt. Daran schließen sich der zweiteilige Exkurs über Tolstois Einstellung zur Todesstrafe und seine Auslegung dieses Begriffs an, die vom herkömmlichen Verständnis stark abweicht, sowie seine Auffassung von der strengen bzw. liberalen Anwendung der Strafgesetze.

Das darauf folgende Kapitel behandelt Tolstois differenzierte Kritik an den Justizdienern, die das staatliche Strafrecht gewaltsam durchsetzen – von den Scharfrichtern bis zu den Regierungsbeamten. Danach wird Tolstois Verurteilung der Rechtsgelehrten thematisiert – und zwar im Zusammenhang mit seiner umfassenden Zurückweisung der um 1900 gängigen (und zum guten Teil noch heute verbreiteten) Rechtfertigungen der Strafe.

Im nächsten Kapitel werden mehrere verzerrende Interpretationen der Ansichten Tolstois verworfen, die ihn als Kritiker der zaristischen Justiz, als liberalen

---

77 Vgl. *Bunin*, Tolstogo.

78 Der Begriff „Sekte" wird im Folgenden wegen seiner abwertenden Konnotation vermieden.

79 Vgl. *Bartolf*, Nicht-Widerstehen, S. 82 ff.

Rechtsreformer, als Sozialisten oder auch als Anarchisten hinstellen, um anschließend die Einzigartigkeit seiner Strafrechtskritik zu betonen.

Nachfolgend wird das eigene Rechtskonzept Tolstois, das er dem (positiven) Recht, insbesondere Strafrecht, des staatlichen Gemeinwesens entgegensetzte, erläutert.

Das nächste Kapitel ist Tolstois Gewaltlosigkeitslehre gewidmet – dem bekanntesten und am meisten missverstandenen Teil seiner Philosophie. Thematisiert wird insbesondere der Zusammenhang zwischen diesem Konzept und Tolstois Idee eines gewaltfreien Widerstandes gegen die repressiven Staatsregimes.

Im Fokus des darauffolgenden Kapitels steht der länder- und kulturübergreifende Einfluss der Straf- und Verbrechenslehre von Leo Tolstoi im 20. Jahrhundert, der von der Tolstoianer-Bewegung in Russland um 1900 bis zu den afroamerikanischen Bürgerrechtlern und sowjetischen Dissidenten reichte.

Abschließend wird Leo Tolstois Straflehre in ihrer Bedeutung für Vergangenheit und Zukunft zusammenfassend gewürdigt.

IV. Russisches Strafrecht zur Zeit Tolstois

Zum besseren Verständnis der Rechtsphilosophie von Leo Tolstoi soll das Strafrecht des Russischen Kaiserreichs[80] im späteren 19. und frühen 20. Jahrhundert kurz dargestellt werden.

Nach mehrjähriger Arbeit[81] entstand 1832 unter der Regie des russischen Juristen und Staatsmanns Michail Speranskij (1772–1839), dem Leo Tolstoi Jahrzehnte später ein beeindruckendes, wenn auch nicht unkritisches literarisches Denkmal setzte,[82] das fünfzehnbändige Kodifizierungswerk unter dem Titel „Sammlung der Gesetze des russischen Kaiserreichs“ („*Swod sakonow Rossijskoi imperii*“).[83] Die strafrechtlichen Vorschriften waren größtenteils[84] in seinem fünfzehnten Band enthalten.

80 Peter der Große und seine Nachfolger trugen 1721–1917 den Kaisertitel.Aber die alte Bezeichnung „Zar“ war bis 1917 inoffiziell und bisweilen auch amtlich gebräuchlich. Deshalb werden in vorliegender Arbeit die beiden Titel synonym verwendet.

81 Vgl. *Rushitzkaja*, OI 2001, 43.

82 *Tolstoi*, Woina a.a.O., Bd. 10 S. 159, 163 ff., 207 ff.

83 Vgl. 2. Reihe, Nr. 19283, a.a.O.

84 Vgl. *Rushitzkaja*, OI 2001, 44, 48.

13 Jahre später wurde auf der Grundlage dieses Bands[85] ein einheitliches, wenn auch etwas unsystematisches und widersprüchliches[86] Werk geschaffen und in Kraft gesetzt – das „Strafgesetzbuch des Russischen Reichs“[87] von 1845 („*Uloshenije o nakasanijach ugolownych i isprawitelnych*“). Es war seinem Wesen nach ein „feudal-fronherrliches Dokument“,[88] geprägt von dem Streben die autokratische Staatsordnung des Zarenreichs mit allen Mitteln aufrecht zu erhalten.[89] Deshalb sah es besonders harte Strafen für die „Staatsverbrechen“ (§§ 263–282 StGBRR) vor. Aber auch „Verbrechen wider die Religion und Übertretung der zum Schutz der Religion bestehenden Anordnungen“ (§§ 182–262 StGBRR), insbesondere der „Abfall vom [orthodoxen] Glauben und Verleitung dazu“ (§§ 190–205 StGBRR) sowie „Ketzerei und Sektiererei“ (§§ 206–217 StGBRR) waren mit schweren Strafen belegt. Daneben durften die Behörden angebliche „Häretiker“ sogar außergerichtlich in die Klostergefängnisse stecken; ab 1835 war dieses Recht immerhin dem Zaren allein vorbehalten.[90] Der Grund für dieses harte Vorgehen war nicht nur die religiöse Intoleranz; vielmehr war die Russisch-Orthodoxe Kirche im cäsaropapistischen Russland ein Grundpfeiler der staatlichen Ordnung und kaiserlichen Macht.[91]

Schließlich konnte eine beim Ministerium des Inneren gebildete „Besondere Konferenz“ die Personen, welche „gefährlich für den Staat und die öffentliche Ruhe sind“[92] für die Dauer von ein bis fünf Jahren (wiederum außergerichtlich) verbannen.[93]

In den späteren Jahrzehnten wurde das StGBRR nur zum Teil und oberflächlich revidiert[94] und blieb in seinem Kern unangetastet. Ein liberaleres[95] Nachfolgewerk, das Strafgesetzbuch (*Ugolovnoje Uloshenje*) vom 22. März 1903 wurde von den Zarenbehörden nie in vollem Umfang in Kraft gesetzt.[96]

85 Vgl. *Rushitzkaja*, OI 2001, 45.

86 Vgl. *Potseluev*, JJZ 2016, 222, 236.

87 Im Folgenden als „StGBRR“ abgekürzt.

88 *Potseluev*, JJZ 2016, 221.

89 Vgl. ebd.

90 Vgl. *Prugavin*, Klostergefängnisse, S. 14.

91 Vgl. *Rushitzkaja*, OI 2001, 49 f.

92 *3. Reihe*, *Nr. 350*, a.a.O., Art. 4.

93 Vgl. *3. Reihe*, *Nr. 350*, a.a.O., Art. 32–36.

94 Vgl. *Potseluev*, JJZ 2016, 221.

95 Vgl. *Potseluev*, JJZ 2016, 234 f.

96 Vgl. *Potseluev*, JJZ 2016, 234.

Der zeitgenössische Strafvollzug in Russland war in zwei ebenfalls von Michail Speranskij[97] ausgearbeiteten[98] und 1822 verabschiedeten[99] Gesetzen geregelt – der „Kaiserliche Eskortenordnung für die sibirischen Gouvernements“[100] („*Wyssotschaische udtwerschdjonnyi Ustaw ob etapach w ssibirskich gubernijach*“) über das Verbringen der Häftlinge nach Sibirien und der „Kaiserlichen Verbannungsordnung“[101](„*Wyssotschaische udtwerschdjonnyi Ustaw o ssylnych*“) über die dortigen Strafanstalten. Diese Gesetze, die für die Arrestanten schwere Arbeit und harte Strafen bestimmten,[102] wurden im Laufe der Zeit allmählich modifiziert und gemildert,[103] aber nie grundlegend liberalisiert; insbesondere wurde die Prügelstrafe noch bis 1917 angewendet.[104] Immerhin waren die Gefängnisse und Zuchthäuser ab ca. 1860[105] nicht mehr von der Öffentlichkeit hermetisch abgeschirmt, weshalb jedenfalls die schlimmsten Exzesse meist publik wurden und zu heftigen Protesten im In- und Ausland führten, die das Zarenregime oft zu Reformen zwangen. Unter anderem sah es sich 1893 gezwungen, die Prügelstrafe für weibliche Häftlinge abzuschaffen, nachdem eine ausgepeitschte politische Gefangene und fünf ihrer Kameraden Selbstmord begangen hatten.[106]

Die russischen Gerichtshöfe waren in der ersten Hälfte des 19. Jahrhunderts rein bürokratische Institutionen[107] – geheim und inquisitorisch,[108] berüchtigt wegen Saumseligkeit und Korruption.[109]

Die Lage änderte sich erst 1864, mit der umfassenden Gerichtsreform[110] des Kaisers Alexander II., der in 1856–1881 regierte.

In ihrem Zuge wurde insbesondere die alte bürokratische und unter Ausschluss der Öffentlichkeit stattfindende Gerichtsbarkeit durch das Schwurgerichtsver-

---

97 Ausführlicher zu diesem Politiker: *Schultz*, Rechtsgeschichte, S. 200 f.

98 Vgl. *Stepanowa*, Prawowoje a.a.O., S. 240 f.

99 Vgl. ebd.

100 Vgl. *1. Reihe*, *Nr. 29129*, a.a.O.

101 Vgl. *1. Reihe*, *Nr. 29128*, a.a.O.

102 Vgl. *Conrad*, Anmerkungen a.a.O., S. 688 f.; *Stepanowa*, Istorija a.a.O., S. 241 ff.; *Dameschek / Dameschek*, Ssylka a.a.O., S. 69 ff.; *Ackeret*, Katorga, S. 36 ff.

103 Vgl. *Dameschek / Dameschek*, Ssylka a.a.O., S. 69 ff.

104 Vgl. *Pokrowskaja*, Istorija.

105 Dostojewskis „Aufzeichnungen aus einem toten Hause“ erschienen 1861/1862.

106 Vgl. *Majorowa*, rewoljuzii, S. 30.

107 Vgl. *Swjatopolk-Mirskij*, Russland, S. 293.

108 Vgl. ebd.

109 Vgl. ebd. sowie *Schultz*, Rechtsgeschichte, S. 204 f.

110 Vgl. ebd. sowie *Schultz*, Rechtsgeschichte, S. 204 f.

fahren mit unabhängigen Richtern und Geschworenen und einer kompetenten Rechtsanwaltschaft ersetzt.[111]

Allerdings wurden bereits um 1880 alle Straftaten, die politisch motiviert sein könnten (von der „Beleidigung eines Amtsträgers" bis zu „Gefangenenbefreiung")[112] durch mehrere Erlasse,[113] von Alexander II. und seines Nachfolgers Alexander III. der bis 1894 herrschte, aus dem Zuständigkeitsbereich der Geschworengerichte ausgenommen und den (regimetreuen) Appellationsgerichten (*ssudebnaja palata*) oder gar den Militärgerichten zugewiesen.[114]

Auch drängte die kaiserliche Regierung durch Einführung[115] und Anhebung[116] des erforderlichen Vermögenszensus den Anteil der ärmeren Bevölkerung an den Geschworenengerichten allmählich zurück.[117]

Andererseits hingen zahlreiche[118] Geschworene der sogenannten „Mileutheorie" an, wonach das Verbrechen allein durch die sozialen Missstände verursacht wird,[119] und fällten deshalb sehr milde Urteile oder gar Freisprüche, überall, wo der Täter aus ihrer Sicht durch die schwierigen Lebensbedingen straffällig geworden war.[120]

Schließlich gab es im Berufsstand der Rechtanwälte neben redlichen Juristen auch dubiose Gestalten, die ihre Mandanten betrogen und ausbeuteten.[121]

Aber trotz allen obrigkeitlichen Einschränkungen und immanenten Defizite war die Tätigkeit der russischen Geschworenengerichte im Großen und Ganzen ein Erfolg[122] und ein wichtiger Etappensieg auf dem Weg zum Rechtsstaat.[123]

---

111 Vgl. *2. Reihe*, *Nr. 41475*, a.a.O., Art. 81–109, 353–406.

112 Vgl. *2. Reihe*, *Nr. 58488*, a.a.O.

113 Vgl. *2. Reihe*, *Nr. 58488*, a.a.O.; *2. Reihe*, *Nr. 58778* a.a.O.; *3. Reihe*, *Nr. 550*, a.a.O.; *3. Reihe*, *Nr. 861*, a.a.O.; *3. Reihe*, *Nr. 6162*, a.a.O.

114 Vgl. *2. Reihe*, *Nr. 58488*, a.a.O. sowie *3. Reihe*, *Nr. 6162*, a.a.O., Art. I–IV.

115 Vgl. *Demitschew*, Istorija., S. 107 f.

116 Vgl. *Demitschew*, Istorija, S. 184 ff.

117 Vgl. *Demitschew*, Istorija, S. 108.

118 Vgl. *Sapir*, Tolstoi, S. 39.

119 Vgl. *Sapir*, Tolstoi, S. 39 f. Diese Auffassung wurde bereits von Dostojewski heftig verurteilt. Vgl. *Dostojewski*, Tagebuch, S. 30 f.

120 Vgl. *Sapir*, *Tolstoi*, S. 40; *Murawjow*, Is proschloi a.a.O., Bd. S. 1. S. 215 f. mit weiteren Nachweisen.

121 Vgl.*Lenkewitz*, Adwokatura a.a.O., S. 8, 20.

122 Vgl. *Schultz*, Rechtsgeschichte, S. 207.

123 Vgl. *Lenkewitz*, Herrschaft a.a.O., S. 223.

Abschließend muss das – ebenfalls im Zuge der Gerichtsreform von 1864 entstandene – Institut des Friedensrichters erwähnt werden. Die Friedensrichter wurden in der Regel[124] von der örtlichen Bevölkerung demokratisch gewählt und waren für die Lösung der kleineren Streitfälle und die Ahndung der geringfügigen Ordnungswidrigkeiten in ihren Heimatbezirken zuständig.[125]Allerdings wurde dieses Amt schon 1889 vom Zaren in den meisten russischen Gouvernements aufgehoben[126] und erst 1912 wieder eingeführt.[127]

124 Vgl. *2. Reihe*, *Nr. 41475*, a.a.O., Art. 19–40, 64–76. Siehe auch *Schultz*, Rechtsgeschichte, S. 206.

125 Vgl. *2. Reihe*, *Nr. 41476*, a.a.O., Art. 33–41.

126 Vgl. *3. Reihe*, *Nr. 6196*, a.a.O. Siehe auch *Kucherov*, Courts, S. 91.

127 Vgl. *3. Reihe*, *Nr. 37328*, a.a.O. Siehe auch *Schultz*, Rechtsgeschichte, S. 208.

B) Quellen und Einflüsse

„Auf drei Wegen kann man zur Weisheit gelangen: Erstens durch Nachdenken, das ist der edelste, zweitens durch Nachahmung, das ist der leichteste, und drittens durch Erfahrung, das ist der schwerste.“[1]

Konfuzius

I. Westliche Denker

1. Arthur Schopenhauer

Die Straflehre von Leo Tolstoi entwickelte sich nicht über Nacht, sondern ist das Produkt vielfältiger, oft jahrzehntelanger Einflüsse. Die erste Inspiration waren die rechtsphilosophischen Gedanken der westlichen Gelehrten.

Unter diesen Denkern ist an erster Stelle Arthur Schopenhauer (1788–1860) zu nennen. Zwar entdeckte Tolstoi dessen Werk erst 1868,[2] begeisterte sich aber so stark für die Gedankenwelt Schopenhauers, dass er den deutschen Philosophen nicht nur – neben Sokrates, Salomo [Kohelet] und Buddha – zu seinen geistigen Lehrern zählte,[3] sondern auch als „großen und besonders wahrhaften Denker“,[4] als „größten Denker unseres Jahrhunderts“[5] und sogar als „eins der größten Genies“[6] pries. Er hängte Schopenhauers Porträt in seinem Arbeitszimmer an die Wand,[7] las sein gesamtes Oeuvre 1869 binnen weniger Monate[8] und gedachte sogar, es ins Russische zu übersetzen.[9]

Neben den starken metaphysischen und ästhetischen Einflüssen Schopenhauers[10] prägten auch mehrere rechtsphilosophische Ideen des deutschen Philosophen die Gedankenwelt Tolstois. Es handelte sich um Schopenhauers Kritik an

---

1 *Konfuzius*, zitiert nach *Tolstoi*, Krug a.a.O., Bd. 41 S. 422.

2 Vgl. *McLaughlin*, CSS 1970, 189 mit weiteren Nachweisen.

3 Vgl. *Tolstoi*, Isspowed a.a.O., S. 22.

4 *Tolstoi*, Woina. Tschernowyje a.a.O., S. 225.

5 *Tolstoi*, Woina. Tschernowyje a.a.O., S. 246.

6 *Tolstoi*, Brief an A. A. Fet a.a.O., S. 219.

7 Vgl. *Troyat*, Tolstoi, S. 258.

8 Vgl. *Tolstoi*, Brief an A. A. Fet a.a.O., S. 219.

9 Vgl. *Troyat*, Tolstoi, S. 258.

10 Siehe *McLaughlin*, CSS 1970, 187 ff.; *Baer*, WdS 1978, 229 ff.

https://doi.org/10.1515/9783110726206-003

der Kantischen Vergeltungstheorie,[11] wie auch am Hegelschen Konzept der Strafe als „Negation des Verbrechens",[12] und am Anspruch des Gefängnissystems, den inhaftierten Straftäter zu „bessern".[13] Daneben war Schopenhauers Vorstellung von einer ewigen Gerechtigkeit ein ferner Hintergrund für Tolstois Lehre vom Nichtwiderstand gegen das Böse mit Gewalt.[14] Selbst das berühmte Epigraph zum Roman „Anna Karenina": „Die Rache ist mein, und Ich will vergelten" beruht auf einer Stelle in der Abhandlung „Die Welt als Wille und Vorstellung", wo Schopenhauer die menschliche Anmaßung verurteilt, sich zum rächenden Richter über seinesgleichen aufzuschwingen.[15]

Trotzdem teilte Tolstoi nicht alle rechtsphilosophischen Überzeugungen Schopenhauers, der die Strafe – und auch die Todesstrafe – vom Standpunkt der Generalprävention aus befürwortete[16] und auch dem Staat positiv gegenüberstand, weil er in dieser Institution (in Tradition von Thomas Hobbes) ein Mittel zur Beendigung und Verhütung des „Kriegs aller gegen alle" erblickt hatte.[17]

Daneben ließ Tolstois Begeisterung für Schopenhauer in seinen späteren Lebensjahren etwas nach, weil er das Weltbild dieses Denkers zunehmend als düster und fatalistisch empfand, bar jeder Möglichkeit, eine positive Veränderung im Leben der Menschen zu bewirken,[18] und meinte dazu:

> „Der Pessimismus, insbesondere der Schopenhauers, erschien mir immer nicht nur als Scheinbeweis, sondern auch als Dummheit, und dazu noch als eine Dummheit schlechten Geschmacks [...] Ich wollte dem Pessimisten schon immer sagen,Wenn Dir die Welt nicht gefällt, dann ergötze Dich nicht an deinem Missbehagen, sondern verlasse sie und störe nicht die anderen."[19]

2. Immanuel Kant

Leo Tolstoi kannte die Grundgedanken Immanuel Kants (1724–1804) bereits in den frühen 1860er Jahren[20] und fand einen vollständigen Zugang zu seiner

---

11 Vgl. *Schopenhauer*, Welt a.a.O., Bd. 1 S. 411.

12 Ebd., auch wenn Hegel selbst nicht namentlich genannt ist, siehe *Hoerster*, Strafe, S. 50.

13 *Schopenhauer*, Welt a.a.O., Bd. 2 S. 685 ff.

14 Vgl. *McLaughlin*, CSS 1970, 225. Zu diesem Konzept siehe unten Kapitel I).

15 Vgl. *Schopenhauer*, Welt a.a.O., Bd. 1 S. 411.

16 Vgl. *Schopenhauer*, Welt a.a.O., Bd. 1 S. 411 ff., Bd. 2, S. 685 f.

17 Vgl. *Schopenhauer*, Welt a.a.O., Bd. 1 S. 393, 405.

18 Vgl. *Tolstoi*, Tagebucheintragung vom 29. Juni 1894 a.a.O., Bd. 52 S. 124 f.; *Tolstoi*, Tagebucheintragung vom 17. November 1906 a.a.O., Bd. 55 S. 274; Brief an N. N. Strachow vom Dezember (?) 1885 a.a.O., S. 313 f.

19 *Tolstoi*, Brief an E. Rod a.a.O., S. 231.

20 Vgl. *Jahn*, Tolstoj a.a.O., S. 61 mit weiteren Nachweisen.

Philosophie 1869 durch die Lektüre Schopenhauers, der in seinen Schriften auf die Ideen Kants mehrmals Bezug genommen hatte;[21] deshalb las er die Werke der beiden deutschen Denker ungefähr zur selben Zeit.[22] Tolstois lebendiges Interesse für Kant wurde zu einer glühenden Begeisterung, nachdem er 1887 „mit freudiger Bewunderung"[23] seinen Traktat „Kritik der praktischen Vernunft" gelesen hatte. In der Spätphase seines Lebens pries Tolstoi den deutschen Philosophen in höchsten Tönen: „Kant ist wundervoll […] der geniale Kant […] Ich las Kant, war entzückt. […] Ich lese Kant, sehr gut".[24] In seinen letzten Lebensjahren ging Tolstoi dazu über, die Ideen Kants in Russland zu popularisieren, gab 1906 das Buch „Ausgewählte Gedanken Kants" heraus[25] und nahm mehr als 140 Zitate des Königsberger Philosophen in die Anthologien „Für alle Tage", „Für jeden Tag" und „Der Lebensweg" auf. Auch Tolstois pazifistische Schrift „Besinnt euch!" (1904), die während des Russisch-Japanischen Krieges entstand, enthält vier Sprüche von Kant.[26]

Neben religiösen, metaphysischen, ästhetischen und erkenntnistheoretischen Gedanken Kants[27] rezipierte Leo Tolstoi auch die ethische Lehre des Königsberger Philosophen und maß insbesondere seinem kategorischen Imperativ eine so große Bedeutung bei, dass er ihn mit dem „höchsten moralischen religiösen Regierungsgesetz"[28] identifizierte und meinte, dass die Institution des Gerichts gänzlich wegfallen würde, wenn die Menschen dieses Prinzip befolgten.[29] Allerdings kam Tolstoi die Vorstellung vom universalen Moralgesetz als alleinigem Antriebsmotiv des gerechten Handelns allzu dogmatisch und doktrinär vor. Deshalb ergänzte er sie durch das Konzept einer tätigen Nächstenliebe, die den Menschen veranlassen soll, das Gute zu tun und das Böse ohne Gewalt zu bekämpfen.[30] Auch war Kants Rechts- und Staatskritik[31] wesentlich moderater als die Position Tolstois.

---

21 Vgl. *Philipp*, Tolstoj, S. 142 (Rn. 245) mit weiteren Nachweisen.

22 Vgl. *Tolstoi*, Brief an A. A. Fet a.a.O., S. 219.

23 *Tolstoi*, Brief an N. J. Grot a.a.O., S. 104.

24 *Philipp*, Tolstoj, S. 48 mit weiteren Nachweisen.

25 Vgl. *Krouglov*, KS 2008, 380 f.

26 Vgl. *Tolstoi*, Odumajtes! a.a.O., S. 122, 124, 125, 132.

27 Siehe *Schmid*, Kant a.a.O., S. 491 ff.

28 *Tolstoi*, Brief an A. F. Koni a.a.O., S. 96.

29 Ebd.

30 Vgl. *Tolstoi*, O zhisni a.a.O., S. 392 ff.

31 Siehe *Höffe*, Kant, S. 8; *Philipp*, Tolstoj, S. 51.

3. Jean-Jacques Rousseau

Tolstois Begeisterung für Jean-Jacques Rousseau (1712–1778) reichte bis in seine Jugendzeit zurück. Schon mit fünfzehn Jahren trug er am Hals anstelle des Kreuzes ein Medaillon mit dem Portrait Rousseaus,[32] verfasste um 1850 einen Aufsatz mit dem Titel „Philosophische Bemerkungen zu den Reden J. J. Rousseaus",[33] las das Oeuvre des französischen Aufklärers in 20 Bänden vollständig durch[34] und meinte, dass seine Werke „Bekenntnisse" und „Emile" bei ihm zwischen 14 und 20 Jahren einen „gewaltigen"[35] und „Julie oder Die neue Heloise" einen „sehr großen"[36] Eindruck hinterlassen hatten. Eine tiefe Hochachtung für den französischen Aufklärer behielt er sich bis zum Ende seines Lebens. 1905 meinte Tolstoi rückblickend, dass Rousseau und das Evangelium auf sein Leben „den stärksten und segenreichsten Einfluss ausgeübt"[37] hatten und wählte wenig später insgesamt 40 Zitate von Rousseau für die Lesebücher „Für jeden Tag" und „Der Lebensweg" (1910) aus, darunter einen mehrseitigen Auszug aus dem Werk „Glaubensbekenntnis des savoyischen Vikars".[38]

Neben mehreren religiösen und erziehungspädagogischen Gedanken Rousseaus[39] prägten Tolstoi auch dessen herbe Zivilisations- und Fortschrittskritik[40] (insbesondere die Anprangerung des großstädtischen Lebenswandels)[41] und seine scharfe Verurteilung der heuchlerischen Rechtsgelehrten, die Staatsgewalt und Volkausbeutung begründen und legitimieren.[42] Aber trotz aller Einflüsse und Übereinstimmungen war Tolstoi kein „Rousseau Russlands"[43] bzw. „Rousseau des neunzehnten Jahrhunderts",[44] weil seine eigene Lehre sich von der Philosophie des französischen Denkers deutlich unterschied – auch in wesentlichen Punkten.

---

32 Vgl. *Philipp*, Tolstoj, S. 12 mit weiteren Nachweisen.

33 *Tolstoi*, Filosopskie a.a.O., S. 221–225.

34 Vgl. *Petrowskij*, „Dnewnik" a.a.O., S. 317, Anm. 3 mit weiteren Nachweisen.

35 *Tolstoi*, Brief an M.P. Lederle a.a.O., S. 68.

36 Ebd.

37 *Tolstoi*, Brief an Bernard Bouvier a.a.O., S. 234.

38 Abgedruckt in: *Tolstoi*, Krug a.a.O., Bd. 42 S. 176 ff.

39 Siehe *Herlth*, Rousseau a.a.O., S. 478 ff., 484 f.

40 Vgl. *Herlth*, Rousseau a.a.O., S. 485 ff.

41 Vgl. *Kwitko*, Tolstogo, S. 153.

42 Vgl. *Kwitko*, Tolstogo, S. 152.

43 *Philipp*, Tolstoj, S. 16 mit weiteren Nachweisen.

44 *Grottewitz*, DML 1891, 380.

Zum einen glaubte Rousseau, dass das (wahre) Christentum durch seine Schwäche und übertriebene Friedfertigkeit einen „guten", also auf der Grundlage des Gesellschaftsvertrags entstandenen Staat zermürben und untergraben werde.[45] Hingegen deutete Tolstoi diese Religionskritik positiv um und meinte, dass ein „wahres" Christentum, als Religion der Liebe und Freiheit mit jedem Staat, einer Einrichtung der institutionalisierten Gewalt, schlechthin unvereinbar sei.[46]

Und während Rousseau für die Verteidigung des Gesellschaftsvertrags den Zwang[47] und sogar die Todesstrafe befürwortete,[48] war für Tolstoi solche „Tugenddiktatur" eine Horrorvision,[49] weshalb er den Traktat „Der Gesellschaftsvertrag" auch für „nicht das beste Buch Rousseaus"[50] hielt. Mit dieser Einstellung Tolstois korrespondierte auch seine Bemerkung, dass er – im Gegensatz zu Rousseau – nicht jegliche Zivilisation, sondern nur die pseudochristliche ablehne,[51] womit der Denker insbesondere sämtliche staatlichen Ordnungsmodelle meinte.[52]

4. Étienne de La Boétie

Weit weniger bekannt ist der tiefe Einfluss eines anderen französischen Denkers auf Tolstoi – Étienne de La Boétie (1530–1563). Der russische Autor las dessen posthum (1574/1577) erschienene Hauptschrift „Von der freiwilligen Knechtschaft" im Frühjahr 1884[53] auf Französisch[54] und begeisterte sich für dieses Werk so stark, dass er seinen Verfasser mit dem von ihm hochgeschätzten Rousseau[55] auf die gleiche Stufe stellte.[56]

45 Vgl. *Rousseau*, Gesellschaftsvertrag, S. 126 f.

46 Vgl. *Herlth*, Rousseau a.a.O., S. 486.

47 Vgl. *Koslichin*, a.a.O., S. 51.

48 Vgl. *Rousseau*, Gesellschaftsvertrag S. 36 f.

49 Vgl. *Diwilkowskij*, Tolstoi.

50 *Tolstoi*, zitiert nach *Makovický*, Tolstogo a.a.O., Bd. 4 S. 362. Siehe aber auch *Schaffner*, Rousseau a.a.O., S. 234 f. zur Widerlegung des Vorwurfs, dass Rousseau am Jakobinismus schuldig sei.

51 Vgl. *Tolstoi*, Tagebucheintragung von 6. Juni 1905 a.a.O., Bd. 55 S. 145.

52 Vgl. *Herlth*, Rousseau a.a.O., S. 486.

53 Siehe *Gussew N.*, Krug a.a.O., S. 613.

54 Die (vollständige) russische Übersetzung erschien erst 1952.

55 Siehe oben Kapitel B) I. 3.

56 Vgl. *Tolstoi*, Tagebucheintragung aus dem Jahr 1884 (genaues Datum unbekannt) a.a.O., Bd. 49 S. 62.

In Tolstois letzten Lebensjahren, als Russland bereits an der Schwelle der Revolution stand, griff er auf diese politische Abhandlung intensiv zurück und übertrug längere Abschnitte aus diesem Werk für die Leseanthologie „Für alle Tage“,[57] wie auch für seine eigenen Essays „Patriotismus und Regierung“ (1900),[58] „Eines ist not. Über die Staatsmacht“ (1905)[59] und „Das Gesetz der Gewalt und das Gesetz der Liebe“ (1908).[60]

Zwar lehnte La Boétie, im Gegensatz zu Tolstoi, nicht den Staat schlechthin ab, sondern nur die Tyrannei bzw. eine absolutistische Monarchie. Er zeichnete jedoch das düstere Bild der betrogenen Volksmassen, die ihr Mitbestimmungsrecht aufgeben und sich der brutalen Gewalt eines rücksichtslosen Despoten blind unterwerfen. Um ihre derart verlorene Freiheit wiederzugewinnen, bräuchten die Geknechteten aber nicht zu den Waffen zu greifen, sondern lediglich ihrem grausamen Herren die Gefolgschaft zu verweigern:

> „Seid entschlossen, keine Knechte mehr zu sein, und ihr seid frei. Ich will nicht, dass ihr ihn verjaget oder vom Throne werfet; aber stützt ihn nur nicht; und ihr sollt sehen, dass er, wie ein riesiger Koloss, dem man die Unterlage nimmt, in seiner eigenen Schwere zusammenbricht und in Stücke geht.“[61]

Leo Tolstoi griff diese Idee auf und baute sie zum detaillierten Konzept eines gewaltlosen Widerstandes gegen die repressive Obrigkeit[62] aus.

II. Fjodor Dostojewski

Der literarische wie auch philosophische Einfluss von Fjodor Dostojewski (1821–1881) auf Tolstoi wurde von der Forschung lange verkannt bzw. geleugnet – aufgrund der Vorstellung vom Antagonismus der beiden großen russischen Autoren. Sie wurde noch zu Tolstois Lebzeiten von dem symbolistischen Dichter Dmitri Mereschkowski[63] geprägt, dessen Buch „L. Tolstoi und Dostojewski“ (1901–1902), das nicht nur in Russland große Bekanntschaft erlangte, sondern schon bald auch in mehrere westliche Sprachen übersetzt

---

57 *Tolstoi*, Krug a.a.O., Bd. 41 S. 426–434.

58 In der Gesamtausgabe der Werke Tolstois nicht enthalten, aber der Erstausgabe der Schrift „Patriotismus und Regierung“ als Anhang beigelegt, vgl. *Kogan-Bernstein*, Tolstoi a.a.O., S. 107.

59 Vgl. *Tolstoi*, Jedinoje a.a.O., S. 171–173.

60 Vgl. *Tolstoi*, Sakon a.a.O., S. 171 f.

61 *Boétie*, Knechtschaft, S. 30.

62 Zu diesem Konzept siehe unten Kapitel I) III.

63 Vgl. oben Kapitel B) I. 2.

wurde.[64] Nach dieser Interpretation steht der heidnisch-pantheistische „Seher des Fleisches“[65] Tolstoi im krassen Gegensatz zu einem (ihm überlegenen) christlichen „Seher des Geistes“[66] Dostojewski.

Diese Ansicht widerspricht jedoch den historischen Fakten. Zwar machte Tolstoi gelegentlich kritische Äußerungen gegen Dostojewski,[67] betonte aber jahrzehntelang seinen großen Respekt für den Schriftstellerkollegen und eine tiefe Wertschätzung für dessen Werk. Er pries Dostojewski als „großen Mann“,[68] als „unvergleichbaren psychologischen Kenner der Menschenherzen“,[69] dessen Werke (insbesondere die „Aufzeichnungen aus einem toten Hause“) „Beispiele für die höhere, der Liebe zu Gott und zum Nächsten entspringende religiöse Kunst“[70]seien. Bezeichnend war auch die Reaktion Tolstois auf den Tod Dostojewskis:

> „Ich habe diesen Menschen nie gesehen und nie unmittelbare Beziehung zu ihm gehabt, und nun plötzlich, da er gestorben ist, begreife ich, dass er mir sehr, sehr nahe stand, mir sehr teuer war und ich ihn sehr benötigt habe […] Und nie ist mir in den Sinn gekommen, mich mit ihm zu messen – nie. Alles, was er tat (alles Gute, Echte, was er tat), war von einer Art, dass ich fühlte, je mehr er davon tut, umso besser ging es mir […] Und plötzlich […] lese ich: gestorben. Irgendeine Stütze brach unter mir zusammen.“[71]

Angesichts dieser Hochachtung verwundert es nicht, dass Tolstoi auch aus den Büchern Dostojewskis rechtsphilosophische Anregungen schöpfte bzw. darin Bestätigung für seine bereits vorhandenen Ansichten fand. Unter den Werken Dostojewskis hob Tolstoi die Romane „Schuld und Sühne“, „Der Idiot“ und insbesondere die autobiographisch geprägten „Aufzeichnungen aus einem toten Hause“ über die Zwangsarbeit in Sibirien hervor, die er beim Verfassen seines eigenen Romans „Auferstehung“ aktiv benutzte.[72] In diesen Werken verurteilte Dostojewski die Todesstrafe,[73] die Prügelstrafe[74] und auch den

---

64 Ins Deutsche bereits 1903 unter dem Titel „Tolstoi und Dostojewski als Menschen und als Künstler: eine kritische Würdigung ihres Lebens und Schaffens“.

65 *Scherrer*, Vereinigungen, S. 380.

66 Ebd.

67 Vgl. *George / Herlth / Münch / Schmid*, Einleitung a.a.O., S. 21 mit weiteren Nachweisen.

68 *Tolstoi*, zitiert nach *Makovický*, Tolstogo a.a.O., Bd. 3 S. 206.

69 *Tolstoi*, zitiert nach *Danilewskij*, Poesdka.

70 *Tolstoi*, Tschto a.a.O., S. 160.

71 *Tolstoi*, Brief an N. N. Strachow vom 5.–10.(?) Februar 1881 a.a.O., S. 43.

72 Vgl. *Wolgin*, Ujti.

73 Vgl. *Dostojewskij*, Idiot, S. 33 f.

74 Vgl. *Dostojewskij*, Aufzeichnungen, S. 223 ff.

Freiheitsentzug, der den verurteilten Straftäter überhaupt nicht bessere, sondern entweder noch mehr verbösere und verderbe oder vollständig zerstöre, um dann einen physisches und psychisches Wrack als Muster der reuevollen Läuterung zu präsentieren.[75] Bemerkenswert ist auch seine Kritik an Gefängnisaufsehern. Die Macht über die Gefangenen korrumpiere sie so stark, dass in diesen Tyrannen[76] „der Mensch und der Bürger fast immer zugrunde[geht]",[77] weshalb sie die Würde der Häftlinge mit Füßen treten und dadurch die gesamte Gesellschaft in die Versuchung der despotischen Gewalt führen.[78]

Aber trotz aller Ähnlichkeiten und Übereistimmungen gab es zwei bedeutende Unterschiede zwischen Dostojewski und Tolstoi. Zum einen hatte Dostojewski trotz einer harschen Kritik an dem (in Russland 1864 eingeführten) Geschworenengericht[79] eine grundsätzlich positive Meinung von der Strafrechtsprechung, weil er ihr die Rolle zumaß, den Verbrecher zu überführen und bloßzustellen.[80] Bezeichnend für diese ambivalente Einstellung zum Strafrecht ist die folgende Episode aus Dostojewskis Leben: im Frühjahr 1879 wurde er auf der Straße von einem ihm umbekannten betrunkenen Mann attackiert und verletzt. Der Schriftsteller vergab dem Angreifer nicht, erstattete Strafanzeige, bat jedoch das Gericht, den Schläger nicht zu ahnden, und zahlte schließlich nach dessen Verurteilung die Geldbuße aus eigener Tasche.[81] Zum anderen befürwortete Dostojewski – in offener Abgrenzung von Tolstoi – einen gewaltsamen Widerstand gegen das Böse.[82]

III. Religiöse Lehren

> „[Meiner] Überzeugung nach [gibt es] nur eine wahre Religion. Ganz hat sich diese wahre Religion der Menschheit noch nicht geoffenbart, aber bruchstückweise erscheint sie in allen Bekenntnissen […] Daher müssen alle wahrheitsliebenden Menschen bemüht sein, nicht die Unterschiede unter den Religionen und ihre Mängel hervorzusuchen, sondern das, was sie einigt und ihren Wert ausmacht."[83]
>
> *Leo Tolstoi*

---

75 Vgl. *Dostojewskij*, Aufzeichnungen, S. 20.

76 Vgl. *Dostojewskij*, Aufzeichnungen, S. 226.

77 Ebd.

78 Vgl. *Dostojewskij*, Aufzeichnungen, S. 130, 226.

79 Siehe oben Kapitel A) IV. Vgl. auch *Goldenweiser*, *Alexis*, prawa, S. 74 ff.

80 Vgl. *Sapir*, Tolstoi, S. 41; *Goldenweiser*, *Alexis*, prawa, S. 89.

81 Vgl. *Charabet*, Prestuplenije, S. 295 f.

82 Vgl. *Dostojewskij*, Tagebuch, S. 421 f.

83 *Tolstoi*, Brief an R. M. Elkibajew a.a.O., S. 164 f.

1. Christentum

a) Heterodoxe Denker und Glaubensgemeinden

Ein staatstragendes Kirchenchristentum, das die autoritären Regimes, ihre ungerechte Politik und ihre repressive Gesetzgebung unterstützte und legitimierte, lehnte Tolstoi schroff ab.[84] Eine umso größere Sympathie und Unterstützung brachte er dafür den heterodoxen Christen entgegen, die auf Grund ihrer religiösen und sozialen Überzeugungen in der Geschichte der Christenheit ausgegrenzt bzw. verfolgt worden waren.

Doch während Tolstois Interesse für „die Paulikaner und die Bogomilen, danach die Waldenser"[85] sich eher in Grenzen hielt, zog der tschechische Religions- und Sozialphilosoph Petr Chelčický (ca. 1390–ca. 1460), der die Gemeinde der „Böhmischen Brüder" gegründet hatte,[86] den russischen Schriftsteller umgehend in seinen Bann, ab dem Moment, als der tschechische Professor Pavel Durdik (1843–1903)[87] ihn 1885 auf diesen inzwischen nahezu vergessenen Denker aufmerksam machte.

In den folgenden Jahren legte Tolstoi Chelčickýs Lehre in seiner Programmschrift „Das Reich Gottes ist inwendig in Euch" und im Lesebuch „Für alle Tage" ausführlich dar, gab die Hauptabhandlung des tschechischen Philosophen „Das Netz des Glaubens", versehen mit seinem eigenen Vorwort, 1906 heraus und meinte sogar, dass „[Chelčickýs] Buch und Chelčickýs Tätigkeit innerhalb der christlichen Menschheit die Stellung [ein]nehmen [wird], die das Christentum innerhalb der ganzen Menschheit einnimmt".[88]

Der tschechische Denker verurteilte die politische Funktion der Kirche, einschließlich der gewaltsamen Christianisierung,[89] geißelte aber auch den Obrigkeitsstaat, seine Organe und Instrumente – den Verwaltungsapparat, die Gerichte, das Militär, die Todesstrafe,[90] die durch Anhäufen der Reichtümer und ein sinnloses Blutvergießen das Böse mehren, statt es zu unterbinden.[91] Im Gegensatz zu seinen Zeitgenossen, den hussitischen Rebellen, forderte Chelčický

84 Vgl. u.a. *Tolstoi*, Zerkow a.a.O., S. 478 ff.

85 *Tolstoi*, Tschto a.a.O., S. 72.

86 Vgl. *George*, Kirche a.a.O., S. 405.

87 Nicht (wie bisweilen behauptet wird) Tomáš Garrigue Masaryk. Siehe *Hoblík*, Tolstoi a.a.O., S. 26 f. mit weiteren Nachweisen.

88 *Tolstoi*, Krug a.a.O., Bd. 42 S. 48.

89 Vgl. *Cheltschizki*, Netz, S. 14 ff., 26 ff.

90 Vgl. *Cheltschizki*, Netz, S. 34 ff., 147, 131, 134 f.

91 Vgl. *Cheltschizki*, Netz, S. 34 ff.

aber nicht dazu auf, diese Übel gewaltsam aus der Welt zu schaffen, weil der Krieg, auch für eine scheinbar gerechte Sache, für ihn ein Gräuel war;[92] stattdessen befürwortete er einen gewaltfreien Widerstand.[93]

Alle diese Gedanken sind auch in der Rechts- und Straflehre Tolstois zu finden. Doch in einem wichtigen Punkt unterschied er sich vom tschechischen Philosophen. Chelčickýs Einstellung zum Konzept eines staatlich organisierten Gemeinwesens war – trotz seiner harschen Kritik an den zeitgenössischen Monarchien – eher ambivalent,[94] er scheint sogar (wohl unter dem hussitischen Einfluss) eine direkte Demokratie der freien Bauern befürwortet zu haben.[95]

Tolstoi war hingegen überzeugt, dass „das Christentum in seiner wahren Bedeutung den Staat aufhebt".[96]

Tolstois Begeisterung für Petr Chelčický, den er, vermutlich zu Unrecht,[97] für einen einfachen Landmann hielt,[98] erweckte oder verstärkte sein Interesse für die russischen Bauernprediger, die ähnliche Ideen entwickelt hatten. Einer davon war Timofej Bondarew (1820–1898), ein ehemaliger Leibeigener, der von seinem Herrn in die Armee gezwungen wurde. Während des Militärdienstes schloss er sich der unitarischen Glaubensgemeinschaft der Subbotniks (Sabbatarier)[99] an, verbrachte deshalb zwei Jahre im Gefängnis und wurde schließlich 1867 in die lebenslange Verbannung nach Sibirien geschickt. Im Exil machte er sich einen Namen als fleißiger Landwirt und selbstloser Volksaufklärer, vor allem aber als Verfasser mehrerer staats- und gesellschaftskritischer Schriften.

Bondarews Hauptwerk – der Traktat „Arbeitsamkeit und Müßiggang oder Der Triumph des Landmannes" erhielt Tolstoi im Juli 1885 von einem sibirischen Heimatforscher und begeisterte sich dafür so sehr, dass er nach einem zähen Kampf gegen die Zensur nicht nur die Publikation dieser Abhandlung in Russland durchsetzte (1888 bzw. 1906), sondern auch ihre Übertragung ins Franzö-

---

92 Vgl. *Cheltschizki*, Netz, S. 153 ff.

93 Vgl. *Cheltschizki*, Netz, S. 110.

94 Vgl. *Cheltschizki*, Netz, S. 171 f.

95 Vgl. *Hoblík*, Tolstoi a.a.O., S. 29 f.

96 *Tolstoi*, Zarstwo a.a.O., S. 186.

97 Nach dem heutigen Forschungsstand scheint Petr Chelčický mit dem tschechischen Landedelmann Petr Záhorčí identisch zu sein. Vgl. *Atwood*, Theology, S. 133 f.

98 Vgl. *Tolstoi*, Krug a.a.O., Bd. 42 S. 48.

99 So bezeichnet, weil sie jüdisches und christliches Gedankengut miteinander verschmolz und insbesondere den Sabbat als Feiertag festlegte.

sische und Englische (1890) veranlasste;[100] seine eigene Korrespondenz mit Bondarew dauerte bis zu dessen Tod. Ein weiterer Bauerndenker war der Steinmetz Wassilij Sjutajew (1819–1892), den Tolstoi 1881 kennenlernte und danach mehrmals persönlich traf.[101] Dieser Philosoph aus dem Volk und seine Anhänger hielten Jesus nur für einen Propheten, verwarfen die Sakramente und Rituale der orthodoxen Kirche, predigten die Gemeinschaft aller Menschen in Brüderlichkeit und Nächstenliebe sowie Gewaltlosigkeit,[102] praktizierten Gütergemeinschaft[103] und lehnten Militärdienst[104] und das Zahlen von Steuern[105] ab. Deshalb wurden sie von der zaristischen Obrigkeit hart drangsaliert, unter anderem war Sjutajews Sohn lange in der Festung inhaftiert.[106]

Aber obwohl Tolstoi Bondarew und Sjutajew als Menschen beschrieb, die auf ihn einen großen moralischen Einfluss ausgeübt, sein Denken bereichert und ihn seine Weltanschauung hatten finden lassen,[107] glaubte er im Gegensatz zu diesen naiven Bauernphilosophen nicht, dass die Zarenregierung ihre Ideen und Vorschläge in die Tat umsetze, wenn man sie überzeugend genug darlege und begründe.[108]

Bemerkenswert waren auch Tolstois Kontakte zur pazifistischen und staatskritischen Glaubensgemeinschaft der „Molokanen" („Milchtrinker"),[109] die von ihm mehrmals aktiv unterstützt wurde – insbesondere als die Zarenbehörden 1897 ihren Mitgliedern die Kinder wegnahmen und in die Klöster steckten[110] sowie bei ihrer drei Jahre später erfolgten Auswanderung in die USA.[111]

Noch bedeutsamer war Tolstois Beziehung zu einer anderen nicht-orthodoxen russischen Religionsgruppe, den „Duchoborzen" („Geisteskämpfern").[112]

---

100 Vgl. *Donskov*, Writers, S. 21.

101 Vgl. *Troyat*, Tolstoi, S. 340 ff.

102 Vgl. *Keller / Sharandak*, Tolstoj, S. 73.

103 Vgl. *Prugavin*, Religiosnyje, S. 102.

104 Vgl. *Prugavin*, Religiosnyje, S. 90 f.

105 Vgl. *Prugavin*, Religiosnyje, S. 112.

106 Vgl. *Prugavin*, Religiosnyje, S. 90 ff.

107 Vgl. *Tolstoi*, Tak a.a.O., S. 386.

108 Vgl. *Nikitin*, „Bogostroitelstwo" a.a.O., S. 61 mit weiteren Nachweisen.

109 So genannt, weil ihre Angehörigen an den Fastentagen Milch zu sich nehmen.

110 Vgl. *Troyat*, Tolstoi, S. 444 f.; *Donskov*, Tolstoy S. 56 f.

111 Vgl. *Donskov*, Tolstoy, S. 57.

112 Diese zweideutige Bezeichnung wurde 1786 von einem orthodoxen Erzbischof geprägt, um die „Sektierer" als „Kämpfer wider den [Heiligen] Geist" zu diffamieren. Die Gemeinde selbst gab dem Begriff eine andere Bedeutung – „Menschen, die mit oder für den Geist kämpfen". Vgl. *Donskov*, Duchoborzen a.a.O., S. 720, 729.

Diese in der zweiten Hälfte des 18. Jahrhunderts entstandene Glaubensgemeinschaft, die Sakramente und kirchliche Hierarchie ablehnte, wurde von der zaristischen Regierung zunächst toleriert – zumindest in einem entlegenen Kaukasusgebiet. Dies änderte sich 1895, als die meisten Duchoborzen, angeführt vom Prediger Pjotr Werigin (1859–1924) einen radikalen Kurs einschlugen, den Staat und seine Einrichtungen, insbesondere das Gerichtswesen und den Militärdienst, verwarfen[113] und am 11. Juli 1895[114] sämtliche Waffen, die sie besaßen, in einer feierlichen Zeremonie öffentlich verbrannten.[115] Auf diesen Akt des zivilen Ungehorsams reagierten die zaristischen Behörden mit brutaler Gewalt – Hunderte von Gläubigen wurden eingesperrt, in die Disziplinar-Bataillone gesteckt, in die entlegenen Bergdörfer zwangsumgesiedelt – wo sie keine Arbeitserlaubnis erhielten – oder sogar nach Sibirien geschickt, wo ihnen der Hungertod drohte, da viele der Verbannten Vegetarier waren.

Leo Tolstoi setzte sich für die Verfolgten sofort ein – er motivierte seine engsten Vertrauten[116] Wladimir Tschertkow, Pawel Birjukow (1860–1931) und Iwan Tregubow (1858–1931), das Protestmanifest „Zu Hilfe!" aufzusetzen, verfasste das Nachwort dazu und ließ den Duchoborzen das Honorar für seinen Roman „Auferstehung" zukommen. Daneben spielte er eine maßgebliche Rolle beim Organisieren der Massenauswanderung der etwa 8000 Gläubigen im Jahr 1899 nach Kanada, wobei sie auf der Überfahrt von Leo Tolstois Sohn Sergei (1863–1947) begleitet wurden. Der Grund für diese tatkräftige Unterstützung war nicht allein Tolstois generelle Sympathie für die unterdrückten Minderheiten. Vielmehr erblickte er im Umstand, dass mehrere tausend Menschen, die zu seinen Anhängern nicht zählten, trotzdem weitgehend gleiche Vorstellungen entwickelt hatten und bereit waren, dafür friedlich zu streiten und notfalls zu sterben, einen Beweis dafür, dass diese Ideen nicht mit seiner eigenen Person standen und fielen, sondern in der Zukunft einen Triumph erlangen würden.[117] Diese Überzeugung veranlasste Tolstoi, seine – um 1900 bereits weitgehend ausgeformte – sozialphilosophische Lehre mit noch mehr Nachdruck zu vertreten, sie gewissermaßen auch zu radikalisieren, aber auch das Konzept eines gewaltlosen Widerstandes gegen das Böse noch stärker zu betonen.[118]

---

113 Vgl. *Donskov*, Tolstoy, S. 15 ff. mit weiteren Nachweisen.

114 29. Juni nach dem Julianischen Kalender.

115 Vgl. *Tarasoff*, Doukhobors, S. 21 ff.

116 Vgl. *Alston*, Tolstoy, S. 26.

117 Vgl. *Tolstoi*, Brief an T. L. Tolstaja und M. L. Obolenskaja a.a.O., S. 497 f.

118 Vgl. *Donskov*, Duchoborzen a.a.O., S. 721.

Aber trotz aller Bewunderung für die Ideale der Molokanen und Duchoborzen konnte sich Tolstoi auch mit ihnen nicht vollständig identifizieren, weil er (wie sein Brief an Werigin nach Kanada 1905 bezeugt)[119] nicht zu Unrecht befürchtete, dass sie ihre grundsätzliche Ablehnung des Staates und seiner Institutionen nach und nach aufgeben und den Reizen der Konsumgesellschaft erliegen würden, wenn ein demokratisches Gemeinwesen ihnen die Glaubensfreiheit zusichere.[120]

b) Christlicher Abolitionismus

Prägend für Tolstois Überzeugungen war auch seine Beschäftigung mit dem Gedankengut der christlichen amerikanischen Sklavereigegner des 19. Jahrhunderts. Ein wichtiger Grund für Tolstois Interesse an dieser Bewegung war, dass er Parallelen zwischen den zunehmend blutigen politischen und sozialen Auseinandersetzungen im Russischen Reich nach der Aufhebung der Leibeigenschaft im Jahr 1861 und dem Kampf gegen die Sklaverei in den USA am Vorabend des Sezessionskrieges (1861–1865) erblickte.[121] Dabei verspürte Tolstoi eine besonders große Sympathie für den radikalen Flügel der Abolitionistenbewegung, der nicht nur die Sklavenbefreiung in Amerika verlangte, sondern auch den Staat und das staatliche Recht generell in Frage gestellt hatte.

Unter diesen kritischen Denkern ist an erster Stelle William Lloyd Garrison (1805–1879) zu nennen. Tolstoi erfuhr von seinem Leben und Wirken durch dessen Sohn Wendell Phillips Garrison (1844–1907), der im Traktat des russischen Denkers „Mein Glaube“ viele Gemeinsamkeiten mit Ideen des Vaters entdeckt hatte und 1886 die ersten zwei Bände der Biographie „William Lloyd Garrison, 1805–1879. The Story of His Life Told by His children“ (1885–1889) nach Jasnaja Poljana schickte.[122] Der kritische Publizist sah als Grund für die Sklaverei in den USA nicht bloß gewisse Gesetze und Vorschriften, sondern eine Gesellschaftsform, die in jedem Staat der Erde existiere und den Menschen erlaube, sich zu Herren und Richtern über ihresgleichen aufzuschwingen,[123] weil „Erzwingen des Geldes, Einsperren, Verbannen und Hinrichten keine [christliche] Vergebung, sondern Rache [ist].“[124]

---

119 Vgl. *Tolstoi*, Brief an Pjotr Werigin a.a.O., S. 245.

120 Vgl. *Tolstoi*, gasety a.a.O., S. 210.

121 Vgl. *Tolstoi*, Brief an den Landessteuerbund Australiens a.a.O., S. 222.

122 Vgl. *Philipp*, Tolstoj, S. 113 mit weiteren Nachweisen.

123 Vgl. *Garrison*, Declaration.

124 Ebd.

Dieser unerträgliche Zustand – und somit auch die Sklaverei in den USA – sollte allerdings nicht mit Gewalt, sondern mit ausschließlich friedlichen Mitteln bekämpft werden – Missachtung der sklavereifreundlichen Rechtsnormen, Verweigerung der Zusammenarbeit mit den Behörden und Gerichten, die Sklavenbesitzer unterstützten, Wahlboykott und Ablehnung des Militärdienstes.[125] Diese Ideen übten auf Tolstoi eine so große Wirkung aus, dass er Garrisons Porträt in seinem Arbeitszimmer an die Wand hängte[126] und den amerikanischen Abolitionisten als einen „der bedeutenden Vorkämpfer des wahren menschlichen Fortschritts",[127] als „einen der größten Männer der Welt"[128] und sogar als „einen der größten Propheten der Menschheit"[129] pries. Weiterhin bezeichnete Tolstoi Garrisons Schlüsselwerk „Declaration of Sentiments Adopted by the Peace Convention" (1838) als „Meilenstein der Menschheitsgeschichte",[130] übersetzte dieses Manifest ins Russische und veröffentlichte es zweimal – in der Abhandlung „Das Reich Gottes ist inwendig in Euch" und im Lesebuch „Für alle Tage"; ferner schrieb er 1904 das Vorwort zur Kurzbiographie von Garrison,[131] die von Wladimir Tschertkow mitverfasst wurde.

Doch in einem wesentlichen Punkt unterschied sich Tolstois Lehre von den Ideen Garrisons. Während der russische Schriftsteller ein strenger Pazifist blieb, lehnte der amerikanische Publizist zwar die Anstiftung zu einem Sklavenaufstand strikt ab, befürwortete jedoch, zumindest in den späteren Lebensjahren, die – auch gewaltsame – Unterstützung einer bereits ausgebrocnen Sklavenrebellion.[132] Als solche „Rebellion" beurteilte er auch den Sezessionskrieg und warf sogar Lincoln vor, die Sache der Nordstaatler nicht tatkräftig genug zu vertreten.[133]

Großen Respekt brachte Tolstoi auch Adin Ballou (1803–1890) entgegen, von dem der russische Denker im Juni 1889 durch den unitarischen Pastor Louis Gilbert Wilson (1858–1921) erfuhr, der mit dem amerikanischen Religionsphilosophen befreundet war. Der Gefolgsmann und Anhänger Garrisons, Adin Ballou, stand einer religiös-pazifistischen Gemeinde in der Kleinstadt Hopeda-

---

125 Vgl. *Tolstoi*, Brief an Edwards H. James a.a.O., S. 206.

126 Vgl. *Philipp*, Tolstoj, S. 114 mit weiteren Nachweisen.

127 *Tolstoi*, Predislowije a.a.O., S. 99.

128 Ebd.

129 *Tolstoi*, Briefentwurf an Wendel (Phillips) Garrison a.a.O., S. 344.

130 *Tolstoi*, Brief an Edwards H. James a.a.O., S. 206.

131 Vollständiger Titel: „A Short Biography of William Lloyd Garrison by W. Tchertkoff and F. Hollah with an Introductory Appreciation of his Life and Work by Leo Tolstoy".

132 Vgl. *Garrison, W. P. / Garrison, F. J.*, Garrison, S. 90

133 Vgl. *Anikin*, Tolstoi.

le in Massachusetts vor. Er vertiefte und verschärfte auch die Sozialphilosophie seines Lehrers Garrisons und radikalisierte dessen Rechtskritik – insbesondere verwarf Ballou nicht nur den Gerichtsdienst als „unchristlich“,[134] sondern auch die Erhebung der Klagen.[135]

Nach der eingehenden Beschäftigung mit Schriften Ballous – insbesondere mit seiner Abhandlung „Christian Non-Resistance, in All Its Important Bearings: Illustrated and Defended“ (1846) – gewann Tolstoi eine so hohe Meinung von dem kritischen Denker, dass er ihn nicht nur den Autoren zurechnete, die ihn besonders tief beeinflusst hatten,[136] sondern sogar meinte, dass er „in der Zukunft als einer der Hauptwohltäter der Menschheit anerkannt [wird]“.[137] Deshalb sorgte Tolstoi für die Übersetzung und Herausgabe dieses Buchs in Russland (1908) und wählte zwei Jahre später mehrere Zitate aus Ballous Schriften für die Anthologie „Der Lebensweg“. Aber auch Tolstois in vielfacher Hinsicht programmatischer Traktat „Das Reich Gottes ist inwendig in Euch“ entstand aus dem Plan, ein „Nachwort“ zu „Non-Resistant Catechism“ von Ballou und zu „Declaration of Sentiments Adopted by the Peace Convention“ von Garrison zu verfassen.[138] Das Briefverhältnis zwischen Leo Tolstoi und Adin Ballou gestaltete sich allerdings etwas schwierig, weil der US-Denker im Gegensatz zu Tolstoi das Eigentumsrecht verteidigte, die Gewaltanwendung gegenüber betrunkenen oder wahnsinnigen Menschen befürwortete und die Existenz einer (nicht unbedingt staatlichen) Zentralgewalt für unentbehrlich hielt.[139]

Einen großen Einfluss übte auf Tolstoi auch der berühmte amerikanische Denker und Essayist Ralph Waldo Emerson (1803–1882) aus. Tolstoi erfuhr von diesem Philosophen und seinen Büchern spätestens im März 1858 durch einen anonym erschienenen Artikel in der Zeitschrift „Literarisches Zentralblatt für Deutschland“,[140] setzte sich mit seinem Gedankengut aber erst in den 1880er Jahren intensiv auseinander.[141] In seinem publizistischen Werk verurteilte

---

134 *Ballou*, Catechism.

135 Vgl. ebd.

136 Vgl. *Tolstoi*, Brief an Edwards Garnett a.a.O., S. 397.

137 *Tolstoi*, Brief an L. G. Wilson a.a.O., S. 270.

138 Vgl. *Tolstoi*, Brief an Wladimir Tschertkow vom 28. Juli 1890 a.a.O., S. 36; *Tolstoi*, Brief an P. I. Birjukow vom 17. September 1890 a.a.O., S. 166.

139 Vgl. *Tolstoi*, Brief an L. G. Wilson a.a.O., S. 270 (270 f.).

140 Vgl. *Tolstoi*, Tagebucheintragung von 24. März 1858 a.a.O., Bd. 48 S. 11. In der Bibliothek von Jasnaja Poljana wird daneben ein Exemplar des 1856 in Leipzig erschienen Buchs „Representative Men. Seven Lectures by Ralph Waldo Emerson“ aufbewahrt, aber es bleibt unklar, wann es dorthin kam. Vgl. *Altuchow*, Tolstoi.

141 Vgl. *Philipp*, Tolstoj, S. 104 mit weiteren Nachweisen.

Emerson die Sklaverei und forderte die Abolitionisten auf, deren Abschaffung durch gewaltlosen Widerstand zu erreichen.[142] Mit dieser Position korrespondierte auch sein Konzept der „self-reliance" (Selbstvertrauen).[143] Emerson bezeichnete mit diesem Begrriff die Entschlossenheit, Opportunismus und Konformismus zu verwerfen, die eigene Sicht der Dinge zu formen, dem Ruf des Gewissens zu folgen und dadurch im Endeffekt die menschlichen und staatlichen Belange friedlich zu revolutionieren.[144] Diese Idee sowie Emersons Aufruf zu einem einfachen Leben und seine (von Kant beeinflusste)[145] Auffassung von einem universellen Moralgesetz[146] faszinierten Tolstoi. Er pries Emerson als visionären Denker,[147] zählte ihn zu den größten Mahnern vor dem blinden Zivilisationsglauben[148] und sogar zu den größten Weisen der Welt,[149] gab den Essay „Self-Reliance" 1902 in russischer Übersetzung im tolstoianischen Verlag „Posrednik" („Der Mittler") heraus und wählte insgesamt 93 Zitate von Emerson für seine Lesebücher „Für alle Tage" und „Für jeden Tag".[150]

Aber diese hohe Wertschätzung darf nicht über einige grundlegende rechtsphilosophische Unterschiede zwischen den beiden Denkern hinwegtäuschen. Zum einen befürwortete Emerson im Gegensatz zu Tolstoi die gerechte Vergeltung für begangene Verbrechen.[151] Zum anderen war sein philosophischer Anarchismus wesentlich moderater als Tolstois Staatskritik.[152]Während Tolstoi den Staat rundum ablehnte, meinte der US-Denker zwar, dass diese Institution mit dem Aufkommen eines neuen, weisen Menschen hinfällig werde,[153] beklagte aber zugleich, dass bislang niemand versucht habe, den Staat auf eine neue Grundlage – die Nächstenliebe – zu stellen.[154]

Abschließend ist Emersons Freund und Zeitgenosse Henry David Thoreau (1817–1862) zu erwähnen. Er war im Gegensatz zu vielen amerikanischen

142 Vgl. *Lowance*, Slavery, S. 301 f.; *Sassurski J. / Slobin, G. / Kowlaljow J.*, Pissateli, S. 319.
143 Das war auch der Titel seines 1841 erschienenen Essays.
144 Vgl. *Sassurski / Slobin / Kowlaljow*, Pissateli, S. 319.
145 Vgl. *Cooke*, Emerson, S. 333 f.
146 Vgl. *Sassurski / Slobin / Kowlaljow*, Pissateli, S. 320.
147 Vgl. *Tolstoi*, Tolstoi, Tagebucheintragung vom 10. Januar 1909 a.a.O., Bd. 57 S. 8.
148 Vgl. *Tolstoi*, snatschenii, a.a.O., S. 331.
149 Vgl. *Tolstoi*, wospitanii a.a.O., S. 68.
150 Vgl. *Philipp*, Tolstoj, S. 105 mit weiteren Nachweisen.
151 Vgl. *Emerson*, Compensation.
152 Siehe unten Kapitel C) III.
153 Vgl. *Emerson*, Politics.
154 Vgl. ebd.

Abolitionisten kein bekennender Christ, sondern eher pantheistisch gesinnt, stand aber dennoch unter dem Einfluss des geistigen Erbes des Puritanismus.[155] Tolstoi scheint Thoreaus Werk schon 1889 gekannt zu haben,[156] aber das Hauptgewicht seiner Beschäftigung mit Thoreaus Schriften lag auf der Zeit nach 1890, als er auch dessen berühmte Abhandlung „Über die Pflicht zum Ungehorsam gegen den Staat“ (1849) bestellte und las.[157] Den russischen Schriftsteller beeindruckten Thoreaus Zivilisationskritik, sein Aufruf zum einfachen Leben[158] und sein Ideal des gewaltlosen Widerstands gegen das politische Unrecht.[159] Besonderen Respekt zollte Tolstoi Thoreau dafür, dass er sich 1846 geweigert hatte, durch die Entrichtung der Kopfsteuer die Sklaverei (und den Mexikanisch-Amerikanischen Krieg von 1846–1848) zu unterstützen – und deshalb sogar kurzfristig inhaftiert worden war.[160] Aber auch Thoreaus Kritik am Beamtentum und am Justizwesen auch in einem demokratischen Staat[161] beeinflusste das Denken Tolstois – und sein Werk.

Deshalb pries Tolstoi Thoreau als „höchst bemerkenswerte[n] amerikanischen Schriftsteller“,[162] zählte ihn zu den amerikanischen Autoren, die ihn am meisten geprägt hatten[163] und übernahm 45 Zitate aus Werken von Thoreau für seine Lesebücher „Für alle Tage“ und „Für jeden Tag“.[164] Auch Tolstois Spätwerk – der Justizroman „Auferstehung“, der zur Zeit seiner intensiven Beschäftigung mit Thoreaus Ideen entstand (1889–1899) und somit von ihnen direkt beeinflusst wurde –, enthielt einen, allerdings inkorrekt wiedergegebenen, Spruch des US-Autors.[165]

---

155 Vgl. *Philipp*, Tolstoj, S. 108 mit weiteren Nachweisen.

156 Vgl. *Alexejewa*, Tolstym a.a.O., S. 15.

157 Vgl. *Philipp*, Tolstoj, S. 109 mit weiteren Nachweisen.

158 Vgl. *Alexejewa*, Tolstym a.a.O., S. 16.

159 Vgl. *Tolstoi*, Brief an Eugen Heinrich Schmitt a.a.O., S. 162.

160 Vgl. ebd. Tolstoi behauptete in diesem Brief fälschlicherweise, dass Thoreau die Schrift „Über die Pflicht zum Ungehorsam gegen den Staat“ im Gefängnis verfasst habe.

161 Vgl. *Thoreau*, Ungehorsam, S. 3, 7, 9.

162 *Tolstoi*, Brief an Eugen Heinrich Schmitt a.a.O., S. 162.

163 Vgl. *Tolstoi*, Brief an Edward Garnett a.a.O., S. 397.

164 Vgl. *Philipp*, Tolstoj, S. 109, 153.

165 „Der einzige Ort, der einem anständigen Bürger in jenem Staate angemessen [ist], wo die Sklaverei gesetzlich untermauert und begünstigt [wird], [ist] das Gefängnis.“ statt „Unter einer Regierung, die Menschen zu Unrecht einsperrt, ist der wahre Platz für einen gerechten Mann ebenso das Gefängnis.“ Siehe *Tolstoi*, Woskressenije a.a.O., S. 304 und *Thoreau*, Ungehorsam, S. 7.

Trotzdem teilte Tolstoi nicht alle Überzeugungen des amerikanischen Denkers, der weder die bewaffnete Gewalt als letztes Mittel verwarf[166] noch den Staat vollständig ablehnte.[167] Daneben empfand Tolstoi Thoreaus Hauptwerk „Walden" (1854), das vom abgeschiedenen Leben des Autors in einer Waldhütte erzählt, als unnötig provokant.[168]

2. Nichtchristliche Religionen

a) Einleitung

Aber nicht allein aus dem heterodoxen Christentum schöpfte Tolstoi die Anregungen für seine Sicht auf Schuld und Sühne. Der weltoffene Schriftsteller, der sechzehn (europäische wie auch asiatische) Fremdsprachen sprach[169] (vollkommen beherrschte er allerdings nur Deutsch, Englisch und Französisch)[170] und alle nationalen oder religiösen Vorurteile verwarf, entwickelte auch ein lebendiges Interesse für die orientalischen Religionskulturen. Dieses Interesse war, anders als der „Orientalismus" seiner zahlreichen Zeitgenossen, keine oberflächliche Schwärmerei für das Ferne und Exotische. Vielmehr erblickte Tolstoi diese Glaubenslehren als Orte der unverfälschten Moral und hohen Ethik, an denen neue, frische Kräfte zur Erneuerung einer naturentfremdeten christlichen Zivilisation gewonnen werden konnten. Dabei stand der Schriftsteller, entgegen einer weit verbreiteten Ansicht,[171] auch diesen Religionen nicht unkritisch gegenüber und verwarf in ihren Welt- und Gesellschaftsbildern Dogmen, die er als reaktionär, verfehlt oder falsch empfand.

b) Die Lehren Chinas

Jahrzehntelang war Tolstois Interesse am Reich der Mitte eher sporadisch, veranlasst ausschließlich durch die britischen – und später auch französischen – Angriffskriege gegen China, die Tolstoi scharf verurteilte[172] – genauso wie viel später eine brutale Unterdrückung des Boxeraufstandes (1900–1901) durch die westlichen Mächte, Russland und Japan.[173]

166 Vgl. *Thoreau*, Ungehorsam S. 7 f.

167 Vgl. *Thoreau*, Ungehorsam S. 2.

168 Vgl. *Bulgakow*, Tolstogo, S. 229.

169 Vgl. *Lomunow*, Tolstoi a.a.O., S. 295.

170 Ebd.

171 Vgl. *Schiffmann*, Tolstoi, S. 30 mit weiteren Nachweisen.

172 Vgl. *Schiffmann*, Tolstoi mit weiteren Nachweisen.

173 Vgl. *Tolstoi*, Brief an einen Chinesen a.a.O., S. 290.

Erst zur Zeit seiner verstärkten Hinwendung zur Religion und Philosophie um 1880 befasste er sich eingehend mit „Heiligen Büchern des Ostens",[174] darunter auch mit Schriften von Konfuzius (vermutlich 551 v. Chr.–479 v. Chr.) und Laozi (vermutlich 4. Jahrhundert v. Chr), und soll sogar versucht haben, Chinesisch zu lernen, wohl um sie in der Originalsprache zu lesen.[175] Für die Lehren dieser Denker begeisterte Tolstoi sich bald so stark, dass er 1891 meinte, dass Konfuzius auf ihn einen sehr großen und Laozi sogar einen gewaltigen Einfluss ausgeübt hatte.[176] In den folgenden Jahren spielte Tolstoi eine maßgebliche Rolle beim Popularisieren der Werkes von Konfuzius und Laozi in Russland,[177] unter anderem, indem er zahlreiche Sprüche und Aphorismen dieser Philosophen in die Lesebücher „Für alle Tage", „Für jeden Tag" und „Der Lebensweg" aufnahm.

In der Lehre Laozis faszinierte Tolstoi zunächst der Tao-Begriff als universeller Moralkodex, der insbesondere Demut, Bescheidenheit, Gewaltlosigkeit, sowie (als negativ ausgedrückte „Goldene Regel der Ethik"[178]) den Verzicht, anderen zuzufügen, was man selbst nicht erleiden will,[179] und Vergeltung des Bösen mit dem Guten verlangt, weshalb der russische Denker darin die Wesensverwandtschaft zum christlichen Konzept der Nächstenliebe erblickte.[180] Das taoistische Nicht-Tun-Konzept sah er nicht als Aufforderung zur Faulheit oder Passivität, sondern als dringenden Appell an die Menschen, alle Handlungen zu unterlassen, welche diesem Kodex widersprechen, und meinte:

> „Alles Elend der Menschen rührt nach der Laozisischen Lehre nicht so sehr davon her, dass Menschen nicht das getan haben, was sie getan haben sollten, wie davon, dass sie das tun, was sie sie eigentlich nicht tun müssten. Und deshalb würden sich die Menschen, wenn sie das Nichtstun beobachten würden […], nicht allein vom persönlichen, sondern auch vom gesellschaftlichen Leid befreien, welches der chinesische Philosoph besonders im Auge hat."[181]

Somit sollen die Menschen den Grundsatz beherzigen: „Tu nicht, was Du nicht tun sollst, und Du tust damit alles Erforderliche."[182] Ein weiterer Aspekt des Taoismus, der Leo Tolstoi besonders gefiel und seine eigene Lehre beeinfluss-

174 *Tolstoi*, Brief an N. W. Michailow a.a.O., S. 224.

175 Vgl. *Schiffmann*, Tolstoi, S. 491.

176 Vgl. *Schiffmann*, Tolstoi, S. 41 mit weiteren Nachweisen.

177 Vgl. *Schiffmann*, Tolstoi, S. 46 f., 57 f. mit weiteren Nachweisen.

178 Vgl. *Küng*, Weltethos, S. 84 f.

179 Vgl. *Tolstoi*, Brief an einen Chinesen a.a.O., S. 299.

180 Vgl. *Schiffmann*, Tolstoi, S. 46.

181 *Tolstoi*, Nedelanije a.a.O., S. 185.

182 *Tolstoi*, Put a.a.O., S. 352.

te, war die politische Philosophie Laozis. Der chinesische Denker übte scharfe Kritik am straff verwalteten, detailliert reglementierten zentralistischen Staat und setzte ihm das eines Gemeinwesens entgegen, das seine Behörden auf ein notwendiges Minimum begrenzt und die Menschen in kleineren ländlichen Gemeinden leben lässt.[183]

Die Philosophie des Konfuzius beeindruckte den russischen Denker aus mehreren Gründen. Zum einen gefiel dem Rationalisten Tolstoi, dass Konfuzius' Morallehre nicht als göttliche Offenbarung präsentiert wird und das eigenverantwortliche Handeln des Menschen in den Mittelpunkt stellt.[184] Das konfuzianische Konzept vom Mittelweg sah Tolstoi im Zusammenhang mit der Aufforderung des chinesischen Philosophen, „anderen nicht tun, was man selbst nicht möchte, dass einem getan werde",[185] und interpretierte deshalb diese Aufforderrung als Aufruf zur Harmonie zwischen den Menschen und in ihrer Welt:

> „Das innere Gleichgewicht ist die Quelle aller guten Taten; die Eintracht ist das Gesetz des menschlichen Handelns. Wenn Gleichgewicht und Einvernehmen in den Menschen existierten, dann gäbe es in der Welt eine glückliche Ordnung, und alle Wesen würden gedeihen."[186]

Besonders beeinflusste Tolstoi der konfuzianische Grundsatz der Humanität („Ren"), der gegenseitige Unterstützung der Menschen in der Familie und in der Gesellschaft verlangt, Krieg und Gewalt untersagt und Blutvergießen als größtes Übel verurteilt.[187] Bezeichnenderweise übersetzte Tolstoi 1891 die Kurzgeschichte des französischen Schriftstellers Jacques Henri Bernardin de Saint-Pierre (1737–1814) „Das Kaffeehaus von Surat" ins Russische, in welcher der Streit zwischen Anhängern verschiedener Religionen durch einen weisen konfuzianischen Chinesen beigelegt wird. Und nicht zuletzt fühlte Tolstoi sich zu Konfuzius (und zu Buddha) als bescheidenen und volksnahen Moralpredigern hingezogen.[188]

Weitere chinesische Denker, die Tolstoi stark beeindruckten und beeinflussten,[189] waren der Begründer des nach ihm benannten Mohismus, der pazifisti-

---

183 Vgl. *Bartolf*, Nicht-Widerstehen, S. 50.

184 Vgl. *Schiffmann*, Tolstoi, S. 52.

185 *Konfuzius*, zitiert nach *Bartolf*, Nicht-Widerstehen, S. 50.

186 *Tolstoi*, Tagebucheintragung vom 12. November 1900 a.a.O., Bd. 54 S. 58. Eigene Übertragung, weil diese Stelle in der deutschen Übersetzung „Tagebücher 1847– 1910" (1979) fehlt.

187 Vgl. *Schiffmann*, Tolstoi, S. 55.

188 Vgl. *Diwilkowskij*, Tolstoi.

189 Siehe u.a. *Tolstoi*, Brief an W.G. Tschertkow vom 12.11.1893 a.a.O., S. 239; *Stead*, zitiert nach *Schiffmann*, Tolstoi, S. 28.

sche Philosoph Mozi (5. Jh. v. Chr.), der – im Gegensatz zu den Konfuzianern[190] – die Gleichbehandlung der Menschen über die Standesschranken hinweg verlangte, sowie der Konfuzianer Mengzi (um 370 v. Chr.–um 290 v. Chr.), der Humanität, Pflichtgefühl, Weisheit und Demut als Grundzüge der menschlichen Natur ansah und dazu aufforderte, diese Eigenschaften zu bewahren und zu entwickeln.

Tolstois Kontakte zu den zeitgenössischen chinesischen Intellektuellen blieben indessen auf Grund der wirtschaftlichen und politischen Hindernisse eher dürftig,[191] doch gehörte zu seinen Briefpartnern der brillante Gelehrte Gu Hongming (1857–1928), dessen (auf Englisch verfasste) zivilisationskritische Schriften „Papers from a Viceroy's Yamen: a Chinese Plea for the Cause of Good Government and True Civilization" (1901) und „ET [sic!] nunc, reges, intelligite! The Moral Cause of the Russia[sic!]-Japanese War" (1906) Tolstoi nach eigenen Worten „mit großem Interesse"[192] las.

Somit muss man wohl Romain Rolland Recht geben, der 1928 meinte, dass von allen asiatischen Kulturen, die Tolstoi studierte, es die chinesische gewesen sei, deren Denken ihm am nächsten wäre.[193] Teile des philosophischen Gedankenguts Chinas konnte der russische Denker trotzdem nicht akzeptieren.

Allen voran stieß ihn ab, dass die Chinesen entgegen der freiheitlichen politischen Philosophie Laozis sich inzwischen der absolutistischen Kaisermacht unterworfen hatten, deren Behauptung, dass der Regent der weiseste und tugendhafteste Mensch sei, lediglich dazu diene, seine despotische Gewalt mit fadenscheinigen Argumenten zu rechtfertigen.[194] Mit dieser Auffassung Tolstois korrespondierte auch seine scharfe Kritik an Mengzi, der im Gegensatz zu Mozi glaubte, dass man den Menschen beibringen solle, keine Liebe, sondern „Stärke, Reichtum, Macht, Kühnheit"[195] wertzuschätzen.

Aber auch die mohistische Lehre vom „Willen des Himmels" sowie von Geistern, die das Menschenleben beeinflussen, lehnte der Rationalist Tolstoi ab.[196] Daneben widerstrebte ihm die Ansicht von Konfuzius, dass man das Böse

190 Vgl. *Schiffmann*, Tolstoi, S. 63.

191 Vgl. *Birukoff*, Tolstoi, S. 125.

192 *Tolstoi*, Brief an einen Chinesen a.a.O., S. 290.

193 Vgl. *Rolland*, zitiert nach *Bartolf*, Nicht-Widerstehen, S. 48.

194 Vgl. *Tolstoi*, Brief an einen Chinesen a.a.O., S. 293.

195 *Tolstoi*, Krug a.a.O., Bd. 42 S. 351.

196 Vgl. *Schiffmann*, Tolstoi, S. 62.

nicht mit dem Guten, sondern nur mit einer (vom chinesischen Denker nur vage definierten) „Gerechtigkeit" vergelten solle.[197]

c) Hinduismus

Tolstois Blick richtete sich auch nach Indien. Bereits 1873 befasste er sich mit wissenschaftlichen Monographien über die Kultur und Geschichte Indiens[198] und wenig später auch mit hinduistischen Religionsschriften, die ihm teils in hochwertigen Buchübersetzungen in westeuropäischen Sprachen, teils in der abonnierten indischen Fachzeitschrift „Vedic Magazine" vorlagen. Zu diesen Werken gehörten zunächst die Veden mit ihrer klassischen Auslegung, den Upanishaden. Aus der nachvedischen Zeit kannte Tolstoi die berühmten Heldendichtungen „Ramayana" und „Mahabharata", wobei er im zweiten Epos insbesondere dessen „Bhagavad Gita" genannten religiös-philosophischen Teil hochschätzte.[199] Er war auch vertraut mit den „Puranas", den Fabel- und Legendenbüchern („Panchatantra", „Hitopadesha") sowie mit dem Meisterwerk der hinduistischen tamilischen Literatur – dem philosophischen Lehrgedicht „Tirukkural".[200] Aber besonders großen Wert legte Tolstoi auf die Morallehren der zwei großen Hindu-Philosophen des Mittelalters – Adi Shankara (um 788–um 820), der Standesdünkel, Habgier, Krieg und Gewalt verurteilte,[201] und Kabir (1440–1518), der ein absolutes Tötungsverbot aussprach.[202]

Auch mehreren neohinduistischen Denkern des späteren 19. Jahrhunderts, die für die Unabhängigkeit Indiens von Großbritannien kämpften und zugleich religiöse, politische und soziale Reformen in ihrem Heimatland forderten, brachte Tolstoi großen Respekt entgegen. Es war zunächst Ramakrishna Paramahamsa (1836–1886), der die Gleichheit aller Menschen und aller Religionen sowie das Streben nach dem Guten lehrte und von Tolstoi als „herausragender Weiser" gepriesen wurde.[203] Noch größer war seine Achtung vor Ramakrishnas Schüler Swami Vivekananda (1863–1902), der den westlichen Materialismus verurteilte und zu einer friedlichen Erneuerung der Welt aufrief. Seine Monographie „Yoga's Philosophy" (1896) bezeichnete Tolstoi als „wun-

197 Vgl. *Makovický*, Tolstogo, Bd. 2 S. 173.

198 Vgl. *Tolstoi*, Tagebucheintragung vom 15. Januar 1873 a.a.O., S. 101.

199 Vgl. *Tolstoi*, Brief an S. R. Chitale a.a.O., S. 32 f.

200 Vgl. *Bartolf*, Nicht-Widerstehen, S. 136.

201 Vgl. *Schiffmann*, Tolstoi, S. 126 f. mit weiteren Nachweisen.

202 Siehe *Tolstoi*, Brief an A. Ramaseshan a.a.O., S. 101 (102).

203 *Tolstoi*, zitiert nach *Schiffmann*, Tolstoi, S. 128.

dervolles Zeugnis indischer Weisheit"[204] und bat einige Jahre später seinen Freund Iwan Nashiwin (1874–1940), ihm ein weiteres Buch „des Brahmanen"[205] zukommen zu lassen, denn „[das] Lesen solcher Bücher macht nicht bloß Freude, es erweitert die Seele".[206] Schließlich begeisterte Tolstoi sich für die religiösen und philosophischen Schriften eines anderen Schülers Ramakrishnas – Swami Abhedananda (1866 –1939) – und plante sogar, sie auf Russisch erscheinen zu lassen.[207] Neohinduistisch ist auch das von Tolstoi mehrmals überschwänglich gelobte[208] Werk „Shree Krishna. The Lord of Love" (1904) von Baba Premananda Bharati (1858–1913).

Daneben wählte Tolstoi zahlreiche Zitate aus hinduistischen Schriften und Büchern für die von ihm herausgegebenen Spruchsammlungen,[209] adaptierte mehrere Hindu-Fabeln als Kunstmärchen[210] und hatte kurz vor dem Tod vor, die Geschichte, Kultur und Religion Indiens durch eine Reihe wissenschaftlicher Broschüren umfassend zu beleuchten.[211]

Im Übrigen war Tolstois lebendiges Interesse für Indien nicht allein theoretischer Natur. Der politisch engagierte Denker unterstützte aktiv den indischen Unabhängigkeitskampf gegen Großbritannien[212] und war sich sicher, dass Indien nach seiner Befreiung von der fremden Kolonialherrschaft noch größere geistige und kulturelle Leistungen vollbringe. Daher verwundert es nicht, dass Tolstoi in keinem Land des Orients so viele Briefpartner hatte wie in Indien.[213]

Aber trotz Tolstois starken Interesses „für die indische [hinduistische] Philosophie und für die religiösen Lehren [der] großen Meister [Indiens]"[214] wäre es verfehlt, im russischen Denker eine Art Hindu zu sehen, wie es sein Landsmann und jüngerer Zeitgenosse Nikolai Berdjajew[215] tat.[216] Zwar schätzte

---

204 *Tolstoi*, Tagebucheintragung vom 14. September 1896 a.a.O., Bd. 53 S. 106.

205 *Tolstoi*, Brief an I. F. Nashiwin a.a.O., S. 151.

206 Ebd.

207 Vgl. *Schiffmann*, Tolstoi, S. 131 f.

208 Siehe u.a. *Tolstoi*, Tagebucheintragung vom 29. Januar 1907 a.a.O., Bd. 56 S. 181; *Tolstoi*, Tagebucheintragung vom 2. Februar 1907 a.a.O., Bd. 56 S. 10; *Tolstoi*, Brief an Baba Premananda Bharati a.a.O., S. 36.

209 Vgl. *Schiffmann*, Tolstoi, S. 133 f.

210 Vgl. *Schiffmann*, Tolstoi, S. 137.

211 Vgl. *Schiffmann*, Tolstoi S. 202.

212 Vgl. *Schiffmann*, Tolstoi, S. 148 ff.

213 Vgl. *Schiffmann*, Tolstoi, S. 113.

214 *Tolstoi*, Brief an D. Gopaul Chetty a.a.O., S. 114.

215 Vgl. oben Kapitel B) I. 2.

216 Vgl. *Berdjajew*, Tolstoi a.a.O., S. 63, 64 f.

Tolstoi eine humane Ethik der hinduistischen Glaubensschriften, weil sie „die Tötung jedes und nicht nur menschlichen Lebewesens, Zorn, Ehebruch, Trinksucht, Völlerei, Faulheit, Lüge, Verurteilung des Nächsten [verbieten], Sanftmut, Selbstbeschränkung, Offenheit, Ehrlichkeit, Reinheit und die Vergeltung des Bösen mit dem Guten [verlangen]".[217] Zugleich meinte er aber, dass diese erhabene Lehre bereits im Altertum verzerrt wurde[218] durch den religiösen Mystizismus (dem selbst viele neohinduistischen Denker anhingen),[219] die abstrusen Rituale, die üppigen Tieropfer zur Sündenvergebung, die Weltflucht der Hindu-Asketen, aber allen voran durch ein „unmoralisches"[220] Kastensystem, das Leo Tolstoi in Briefen an seine indischen Freunde scharf anprangerte.[221] Im Übrigen war Tolstoi, wie Romain Rolland bemerkte, „kein indischer Mystiker, dem die Ekstase genügt",[222] sondern ein streitbarer Kämpfer gegen die politische und soziale Ungerechtigkeit.

d) Buddhismus

Auch aus der buddhistischen Religion schöpfte Tolstoi seine Anregungen. Er kam bereits 1847 mit ihr zum ersten Mal in Kontakt, als er im Krankenhaus von Kasan einen friedfertigen und sanftmütigen burjatischen[223] Lama traf, der von einem Straßenräuber verletzt worden war, ohne sich dagegen zur Wehr zu setzen, und den jungen Mann mit dem buddhistischen Prinzip vertraut machte, dem Bösen nicht durch Gewalt zu widerstehen.[224] Etwa zehn Jahre später lernte er in Moskau „zwei gebildete junge Damen"[225] kennen, die ihm weitere Grundlagen des Buddhismus erklärten.[226] Aber erst in den späten 1870er und 1880er Jahren, als Tolstoi sich verstärkt der (Rechts-)Philosophie zuwandte, fing er auch an, sich mit dem Buddhismus intensiv auseinander zu setzen, nicht zuletzt unter dem Einfluss Schopenhauers, der diese Religion hochgeschätzt hatte,[227] und las in dieser Zeit die Werke vieler berühmter Buddhologen, darunter Eugène Burnouf (1801–1852), Karl Friedrich Köppen (1808–1863),

---

217 *Tolstoi*, Siddartha a.a.O., S. 541.

218 Siehe ebd.

219 Vgl. *Schiffmann*, Tolstoi, S. 127 ff.

220 *Tolstoi*, Brief an Baba Premananda Bharati a.a.O., S. 36.

221 Siehe ebd.

222 *Rolland*, Tolstois, S. 79.

223 Die Burjaten sind ein buddhistisches Volk im Nordosten Russlands.

224 Vgl. *Birukoff*, Tolstoi, S. 10 f.

225 *Ssytina*, Wospomiminanija, S. 404 f.

226 Vgl. *Ssytina*, Wospomiminanija, S. 404.

227 Vgl. *Balasubramanian*, Buddhismus a.a.O., S. 575.

Friedrich Max Müller (1823–1900), Hermann Oldenberg (1854–1920) und Thomas William Rhys Davids (1843–1922).[228]

Wenige Jahre später ging Tolstoi dazu über, die Lehre Buddhas in Russland zu popularisieren. Zwar blieb die avisierte Biografie in Buchform „Siddhartha, genannt „Buddha“, d.h. „der Heilige““,[229] unvollendet, dafür verfasste Tolstoi mehrere kleinere Werke. 1905 schrieb er für das Lesebuch „Für alle Tage“, das nicht bloß die Sprüche berühmter Denker enthielt, sondern auch als Grundlage eines neuen kosmopolitischen Glaubens, der die Menschen aller Ethnien und Religionen einigen sollte, gedacht war,[230] den Artikel „Buddha“ und wählte dafür mehr als 50 Zitate aus buddhistischen Schriften.[231] 1909–1910 bearbeitete Leo Tolstoi den Essay des russischen Publizisten Pawel Bulanshes (1865–1925) „Das Leben und die Lehre von Siddhartha Gautama, genannt „Buddha“, also der Vollkommenste“ und verfasste dafür das Vorwort.[232]

Buddhistisch geprägt sind auch die von Leo Tolstoi 1894 bzw. 1903 frei ins Russische übersetzten Parabeln „Karma“ des deutsch-amerikanischen Schriftstellers und Philosophen Paul Carus (1852–1919), das individuelle Verantwortung für begangene Taten sowie Selbstlosigkeit und Vergebung zum Gegenstand hat, und „Das bist du“ eines anonymen deutschsprachigen Autors, das den Grundsatz der Einheit aller Menschen verdeutlicht, sowie Tolstois eigenes Kunstmärchen „König Asarhaddon von Assyrien“ (1903), das eine umfassende Nächstenliebe anstelle von Krieg, Eroberung und Hinrichtung verlangt. Selbst Tolstois tragische Flucht aus Jasnaja Poljana, die den kranken Greis im Endeffekt das Leben kostete, war vom Beispiel des Buddha inspiriert, der als junger Mann den prächtigen Fürstenhof seines Vaters im Geheimen verließ, um sich auf die Suche nach Wahrheit zu begeben.[233]

Diese Fakten veranlassten zahlreiche Kritiker, wie auch Verehrer Tolstois, ihn als „christlich angehauchten Buddhisten“[234] abzutun bzw. zum „neuen Buddha“[235] zu stilisieren. Bei näherer Betrachtung erweist sich diese Interpretation jedoch als einseitig und verzerrt. Zwar begeisterte sich Tolstoi für die buddhistische Ethik, die Mitleid und Gnade verlangt, sowie Krieg und Gewalt, aber

---

228 Vgl. ebd. mit weiteren Nachweisen.

229 Vgl. *Tolstoi*, Siddartha a.a.O., S. 659–662.

230 Vgl. *Birukoff*, Tolstoi, S. 14.

231 Vgl. *Belaja*, EM 2001, 205.

232 Vgl. *Schiffmann*, Tolstoi, S. 121.

233 Vgl. *Kwitko*, Tolstogo, S. 70.

234 *Kusse*, Religion a.a.O., S. 416 mit weiteren Nachweisen.

235 *Bunin*, Tolstogo.

auch einen gewaltsamen Widerstand gegen das Böse, ablehnt. Die Lehre vom Nirwana, das einem Menschen durch sein Streben nach dem Guten zuteil wird, prägte Tolstois Aufruf nach moralischer Vervollkommnung.[236] Buddhistisch beeinflusst war auch Tolstois Vorstellung vom Bösen bzw. vom Verbrechen.[237] Daneben imponierte Tolstoi das Fehlen einer staatstragenden „buddhistischen Kirche", die ein repressives Gemeinwesen legitimierte und unterstützte,[238] wobei er allerdings bereits Ansätze zu ihrer Entstehung (etwa in Japan während des Russisch-Japanischen Kriegs) sah – und sie scharf verurteilte.[239]

Zugleich verwarf der russische Philosoph jedoch die im späteren Buddhismus enthaltene Vorstellung von Siddhartha Gautama als höherem Wesen sowie den Wunderglauben und die komplizierten Riten.[240] Vor allem aber widerstrebte Tolstoi im Buddhismus das als unzulänglich und pessimistisch empfundene Bild einer verdorbenen Welt, welcher der Mensch durch innere Einkehr entfliehen sollte, statt sie aktiv umzugestalten. In diesem Konzept erblickte der Denker die Gefahr, das Böse nicht gewaltlos zu bekämpfen, sondern es passiv hinzunehmen. Er schrieb in sein Tagebuch:

> „Unrecht hat der Buddhismus nur insofern, als er diesem Leben, das zum Selbstverzicht führt, Ziel und Sinn abspricht. Wir sehen ihn nicht, aber er ist vorhanden und daher ist dieses Leben ebenso wirklich, wie jedes andere."[241]

Noch deutlicher ist eine andere Notiz:

> „Über Buddhismus, seine Lehre gelesen. Erstaunlich. In allem die gleiche Lehre. Der Irrtum besteht nur darin, sich vor dem Leben retten zu wollen – völlig. Buddha rettet sich nicht, sondern rettet die Menschen. Das hat er vergessen. Gäbe es niemanden, der gerettet werden müsste, gäbe es kein Leben."[242]

e) Islam

Bereits in seinen Jugendjahren, als Student der Orientalistik an der Universität Kasan (1844–1845), entwickelte Tolstoi für die islamische Religionskultur lebendiges Interesse und große Sympathie,[243] die bis an sein Lebensende ungebrochen blieben. Zwar lehnte der Denker den islamischen Glauben an das

---

236 Vgl. *Schiffmann*, Tolstoi, S. 117 f.

237 Vgl. *Meleschko*, Filosofija, S. 197, 203 f.

238 Vgl. *Ratschin*, Istoki, S. 204.

239 Vgl. *Tolstoi*, Odumajtes! a.a.O., S. 142.

240 Vgl. *Balasubramanian*, Buddhismus a.a.O., S. 577 f.

241 *Tolstoi*, Tagebucheintragung vom 17. November 1906 a.a.O., Bd. 55 S. 274.

242 *Tolstoi*, Tagebucheintragung vom 12. (24.) September 1884 a.a.O., Bd. 49 S. 121.

243 Vgl. *Schiffmann*, Tolstoi, S. 357 f.

Übernatürliche genauso entschieden ab wie den christlichen, den hinduistischen und den buddhistischen und betrachtete Mohammed nicht als Propheten im eigentlichen Sinne,[244] war jedoch vom Islam als einer starken und dynamischen Religion beeindruckt[245] und zog ihn dem orthodoxen Christentum vor:

> „Wer sich entscheiden muss, entweder zur orthodoxen Kirche oder zum Islam zu gehören, wird als vernünftige Person bei seiner Wahl nicht zögern. Jeder wird den Islam vorziehen mit seinem Grundsatz eines einzelnen Gottes und seines Propheten statt solch komplizierter und unmissverständlicher theologischer Dinge die Trinität, Erlösung, Sakramente, Heilige und ihre Bilder, komplizierte Gottesdienste."[246]

Daher bat Tolstoi nach der „Bekehrung" um 1880 die Gräfin Alexandra Tolstaja (eine Cousine seines Vaters), ihn nicht als Verrückten oder Revolutionär zu betrachten, sondern als eine Art „guten Mohammedaner".[247] Daneben schätzte Tolstoi die moralisch-ethische Seite der Lehre Mohammeds und gab auf die Veranlassung des indischen Islam-Gelehrten Abdullah Al Suravardi (1870–1935)[248] 1909 im Tolstoi-nahen Verlag „Posrednik" eine Hadithen-Sammlung heraus unter dem Titel „Die Sprüche von Mohammed, die im Koran nicht enthalten sind". Im Übrigen kannte Tolstoi auch die „Tarīqa" genannte spirituelle Lehre der Sufis und pries sie als „sehr hoch[stehend]".[249]

f) Bahaismus

Der bahaistische Einfluss auf die Straflehre Tolstois wird von der russischen wie auch westlichen Tolstoi-Forschung bislang größtenteils vernachlässigt und entweder überhaupt nicht erwähnt[250] oder nur am Rande angesprochen wird.[251] Dabei entging der Bahaismus, eine monotheistische Offenbarungsreligion, die im späteren 19. Jahrhundert vom persischen Prediger Bahá'u'lláh (1817–1892) gegründet wurde und aus dem schiitischen Islam hervorging,[252] nicht Tolstois Aufmerksamkeit.

---

244 Vgl. *Schmid*, Islam a.a.O., S. 571.

245 Vgl. *Tolstoi, W.*, Islam.

246 *Tolstoi*, Brief an Jelena Wekilowa a.a.O., S. 118.

247 *Tolstoi*, Brief an A. A. Tolstaja a.a.O., S. 201.

248 Vgl. *Gussew N.*, Magometa a.a.O., S. 499.

249 *Tolstoi*, Brief an A. Woinow a.a.O., S. 304.

250 Vgl. etwa *Ratschin*, Istoki; *Bartolf*, Nicht-Widerstehen.

251 Vgl. *Schmid*, Islam a.a.O., S. 573.

252 Vgl. *Lanczkowski*, Religionen, S. 106 ff.

Zwar befasste sich Tolstoi erst um 1900 aktiv mit Bahaismus[253] (wobei er ihn bisweilen mit seinem Vorläufer, dem Babismus, verwechselte),[254] doch war er umgehend begeistert von der neuen Religionslehre und sagte ihr mehrmals eine große Zukunft voraus,[255] nicht zuletzt, weil er darin die Parallele zu den von ihm hochgeachteten Glaubensgrundsätzen der Duchoborzen erblickte[256] und somit den länder- und kulturübergreifenden Charakter des Gewaltlosigkeitsprinzips bestätigt sah.[257] Besonders stark pries Tolstoi die bahaistische Morallehre, deren Mittelpunkt aktive Nächstenliebe und Gewaltlosigkeit sind:

> „[Die Bahais] erkennen keine äußeren religiösen Formen an und sehen die allen Religionen gemeinsame Grundlage in einem guten Leben, d.h. in der Liebe zum Nächsten und darin, dass sie sich unter keinen Vorspiegelungen zur Teilnahme am Bösen verleiten lassen."[258]

Unter zahlreichen bahaistischen Bekannten des großen Denkers[259] ist insbesondere die als „Gründerin des russischen Bahaismus"[260] bezeichnete Dichterin und Übersetzerin Isabella Grinewskaja (1864–1944) zu nennen. Ihre Verstragödie „Bab" (1903), die den Lebensweg des Wegbereiters des Bahaismus Seyyed Ali Muhammad Schirazi (1819–1850) schildert, und zwar historisch wenig korrekt ist, dafür aber die gewaltfreie Ethik des Bahaismus eindrucksvoll darstellt, wurde von Tolstoi hoch gelobt.[261]

Aber trotz aller Begeisterung für die „sittliche und humane"[262] bahaistische Morallehre, die „Menschen zu Brüderlichkeit, Gleichheit und zur Aufgabe ihrer Sinnlichkeit im Dienste Gottes erzieht",[263] hielt Tolstoi den Bahaismus nicht für die höchste Wahrheit, die von allen Menschen akzeptiert werden könne, weil auch er zumindest ansatzweise mit Aberglauben behaftet sei, der die unterschiedlichen Religionen zersplittere, statt sie zu vereinigen.[264]

---

253 Vgl. *Mamytaliew*, Tolstogo, S. 37.

254 Vgl. *Birukoff*, Tolstoi, S. 98.

255 Vgl. *Mamytaliew*, Tolstogo S. 58 mit weiteren Nachweisen.

256 Vgl. *Mamytaliew*, Tolstogo, S. 42.

257 Vgl. *Tolstoi*, Sakon a.a.O., S. 187.

258 *Tolstoi*, Brief an M.M. Krymbajew a.a.O., S. 121.

259 Vgl. im Einzelnen: *Mamytaliew*, Tolstogo S. 58 ff.

260 *Schmid*, Islam a.a.O., S. 573.

261 Vgl. *Tolstoi*, Brief an Isabella Grinewskaja a.a.O. S. 207 f.

262 *Tolstoi*, Brief an Gabriel Sacy a.a.O., S. 110.

263 *Tolstoi*, Brief an Isabella Grinewskaja a.a.O. S. 208.

264 Vgl. *Tolstoi*, Brief an Isabella Grinevskaja a.a.O. S. 207.

IV. Tolstois Erfahrung mit Strafrecht

„Ich selbst war ja auch Jurist."[265]

Leo Tolstoi

Aber nicht nur die äußeren Einflüsse prägten Leo Tolstois Sicht auf Schuld und Sühne. Von einer zumindest genauso großen Bedeutung waren seine eigenen Erlebnisse und Erfahrungen mit dem Strafrecht. Sie begannen bereits im Oktober 1845, als er an der Universität Kasan nach einem Streit mit dem Geschichtsprofessor Nikolai Iwanow (1813–1869) von der Fakultät für Orientalistik zur Juristischen Fakultät wechselte, wo zu jener Zeit einige der besten Rechtswissenschaftler Russlands unterrichteten. Dazu gehörte der Strafrechtler Gustav Vogel (1805–1859), der die von Tolstoi gern besuchten Diskussionen über die Todesstrafe veranstaltete, der talentierte Staatsrechtler Anton Stanislawski (1817–1883), aber vor allem der erst 26-jährige, aber bereits für seine fachliche Begabung wie auch liberale Gesinnung bekannte Zivilrechtler und Rechtshistoriker Dmitri Meier (1819–1856), der Tolstoi sofort in seinen Bann zog.[266]

Auf Meiers Anraten begann Tolstoi, die „Instruktionen" (1766)[267] der Kaiserin Katharina II. und die berühmte Schrift „Vom Geist der Gesetze" (1748) von Charles de Montesquieu in einer Rechtsstudie zu vergleichen. Tolstoi widmete sich dieser Aufgabe mit großem Eifer (und verpasste so viele Vorlesungen, dass er sogar zum Aufenthalt im Studentenkarzer verurteilt wurde) und kam schließlich zu beinahe subversiven Ergebnissen. Zwar sei die Monarchie notwendig, doch seien die individuelle Freiheit und Gerechtigkeit unter einem solchen Regime ungewiss, die Todesstrafe sei falsch, das positive Recht solle an das Naturrecht angeglichen werden, und überhaupt habe Katharina den Absolutismus mit umstrittenen Argumenten befürwortet.[268]

Schließlich resignierte der zunehmend staatskritische Tolstoi und ließ sich im April 1847 mit einer fadenscheinigen Begründung („aufgrund gesundheitlicher Probleme und familiärer Umstände")[269] von der Universität exmatrikulieren. Die Hoff-

265 *Tolstoi*, Pismo a.a.O., S. 60.

266 Vgl. *Eichenbaum*, Tolstogo a.a.O., S. 96.

267 Es handelte sich um eine programmatische Schrift, die eine (schon bald gescheiterte und aufgelöste) „Gesetzgebende Versammlung" anleiten und zugleich die Staatsform des „aufgeklärten Absolutismus" rechtfertigen sollte.

268 Vgl. *Tolstoi*, Tagebucheintragungen von 18. März 1847–26. März 1847 a.a.O., Bd. 46 S. 4 ff.

269 *Keller / Sharandak*, Tolstoj, S. 14.

nung, ein juristisches Studium abzuschließen, gab der künftige Schriftsteller noch lange nicht auf und spielte sogar mit dem Gedanken, danach zu promovieren.[270] Zu diesem Zweck unternahm er 1849 an der Universität Sankt Petersburg den Versuch, ein Kandidatexamen[271] abzulegen, doch wiederum ohne Erfolg.[272]

Und doch war Recht, insbesondere Strafrecht, für Leo Tolstoi kein blutleerer akademischer Begriff, sondern ein realer Mechanismus, der unzählige Menschen, darunter solche, die er persönlich kannte und die ihm nahe standen, erbarmungslos zugrunde richtete. Noch als Student in Kasan erlebte er den sogenannten „Spießrutenlauf" eines tatarischen Fahnenflüchtigen, der durch eine Gasse mehrerer Dutzend Soldaten gehen musste und von jedem einen Stockschlag erhielt, – und schilderte dieses entsetzliche Ereignis viele Jahrzehnte später in der Kurzgeschichte „Nach dem Ball" (1903). Auch als Armeeoffizier (1851–1856) wohnte er den Spießrutenläufen häufig bei und forderte in der (unvollendeten) Schrift „Über die Militärgesetzgebung" (1856) die sofortige Abschaffung der Prügelstrafen im russischen Heer.

Ein Jahr später, während seines Aufenthalts in Paris, hatte der junge Schriftsteller nach seinen Worten „die Dummheit und Grausamkeit besessen"[273] sich die öffentliche Hinrichtung des Raubmörders François Rechaud anzusehen, die ihn endgültig zum erbitterten Gegner der Todesstrafe machte und auch seinem Zweifel über Sinn und Zweck der staatlichen Gewalt Vorschub leistete.[274]

Wenige Jahre später befasste sich Leo Tolstoi mit zahlreichen strafrechtlichen Fällen, nachdem er im Mai 1861 im Zuge der zwei Monate zuvor verkündeten Bauernbefreiung in Russland zu einem der sogenannten „Friedensvermittler" im Gouvernement Tula ernannt worden war, um zwischen den Grundbesitzern und ihren ehemaligen Leibeigenen die Einigung in strittigen Fragen herbeizuführen.

Der Schriftsteller ergriff praktisch immer Partei für die nach wie vor unterdrückten und ausgebeuteten Bauern und wurde deshalb von ihren einstigen Herren mit Sabotage, Denunziationen und sogar Morddrohungen schon nach weniger als einem Jahr aus dem Amt gedrängt.[275] 1870–1872 hatte Tolstoi allerdings erneut eine juristische Position inne und war als Friedensrichter[276]

---

270 Vgl. *Tolstoi*, Tagebucheintragung vom 17. April 1847 a.a.O., Bd. 46 S. 31.

271 Dieser akademische Grad entsprach im Russischen Reich ungefähr dem heutigen Bachelor.

272 Vgl. *Riwlin*, IWUSP 1961, 165.

273 *Tolstoi*, Brief an W.P. Botkin a.a.O., S. 167.

274 Vgl. *Tolstoi*, Tak a.a.O., S. 190.

275 Vgl. *Alexejew*, Iskanije, S. 63 ff.

276 Vgl. oben Kapitel A) IV.

tätig.[277] Weiterhin war Tolstoi mehr als zwei Jahrzehnte lang (1870–1891) Geschworener beim Schwurgericht Tula und beteiligte sich nachweislich an mindestens sechs Prozessen, darunter an einem Mordverfahren.[278]

Aber besonders prägend war für Tolstoi der Strafprozess gegen den gemeinen Soldaten Wassilij Schabunin, der im Juni 1866 im betrunkenen Zustand einem Offizier, der ihn regelmäßig drangsaliert hatte, ins Gesicht schlug – und der tätliche Angriff auf einen Offizier wurde nach dem damaligen russischen Militärrecht mit der Todesstrafe geahndet. Nachdem zwei Freunde Leo Tolstoi auf diesen Fall aufmerksam gemacht hatten, erreichte er beim Militärtribunal seine Zulassung als Strafverteidiger. In einer auch aus heutiger Sicht bemerkenswerten Schlussrede[279] plädierte Tolstoi auf Unzurechnungsfähigkeit des Angeklagten, dennoch wurde Schabunin für schuldig befunden und zum Tod durch Erschießen verurteilt. Zwar reichte Tolstoi umgehend ein Gnadengesuch beim Zaren und beim Kriegsminister Dmitri Miljutin (1816–1912) ein, doch wurde es aus formellen Gründen abgelehnt, weil der Schriftsteller in der Eile versäumt hatte, anzugeben, welchem Regiment der Soldat angehörte[280] – und der Verurteilte wurde exekutiert. Vom Prozess gegen Schabunin und seiner Hinrichtung wurde Tolstoi so tief erschüttert, dass er gegenüber seinem nahen Vertrauten Pawel Birjukow meinte, dass diese Ereignisse auf sein späteres Leben eine tiefere Wirkung ausgeübt hatten als die literarischen Erfolge und Misserfolge und sogar der Verlust der Angehörigen.[281] Ohne Erfolg blieben auch Tolstois mutiges Eintreten für die zum Tode verurteilten linksgerichteten Attentäter, die den Zaren Alexander II. bei einem Bombenanschlag 1881 getötet hatten,[282] und seine Protestkampagne gegen die vom Zaren Nikolaus II. und seinem reaktionären Premierminister Pjotr Stolypin (1862–1911) angeordneten Massenhinrichtungen der (angeblichen) Revolutionäre (1906–1910). Daneben pflegte Tolstoi freundschaftliche Beziehungen zu mehreren prominenten liberalen russischen Juristen seiner Zeit, darunter Fjodor Plewako (1842–1909) und die bereits genannten Nikolai Dawydow, Wassilij Maklakow und Anatolij Koni. Es war auch Koni, der Tolstoi von einem tatsächlichen Gerichtsfall erzählte, den der große Schriftsteller seinem Justizroman „Auferstehung“ zugrunde legte.[283] Diese erfahrenen Juristen in seiner Umgebung fragte Tolstoi

277 Vgl. *Charabet*, Prestuplenije, S. 369.

278 Vgl. ebd.

279 Vgl. *Riwlin*, IWUSP 1961, 164–170.

280 Vgl. *Troyat*, Tolstoi, S. 247.

281 Vgl. *Tolstoi*, zitiert nach *Birjukow*, Tolstogo Bd. 2 S. 43 f.

282 Vgl. *Birjukow*, Tolstogo Bd. 2 S. 171, Bd. 4 S. 15.

283 Vgl. *Lauter*, Auferstehung a.a.O., S. 295.

regelmäßig nach Einzelheiten des Strafverfahrens aus, ohne selbst die grausigsten Details auszusparen:

> „Meine Fragen lauten: Von wem wird der Gerichtsprozess angestrengt, wie geführt, von wem überwacht, wie, wo und von wem abgeschlossen: Wie wird der Galgen hergerichtet, wie ist der Henker gekleidet, wer ist dabei anwesend […] [I]ch kann nicht alle Fragen nennen, doch je mehr Einzelheiten ich erfahre, umso willkommener wird es mir sein.“[284]

Diese vielfältige Kooperation hatte auch eine praktische Seite, denn allein Nikolai Dawydow wurde von Tolstoi mehr als sechzig Mal gebeten, Menschen, die aus politischen (wie die Tolstoianer) oder religiösen (z.B. die Duchoborzen) Gründen verfolgt wurden, zu helfen.[285] Dabei überließ Tolstoi die schwere Arbeit keineswegs den anderen, sondern wohnte den Gerichtssitzungen bei, besuchte Gefängnisse, sprach mit den Häftlingen[286] und begleitete sie auf dem Weg zum Bahnhof ihres Abtransports in die Verbannung.[287]

Nachdem im Jahre 1908 Tolstois Freund und Anhänger Wladimir Molotschnikow (1871–1936) vor Gericht gestellt worden war, wollte der greise Schriftsteller sogar persönlich als sein Strafverteidiger auftreten (Dawydow riet ihm jedoch davon ab) und verfasste aus Protest gegen Molotschnikows anschließende Verurteilung die zornige Schrift „Die Verfolgung meiner Leser“.[288] Daneben war Tolstoi mit dem amerikanischen Publizisten George Kennan (1845–1924) befreundet, der auf einer Sibirienreise das zaristische Verbannungssystem kennengelernt und im Buch „Siberia and the Exile System“ (1891) eindrucksvoll geschildert hatte.[289]

Aber nicht allein dem Strafrecht und Strafwesen seines eigenen Landes galt Tolstois großes Interesse, sondern auch der Strafgesetzgebung anderer, vor allem westlicher, Länder sowie der allgemeinen Strafrechtslehre. Noch 1857 besuchte er auf einer Frankreichreise die Vorlesungen in Rechtswissenschaft an der Pariser Universität Sorbonne und an dem College de France.[290] Tolstoi las[291] die im Justizroman „Auferstehung“ erwähnten „Bücher von Lombroso,[292] Garofalo,[293]

---

284 *Tolstoi*, Brief an N.W. Dawydow a.a.O., S. 120.

285 Vgl. *Alexejew*, Iskanije, S. 72.

286 Vgl. *Alexejew*, Iskanije, S. 68 mit weiteren Nachweisen.

287 Vgl. *Tamcke*, Tolstojs, S. 23.

288 Der russische Originaltitel dieser Schrift lautet auf Deutsch „Über die Inhaftierung von W.A. Molotschnikow“.

289 Vgl. *Charabet*, Prestuplenije, S. 382.

290 Vgl. ebd.

291 Vgl. ebd.

292 Cesare Lombroso (1836–1909) war ein italienischer Anthropologe und Psychiater.

293 Raffaele Garofalo (1851–1934) war ein italienischer Strafrechtler.

Ferri,[294] Liszt,[295] Maudsley[296] und Tarde[297]",[298] traf sich mit Cesare Lombroso (1835–1909) im August 1897 persönlich in Jasnaja Poljana und bezeichnete ihn danach als „beschränkte[n], wenig interessante[n], kränkliche[n] alte[n] Mann".[299]

Somit war Leo Tolstois negative Einstellung zum Strafrecht weder der Ausdruck einer Tageslaune eines übermütigen Genies noch die bösartige Schmähung durch einen Ignoranten, sondern eine von einem kompetenten Rechtskenner geäußerte, gut durchdachte Kritik.

V. Rezeption und Umformung der fremden Einflüsse

Zahlreiche Kritiker, darunter solche, die Tolstoi eher positiv gegenüberstanden, erkannten zu Recht den synkretistischen Charakter seiner Philosophie und bemängelten, dass er „oft die Lehren Christi, Mohammeds, Buddhas, Konfuzius' und anderer Religionsstifter in Zusammenhang brachte, nur weil sie die Seele des Menschen ansprachen"[300] bzw. dass in der Anthologie „Für alle Tage" durch eine geschickte Auswahl der zum Teil manipulierten bzw. aus dem Kontext gerissenen Zitate der Eindruck entstehe, dass „die alten Chinesen, Mark Aurel, Kant und Amiel[301] unisono singen [und] Leo Nikolajewitsch [Tolstoi] nachahmen".[302]

Der Versuch, die Ideen der westlichen Philosophen, das Gedankengut Dostojewskis, die Lehren der heterodoxen christlichen Glaubensgemeinschaften und die Weltanschauungen der zum Teil grundverschiedenen orientalischen Religionen zu harmonisieren, wäre bei einem weniger begabten Denker tatsächlich zu einem kruden Eklektizismus ausgeartet. Aber unter der Feder Leo Tolstois wurden die Elemente der heterogenen religiösen und philosophischen Konzepte zu einem zwar nicht vollständig widerspruchsfreien, aber trotzdem detailliert ausgearbeiteten, anspruchsvollen und beeindruckenden philosophischen System. Das betraf insbesondere seinen wesentlichen Bestandteil – die Lehre von Verbrechen und Strafe.

---

294 Enrico Ferri (1856–1929) war ein italienischer Kriminologe.

295 Franz von Liszt (1851–1919) war ein deutscher Rechtswissenschaftler.

296 Henry Maudsley (1835–1918) war ein englischer Psychiater und Forensikexperte.

297 Gabriel (de) Tarde (1843–1904) war ein französischer Kriminologe und Soziologe.

298 *Tolstoi*, Auferstehung S. 420.

299 *Tolstoi*, Brief an P. I. Birjukow vom 13.(?) August 1897 a.a.O., S. 115.

300 *Schiffmann*, Tolstoi, S. 29.

301 Henri-Frédéric Amiel (1821–1881) war ein von Tolstoi hochgeschätzter französischsprachiger Schweizer Schriftsteller und Philosoph.

302 *Men*, Trudnyj, S. 321.

C) Tolstois Kritik am Strafrecht

„Es werden noch Jahrzehnte, vielleicht Jahrhunderte, vergehen, aber kommen wird die Zeit, wo unsere Enkel sich ebenso über unsere Strafgerichte, Gefängnisse, Hinrichtungsstätten wundern, wie wir jetzt über das Verbrennen und Foltern von Menschen. 'Wie war es möglich, das Unsinnige, Grausame und Schädliche, das man tat, nicht einzusehen!' – werden unsere Nachkommen fragen."[1]

Leo Tolstoi

I. Einleitung

„Das Kriminalrecht ist das Recht der einen, alle diejenigen zu verschicken, einzusperren, zu hängen, die zu verschicken, einzusperren, zu hängen sie für notwendig erachten, in Bezug aber auf diejenigen, die verbannt, eingesperrt und gehangen [sic!] werden, das Recht – so lange nicht ausgewiesen, nicht eingesperrt und nicht gehangen zu werden, so lange diejenigen, die die Macht haben, es zu tun, es nicht für notwendig erachten"[2] – so fasste Tolstoi seine Auffassung der Institution des Strafrechts ein Jahr vor seinem Tod im offenen Brief „Über das Recht. Briefwechsel mit einem Juristen" (1909) zusammen. Im Folgenden werden die Gründe ausgeführt, die ihn zu einem derart harschen Urteil veranlassten.

II. Strafrecht und Christentum

Zunächst griff Tolstoi das Strafrecht vom christlichen Standpunkt aus an. Bemerkenswerterweise ist das tolstoianische Christentum[3] keine mystische Religion mit Wundern und Sakramenten, sondern eine „neue Lebensauffassung",[4] eine klare, einfache und vernünftige[5] ethisch-soziale Lehre, die von einem „großen Weisen, dem Lebenslehrer Jesus, Christus genannt"[6] verkündet

---

1 *Tolstoi*, Put a.a.O., S. 232. In der deutschen Übersetzung „Der Lebensweg" (1910) heißt es lediglich: „sich ebenso über unsere Strafen wundern" (S. 234).

2 *Tolstoi*, Pismo a.a.O., S. 55 f.

3 Ob Tolstois Interpretation des Neuen Testaments sachlich korrekt ist, bleibt bei der Darlegung seiner rechtsphilosophischen Ideen ohne Bedeutung.

4 Vgl. den vollständigen Titel der Abhandlung von *Tolstoi* „Das Reich Gottes ist inwendig in Euch oder das Christentum als eine neue Lebensauffassung, nicht als eine mystische Lehre".

5 Vgl. *Tolstoi*, W tschom a.a.O., S. 334.

6 *Tolstoi*, Potschemu a.a.O., S. 353.

https://doi.org/10.1515/9783110726206-004

wurde und grundsätzlich für alle Menschen, unabhängig von ihren religiösen, kulturellen und sozialen Unterschieden geeignet ist.[7] Ihr Ziel ist es nicht, den Menschen zur Erlösung im Jenseits zu führen, sondern ihn zu veranlassen, das Reich Gottes in der eigenen Seele und in den Seelen seiner Mitmenschen zu entfalten,[8] denn „das Reich Gottes“ bedeutet nichts anderes als Liebe und Frieden unter den Menschen.[9] Als einen der fünf Hauptgrundsätze des Christentums,[10] mehr noch, als Prinzip, das die gesamte christliche Lehre zusammenhält,[11] sah Tolstoi das Gebot, sich dem Bösen nicht durch Gewalt zu widersetzen (vgl. Matthäus 5, 39). Den Begriff des Bösen definierte er als Gesamtheit aller Sünden, Versuchungen und Aberglauben:

> „Das Leben wäre ununterbrochenes Glück, wenn nicht Aberglaube, Verführung und Sünden die Menschen des möglichen und ihnen zugänglichen Glückes beraubten. Sünde – ist Nachgiebigkeit gegen leibliche Begierden; Verführung – falsche Vorstellung, die man von seinem Verhältnis zur Welt hat; Aberglaube – falsche Lehren, die für wahr gehalten werden.“[12]

Die Gewalt ist aus Tolstois Sicht das „Zwingen eines Menschen zu etwas, was er selbst nicht will“,[13] wobei der Denker mehrmals deutlich machte, dass auch und gerade das Recht, insbesondere das Strafrecht, somit institutionalisierte Gewalt darstellt.[14]Nach seiner Überzeugung beruhen die Gesetze auf dem Willen einer kleinen Clique,[15] sind willkürlich und grausam,[16] steigern, wie Jesus voraussagte, das Übel in der Welt;[17] die Strafnormen widersprechen den Geboten Christi[18] und bringen das Böse ins Leben der Menschen;[19] die Strafgerichte sind sinnlos,[20] verlogen,[21] Werkzeuge einer archaischen Rache[22] und mit dem Gewissen eines Christen unvereinbar.[23]

---

7 Vgl. ebd.

8 Vgl. *Tolstoi*, Ssojedinenije a.a.O., S. 196.

9 Vgl. *Tolstoi*, Ssojedinenije a.a.O., S. 130; *Tolstoi*, W tschom a.a.O., S. 370.

10 Vgl. *Tolstoi*, Ssojedinenije a.a.O., S. 218 ff.

11 *Tolstoi*, W tschom a.a.O., S. 315.

12 *Tolstoi*, Put a.a.O., S. 91.

13 *Tolstoi*, Zarstwo a.a.O., S. 190.

14 Vgl. *Tolstoi*, W tschom a.a.O., S. 443, S. 460; *Tolstoi*, Zarstwo a.a.O., S. 130 f.; *Tolstoi*, Pismo a.a.O., S. 54 f.

15 Vgl. *Tolstoi*, Zarstwo a.a.O., S. 96.

16 Vgl. *Tolstoi*, Zarstwo a.a.O., S. 96.

17 Vgl. *Tolstoi*, W tschom a.a.O., S. 328.

18 Vgl. *Tolstoi*, W tschom a.a.O., S. 321.

19 Vgl. *Tolstoi*, W tschom a.a.O., S. 327.

20 Vgl. *Tolstoi*, Zarstwo a.a.O., S. 215.

Aber viel eindrucksvoller als diese trockenen theoretischen Ausführungen wirkt die religiös begründete Strafrechtskritik von Leo Tolstoi in seinem vom „machtvollen moralischen Impuls regiert[en]“[24] literarischen Werk – allen voran in der Gefängnisgottesdienstszene im Roman „Auferstehung“, die bemerkenswerterweise in der russischen Erstausgabe (1899) von der zaristischen Zensur aus dem Buch entfernt wurde:

> „Und keinem der Anwesenden, vom Priester und dem Inspektor bis zur Maslowa, kam in den Sinn, dass dieser selbe Jesus, dessen Name der Priester unter Gepfeife so unzählige Male wiederholt und den er mit allen möglichen seltsamen Worten gepriesen hatte, gerade das, was hier geschah, verboten hatte; […] vor allem aber hatte er nicht nur verboten, die Menschen zu richten und im Kerker zu halten, sie zu quälen, zu beschimpfen und hinzurichten, wie das hier gemacht wurde, sondern er hatte jegliche Gewalt über die Menschen verboten, gesagt, er sei gekommen, die Gefangenen in die Freiheit zu entlassen.“[25]

Aber die Kritik Tolstois ging noch tiefer. Zum einen entnahm der Denker dem Evangelium auch das Verbot, über die anderen zu richten (siehe Matthäus 7, 1 und Lukas 6, 37), interpretierte diese Worte als Untersagung, an irgendwelchen Gerichtsverhandlungen überhaupt teilzunehmen und begründete diese These sowohl hermeneutisch als auch rational:

> „Bei Lukas Kap. 6, Vers 37–49 stehen diese Worte unmittelbar nach der Lehre über das Nichtwiderstreben und über die Vergeltung des Bösen mit Gutem. Unmittelbar nach den Worten ‘Seid barmherzig, wie auch euer Vater im Himmel’ heißt es: ‘Richtet nicht, so werdet ihr nicht gerichtet; verdammet nicht, so werdet ihr nicht verdammt.’ Heißt es nicht außer der Verdammung des Nächsten auch, dass wir keine Gerichte schaffen und in ihnen nicht unseren Nächsten richten sollen? – fragte ich mich jetzt […] Christus sagt: Widerstrebe nicht dem Übel. Der Zweck der Gerichte ist: dem Übel zu widerstreben. Christus schreibt vor, man solle Böses mit Gutem vergelten. Die Gerichte vergelten Böses mit Bösem. Christus sagt, man solle keinen Unterschied machen zwischen Guten und Bösen. Die Gerichte haben keine andere Bestimmung, als den Unterschied zwischen Guten und Bösen festzustellen. Christus sagt, man solle allen vergeben; nicht einmal, nicht siebenmal, sondern vergeben ohne Ende; die Feinde lieben, Gutes tun denen, die uns hassen. Die Gerichte vergeben nicht, sondern sie strafen; sie tun nicht Gutes, sondern Böses denen, die sie Feinde der Gesellschaft nennen; so ergibt sich dem Sinne nach, dass Christus die Gerichte hätte verbieten müssen.“[26]

21 Vgl. *Tolstoi*, Zarstwo a.a.O., S. 272.

22 Vgl. *Tolstoi*, Zarstwo a.a.O., S. 6.

23 *Tolstoi*, Zarstwo a.a.O., S. 182.

24 *George / Herlth / Münch / Schmid*, Einleitung a.a.O., S. 22.

25 *Tolstoi*, Woskressenije a.a.O., S. 137 f.

26 *Tolstoi*, W tschom a.a.O., S. 319 ff.

Auf dem Neuen Testament (Jakobus 4, 12) beruhte auch die Überzeugung Tolstois von einer heuchlerischen Natur des Strafrechtswesens:

> „Richter aber, sagt Christus, ist derjenige, der erretten kann. Wie kann denn ich, der ich nicht imstande bin, zu erretten, Richter sein und strafen? Diese ganze [Bibel-]Stelle spricht vom menschlichen Gericht und verwirft es.“[27]

Noch deutlicher sprach Leo Tolstoi mehrere Jahre später, im Justizroman „Auferstehung“:

> „Verdorbene Menschen wollten verdorbene Menschen bessern und meinten, das ließe sich auf mechanische Weise erreichen [...] es [gibt] keine Menschen, die selber nicht schuldig wären und daher bestrafen oder bessern könnten.“[28]

Dabei begnügte sich Tolstoi nicht mit einer religiös-philosophischen Verurteilung, sondern verdeutlichte und vertiefte diese Kritik mit literarischen Mitteln. Der Protagonist dieses Romans Dmitri Nechljudow, Fürst, Großgrundbesitzer und Gardeoffizier a. D., verführt und verlässt dann das hilflose Bauernmädchen Jekaterina (Katjuscha) Maslowa, das in der Obhut der Tanten Nechljudows als „halb Stubenmädchen, halb Ziehtochter“[29] aufgewachsen ist, stößt es dadurch ins Elend und im Endeffekt in die Prostitution und sitzt schließlich nach dem gewaltsamen Tod eines Bordellbesuchers namens Smelkow als Geschworener über sein eigenes Opfer zu Gericht.[30] Aber dieser haltlose Genussmensch ist keineswegs ein schändlicher Ausnahmefall, ein abscheuliches schwarzes Schaf unter den hochanständigen Verteidigern von Recht und Ordnung, sondern kaum schlimmer als sein Mitgeschworener, ein „fröhliche[r] Kaufmann“,[31] der in der Gerichtssitzung „den Geruch von Alkohol um sich herum verström[t]“[32] und den wolllüstigen, betrunkenen und gewalttätigen Smelkow aufrichtig bewundert: „Na, mein Lieber, der hat ordentlich gezecht, auf sibirische Art. War kein Kostverächter, sich so ein Mädel anzulachen.“[33] Oder der stellvertretende Staatsanwalt, ein skrupelloser und zynischer Ehrgeizling, der im selben Freudenhaus, wo Maslowa früher ihr trauriges Dasein

27 *Tolstoi*, W tschom a.a.O., S. 322.

28 *Tolstoi*, Woskressenije a.a.O., S. 442.

29 *Tolstoi*, Woskressenije a.a.O., S. 7.

30 Nach dem heutigen deutschen Strafrecht würde Katjuschas Straftat (Verabreichen des Giftes in der Überzeugung, es sei Schlafmittel) als vorsätzliche Körperverletzung in Tateinheit mit fahrlässiger Tötung bewertet werden; im zeitgenössischen Russland war die Rechtslage etwas diffus. Vgl. *Schröder*, „Auferstehung“ a.a.O., S. 315–317.

31 *Tolstoi*, Woskressenije a.a.O., S. 66.

32 *Tolstoi*, Woskressenije a.a.O., S. 30.

33 *Tolstoi*, Woskressenije a.a.O., S. 66.

gefristet hat, die Nacht vor der Gerichtssitzung verbringt[34] und aus Karrieregründen anstrebt, den Prozess gegen die Skopzen[35] in eine konservative Kreisstadt zu verlegen, wo es mehr Chancen für ihre Verurteilung geben wird.[36] Oder auch der Gerichtsvorsitzende selbst, der diesen Plan unterstützt[37] und so selbstverliebt ist, dass er sich von seinem Recht, zu sprechen, nicht trennen kann,[38] obwohl er die Gerichtssitzung eigentlich früher schließen möchte, um seine Geliebte vor sechs Uhr im Hotel treffen zu können.[39]

Angesichts dieser Justizvertreter muss man zwangsläufig einem anderen Geschworenen – dem alten Genossenschaftler[40] – Recht geben, der sich weigert, nicht nur Maslowa, sondern auch ihre Mitangeklagten Simon Kartinkin und Jewfimija Botschkowa, die allem Anschein nach schwerere Straftaten (Raub- und Morddelikte) begingen,[41] schuldig zu sprechen: „Auch wir sind ja keine Heiligen".[42] Und so erschließen sich dem Leser zwei biblische Epigraphe zum Roman „Auferstehung" – „Was siehest du aber den Splitter in deines Bruders Auge, und wirst nicht gewahr des Balkens in deinem Auge?" (Matthäus 7, 3)[43] und „Wer unter euch ohne Sünde ist, der werfe den ersten Stein auf sie." (Johannes 8, 7).[44]

Vom Neuen Testament (siehe Matthäus 5, 33–37 sowie Jakobus 5, 12) leitete Tolstoi auch die Ablehnung des Schwurs, insbesondere des Eids, ab.[45] Die

34 Vgl. *Tolstoi*, Woskressenije a.a.O., S. 23.

35 Eine asketische Glaubensgemeinschaft im zeitgenössischen Russland, deren männliche Mitglieder sich oft kastrierten, um den Anfechtungen des Fleisches zu entkommen. Vgl. *Grass*, Skopzen, S. 10 ff.

36 Vgl. ebd.

37 Vgl. ebd.

38 Vgl. *Tolstoi*, Woskressenije a.a.O., S. 76 f.

39 Vgl. *Tolstoi*, Woskressenije a.a.O., S. 21.

40 Im russischen Originaltext handelt es sich um einen „Artelschtschik", also den Angehörigen einer (zumeist) handwerklichen Genossenschaft („Artel").

41 Der exakte Tatablauf bleibt unklar. Die bekannten Fakten legen jedoch nahe, dass der Zimmerkellner Simon Kartinkin im Einverständnis mit dem Korridormädchen Jewfimija Botschkowa erst Katjuscha Maslowa das Gift übergab und ihr dabei vorspielte, dass es sich um ein Schlafmittel handele, um den betrunkenen und gewalttätigen Bordellbesucher Smelkow zu betäuben. Danach raubten Kartinkin und Botschkowa den toten Smelkow aus. Vgl. *Schröder*, „Auferstehung" a.a.O., S. 314 ff.

42 *Tolstoi*, Woskressenije a.a.O., S. 80.

43 Zitiert nach der Übersetzung von Barbara Conrad aus dem Jahr 2016 (S. 5).

44 Zitiert nach ebd.

45 Vgl. *Tolstoi*, W tschom a.a.O., S. 358 ff., 366, 369, 371, 458.

Forderung, ihn zu leisten, stellt ebenfalls einen unchristlichen Gewaltakt dar,[46] weil „wenn doch Christi Lehre darin besteht, immer den Willen Gottes zu erfüllen, wie kann da der Mensch schwören, den Willen des Menschen erfüllen zu wollen? Der Wille Gottes ist mit dem Willen des Menschen nicht stets übereinstimmend".[47] Somit ist die Schwurverweigerung für Tolstoi nichts anderes als die Bekundung des festen Willens, seine eigene Verantwortung niemals in fremde Hände zu legen.[48] Dabei machte der Schriftsteller deutlich, dass er unter dem „Schwur" auch und gerade den Gerichtseid verstand, weil er in christlichen Ländern ausgerechnet auf dem Evangelium, wo der Eid explizit verboten ist, geleistet wurde.[49]

Schließlich begriff Leo Tolstoi das Strafwesen in einem christlichen Staat auch als Ausdruck der religiösen Intoleranz gegenüber den Andersgläubigen und brachte diese Ansicht zum Ausdruck in der Geschichte „Nach dem Ball" (1903).

Diese autobiographisch geprägte Novelle schildert einen muslimischen Tataren, der in Kasan wegen versuchter Fahnenflucht durch Spießrutenlaufen bestraft wird – und zwar ausgerechnet am letzten Sonntag vor der Passionszeit, wenn es den orthodoxen Christen obliegt, den Menschen ihre Fehltritte zu vergeben.[50]

III. Strafrecht und Staat

> „Der Aberglaube des Staates ist schon deshalb schädlich, weil er die Lüge als Wahrheit hinstellt, aber vor allem, weil er die guten Menschen dazu veranlasst, wider das Gewissen und das Gesetz Gottes zu handeln: die Armen auszurauben, Recht zu sprechen, zu exekutieren, Kriege zu führen – und dabei zu glauben, keine bösen, sondern gute Taten zu vollbringen."[51]
>
> *Leo Tolstoi*

Ein weiterer Aspekt der Strafrechtskritik von Tolstoi resultierte aus seiner Ablehnung des Staates. Diese Institution entstand einst durch die Gewalt der Eroberer,[52] könnte jedoch ursprünglich gerechtfertigt worden sein, weil durch seine Gründung die blutigen Fehden zwischen verschiedenen „Stämmen, Fa-

---

46 Vgl. *Tolstoi*, W tschom a.a.O., S. 360.

47 *Tolstoi*, W tschom a.a.O., S. 359.

48 Vgl. *Machinek*, FKT 1998, 54.

49 Vgl. *Tolstoi*, W tschom a.a.O., S. 360; *Tolstoi*, Woskressenije a.a.O., S. 28.

50 Vgl. *Jessaulow*, Passchalnost, S. 76 ff.

51 *Tolstoi*, Put a.a.O., S. 259. Eigene Übertragung, weil in der deutschen Übersetzung „Der Lebensweg" weggelassen.

52 Vgl. *Tolstoi*, Zarstwo a.a.O., S. 133 f.

milien und Geschlechtern"[53] zurückgedrängt wurden.[54] Mit dieser These machte Tolstoi ein Zugeständnis an die klassische staatsphilosophische Tradition, die noch auf Thomas Hobbes (1588–1679) zurückgeht.[55]

Im Laufe der Zeit nahm die Neigung zu Gewalt unter den Beherrschten allerdings stark ab, während die Herrscher immer brutaler wurden,[56] weshalb sie seit dem Ende des 18. Jahrhunderts den sittlichen – und politischen – Fortschritt im eigenen Interesse notorisch bremsen, wie es mit der Aufhebung der Prügelstrafe, der Folter, der Leibeigenschaft, mit der Schaffung der Presse- und Vereinsfreiheit – und später auch mit sozialen Rechten und generell mit den „neuen Lebensformen" der Fall war bzw. ist.[57]

Somit ist der moderne Staat ein „Götze",[58] der auf Grund seiner Gewalttaten und Kriege mit dem wahren Christentum – der Lehre der Demut, der Verzeihung, der Liebe unvereinbar ist.[59] Deshalb kann es entweder kein Christentum geben oder keinen Staat.[60] Von machthabenden Christen zu sprechen, ist geradezu lächerlich;[61] vielmehr ist die Menschheitsgeschichte seit der römischen Kaiserzeit die Geschichte der Verdrängung der staatsbezogenen Lebensauffassung durch die christliche.[62] Den klassischen Einwand, dass der Staat notwendig sei, um die Bösen niederzuhalten,[63] wies Tolstoi anhand historischer Beispiele zurück:

> „Ist die Macht immer an die Besseren gekommen? Als Ludwig XVI. und Robespierre zur Macht gelangten und dann Napoleon, wer herrschte? Die Besseren oder die Schlechteren? Wann herrschten die Besseren: als die Versailler oder die Kommunards[64] die Macht innehatten, oder als an der Spitze der Regierung Karl I. oder Cromwell stand? Und als Peter III. Zar war, oder als man ihn getötet hatte und in einem Teil Russlands Zarin Katharina, im anderen Pugatschow[65] die Zarengewalt

53 *Tolstoi*, Zarstwo a.a.O., S. 133.
54 Vgl. *Tolstoi*, Zarstwo a.a.O., S. 134.
55 Vgl. *Hobbes*, Bürger, a.a.O., S. 96 ff.
56 Vgl. *Tolstoi*, Zarstwo a.a.O., S. 134.
57 Vgl. *Tolstoi*, Zarstwo a.a.O., S. 143.
58 *Tolstoi*, W tschom a.a.O., S. 330.
59 Vgl. *Tolstoi*, Zarstwo a.a.O., S. 186.
60 Vgl. *Tolstoi*, Zerkow a.a.O., S. 479.
61 Vgl. *Tolstoi*, Zarstwo a.a.O., S. 191.
62 Vgl. *Tolstoi*, Zarstwo a.a.O., S. 70.
63 Vgl. *Tolstoi*, Zarstwo a.a.O., S. 190.
64 Tolstoi meinte die „Pariser Kommune" von 1871 und ihre Gegner.
65 Jemeljan Pugatschow (1742 –1775) war ein rebellischer Kosakenführer, der sich als „den Mördern entkommener" Zar Peter III. (1728–1762) ausgab.

innehatten, wer war damals böse, wer gut? Alle Menschen, die sich an der Macht befinden, behaupten, ihre Macht sei nötig, damit die Bösen nicht die Guten vergewaltigen, und betrachten es als selbstverständlich, dass sie eben die Guten seien, die die anderen Guten vor dem Bösen schützen.“[66]

Der Grund für den Fortbestand des Bösen an der Macht ist bereits im Konzept des Staates angelegt:

„Macht innehaben heißt doch Gewalt üben. Gewalt üben heißt tun, was der nicht will, über den die Gewalt geübt wird, und was bestimmt in Bezug auf seine Person der nicht wünscht, der die Gewalt übt. Folglich heißt Macht innenhaben, dem anderen das tun, was wir nicht wollen, dass die anderen uns tun, das heißt Böses tun. Sich unterordnen heißt Duldung der Gewalt vorziehen. Duldung der Gewalt vorziehen aber heißt gut sein oder wenigstens weniger schlecht als die, die den anderen das antun, was sie für sich nicht wollen.“[67]

Somit ist der Staat die Herrschaft der Schlechten;[68] mehr noch: „Es herrschen häufig die schlechtesten, unbedeutendsten, grausamsten, sittenlosesten und besonders die verlogensten Menschen“,[69] die noch schlimmer sind als Räuber:

„Die Räuber nehmen hauptsächlich den Reichen weg, die Machthaber hauptsächlich den Armen und fördern ihre reichen Helfershelfer. Die Räuber setzen ihr Leben aufs Spiel, die Machthaber gehen fast kein Risiko ein. Die Räuber pressen niemanden in ihre Reihen, die Machthaber rekrutieren ihre Soldaten überwiegend mit Zwang. Die Räuber teilen die Beute in der Regel gerecht auf, die Machthaber teilen die Beute nicht gleichmäßig – wer sich am organisierten Betrug mehr beteiligt, erhält den größeren Anteil.“[70]

Um ihre Macht zu behalten und zu sichern, entzweien und entkräften die Bösen die unterdrückten Volksmassen, „denn je schwächer der Vergewaltigte ist, desto weniger Anstrengung bedarf es, um ihn niederzuhalten.“[71] Das geschieht auf zweifache Weise: Zum einen bedienen sich die Machthaber einer direkten Gewalt – durch den Heeres- und Polizeidienst, durch die Steuerpflicht, durch die Eidesleistung und eben durch die Justiz.[72] Zum anderen erfolgt eine fortdauernde „Hypnotisierung des Volkes“,[73] um die „geistige Entwicklung der Menschen zu hemmen durch verschiedene Suggestionen, sie in der von der

66 *Tolstoi*, Zarstwo a.a.O., S. 190.

67 *Tolstoi*, Zarstwo a.a.O., S. 190 f.

68 Vgl. *Tolstoi*, Zarstwo a.a.O., S. 191.

69 *Tolstoi*, Jedinoje a.a.O., S. 174.

70 *Tolstoi*, Put a.a.O., S. 263. Eigene Übertragung, weil in der deutschen Übersetzung „Der Lebensweg“ weggelassen.

71 *Tolstoi*, Zarstwo a.a.O., S. 135.

72 Siehe ausführlich *Tolstoi*, Zarstwo a.a.O., S. 172–175.

73 *Tolstoi*, Zarstwo a.a.O., S. 153.

Menschheit bereits durchlebten Lebensauffassung zu erhalten, auf der die Macht der Regierungen sich aufbaut“[74] – unter anderem mittels des autoritären Erziehungswesens, der staatstragenden Religionslehre, der chauvinistischen Propaganda und der verdummenden Unterhaltungsindustrie.[75]

Das Strafrecht erfüllt die beiden Aspekte der obrigkeitlichen Gewalt, weil es die geknechteten Volksmassen sowohl durch direkte Gewalt einschüchtert als auch durch Indoktrination gefügig macht. Einerseits werden die Abweichler und Unzufriedenen von der bestehenden Ordnung, ungeachtet der Staatsform, mittels Strafrecht „mit den furchtbarsten Strafen belegt“[76] – nämlich „durch Schläge [Prügelstrafe], Freiheitsentziehung und Mord [Todesstrafe]“[77] geahndet, wobei zu den Bestraften auch die Menschen gehören, die sich weigern, an Gerichtsprozessen teilzunehmen.[78] Zugleich werden die Justizangehörigen durch ihre Macht so korrumpiert, dass sie zu Richtern und Henkern ihrer Mitmenschen mutieren.[79] Und schließlich wird durch den feierlichen Pomp der Rechtsprechung[80] bei den Außenstehenden der Eindruck ihrer Gerechtigkeit erweckt und somit in ihren Augen auch der Staat legitimiert, weil das Gerichtswesen sein unentbehrlicher Bestandteil ist, ja geradezu den Inbegriff des Staates darstellt.[81]

Diese Ideen in den philosophischen Schriften Tolstois spiegeln sich in seinem literarischen Werk wider. Im Roman „Auferstehung“ wird Fürst Nechljudow vom Staatsanwalt mit einer Geldbuße bedroht, wenn er sich aus moralischen Gründen weigert, sein Geschworenenamt weiter auszuüben.[82] Im selben Werk lässt Tolstoi einen alten Wanderer auftreten,[83] der keinem Menschen etwas zuleide tut, sein Brot durch harte Arbeit verdient – aber trotzdem von den

74 Ebd.

75 Vgl. *Tolstoi*, Zarstwo a.a.O., S. 153 f.

76 *Tolstoi*, Zarstwo a.a.O., S. 152.

77 *Tolstoi*, Rabstwo a.a.O., S. 180.

78 Vgl. *Tolstoi*, W tschom a.a.O., S. 463.

79 Vgl. *Tolstoi*, Zarstwo a.a.O., S. 250, 255 f.

80 Vgl. die Szenen der feierlichen Eröffnung der Gerichtssitzungen im Roman „Auferstehung“ in *Tolstoi*, Woskressenije a.a.O., S. 25 ff., 271 f.

81 Vgl. *Maklakow*, RM 1914, 47.

82 Vgl. *Tolstoi*, Woskressenije a.a.O., S. 126.

83 Vgl. *Tolstoi*, Woskressenije a.a.O., S. 417 ff., 437 f.

Staatsbehörden regelmäßig inhaftiert wird, weil er sie nicht anerkennt – und insbesondere dem Zaren nicht huldigt:[84]

> „Wie sie Christus verfolgt haben, so verfolgen sie mich. Packen mich und schleppen mich vor die Gerichte, die Popen, die Schriftgelehrten, die Pharisäer; haben mich ins Irrenhaus gesteckt. Aber man kann mir nichts antun, denn ich bin frei. 'Wie heißt du?', fragen sie. Meinen, ich nehme irgendeinen Namen für mich. Aber ich nehme keinen. Ich habe mich von allem losgesagt: ich habe keinen Namen, keinen Ort, kein Vaterland — gar nichts. Ich bin für mich. Du heißt? Mensch. 'Und wie alt?' Ich zähle nicht, sag ich, und man kann es nicht zählen, weil ich immer war und immer sein werde. 'Von welchem Vater', fragen sie, 'welcher Mutter?' Nein, sag ich, ich habe weder Vater noch Mutter, außer Gott und der Erde. Gott ist der Vater, die Erde die Mutter. 'Und den Zaren', fragen sie, 'erkennst du an?' Warum soll ich ihn nicht anerkennen? Er ist sich der Zar, und ich bin mir der Zar. 'Na', sagen sie, 'was soll man mit dir reden.' Ich sage: Ich bitte dich auch nicht, mit mir zu reden. So quälen sie mich."[85]

Eine weitere bemerkenswerte Nebengestalt der „Auferstehung" ist der stellvertretende Oberstaatsanwalt des Senats[86] Selenin. Als junger Mann war er „ungewöhnlich rechtschaffen und ehrlich,"[87] beseelt vom Streben, „den Menschen zu dienen".[88] Durch seine Karriere im Staatsdienst wurde dieser Altruist jedoch so verdorben, dass er aus formalen Gründen die Abweisung der Beschwerde gegen das offensichtlich falsche Mordurteil gegen Katjuscha Maslowa energisch fordert.[89]

Die mit „Auferstehung" thematisch verknüpfte Erzählung „Der gefälschte Kupon" schildert den ungerechten und tyrannischen Gutsverwalter Pjotr Swentizki,[90] der von aufgebrachten Bauern im Streit erschlagen wird. Das Kriegsgericht verurteilt zwei Angeklagte, darunter einen Greis mit weißem Bart, zum Tode durch den Strang und acht weitere zur Zwangsarbeit. Swentizkis Witwe Natalja Iwanowna wohnt der Gerichtsverhandlung bei und empfindet nach der Urteilsverkündung ein unangenehmes Gefühl, das jedoch bald von der Feier-

84 Sein historisches Vorbild war der religiöse Dissident Andrei Wlassow. Die Rede des Wanderers gibt mehrere Stellen aus Wlassows Brief an Tolstoi nahezu wörtlich wieder. Vgl. *Gudsij*, „Woskressenija" a.a.O., S. 390.

85 *Tolstoi*, Woskressenije a.a.O., S. 419.

86 Das Oberste Kassationsgericht des Russischen Kaiserreiches 1864–1917.

87 *Tolstoi*, Woskressenije a.a.O., S. 280.

88 Ebd.

89 Vgl. *Tolstoi*, Woskressenije a.a.O., S. 275 ff.

90 Sein historisches Vorbild war der im Jahre 1887 bei einer Bauernrevolte erschlagene Gutsverwalter Alexander Stanislawski. Vgl. *Gussew*, *N.*, Falschiwyi a.a.O., S. 579.

lichkeit der Gerichtsverhandlung zerstreut wird: „Wenn die höchste Obrigkeit dies für nötig hält, […] muss es wohl recht sein“.[91]

Somit ist das Strafrecht der wichtigste, unentbehrlichste und gefährlichste Gewalt- und Unterdrückungsmechanismus des Staates; mehr noch – ein Machtmittel, welches ihn erst recht zusammenhält.

IV. Strafrecht und Eigentum

> „[Proudhons Spruch] ‘La proprieté c’est le vol’ [„Eigentum ist Diebstahl“] bleibt wahrer als die Wahrheit der britischen Verfassung, solange das Menschengeschlecht existieren wird. Das ist eine absolute[92] Wahrheit, aber es ergeben sich aus ihr relative Wahrheiten.“[93]
>
> *Leo Tolstoi*

Tolstoi verwarf das Eigentum genauso entschlossen wie den Staat. Allerdings war seine Kritik auch in diesem Fall[94] zeitbedingt. Nach Tolstois Auffassung, die von Wassilij Sjutajew geprägt war,[95] kam das Eigentumsrecht vor mehreren Jahrtausenden den Menschen zugute,[96] sei aber mittlerweile überholt, weil es dem zeitgenössischen Bewusstsein und den Lebensbedingungen um 1900 widerspreche. Man erkenne nämlich heutzutage, dass alle Menschen „Kinder eines Vaters sind“[97] und ein gleiches Anrecht an den Gütern der Welt haben.[98] Somit verstöße das Privateigentum sowohl gegen das Prinzip der Gleichheit aller Menschen als auch gegen das Gebot der Nächstenliebe:

> „Wir sind alle Brüder, und doch trägt jeden Morgen mein Bruder oder meine Schwester mein Geschirr hinaus. Wir sind alle Brüder, aber mir sind am Morgen die Zigarre, der Zucker, der Spiegel und dergleichen Dinge nötig, zu deren Herstellung gesunde Brüder und Schwestern, die mir gleich sind, ihre Gesundheit geopfert haben und noch opfern.“[99]

Aber es handelt sich nicht allein um moralische Überlegungen. Als Auswirkung des Eigentumsrechts verlieren die Armen ihre Arbeitsmittel und Arbeitserzeug-

---

91 *Tolstoi*, Falschiwyi a.a.O., S. 45.

92 Kursivsetzung im Original.

93 *Tolstoi*, Tagebucheintragung vom 13. August 1865 a.a.O., Bd. 48 S. 85.

94 Siehe oben Kapitel C) III.

95 Siehe oben Kapitel B) III. 1. a).

96 Vgl. *Tolstoi*, Zarstwo a.a.O., S. 90.

97 *Tolstoi*, Zarstwo a.a.O., S. 91.

98 Vgl. ebd.

99 *Tolstoi*, Zarstwo a.a.O., S. 93 f.

nisse[100] an die Reichen und werden gezwungen, „nicht für sich nach eigenem Wunsche [zu arbeiten], sondern […] im Allgemeinen nach der Laune der im Überfluss und in Muße lebenden Menschen, im Besonderen für den Gewinn eines reichen Mannes, des Besitzers einer Fabrik oder einer Anstalt".[101]

Dieses Motiv findet sich wieder in Tolstois Erzählung „Leinwandmesser" (1885), dessen Protagonist, ein alter Wallach, beklagt:

> „Viele von den Menschen zum Beispiel, die mich ihr Pferd genannt haben, sind gar nicht auf mir geritten, sondern es waren ganz andere, die auf mir geritten sind. Auch gefüttert wurde ich nicht von ihnen, sondern von ganz anderen. Und ebenso haben mir nicht diejenigen Gutes erwiesen, die mich als ihr Pferd bezeichneten, nein, das taten Kutscher, Hufschmiede und überhaupt fremde Menschen. Späterhin, nachdem ich den Kreis meiner Beobachtungen erweitert hatte, bin ich zu der Erkenntnis gekommen, dass der Begriff *mein*[102] nicht nur in Bezug auf uns Pferde, sondern ganz allgemein auf nichts anderem beruht als auf einem niederen, tierischen Instinkt der Menschen, den diese Eigentumssinn oder Recht auf Eigentum nennen. Mancher Mensch spricht von seinem Haus, wohnt aber gar nicht darin, sondern hat es nur erbauen lassen und sorgt für seine Instandhaltung. Der Kaufmann spricht von seinem Laden. 'Mein Manufakturwarenladen', sagt zum Beispiel einer, aber seine Kleider sind nicht aus dem besten Stoff, den er in seinem Laden feilhält. Es gibt Menschen, die ein Stück Land als ihr eigenes bezeichnen, ohne dass sie es jemals gesehen und betreten haben. Es gibt Menschen, die andere Menschen als ihnen gehörig bezeichnen, obwohl sie diese nie gesehen haben und mit ihnen nur so weit in Verbindung stehen, als sie ihnen Böses antun. Manche Männer nennen irgendwelche weiblichen Geschöpfe ihre Frauen, während diese Frauen mit andern Männern leben. Die Menschen streben im Leben nicht danach, das zu tun, was sie selbst als gut bezeichnen, sondern sind nur darauf bedacht, möglichst viele Dinge *ihr Eigen*[103] zu nennen."[104]

Infolge der erzwungenen Anbindung der Proletarier und landlosen Bauern an ihre Arbeitgeber werden die Menschen in zwei Klassen geteilt: „eine arbeitende, bedrückte, in Not lebende und leidende, und eine zweite müßige, bedrückende, im Überfluss lebende und genießende".[105] Dadurch entsteht im Endeffekt eine moderne Sklaverei, die nicht mehr auf dem rohen Zwang beruht, sondern auf der Macht des Geldes.[106] Diese Auffassung veranschaulicht Tolstoi durch ein krasses Beispiel:

---

100 Vgl. *Tolstoi*, Tak a.a.O., S. 251 ff.

101 *Tolstoi*, Zarstwo a.a.O., S. 92.

102 Kursivsetzung im Original.

103 Kursivsetzung im Original.

104 *Tolstoi*, Cholstomer a.a.O., S. 20.

105 *Tolstoi*, Zarstwo a.a.O., S. 91 f.

106 Vgl. *Tolstoi*, Rabstwo a.a.O., S. 168 ff.

> „Wenn der Sklavenbesitzer unserer Zeit keinen Sklaven Iwan hat, den er in den Abort schicken kann, seine Exkremente zu entfernen, so hat er drei Rubel, welcher Hunderte von Iwans so sehr bedürfen, dass der Sklavenbesitzer unserer Zeit sich nach Belieben einen von den Hunderten auswählen kann und diesem noch dadurch eine Wohltat erweist, dass er es gerade ihm vor allen anderen erlaubt, in die Abortgrube zu steigen."[107]

Und wiederum werde das Eigentumsrecht samt seinen fatalen Auswirkungen von den Strafgesetzen beschützt. Zum einen fördern sie eine rücksichtslose Bereicherung der Fabrikanten und Großgrundbesitzer:

> „Das Eigentum an einer durch eine Reihe von Betrügereien und Spitzbübereien an den Arbeitern erworbenen Fabrik wird als ein Erzeugnis der Arbeit betrachtet und ein geheiligtes Eigentum genannt; das Leben der Arbeiter aber, die sich durch die Arbeit in dieser Fabrik zu Grunde richten, und ihre Arbeit, werden nicht als ihr Eigentum betrachtet, sondern gewissermaßen als das Eigentum des Fabrikanten, sofern er, die Notlage der Arbeiter ausnutzend, sie auf eine gesetzlich erlaubte Weise gebunden hat. Hunderttausende Pud[108] Getreide, die durch Wucher und Erpressung den Bauern abgenommen sind, werden als das Eigentum des Kaufmannes angesehen; aber das von den Bauern kultivierte Getreide wird als das Eigentum eines anderen betrachtet, wenn dieser andere den von den Bauern bebauten Boden als Erbschaft von seinen Groß- und Urgroßvätern erhalten hat, die diesen Boden den nämlichen Bauern abgenommen hatten."[109]

Zum anderen werden die Armen und Unterdrückten, die sich gegen die Ausbeutung empören, nach dem Strafrecht erbarmungslos verfolgt:

> „[W]enn irgend einer dieser, von allen Seiten beraubten, betrogenen, mit betäubenden Getränken zum Trunke verleiteten Menschen irgendeinmal sich den millionsten Teil der Gegenstände aneignet, die durch systematischen Raub ihm und seinen Genossen entwendet werden, [wird] derselbe 'rechtmäßig' gerichtet, eingesperrt, verbannt."[110]

Das geschieht selbst bei geringfügigsten Übertretungen, wenn etwa ein armer Bauer im Wald des Großgrundbesitzers einen Baum fällt:

> „Er wird erwischt. Die Kenner des 'Rechts' richten über ihn und sperren ihn ins Gefängnis, die hungernde Familie ohne ihre einzige Stütze lassend. Und solches geschieht überall, in hunderten und tausenden ähnlichen Fällen, in Städten, Werkstätten, Fabriken."[111]

Und so fasst Tolstoi zornig zusammen, dass „alle Privilegien der Reichen, all ihr Luxus, alles Überflüssige, was die Reichen gegenüber den Armen genie-

---

107 *Tolstoi*, Rabstwo a.a.O., S. 168.

108 Ein altrussisches Gewichtsmaß, ungefähr 16,38 Kilogramm.

109 *Tolstoi*, Rabstwo a.a.O., S. 174 f.

110 *Tolstoi*, Pismo a.a.O., S. 58. Vgl. §§ 2146–2171 StGBRR.

111 Ebd. Vgl. §§ 2100, 941 StGBRR.

ßen, dass alles nur durch die Züchtigungen, Gefängnisse und Hinrichtungen erworben und erhalten wird".[112] Dieser Gedanke kommt mehrmals zum Ausdruck auch in Tolstois literarischem Werk. In „Der gefälschte Kupon" beutet der geizige, habgierige und hartherzige Gutsverwalter Swentizki die Bauern und Landarbeiter rücksichtslos aus, ohne von der Justiz dafür zur Rechenschaft gezogen zu werden – und kann zugleich seinen Kutscher Prokofi (Proschka) Nikolajew, der gerade den Betrag für ein halbes Maß Hafer vertrank, durch das Richterurteil für drei Monate inhaftieren lassen.[113] In der 1894 verfassten, aber erst 1912 postum erschienenen Kurzgeschichte „Der Traum des jungen Zaren" verurteilt der feiste Friedensrichter[114] eine „in Lumpen gekleidete"[115] Frau zur Haftstrafe von zwei Monaten, weil sie dem Gutsbesitzer eine halbe Garbe Hafer entwendet hat.[116] Und in „Auferstehung" bezeichnet Fürst Nechljudow im Gespräch mit seinem Schwager Ignati Ragoschinski, einem höherrangigen Justizbeamten,[117] das Gericht als „administrative[s] Werkzeug zur Aufrechterhaltung der bestehenden Ordnung, die für unseren Stand von Vorteil ist".[118] Somit wird auch der „schwach[e] und läppisch[e] Aberglaube"[119] des Eigentums durch das Strafrecht gesichert und entfaltet.

V. Strafrecht und Menschenwürde

> „Doch der Junge mit dem langen dünnen Hals, der ohne zu blinzeln und ohne den Blick abzuwenden auf den Gefangenenzug gestarrt hatte, entschied die Frage anders. Er wusste bereits bestimmt und unbestreitbar, weil er das direkt von Gott erfahren hatte, dass dies genau solche Menschen waren wie er selbst und wie alle Menschen und dass deshalb diesen Menschen von jemandem etwas Schlechtes angetan worden war – etwas, was man nicht tun darf; er bedauerte sie und es grauste

112 *Tolstoi*, Zarstwo a.a.O., S. 228.

113 Vgl. *Tolstoi*, Falschiwyi a.a.O., S. 18. Prokofijs historisches Vorbild war Tolstois ehemaliger Kutscher Lari(w)on, den später ein anderer Arbeitgeber wegen eines Bagatelldelikts festnehmen ließ und ihn dadurch im Endeffekt zugrunde richtete. *Gussew N.*, Falschiwyi a.a.O., S. 577 ff. mit weiteren Nachweisen.

114 Vgl. oben Kapitel B) IV.

115 *Tolstoi*, Sson a.a.O., S. 109.

116 Vgl. ebd.

117 Sein historisches Vorbild war vermutlich der Gerichtsangestellte Alexander Kusminskij, ein Vetter der Ehefrau Leo Tolstois. Vgl. *Gudsij*, „Woskressenija" a.a.O., S. 359.

118 *Tolstoi*, Woskressenije a.a.O., S. 323.

119 *Tolstoi*, Tak a.a.O., S. 402.

ihn sowohl vor denen, die in Ketten geschmiedet und halb kahlrasiert waren, als auch vor denjenigen, die sie in Ketten gelegt und rasiert hatten."[120]

Leo Tolstoi

Tolstois Menschenbild geht im Wesentlichen auf Jean-Jacques Rousseau zurück,[121] der überzeugt war, dass „die moralische Güte mit unserer Natur im Einklang steht".[122] Maßgeblich war auch das theologische Konzept des deutschen Pädagogen Friedrich Fröbel (1782–1852), wonach die „Christus-Religion" nicht im Glauben besteht, dass Jesus der Sohn Gottes ist, sondern in der alle Menschen Söhne Gottes sind.[123]

Deshalb ist das Menschenbild Tolstois ausgesprochen positiv und optimistisch:

> „Der menschlichen Natur ist es eigen, das zu tun, was besser ist.[124] […] In jedem Menschen ist der göttliche Funke, der göttliche Geist, jeder Mensch ist Gottes Sohn."[125]

Das besagt auch die christliche Lehre, die „in ihrer wirklichen Bedeutung, wie sie in neuerer Zeit immer deutlicher hervortritt, darin [besteht], dass das Wesen des menschlichen Lebens ein bewusster, immer mehr zum Durchbruch kommender Ausdruck jenes allgemeinen Prinzipes ist, dessen Wirksamkeit sich in der Liebe äußert, und das daher das Wesen des menschlichen Lebens und das höchste Gesetz, das uns leiten soll, eben diese Liebe ist."[126]

Deshalb ist „[die] Würde des Menschen sowohl mit der Teilnahme an der Gewalt als auch mit dem Sichunterwerfen der Gewalt [unvereinbar]".[127]

Somit ist das Strafrecht, eine Form der institutionalisierten Gewalt,[128] auch aus diesem Grund zu verwerfen, zumal es die Menschen durch die blinde Anwendung der Formalitäten und Gesetzesparagraphen schematisch und gefühllos behandelt, sie willkürlich zu rechtschaffenen Bürgern stilisiert oder als ruchlose Verbrecher verdammt und dabei gerade das Wesentliche außer Acht lässt, bestenfalls als „mildernde Umstände" abtut. Tolstoi deutete diese Ansicht schon während des Krimkriegs (1853–1856) an – im Aufsatz „Über die Mili-

120 *Tolstoi*, Woskressenije a.a.O., S. 332.

121 Siehe *Herlth*, Rousseau a.a.O., S. 481.

122 *Rousseau*, Erziehung, S. 310.

123 *Münch*, Jesus a.a.O., S. 375.

124 Tolstoi, W tschom a.a.O., S. 372.

125 *Tolstoi*, Brief an V. K. Zavolokin, a.a.O., S. 12.

126 *Tolstoi*, Sakon a.a.O., S. 166.

127 *Tolstoi*, Brief an I. G. Roshkow a.a.O., S. 235.

128 Siehe oben Kapitel C) II.

tärgesetzgebung",[129] wo er namentlich die – im russischen „Kodex des Militärrechts" von 1839 („*Swod Wojennych Postanowlennij*") geregelten[130] – Militärstrafen in die „notwendigen" und „willkürlichen" aufteilte – und den letztgenannten vorwarf, eine schädliche Wirkung auf die Strafenden und die Bestraften auszuüben.[131]

Allerdings blieb der Aufsatz trotz dreier Entwürfe unvollendet,[132] wahrscheinlich, weil diese Einstufung dem Autor zunehmend künstlich und wenig überzeugend erschien.

Dreizehn Jahre später, im Roman „Krieg und Frieden" (1869), wurde Tolstois Auffassung von der menschenverachtenden Natur des Strafrechts verallgemeinert und radikalisiert. Sie beschränkte sich nicht mehr auf die „willkürlichen" Strafen beim russischen Militär, sondern umfasste das staatliche Strafwesen schlechthin. Im vierten Band dieses Monumentalwerks wird sein Protagonist Pierre Besuchow in der französisch besetzten Stadt Moskau als vermeintlicher Brandstifter vors Militärgericht gestellt. Die Richterfragen „[lassen] die wesentlichen Dinge des Lebens außer Acht und [schließen] die Möglichkeit, dieses Wesentliche aufzudecken, aus".[133] Sie haben nur den Zweck, „jene Rinne darunter zu halten, durch die nach Wunsch der Richter die Antworten des Angeklagten abfließen und ihn zum erwünschten Ziel bringen sollten, nämlich zur Anklage",[134] und dem Angeklagten keine Chance zu geben, sich zu rechtfertigen:

> „Auf die Frage, was er gemacht habe, als sie ihn verhafteten, antwortete Pierre mit einer gewissen Tragik, dass er ein Kind zu seinen Eltern getragen habe, *qu'il avait sauvé des flammes.*[135] – Weshalb er sich mit dem Marodeur geprügelt habe? Pierre antwortete, dass er eine Frau verteidigt habe und dass die Verteidigung einer angegriffenen Frau die Pflicht eines jeden Mannes sei, dass [...] Sie hielten ihn an: Das gehöre nicht zur Sache. Weshalb sei er im Hof des angezündeten Hauses gewesen, wo ihn Zeugen gesehen hätten? Er antwortete, dass er sich habe anschauen wollen, was in Moskau geschehe. Sie unterbrachen ihn wieder: Sie hätten ihn nicht gefragt, wohin er gegangen sei, sondern wozu er sich bei dem Feuer aufgehalten habe."[136]

---

129 *Tolstoi*, sakonodatelstwe a.a.O., S. 237–240.

130 Swod Wojennych, S. 100–150.

131 Vgl. *Tolstoi*, sakonodatelstwe a.a.O., S. 240.

132 Siehe *N. N.*, sakonodatelstwe a.a.O., S. 334 f.

133 *Tolstoi*, Woina a.a.O., Bd. 12 S. 35.

134 Ebd.

135 Das er aus den Flammen gerettet habe (Kursivsetzung im Original).

136 *Tolstoi*, Woina a.a.O., Bd. 12 S. 35.

Wenig später wird Pierre Besuchow dem französischen Marschall Louis-Nicolas Davout (1770–1823) vorgeführt, der den Kopf von der Gefangenenliste erhebt, „auf der Menschentaten und Menschenleben mit Nummern verzeichnet waren, nur ein Umstand; Davout hätte ihn erschossen, ohne sich ein Gewissen aus der schlechten Tat zu machen".[137] Was zunächst bloß als Besatzerwillkür erscheint, ergibt bei genauerer Betrachtung eine weitaus tiefere Bedeutung.

Die französischen Militärs verfahren mit Pierre Besuchow genauso wie die Gerichte die Angeklagten „*gewöhnlich*"[138] behandeln, ihre Fragen sind von derselben Art „wie *überhaupt* Fragen, die vor Gerichten gestellt werden",[139] und Pierre empfindet „dasselbe, was Angeklagte in *allen* Gerichten empfinden",[140] nämlich „Unverständnis, wozu man ihm diese [abwegigen] Fragen stell[t]."[141]

Auch Napoleons Vertrauter Marschall Davout ist im Grunde genommen nicht boshafter als sein Gegner, der russische Kriegsminister Graf Alexei Araktschejew (1769–1834), und „ebenso pedantisch, grausam und unfähig, seine Ergebenheit anders auszudrücken als durch Grausamkeit."[142]

In der 1886 erschienenen Erzählung „Der Tod des Iwan Iljitsch" spielt die Strafrechtskritik eine wichtige Rolle. Ihr Protagonist ist ein höherrangiger Justizbeamter, der seinen Dienst bei der russischen Gerichtskammer[143] versieht. In dieser Funktion verfährt Iwan Iljitsch mit den Bittstellern streng nach dem Buchstaben des Gesetzes, ohne die leiseste Spur von Mitleid oder Empathie zu zeigen, und nur gelegentlich lässt er sich herab, menschliche Worte an sie zu richten.[144] Diese hartherzige Art rächt sich später, als die Ärzte den todkranken Iwan Iljitsch mit derselben kalten Höflichkeit behandeln, statt sich die Mühe zu machen, den wahren Grund seines Leidens zu ermitteln:

---

137 *Tolstoi*, Woina a.a.O., Bd. 12 S. 39.

138 *Tolstoi*, Woina a.a.O., Bd. 12 S. 35.

139 Ebd.

140 Ebd.

141 Ebd.

142 *Tolstoi*, Woina a.a.O., Bd. 11 S. 20.

143 Die Gerichtskammer („*Ssudebnaja Palata*") war ein hochrangiges Gericht im Russischen Kaiserreich 1864–1917. Seiner Kompetenz oblagen unter anderem schwere Verbrechen sowie Beschwerden gegen Urteile der Gerichte niederer Instanz. Vgl. *Kurakow, L. P. / Kurakow, W. L. / Kurakow, A. L.*, Ekonomika.

144 Vgl. *Tolstoi*, Iwana a.a.O., S. 80 f.

> „Alles war genauso wie bei Gericht. Der berühmte Arzt setzte ihm gegenüber dieselbe Miene auf, die er im Gericht dem Angeklagten zu zeigen pflegte […].
>
> Für Iwan Iljitsch war nur eine Frage wichtig: ob sein Zustand ein gefährlicher war oder nicht. Aber der Arzt überhörte diese unangebrachte Frage geflissentlich. Von seinem Standpunkt aus war es eine müßige Frage und unterlag keiner Beurteilung; für ihn war nur die Erwägung der Möglichkeiten vorhanden – ob es sich um eine Wanderniere, einen chronischen Katarrh oder eine Erkrankung des Blinddarmes handelte. Das Leben Iwan Iljitschs kam nicht in Betracht, es handelte sich nur um die Streitfrage: Wanderniere oder Blinddarm. Und der Arzt entschied diesen Streit auf die glänzendste Weise in Iwan Iljitschs Beisein zugunsten des Blinddarms, wobei er den Vorbehalt machte, dass eine Harnuntersuchung einen neuen Befund erbringen könne und die Sache dann einer neuen Prüfung unterzogen werden müsse. Alles war genauso, wie Iwan Iljitsch es selber tausendmal auf so glänzende Weise den Angeklagten gegenüber gemacht hatte […] Aus den Schlussworten des Arztes schloss Iwan Iljitsch, dass es schlecht um ihn stand, dass dies aber dem Arzt, und wahrscheinlich allen anderen ganz gleichgültig, für ihn aber sehr schlimm sei. Und diese Schlussfolgerung versetzte Iwan Iljitsch in schmerzliche Betroffenheit und rief in ihm das Gefühl eines großen Mitleids mit sich selber und eines großen Zornes gegen den Arzt hervor, der sich dieser Frage gegenüber so gleichgültig verhielt.
>
> Er sagte aber nichts, legte das Geld auf den Tisch und bemerkte seufzend: ‘Wir Kranken stellen Ihnen wahrscheinlich sehr oft unangebrachte Fragen. Ist das im Allgemeinen eine gefährliche Krankheit oder nicht? […]’
>
> Der Arzt sah ihn mit einem Auge streng über die Brille weg an, als wollte er sagen: Angeklagter, wenn Sie nicht in den Grenzen der an Sie gerichteten Fragen bleiben, werde ich mich genötigt sehen, Sie aus dem Sitzungssaal entfernen zu lassen.“[145]

Tolstois Kritik an der degradierenden Schematisierung des Menschen durch das Strafrecht entfaltete sich mit voller Kraft in den letzten zwei Jahrzehnten seines Lebens. Das Geschworenengericht, welches in „Auferstehung“ über Katjuscha Maslowas Schuld urteilen soll, befasst sich ausschließlich mit dem Giftmord am Bordellbesucher Smelkow und stellt nie die Frage, wer für ihr Abrutschen ins Elend und in die Prostitution verantwortlich war. Nur der Verteidiger spricht Maslowas Vorleben kurz an,[146] kann aber nur „etwas von der Grausamkeit der Männer und der Hilflosigkeit der Frauen“[147] murmeln. Am nächsten Tag verhandelt das gleiche Gericht den Fall eines gerade erst zwanzigjährigen, aber bereits vom Leben schwer gezeichneten Burschen, der angeklagt wurde, zusammen mit einem Kameraden an einem Schuppen das Schloss aufgebrochen und daraus alte Matten im Werte von drei Rubel entwendet zu haben:

---

145 *Tolstoi*, Iwana a.a.O., S. 83 f.

146 Vgl. *Tolstoi*, Woskressenije a.a.O., S. 74.

147 Ebd.

„Aus der Verhandlung ging hervor, dass dieser Junge als Bub von seinem Vater in eine Tabakfabrik gegeben worden war, wo er fünf Jahre verbrachte. In diesem Jahr war er gekündigt worden, nachdem der Chef Unannehmlichkeiten mit Arbeitern gehabt hatte, und da er nun ohne Stelle war, lief er untätig in der Stadt herum und vertrank das Letzte, was er hatte. In der Kneipe verbündete er sich mit genauso einem wie er, einem Schlosser, der noch vor ihm seine Stelle verloren hatte und ein starker Trinker war, und zu zweit brachen sie in der Nacht, betrunken, das Schloss auf und nahmen sich von dort das Erstbeste, was ihnen in die Finger geriet. Man erwischte sie. Sie gestanden alles. Man steckte sie ins Gefängnis, wo der Schlosser, während er auf die Gerichtsverhandlung wartete, starb. Und diesen Jungen verurteilte man jetzt als gefährliches Subjekt, vor dem man die Gesellschaft schützen müsse.“[148]

Und während der stellvertretende Staatsanwalt und der Verteidiger einen erbitterten Streit darüber führen, ob der Diebstahl in einem Wohnhaus (vgl. §§ 246, 247 StGBRR und § 249 StGBRR) ausgeführt wurde,[149] verkennt das Gericht, abgesehen vom inzwischen geläuterten Nechljudow, die eigentliche Wahrheit:

„‘Es hätte doch bloß eines Menschen bedurft’, dachte Nechljudow, während er in das kränkliche verschreckte Gesicht des Jungen blickte, ‘der Mitleid mit ihm gehabt und, noch bevor man ihn aus Not vom Dorf in die Stadt gab, dieser Not abgeholfen hätte; oder selbst als er bereits in der Stadt war und nach zwölf Stunden Arbeit in der Fabrik mit den älteren Kameraden, die ihn mitschleppten, in die Schenke ging, wenn damals auch nur ein Mensch gesagt hätte: ‘Geh nicht, Wanja, das ist nicht gut’, der Junge wäre vielleicht nicht gegangen, hätte sich nicht verschwatzt und nichts Schlechtes getan.’“[150]

Noch formalistischer verfährt der Senat bei der Entscheidung über eine Verleumdungsklage (vgl. § 1166 StGBRR):

„Es ging um einen Zeitungsartikel, in dem die Betrügereien des Vorstandsvorsitzenden einer Aktionärsgesellschaft entlarvt wurden. Man hätte meinen können, wichtig könnte nur sein, ob es stimmte, dass dieser Vorstandsvorsitzende seine Vollmachtgeber bestohlen hatte, und wie man es anstellen sollte, dass er aufhörte, sie zu bestehlen. Doch davon war überhaupt keine Rede. Es ging nur darum, hatte der Redakteur dem Gesetz nach das Recht, den Artikel des Feuilletonisten zu drucken, oder hatte er es nicht, und welches Verbrechen hatte er begangen, indem er ihn druckte – eine Diffamierung oder eine Verleumdung, und schließt die Diffamierung eine Verleumdung in sich [ein] oder die Verleumdung eine Diffamierung, und noch etwas für einfache Menschen kaum Verständliches über verschiedene Paragraphen und Entscheidungen irgendeiner allgemeinen Rechtsabteilung.“[151]

148 *Tolstoi*, Woskressenije a.a.O., S. 121.

149 Vgl. *Tolstoi*, Woskressenije a.a.O., S. 122.

150 *Tolstoi*, Woskressenije a.a.O., S. 123 f.

151 *Tolstoi*, Woskressenije a.a.O., S. 272 f.

Auch Katjuscha Maslowas Beschwerde gegen das offensichtlich falsche Mordurteil wird vom Senat unter Berufung auf formale Mängel abgewiesen.[152]

Einen neuen Höhepunkt erreichte Tolstois Kritik in dem 1900 verfassten, doch erst elf Jahre später postum erschienenen Drama „Der lebende Leichnam“. Sein Protagonist Fjodor (Fedja) Protassow will im Einvernehmen mit seiner Ehefrau Lisa[153] die zerrüttete Ehe lösen, kann sich aber dem langen und erniedrigenden, auf dem Schuldprinzip basierenden, Scheidungsverfahren nicht unterziehen. Deshalb täuscht er Selbstmord vor und taucht unter, wird aber nach einiger Zeit von einem Erpresser (und zugleich Spitzel) bei der Polizei denunziert und zusammen mit der nichtsahnenden Lisa und ihrem neuen Ehemann Viktor Karenin dem Untersuchungsrichter vorgeführt, der – ohne die Beschuldigten noch überhaupt zu Gesicht bekommen zu haben – bereits meint: „Ja, eine ziemlich schmutzige Sache. Ich gehe eben erst an die Untersuchung des Falles, aber ich spüre schon: die Sache ist faul.“[154] Aufgrund dieser Überzeugung malträtiert er die Beschuldigten mit absurden Unterstellungen und heuchlerischen Ratschlägen,[155] bis der aufgebrachte Fedja ihn heftig zurechtweist:

> „Und Sie, der Sie an jedem Zwanzigsten des Monats Ihr Gehalt bekommen – zwanzig Kopeken für jede begangene Gemeinheit –, Sie werfen sich in Ihre Uniform und haben den Mut, sich über Leute, denen Sie nicht das Wasser reichen können, die Sie noch nicht einmal in ihr Vorzimmer einlassen würden, leichten Herzens lustig zu machen [...] Wie lächerlich wären Sie doch, wenn Sie nicht so widerwärtig wären!“[156]

Manchmal schildert Tolstoi die Ergebnisse des Ersetzens eines Menschen aus Fleisch und Blut durch eine tote strafrechtliche Abstraktion des „bösen Willens“[157] so unheimlich, dass er den Roman "Der Prozess" vorwegzunehmen scheint, dessen Verfasser Franz Kafka Leo Tolstois Werk übrigens gut kannte.[158]

Im Roman „Auferstehung“ wird Maslowa unschuldig wegen Mordes zur vierjährigen Zwangsarbeit in Sibirien verurteilt, nur weil die Geschworenen es versäumt haben, im Spruch nach der positiven Beantwortung der Schuld-

152 Vgl. *Tolstoi*, Woskressenije a.a.O., S. 278 f.

153 Ihre historischen Pendants waren die Tolstoi flüchtig bekannten Nikolai und Jekaterina Gimmer. Auf die Bitte ihres Sohnes Nikolai Suchanow-Gimmer (1882–1940) verschob der Schriftsteller 1900 die Publikation des Dramas. Vgl. *Baluchatyj / Mischin*, Shiwoi a.a.O., S. 533, 542.

154 *Tolstoi*, Shiwoi a.a.O., S. 85.

155 Vgl. *Tolstoi*, Shiwoi a.a.O., S. 85 ff.

156 *Tolstoi*, Shiwoi a.a.O., S. 93.

157 Vgl. *Reinhardt*, „Woskressenije“, S. 27.

158 Vgl. *Fraiman-Morris*, a.a.O., S. 107 Rn. 3 mit weiteren Nachweisen.

frage hinzuzufügen, „aber ohne Vorsatz, [Smelkow] das Leben zu nehmen" (vgl. §§ 1924, 1937 StGBRR):[159]

> „So ergab sich, nach der Entscheidung der Geschworenen, dass die Maslowa weder gestohlen noch geraubt hatte, zugleich aber einen Menschen ohne jeden ersichtlichen Zweck vergiftet hatte."[160]

Noch makabrer ist das „dumme"[161] Todesurteil gegen den Regimegegner Anatolij Swetlogub[162] in der Erzählung „Göttliches und Menschliches". Er wird „wegen seiner Teilnahme an revolutionären Umtrieben, die in der *nächsten oder entferntesten Zukunft* den Sturz der *gegenwärtigen* Regierung zum Ziele [hatten]"[163] nicht *nur* „zum Tode durch den Strang"[164] sondern *auch* zum „Verlust aller bürgerlichen Rechte"[165] verurteilt.

Bezeichnenderweise ist das Kriminalrecht ein zweischneidiges Schwert, das nicht nur die Bestraften degradiert, sondern auch die Strafenden geistig wie auch moralisch verkümmern lässt, wie Tolstoi in „Auferstehung" eindringlich veranschaulicht:

> „Alle diese Leute – [der Vizegouverneur] Maslennikow und der Inspektor und der Geleitoffizier –, sie alle, wären sie nicht Gouverneure, Inspektoren oder Offiziere gewesen, hätten es sich doch zehnmal überlegt, ob man denn Menschen [die verurteilten Häftlinge] bei einer solchen Hitze in so einem Haufen [nach Sibirien] losschicken könnte, hätten zehnmal unterwegs angehalten und hätten, wenn sie gesehen hätten, dass da einer einen Schwächeanfall hat, am Ersticken ist, ihn aus der Menge heraus und in den Schatten gebracht, hätten ihm Wasser gegeben, ihn ausruhen lassen und, als das Unglück passierte, ihr Mitleid gezeigt. Sie haben das nicht getan, haben sogar andere daran gehindert, es zu tun. Nur weil sie nicht die Menschen und ihre Verpflichtung ihnen gegenüber sahen, sondern den Dienst und seine Vorschriften, die sie höher achteten als die Erfordernisse in den menschlichen Beziehungen."[166]

Dabei werden die Gefängnisaufseher genauso abgestumpft wie die mittleren und höheren Justizbeamten. Im Roman „Auferstehung" erzählt ein „ziemlich

---

159 *Tolstoi,* Woskressenije a.a.O., S. 82.

160 *Tolstoi,* Woskressenije a.a.O., S. 83.

161 *Tolstoi,* Bosheskoje a.a.O., S. 211.

162 Sein historisches Vorbild war der 1879 hingerichtete Revolutionär Dmitrij Lisogub. Vgl. *Gussew N.*, Bosheskoje a.a.O., S. 645.

163 *Tolstoi,* Bosheskoje a.a.O., S. 204.

164 Ebd.

165 Ebd.

166 *Tolstoi,* Woskressenije a.a.O., S. 350.

dumme[r]“[167] Wächter, der die qualvolle Hinrichtung der zwei jugendlichen Regimegegner erlebte, von ihrer Agonie ohne große Gefühlsregung:

> „‘Er hat es gesehen und mir [einem Häftling namens Krylzow] erzählt, dass Losinski sich nicht wehrte, aber Rosowski lange kämpfte, so dass sie ihn aufs Schafott gezerrt und ihm die Schlinge gewaltsam um den Kopf gelegt haben […].’ Mir haben sie gesagt, mein Herr, es ist schrecklich. Aber daran ist nichts schrecklich. Als sie hingen – nur zweimal so mit den Schultern ‘– und er zeigte, wie sich die Schultern krampfhaft hoben und senkten –, ‘dann hat der Henker angezogen, dass nämlich die Schlingen sich besser zuziehen, und fertig: sie zuckten nicht mehr. – Daran ist nichts schrecklich.’“[168]

In „Der gefälschte Kupon“ nimmt der Untersuchungsrichter Machin bewusst keinen Anteil „an dem Schicksal der Menschen, mit denen er in Berührung [kommt]“,[169] ist weder willens noch fähig, sich in ihre Seelenlage hineinzuversetzen und wird deshalb irritiert, ja sogar schockiert, von den Worten des reumütigen Schwerverbrechers Stepan Pelagejuschkin:

> „‘Und haben sie [die Opfer] dir denn gar nicht leid getan?’, fragte Machin.
>
> ‘Nein. Damals verstand ich noch nichts.’
>
> ‘Nun, und jetzt?’
>
> Stepan lächelte wehmütig.
>
> ‘Jetzt könnte man mich auf glühendem Feuer rösten, und ich würde es doch nicht tun.’
>
> ‘Und warum nicht?’
>
> ‘Weil ich seitdem verstanden habe, dass alle Menschen Brüder sind.’
>
> ‘Betrachtest du mich denn auch als deinen Bruder?’
>
> ‘Ja, natürlich.’
>
> ‘Wie kann ich denn dein Bruder sein, wenn ich dich zu Zwangsarbeit verurteile?’
>
> ‘Weil Sie nicht die Wahrheit kennen.’
>
> ‘Ich kenne die Wahrheit nicht?’
>
> ‘Nein, wenn Sie Gericht über mich halten, kennen Sie sie nicht.’“[170]

Am meisten wundert sich Machin jedoch über Pelagejuschkins Einfluss auf den Scharfrichter Machorkin, der sich mittlerweile „ungeachtet der Strafe, die er gewärtigen [muss], geweigert [hat], weiterhin das Handwerk des Henkers zu

---

167 *Tolstoi*, Woskressenije a.a.O., S. 378.

168 Ebd.

169 *Tolstoi*, Falschiwyj a.a.O., S. 41.

170 Ebd.

verrichten."[171] Und in „Auferstehung" erzählt der oberste Gefängnisinspektor von Petersburg, dass die Häftlinge in seiner Obhut sich erst aufregen, dann aber dick und sehr still werden, wobei er die schreckliche Bedeutung seiner Worte überhaupt nicht begreift und aufrichtig glaubt, mit dieser Beteuerung Nechljudow zu trösten.[172]

Die destruktive Wirkung des Strafrechts geht aber über das Verhältnis Strafender–Bestrafter weit hinaus. Nicht nur redet der oberste Gefängnisinspektor von Sankt Petersburg über über die Sträflinge „wie über eine besondere, schlechte Art von Menschen",[173] sondern auch die Passanten blicken Katjuscha Maslowa auf ihrem Weg vom Gefängnis ins Gericht mit einer Mischung aus Angst und Abscheu entgegen – noch bevor das Urteil überhaupt gefällt wird:

> „Droschkenkutscher, Ladenbesitzer, Köchinnen, Arbeiter, Beamte – alle blieben sie stehen und musterten voller Neugier die Arrestantin; manche wiegten den Kopf in der Meinung: 'Da sieht man, wohin es führt, wenn man sich schlecht benimmt und nicht wie wir.' Kinder blickten voller Angst auf die *Räuberin* und beruhigten sich bloß, weil hinter ihr die Soldaten gingen und sie jetzt nichts mehr anstellen konnte."[174]

Nach der Verkündung des Urteils wegen Mordes schreit Katjuscha Maslowa in den Gerichtssaal laut hinein, dass sie unschuldig sei, aber ihr verzweifeltes Aufbäumen wird von den Anwesenden „als etwas […] Selbstverständliches, zu Erwartendes aufgefasst"[175] und kann „an der Sache nichts ändern".[176] Nechljudows Schwager Ignati Ragoschinski teilt „die bekannte Ansicht, dass Wahrheit ein Produkt der Rechtsprechung sei"[177] und meint deshalb im Gespräch mit Nechljudow, dass Maslowa vermutlich nicht unschuldig sei, weil man sie verurteilt habe.[178] Und ein kleines Mädchen, das die verurteilten Sträflinge auf dem Weg vom Gefängnis in die sibirische Verbannung sieht und das Geschehen nach dem Gesichtsausdruck seiner Eltern beurteilt,[179] kommt zum Schluss, dass die Gefangenen „wohl vollkommen andere Menschen [seien] als [seine] Eltern und deren Bekannte, dass es schlechte Menschen [seien] und

---

171 Ebd.

172 Vgl. *Tolstoi*, Woskressenije a.a.O., S. 269.

173 *Tolstoi*, Woskressenije a.a.O., S. 268.

174 *Tolstoi*, Woskressenije a.a.O., S. 6.

175 *Tolstoi*, Woskressenije a.a.O., S. 104.

176 Ebd.

177 *Tolstoi*, Woskressenije a.a.O., S. 319.

178 Vgl. ebd.

179 Vgl. *Tolstoi*, Woskressenije a.a.O., S. 332.

man deshalb mit ihnen genauso umgehen [müsse], wie mit ihnen umgegangen [werde].“[180]

Sogar die unbescholtenen Menschen werden fast wie Verbrecher behandelt, wenn sie ihre Angehörigen oder Freunde im Gefängnis besuchen:

> „[Der] Aufseher mit dem Notizbüchelchen gab bekannt, dass jetzt der Einlass für Besucher beginne. Der Wachposten trat zur Seite, und die Besucher stürzten, als fürchteten sie, sich an verspäten, hastigen Schritts, manche im Trab, zum Gefängnistor. Dort stand der eine Aufseher und zählte laut die Besucher, wie sie an ihm vorbeiliefen: ‘Sechzehn, siebzehn’ usw. Ein zweiter Aufseher im Inneren des Gebäudes zählte sie erneut, als sie durch die nächste Tür gingen, indem er jeden mit der Hand berührte, damit man beim Entlassen die Zahl überprüfen konnte, ob auch kein Besucher im Gefängnis zurückgelassen oder einer der Gefangenen herausgelassen würde.“[181]

Selbst die Verbrechensopfer werden von der kalten Formalität des Strafrechts in Mitleidenschaft gezogen. Die während der Gerichtsverhandlung gegen Maslowa und ihre Mitangeklagten verlesenen Akten schildern Smelkow nicht als einen heimtückisch vergifteten und ausgeraubten Menschen, sondern eher wie ein halb verwestes und halb konserviertes Ungetüm:

> „Bei der äußeren Untersuchung erwies sich, dass:
>
> […]
>
> 3) der Leichnam aufgedunsen aussah.
>
> 4) die Hautfarbe überall grünlich war, stellenweise mit dunklen Flecken übersät.
>
> 5) die Haut auf der Körperoberfläche sich in Blasen verschiedener Größe gehoben, stellenweise abgelöst hatte und in Form von großen Fetzen herabhing.
>
> 6) das Haar dunkelbraun und dicht war und bei Berührung leicht von der Haut abging.
>
> 7) die Augen aus den Höhlen getreten waren und die Hornhaut sich getrübt hatte.
>
> 8) aus den Nasenlöchern, beiden Ohren und der Mundhöhle schaumig blutige Flüssigkeit floss, der Mund halboffen stand.
>
> 9) es fast keinen Hals gab infolge der starken Aufblähung von Gesicht und Brust.
>
> […]
>
> in Anwesenheit eines Gehilfen des ärztlichen Inspektors, die Untersuchung der Innereien durchzuführen:
>
> 1) der rechten Lunge und des Herzens (in einem sechspfündigen Glasgefäß)
>
> 2) des Mageninhalts (in einem sechspfündigen Glasgefäß)
>
> 3) des Magens selbst (in einem sechspfündigen Glasgefäß)

---

180 Ebd.

181 *Tolstoi*, Woskressenije a.a.O., S. 141 f.

4) der Leber, der Milz und der Nieren (in einem dreipfündigen Glasgefäß)

5) der Gedärme (in einem sechspfündigen Tongefäß).“[182]

Angewidert von dieser Beschreibung, empfinden die Geschworenen für Smelkow kein Mitleid, sondern nur Abscheu, gemischt mit einer abartigen Bewunderung:

> „'Hat der was gesoffen', flüsterte der wieder zu sich kommende Kaufmann [...] Der Obmann und einige der Geschworenen erhoben sich und traten verlegen, wie sie ihre Arme bewegen oder halten sollten, zum Tisch und betrachteten der Reihe nach den Ring, das Schnapsglas und den Filter. Der Kaufmann probierte sogar den Ring an seinem Finger.
>
> 'Na, ein Finger das', sagte er, als er auf seinen Platz zurückkam, 'so recht wie ne Gurke', fügte er hinzu, offenbar amüsierte ihn diese Vorstellung eines Recken, die er sich von dem vergifteten Kaufmann machte.“[183]

Im Übrigen ist diese Szene auch eine polemische Antwort an Nikolai Dawydow, der auch in Privatgesprächen mit Tolstoi behauptete, dass das Strafgericht unter anderem deshalb von Nutzen sei, weil es dem Verbrechensopfer einen moralischen Sieg verschaffe.[184]

VI. Strafrecht und Gerechtigkeit

Tolstoi betonte: „Wenn die Menschen ihresgleichen durch Gewalt oder Drohungen zum Gehorsam zwingen, dann zeigen sie auf, dass ihr wahres Ziel nicht die Gerechtigkeit ist“.[185]

Das ist besonders evident im staatlichen Gemeinwesen:

> „Die Geschichte [...] zeigt, dass von Cäsar bis Napoleon, dem einen, wie dem andern,[186] und Bismarck die Regierung ihrem Wesen nach stets eine Kraft ist, die die Gerechtigkeit verletzt, und es auch gar nicht anders kann. Die Gerechtigkeit kann nicht bindend sein für einen Menschen oder für die Menschen, die unter ihrer Hand die betrogenen und zur Gewalt abgerichteten Menschen – Soldaten – halten und mit ihrer Hilfe die anderen lenken. Und darum können die Regierungen sich gar

---

182 *Tolstoi*, Woskressenije a.a.O., S. 68 ff.

183 *Tolstoi*, Woskressenije a.a.O., S. 70, 71.

184 Vgl. *Dawydow*, Tolstoi, S. 10, 12.

185 *Tolstoi*, kazhdyj; a.a.O., S. 271. Dort ohne weitere Angaben als „buddhistischer Spruch“ bezeichnet.

186 Anspielung auf die französischen Kaiser Napoleon I. (1804–1814/1815) und Napoleon III. (1852–1870).

> nicht dazu verstehen, die Zahl der ihnen gehorchenden, abgerichteten Menschen, die ihre Bedeutung bilden, zu vermindern.“[187]

Deshalb verwarf Tolstoi das Strafrecht auch unter dem Gesichtspunkt der menschlichen Gerechtigkeit. Zum einen drücken die Strafgesetze, wie auch anderen staatlichen Vorschriften, keineswegs den Willen des ganzen Volkes aus.[188] Obwohl sich diesen Normen „alle fügen müssen“,[189] wird die Befugnis, sie zu erlassen „einigen wenigen Personen vorbehalten“,[190] seien es „Kaiser, Könige, Ratgeber der Kaiser und Könige oder Parlamentsmitglieder.“[191] Tolstoi meinte, dass diese machthungrige Clique sich das Recht anmaße, ihre Vorschriften, die nichts anderes sind als „Erzeugnisse des Eigennutzes, der Täuschung, des Parteikampfes“,[192] rücksichtslos und brutal[193] durchzusetzen und zwar „so lange, wie dieselben für sie vorteilhaft sind, sobald aber die Gesetze ihnen nachteilig zu werden beginnen, erfinden sie neue, solche, wie sie nötig haben“.[194]

Dabei begreifen die unterdrückten Volksmassen nicht, „dass die [eigentlichen] Verbrecher gerade diejenigen sind, welche den Warenfluss über irgendwelche Grenzen stören oder die Produktion von Schnaps oder Zucker mit Steuern belegen; dass die Verbrecher nicht diejenigen sind, welche ihren Verdienst vollständig behalten möchten, sondern diejenigen, welche einen Teil davon [als Steuern] wegnehmen; nicht diejenigen, welche vom Land leben wollen, sondern diejenigen, welche ohne selbst auf dem Boden zu arbeiten, die anderen davon abhalten, dort Fuß zu setzen.“[195]

Dieses Motiv findet sich auch in Tolstois literarischem Werk wieder. In der Kurzgeschichte „Der Traum des jungen Zaren“ schildert er einen Schmuggler, der beim Grenzübergang erschossen wird:

> „Die Grenzwache passt auf, dass niemand gegen die Zollgesetze verstößt. Dieser Mann ist getötet worden, damit die Staatseinkünfte keine Einbuße erleiden.“[196]

---

187 Vgl. *Tolstoi*, Zarstwo a.a.O., S. 116 f.

188 Vgl. *Tolstoi*, Rabstwo a.a.O., S. 179.

189 *Tolstoi*, Zarstwo a.a.O., S. 137.

190 Ebd.

191 *Tolstoi*, Pismo a.a.O., S. 56.

192 *Tolstoi*, Zarstwo a.a.O., S. 96.

193 Vgl. *Tolstoi*, Rabstwo a.a.O., S. 180.

194 *Tolstoi*, Pismo a.a.O., S. 56.

195 *Tolstoi*, Wremja a.a.O., S. 367.

196 *Tolstoi*, Sson a.a.O., S. 107.

Noch deutlicher spricht Tolstoi im Roman „Auferstehung", der ebenfalls in den letzten Jahren des 19. Jahrhunderts verfasst wurde.

> „Es empörte Nechljudow vor allem, dass in den Gerichten und Ministerien Leute saßen, die ein großes Gehalt, das vom Volk einzuziehen war, dafür bekamen, dass sie Handlungen von Menschen, die die von ihnen geschriebenen Gesetze übertreten hatten, an Paragraphen anpassten, indem sie sich an Büchelchen orientierten, die von ebensolchen Beamten mit derselben Motivation geschrieben waren, und dann nach diesen Paragraphen diese Menschen irgendwohin an einen Ort verschickten, wo sie sie nicht mehr vor Augen hatten und wo diese Menschen, der Machtvollkommenheit grausamer, verrohter Inspektoren, Aufseher, Geleitsoldaten ausgesetzt, millionenfach seelisch und körperlich zugrunde gingen."[197]

Diese zornige Anklage konkretisiert Tolstoi durch den Hinweis, dass einen Teil der inhaftierten Gefangenen die Menschen ausmachen, welche „für etwas bestraft worden waren, was nach ihren Begriffen die allerüblichsten, ja sogar gute Taten waren, Taten jedoch, die nach den Maßstäben ihnen fremder Menschen, die Gesetze geschrieben hatten, als Verbrechen galten",[198] nämlich „Menschen, die heimlich mit Branntwein handelten, Schmuggel betrieben, in den großen gutsherrlichen und staatlichen Wäldern Gras rupften und Holz sammelten. Dazu gehörten auch die räuberischen Bergvölker, außerdem Ungläubige, die Kirchen ausraubten."[199]

Zu diesen Unglücklichen gehört auch eine Zellengenossin der inhaftierten Maslowa. Sie wurde wegen unerlaubten Schankbetriebs verhaftet, sitzt nun mit ihren zwei kleinen Kindern im Gefängnis, weil sie niemanden hatte, dem sie sie lassen konnte, und beklagt sich mit bitteren Worten: „'Was handelst du mit Schnaps? ' – 'Und womit soll ich die Kinder ernähren?'"[200]

Daneben kritisiert Tolstoi die mangelhafte Reichweite der strafrechtlichen Schutznormen. Die öffentliche Meinung bzw. das Sittengesetz „verwirft und verurteilt jegliche Erscheinung des Eigennutzes, nicht nur die Aneignung fremden Eigentums durch Gewalt, Betrug oder List, sondern auch die gewaltsame Ausnützung […] jede Art von Unzucht, sei es mit einem Kebsweib, einer Sklavin, einer geschiedenen Frau, ja mit der eigenen […] jegliche Grausamkeit, wie sie sich in Misshandlungen, in schlechtem Unterhalt, in Mord, nicht nur von Menschen, sondern auch von Tieren ausspricht."[201]

---

197 *Tolstoi*, Woskressenije a.a.O., S. 413 f.

198 *Tolstoi*, Woskressenije a.a.O., S. 311.

199 Ebd.

200 *Tolstoi*, Woskressenije a.a.O., S. 112.

201 *Tolstoi*, Zarstwo a.a.O., S. 202.

Hingegen verfolgt das durch die Gewalt aufrecht erhaltene (Straf-)Gesetz allenfalls „nur bestimmte Formen des Eigennutzes, wie: Diebstahl, Betrug und bestimmte Formen der Unzucht und der Grausamkeit, wie: die Verletzung der ehelichen Treue, Mord, Verstümmelung".[202] Mehr noch: es „rechtfertigt gewissermaßen alle Handlungen derselben Ordnung, die nicht in seinen Kreis gezogen sind"[203] und „gestattet daher gewissermaßen alle die Erscheinungen des Eigennutzes, der Unzucht und der Grausamkeit, die sich unter ihre enge, von einer falschen Auffassung eingegebene Definition nicht unterordnen."[204]

Allen voran sichert das Strafrecht die Aufrechterhaltung und Verschärfung des politischen und sozialen Antagonismus. Tolstoi verurteilt „ein Verbrechen",[205] dass Zehntausende „von hungernden, frierenden, tief erniedrigten Menschen in Moskau leben",[206] während die wenigen Reichen „Filet und Stör zu Mittag speise[n] und Pferde und Fußböden mit Tuch und Teppichen bedecken".[207] Er führt aus, was diese Untat verschuldet: „Man kann geradezu sagen, dass in unserer Gesellschaft, in der auf jeden wohlhabenden, herrschaftlich lebenden Menschen zehn müde, gierige, neidische, wohl gar mit Frau und Kindern darbende Arbeiter kommen, alle Vorrechte der Reichen, alle ihre Üppigkeit und ihr Überfluss nur durch Züchtigung, Gefängnis und Hinrichtung erworben und gesichert sind",[208] weil die Oberschichtler „sich und ihren Reichtum durch Wachen, Gerichte und Hinrichtungen [schützen]".[209]

Die angebliche Gleichheit des Kapitalisten und des Arbeiters vor dem (Straf-)Gesetz ist nichts anderes als heuchlerische Lüge, „dieselbe, wie die Gleichheit beim Ringen, wo eine Partei mit gebundenen Händen in den Kampf tritt, die zweite dagegen eine Waffe zur Verfügung hat".[210] Dazu bedient sich Tolstoi des folgenden Beispiels:

> „Der steinreiche Fabrikant verpflichtet sich, dem Arbeiter für seine Arbeit einen Lohn zu zahlen, der für ihn ein Zehnmillionstel seines Vermögens bedeutet, d.h. fast nichts ist. Der Arbeiter aber verpflichtet sich in seiner Not, täglich eine zwölfstündige, gesundheitsschädliche Arbeit zu verrichten, d.h. dem Fabrikanten den

202 Ebd.

203 Ebd.

204 Ebd.

205 *Tolstoi*, Tak a.a.O., S. 190.

206 Ebd.

207 Ebd.

208 *Tolstoi*, Zarstwo a.a.O., S. 228.

209 *Tolstoi*, duchowenstwu a.a.O., S. 308.

210 *Tolstoi*, Rabstwo a.a.O., S. 176.

größten Teil seines Lebens, vielleicht sein ganzes Leben abzugeben. Die Regierung schützt in gleicher Weise das eine Eigentum wie das andere.

Der Fabrikant stiehlt jahraus, jahrein dem Arbeiter den größten Teil seines Verdienstes und eignet sich ihn an. Man sollte meinen, dass der Fabrikant darum vor Gericht gestellt würde; die Regierung hält aber das auf solche Weise erworbene Eigentum für heilig und bestraft den Arbeiter, der zwei Pfund Kupfer, was ein Milliardenbruchteil des Eigentums des Fabrikanten ist, unter seinen Rock mitnimmt."[211]

Daneben lässt das Strafrecht die Regierungsbeamten, welche ihre Pflichten vernachlässigen, ohne weiteres gewähren, obwohl sie dadurch das Volk bestehlen, das ihnen die Gehälter zahlt.[212] Die Strafgesetze ahnden genauso wenig die auf dem Schlachtfeld begangenen „Mordtaten"[213] bzw. „Massenmorde".[214] Sie legitimieren sogar Morde, die als Todesurteile „infolge der gewissen Versammlungen, Gerichte genannt",[215] verübt werden. Auch die Prostitution, ein „chronisches Übertreten der göttlichen und menschlichen Gebote",[216] wird nicht strafrechtlich verfolgt, obwohl sie für neun von zehn betroffenen Frauen „mit schmerzhaften Krankheiten endet, mit vorzeitiger Gebrechlichkeit und frühem Tod";[217] sie wird vielmehr von den meisten Regierungen aus Finanzgründen nicht nur gestattet, sondern sogar gefördert.[218] In einem früheren Entwurf von „Auferstehung" äußert sich Tolstoi noch schärfer:

„[Im Prozess gegen Maslowa] gab es keine Gerechtigkeit, weil an dem Verbrechen allen voran die Rosanows schuld waren, welche die [Freuden-]Häuser betrieben, die Kaufmänner, welche sie besuchten, die Beamten und die Regierung, welche sie gestatteten und regulierten, und namentlich Leute wie Nechljudow, welche sie mit Menschenware belieferten. Aber sie alle standen nicht vor dem Gericht und man gab Ihnen nicht einmal die Schuld, sondern den Unglücklichen, welche in ihren schier unzurechnungsfähigen Zustand nahezu gewaltsam versetzt worden waren."[219]

Weiterhin ignoriert das Strafrecht weitgehend die in der höheren Gesellschaft als Kavaliersdelikt angesehene Duellpraxis. In „Auferstehung" vergleicht Fürst Nechljudow zwei Täter – einen jungen Bauern und einen Offizier, der nach einem trunkenen Streit seinen Gegner im Duell erschoss:

---

211 *Tolstoi*, Neuzheli a.a.O., S. 227 f.

212 Vgl. *Tolstoi*, Neuzheli a.a.O., S. 227 f., S. 227.

213 *Tolstoi*, Christianstwo a.a.O., S. 46 f.

214 *Tolstoi*, Put a.a.O., S. 258. Eigene Übertragung, weil in der deutschen Übersetzung „Der Lebensweg" weggelassen.

215 *Tolstoi*, nikogo a.a.O., S. 41.

216 *Tolstoi*, Woskressenije a.a.O., S. 10.

217 *Tolstoi*, Woskressenije a.a.O., S. 10 f.

218 Vgl. *Tolstoi*, Zarstwo a.a.O., S. 154.

219 *Tolstoi*, „Woskressenije". Tschernowyje a.a.O., S. 61.

> „Beide waren aus Trunkenheit zu Mördern geworden. Jener, der Bauer, hatte im Affekt getötet, wurde von Frau, Familie, Verwandten getrennt, in Ketten geschmiedet und ging mit rasiertem Kopf zur Zwangsarbeit, während dieser in einem prächtigen Zimmer in der Hauptwache gutes Essen speiste, guten Wein trank, Bücher las und heute oder morgen freigelassen würde, dann wie bisher weiterleben könnte und nur [für die Hautevolee] besonders interessant geworden sei."[220]

Man könnte dagegen einwenden, dass in mindestens einigen Fällen, die obrigkeitliche Verfolgung und Verurteilung der Täter doch gerecht erscheint.

Dazu verwies Tolstois klerikaler Kritiker Alexander Gussew (1845–1904) schon 1893[221] auf die Schlussszene des Dramas „Macht der Finsternis" (1886), in welcher der Bauer Nikita zwei Morde und den Missbrauch seiner geistig behinderten Stieftochter öffentlich gesteht und bereut und dann von den Gendarmen festgenommen und abgeführt wird.[222] Dieser Einwand offenbart jedoch keinen inneren Widerspruch in der Lehre Tolstois, sondern einen Interpretationsfehler des Kritikers, weil am Ende dieser Szene Nikitas Vater Akim einen übereifrigen Wachtmeister entschlossen davon abhält, den Verbrecher sofort zu verhaften und förmlich zu verhören:

> „Lasst ihn mal, heißt das, du mit den blauen Knöpfen, nämlich – lass ihn weiterreden, heißt das, nämlich […] Und ich sag: Lass ihn, heißt das, und red jetzt von keinem Protokoll. Hier geschieht Gottes Werk, nämlich […] ein Mensch tut Buße, und du, heißt das, sprichst vom Protokoll […] Sobald Gottes Werk sich vollzogen hat, heißt das, magst auch du tun, nämlich, was deines Amtes ist."[223]

Keine mechanische Bestrafung, sondern aufrichtige Reue, die aus dem Gewissen des Täters kommt und ihn veranlasst, seine Verbrechen vor Gott und Mensch zu beichten, führt zur Läuterung. Und die nachfolgende strafrechtliche Verfolgung erscheint im Endeffekt überflüssig, ja sogar schädlich, weil die Angst vor ihr das Schuldbewusstsein verdrängen könnte: „Sprich, mein geliebter Sohn, sag alles heraus – es wird dir leichter werden. Tu Buße vor Gott und fürchte die Menschen nicht".[224]

Diese Szene steht übrigens im Zusammenhang mit der im Privatgespräch mit Dawydow geäußerten Ansicht Tolstois, dass ein gerechtes Gericht aus- weisen und angesehenen „Alten" bestehen sollte, mit der Aufgabe, auf Ersuchen der

---

220 *Tolstoi*, Woskressenije a.a.O., S. 260.

221 Vgl. *Gussew A.*, Ossnownye, S. 228.

222 Dieses Drama basiert auf einen wahren Fall, von welchem Nikolai Dawydow Leo Tolstoi erzählte. Vgl. *Gudsij*, Wlast a.a.O., S. 705 f.

223 *Tolstoi*, Wlast a.a.O., S. 241 f.

224 *Tolstoi*, Wlast a.a.O., S. 242.

Streitparteien die Konflikte zu schlichten, ohne die Schuldigen mit Gefängnis und anderen strafrechtlichen Sanktionen zu belangen.[225]

VII. Strafrecht und gesunder Menschenverstand

Schließlich war Tolstoi überzeugt von der Widersinnigkeit der Strafgesetze. Diese Auffassung illustriert seine „Volkserzählung" mit dem Titel „Versäumst du, den Funken zu löschen, wirst du der Flamme nicht Herr" (1885). Sie handelt von zwei benachbarten Bauern, Iwan und Gawrilo, die aus nichtigem Anlass (Gawrilos Ehefrau leugnete, dass Iwans aufgescheuchtes Huhn auf Gawrilos Hof ein Ei gelegt hatte) in einen erbitterten Streit geraten. Nach zahlreichen beiderseitigen Beleidigungen und Kränkungen wird Gawrilo einmal so wütend, dass er im betrunkenen Zustand Iwans schwangere Schwiegertochter, die ihn öffentlich beschimpft hat, niederschlägt, weshalb sie eine Woche lang das Bett hüten muss. Iwan sieht in diesem Zwischenfall den willkommenen Anlass, mit dem Feind endgültig abzurechnen, und erwirkt dessen Verurteilung zu zwanzig Rutenhieben, worauf der aufgebrachte Gawrilo meint, dass nicht nur sein Rücken, sondern auch etwas anderes bald brennen werde. Um das Schlimmste zu verhüten, versucht ein Richter, den Hitzköpfen ins Gewissen zu reden, worauf der Gerichtsschreiber ihn nicht ohne Grund vor einem Rechtsbruch warnt:

> „Da ergriff ein alter Richter das Wort und sprach: 'Wisst ihr was, liebe Leute: vergleicht euch doch lieber in Güte! Du, mein lieber Gawrilo, hast unrecht gehandelt, du hast eine schwangere Frau geschlagen. Ein Glück, dass Gott barmherzig ist, du hättest sonst eine schwere Sünde auf dich geladen. War das etwa gut, was du tatest? Bekenne deine Schuld und verneige dich vor dem Iwan. Er wird dir verzeihen, und wir schreiben dann die Entscheidung um.'
>
> Als der Schreiber dies hörte, unterbrach er den Richter:
>
> 'Das können wir nicht tun! Laut Artikel 117 muss nach erfolgter Beschlussfassung des Gerichts das Urteil vollstreckt werden, wenn vor der Verhandlung kein Vergleich zustande gekommen war.'
>
> Der Richter hörte jedoch nicht auf den Schreiber: 'Hör doch auf, deine Zunge zu wetzen', sagte er. 'Der allererste Artikel, mein lieber Freund, lautet: Vergiss Gott und sein Gebot nicht; Gott aber hat befohlen, dass man einander vergeben soll.'"[226]

Weil Iwan und Gawrilo stur bleiben, muss der wohlmeinende Richter schließlich nachgeben, und schon bald steckt Gawrilo Iwans Hof in Brand, der aller-

225 Vgl. *Dawydow*, Tolstoi, S. 18 f.

226 *Tolstoi*, Upustisch a.a.O., S. 50.

dings auch auf seinen eigenen Hof übergreift und letztlich „die Hälfte des Dorfes“[227] vernichtet.

In „Auferstehung“ wird die Natur des Strafrechts ebenfalls thematisiert. Eine Nebenfigur ist die junge Bäuerin Fedossja,[228] die nach einer arrangierten Heirat ihren Gatten Taras zu vergiften versucht, dann aber (als sie zwischen der Anzeigenerstattung und der Gerichtsentscheidung gegen Kaution auf freien Fuß gesetzt wird) sich mit dem Ehemann aussöhnt und ihn ins Herz schließt, weshalb schließlich sowohl Taras als auch seine Eltern sie im Verfahren mit allen Kräften verteidigen.[229] Das Gericht verurteilt Fedossja trotzdem zur Zwangsarbeit, was unter dem formalen Gesichtspunkt auch richtig ist. Taras folgt ihr nach Sibirien und lässt sich schließlich sogar mit den männlichen Strafgefangenen zusammen inhaftieren, um die lieb gewonnene Frau vor ihren Übergriffen zu beschützen.[230]

In einer früheren Fassung des Romans wird der Prozess gegen Katjuscha Maslowa offen „unsinnig“[231] genannt – mit der folgenden Erklärung:

> „[Sein] Zweck war weder die Vorbeugung der Schrecknisse [die Maslowa erlitten hatte] noch die Errettung der künftigen Katjuschas vor dem Untergang, um ihnen zu helfen, sich zu besinnen, und dem Schmutz, in welchen sie geraten war, zu entkommen, sondern lediglich [den Gerichtsmännern] aufgrund solcher Katjuschas die Möglichkeit zu geben, ihre Gehälter zu beziehen, neue Stellen zu finden, Wortgewandtheit und Geschick zu demonstrieren.“[232]

Noch größer ist der Widerspruch zwischen Strafgesetz und dem gesunden Menschenverstand in „Der lebende Leichnam“. Am Ende des Theaterstücks werden Fedja Protassow, Lisa und Viktor Karenin vors Gericht gestellt, wobei Fedja und Lisa „schlimmstenfalls Verbannung nach Sibirien, […] bestenfalls Kirchenbuße“[233] droht; vor allem aber soll die inzwischen schwangere Lisa von Karenin getrennt und ihre verhasste, vollkommen zerrüttete Ehe mit Protassow wiederhergestellt werden.[234] Um diesem Urteil vorzubeugen, bleibt Fedja keine andere Wahl, als seinem Leben ein Ende zu setzen, wodurch die grausame Sinnlosigkeit des Strafrechts noch einmal eindringlich demonstriert wird.

---

227 *Tolstoi*, Upustisch a.a.O., S. 56.

228 Erstaunlicherweise beruht *auch* ihre Geschichte auf einer wahren Begebenheit. Vgl. *Dawydow*, Tolstoi, S. 8.

229 Vgl. *Tolstoi*, Woskressenije a.a.O., S. 108.

230 Vgl. *Tolstoi*, Woskressenije a.a.O., S. 362.

231 *Tolstoi*, „Woskressenije“. Tschernowyje a.a.O., S. 61.

232 Ebd.

233 *Tolstoi*, Shiwoi a.a.O., S. 98.

234 Vgl. ebd.

D) Exkurs: Tolstoi und die strafrechtlichen Sonderfragen

I. Todesstrafe

Leo Tolstoi war jahrzehntelang ein erbitterter Gegner der Todesstrafe. Schon 1847 kritisierte er die Zarin Katharina II. dafür, dass sie zwar die Folter verurteilt, aber die Todesstrafe nicht angetastet hatte.[1] Endgültig[2] verwarf Tolstoi die Todesstrafe zehn Jahre später, nachdem er in Paris Zeuge einer öffentlichen Hinrichtung an der Guillotine geworden war:[3]

> „Ich habe im [Krim-]Krieg und im Kaukasus[-krieg] viel Schreckliches gesehen, aber hätte man in meiner Gegenwart einen Menschen in Stücke gerissen, wäre das nicht so abstoßend gewesen wie diese kunstvolle und elegante Maschine, die einen kräftigen, blühenden und gesunden Menschen in einem winzigen Augenblick tötet. Dort [auf dem Schlachtfeld] herrscht nicht vernünftiger Wille, sondern menschliche Leidenschaft, hier aber handelt es sich um raffinierteste Gelassenheit und Zweckmäßigkeit beim Töten ohne auch nur eine Spur von Erhabenheit."[4]

Von nun an bis zum Ende seines Lebens[5] geißelte der Schriftsteller die Todesstrafe als „vorsätzlichen Mord",[6] als unchristlich,[7] entsetzlich,[8] empörend,[9] widersinnig,[10] als etwas so Ungeheuerliches, dass die menschliche Vernunft es nicht begreifen kann.[11] Tolstoi führte auch polemische Diskussionen mit den prominenten Befürwortern der Todesstrafe, unter anderem mit dem berühmten Naturwissenschaftler Ernst Haeckel (1834–1919), und warf ihm vor, die schädlichen (und daher todeswürdigen) Menschen nach eigenem Gutdünken

---

1 Vgl. *Tolstoi*, Tagebucheintragungen von 18.–26. März 1847 a.a.O., Bd. 46 S. 13, 16.

2 Vgl. *Tolstoi*, Isspowed a.a.O., S. 8.

3 Siehe oben Kapitel B) IV.

4 *Tolstoi*, Brief an W. P. Botkin a.a.O., S. 167 f.

5 Tolstois letzter Aufsatz „Ein wirksames Mittel", den er bereits auf der Flucht aus Jasnaja Poljana vollendete, thematisiert den Kampf gegen die Todesstrafe.

6 *Tolstoi*, Wosspominanije a.a.O., S. 72.

7 Vgl. *Tolstoi*, zitiert nach *Gussew N.*, Tolstym S. 119.

8 Vgl. *Tolstoi*, mogu a.a.O., S. 85.

9 Vgl. *Tolstoi*, mogu a.a.O., S. 85.

10 Vgl. *Tolstoi*, Isspowed a.a.O., S. 8.

11 Vgl. *Tolstoi*, Wosspominanije a.a.O., S. 72.

https://doi.org/10.1515/9783110726206-005

bestimmen zu wollen.[12] Allerdings gab es heftige Kritik an der Todesstrafe um 1900 nicht selten auch in Russland; dort verfassten Dutzende führende liberale Intellektuelle Streitschriften gegen diese Strafart,[13] und die im Jahre 1906 einberufene Duma (Parlament) debattierte ernsthaft über ihre Abschaffung.[14]

Für Tolstoi bedeutete die Todesstrafe jedoch weit mehr als Hinrichtung nach dem Gerichtsurteil. Er machte deutlich, dass ein autokratisches Regime die Menschen auch ohne förmlichen Richterspruch qualvoll zum Tode bringen kann. Im Entwurf zum Aufsatz „Unsinnige Träume“ (1895) geißelt Tolstoi „die geheimen Morde in [russischen] Kerkern und Gefängnissen“[15] unter dem verstorbenen Zaren Alexander III. (1845–1894) und im Traktat „Das Reich Gottes ist inwendig in Euch“ beklagt er generell „die vervollkommnete Methode, Menschen zu töten, auf immer in die Einsamkeit des Gefängnisses zu verstoßen, wo sie vor Menschen verborgen zu Grunde gehen und vergessen werden“.[16]

„Auferstehung“ enthält nur eine einzige und relativ kurze Hinrichtungsszene,[17] spricht aber immer wieder von den eingesperrten Regimegegnern, die in der schweren und zermürbenden Haft dem Wahnsinn anheimfallen, sich das Leben nehmen oder langsam dahinsiechen.[18]

Und in der biographischen[19] Erzählung „Hadschi Murat“ (1904), stellt Tolstoi zwei Gewaltherrscher gegenüber. Während der brutale, aber direkte Schamil[20] die Todesurteile offen verkündet[21] und auch den vollkommen unschuldigen jugendlichen Sohn des Protagonisten nach dessen Übertritt zu den Russen unverhohlen mit dem Köpfen bedroht,[22] bereitet sein Widersacher, der genauso xenophobe und grausame, aber (im Gegensatz zu Schamil) verlogene und heuchlerische Zar Nikolaus I. (1796–1855), dem polnischen und katholischen

---

12 Vgl. *Tolstoi*, Wosspominanije a.a.O., S. 74.

13 Vgl. *Schischow*, Smertnaja.

14 Vgl. ebd.

15 *Tolstoi*, Bessmyslennye a.a.O., S. 253.

16 *Tolstoi*, Zarstwo a.a.O., S. 153.

17 Siehe *Tolstoi*, Woskressenije a.a.O., S. 376–378.

18 Siehe z.B. *Tolstoi*, Woskressenije a.a.O., S. 269, 373 f., 407 f.

19 Ihre Titelgestalt ist der gleichnamige kaukasische Kriegerfürst (um 1800–1852).

20 Imam Schamil (um 1797–1871) war Anführer des Aufstands der (moslemischen) Kaukasusvölker gegen die russische Herrschaft.

21 Vgl. *Tolstoi*, Chadschi-Murat a.a.O., S. 88.

22 Vgl. *Tolstoi*, Chadschi-Murat a.a.O., S. 88, 90.

Studenten Brzozowski, der im Affektzustand einen russischen Professor leicht verletzt hatte, ein weit schlimmeres Schicksal:[23]

> „Er griff nach dem Protokoll und schrieb mit seiner schwungvollen Handschrift auf dessen Rand den ihm von der inneren Stimme eingegebenen Entschluss: '*Er hätte die Todesstrafe verdient. Aber bei uns gibt es gottlob keine Todesstrafe. Auch ich bin nicht dazu berufen, sie einzuführen. Man soll ihn zwölfmal an tausend Mann vorbeiführen*',[24] schrieb er hin und setzte mit einem riesigen Schnörkel seinen Namen darunter. Nikolai wusste, dass zwölftausend Peitschenhiebe nicht nur einen sicheren, qualvollen Tod bedeuteten, sondern darüber hinaus ein Übermaß an Grausamkeit waren, da schon fünftausend Schläge genügten, um selbst den kräftigsten Menschen zu töten. Doch unbeschadet seiner angeblichen Befriedigung darüber, dass es in Russland keine Todesstrafe gab, bereitete es ihm Genugtuung, sich unerbittlich hart zu zeigen."[25]

Allerdings waren Proteste gegen solche „inoffiziellen Hinrichtungen" der unliebsamen Gefangenen keine Seltenheit auch zur Zeit Tolstois; man denke etwa an Victor Hugos Parlamentsrede gegen das französische Verbannungsgesetz von 1850, das (bald nach der formellen Abschaffung der Todesstrafe) die politischen Verbrecher zur schweren Zwangsarbeit in den französischen Kolonien verurteilte.[26]

Leo Tolstoi war aber noch radikaler. In „Auferstehung" schildert er eindringlich, wie die verurteilten Sträflinge körperlich oder geistig zugrunde gehen, obwohl ihre Peiniger – die Richter und die Justizbeamten – dies überhaupt nicht wünschen und nicht einmal in Kauf nehmen, sondern vielmehr an die „Besserung in den Gefängnissen"[27] glauben – oder zumindest glauben wollen.

Bereits auf dem Weg vom Gefängnis zum Bahnhof, von wo die Verurteilten nach Sibirien transportiert werden sollen, verlieren die gleich gekleideten, in Reih und Glied marschierenden Sträflinge ihre Individualität und kommen den Beobachtern vor wie irgendwelche „fremd[en] Wesen von seltsam abschreckendem Aussehen [...] keine Menschen, sondern sonderbare schreckliche Kreaturen".[28] Auf diesem traurigen Marsch sterben zwei Menschen am Sonnenstich, deren Tod Nechljudow mit einer bitteren Bemerkung kommentiert: „Getötet haben [sie] diejenigen, die sie gewaltsam hinausgeführt haben".[29] Und

23 Tolstoi verfremdete damit eine wahre Geschichte. Vgl. *Porudominskij*, Pirogow.

24 Kursivsetzung im Original.

25 *Tolstoi*, Chadschi-Murat a.a.O., S. 72 f.

26 Vgl. *Hugo*, deportation.

27 *Tolstoi*, Woskressenije a.a.O., S. 323.

28 *Tolstoi*, Woskressenije a.a.O., S. 330.

29 *Tolstoi*, Woskressenije a.a.O., S. 346.

schon bald nach ihrer Ankunft in den sibirischen Strafkolonien werden die Gefangenen geistig und moralisch vollständig verdorben:

> „Die gewöhnlichen, einfachen Menschen mit den Moralbegriffen der christlichen russischen bäuerlichen Gemeinde hatten diese Begriffe aufgegeben, um sich im Gefängnis neue anzueignen, die hauptsächlich darin bestanden, dass jede Art von Beschimpfung, von Vergewaltigung der menschlichen Persönlichkeit oder ihrer Vernichtung erlaubt sei, wenn sie einen Vorteil brachte. Menschen, die eine Weile im Gefängnis waren, machten ganz existentiell die Erfahrung, dass – nach dem zu urteilen, was an ihnen verübt wurde – all die moralischen Gebote der Achtung vor dem Menschen und des Mitleids mit ihm, wie sie von Kirchen- wie Sittenlehrern gepredigt werden, in der Realität aufgehoben waren, weshalb sie sich auch nicht an sie halten mussten.“[30]

Somit interpretiert Tolstoi die Todesstrafe nicht bloß als verwerfliche Einzelerscheinung des Strafrechts, sondern als dessen Inbegriff und macht deutlich, dass „unter demselben Vorwande und mit derselben kaltblütigen Grausamkeit“[31] die Menschen nicht nur am Schafott hingerichtet, sondern auch „in Gefängnissen, Festungen, Sträflingskolonien“[32] gequält und gepeinigt werden.

Und das wirksamste Mittel im Kampf gegen die Todesstrafe ist weder die Schilderung ihrer Gräuel[33] noch der Einsatz für die Begnadigung der einzelnen Verurteilten,[34] sondern das Verbreiten des Wissens von der Bestimmung des Menschen und von seinen moralischen Rechten und Pflichten.[35]

II. Art der Strafgesetzesanwendung

Wie oben ausführlich erläutert,[36] war Tolstoi von der Schlechtigkeit des Strafrechts fest überzeugt. Die naheliegende Folge dieser Auffassung wäre die Annahme, dass eine strenge, peinlich genaue, von sachfremden Erwägungen freie Anwendung der Strafgesetze zu besonders ungerechten Ergebnissen führen würde.

Auf den ersten Blick scheint Tolstoi diese Meinung konsequenterweise vertreten zu haben. In der Erzählung „Versäumst du, den Funken zu löschen, wirst du der Flamme nicht Herr“ hätte der Richter einen Großbrand verhindert,

---

30 *Tolstoi*, Woskressenije a.a.O., S. 412.

31 *Tolstoi*, mogu a.a.O., S. 85.

32 Ebd.

33 Vgl. *Tolstoi*, Dejstwitelnoje a.a.O., S. 436.

34 Vgl. *Tolstoi*, Wosspominanije a.a.O., S. 71 f.

35 Vgl. *Tolstoi*, Dejstwitelnoje a.a.O., S. 436.

36 Siehe oben Kapitel C).

wenn er entgegen „Art. 117" die bereits verkündete Gerichtsentscheidung in der Tat „umgeschrieben" hätte.[37] In „Auferstehung" können die Besucher sich mit den Häftlingen länger und relativ ungestört unterhalten, weil der zuständige Hauptmann „ein gutmütiger Mensch"[38] ist und sich an die Gefängnisregeln nicht hält.[39] Im selben Roman entgeht ein durchaus sympathisch geschilderter Homosexueller[40] der Zwangsarbeit, die „ihm nach dem Gesetz bevorstanden hätte",[41] aufgrund seiner Stellung als hochrangiger Petersburger Beamter – und wird lediglich in die ehrenvolle Verbannung als Gouverneur einer sibirischen Stadt geschickt.[42] Und in einem der letzten Buchkapitel weigert sich der Gefängnisinspektor ohne die Anweisung seines unmittelbaren Vorgesetzten Maslowa auf freien Fuß zu setzen – trotz des persönlichen Begnadigungserlasses des Zaren.[43] Damit bringt er ihr Leben in Gefahr, weil das Gefängnis inzwischen von einer Typhusepidemie heimgesucht wird.[44]

Tolstoi meinte sogar, dass ausgerechnet die Gesetzestreue die Gerichte dazu verleitet, sachlich falsche Urteile zu fällen oder zu bestätigen. Katjuscha Maslowas Beschwerde gegen die offensichtlich falsche Verurteilung wegen Mordes scheitert zum Teil an der Stimme des Senators Nikitin, der „überhaupt immer für Strenge und strikten Formalismus war".[45] Diese Episode mutet jedoch unglaubwürdig an, denn es erscheint kaum vorstellbar, dass ausgerechnet ein fanatischer Formalist gleich sechs (angebliche) Verstöße gegen die strafprozessrechtlichen Bestimmungen[46] (die Maslowas Verteidiger Fanarin geltend machte) ignorieren würde.

Andererseits deutete Tolstoi auch mehrmals an, dass eine strenge Befolgung der Strafgesetze zumindest im Einzelfall die schlimmsten Exzesse verhüten könnte.

In „Auferstehung" beschreibt er den gebildeten Sträfling Wassiljew, der den Zorn der Aufseher auf sich zieht, weil er die Gesetze kennt, ihre Befolgung

---

37 Siehe oben Kapitel C) VII.

38 *Tolstoi*, Woskressenije a.a.O., S. 186.

39 Vgl. ebd.

40 Siehe *Tolstoi*, Woskressenije a.a.O., S. 428.

41 *Tolstoi*, Woskressenije a.a.O., S. 283. Vgl. § 1293 StGBRR, wobei der russische Originaltext nicht „Päderastie", sondern die Homosexualität unter Erwachsenen meint; siehe § 1294 StGBRR.

42 Vgl. *Tolstoi*, Woskressenije a.a.O., S. 275.

43 Vgl. *Tolstoi*, Woskressenije a.a.O., S. 426.

44 Vgl. ebd.

45 *Tolstoi*, Woskressenije a.a.O., S. 277.

46 Vgl. *Tolstoi*, Woskressenije a.a.O., S. 156 ff., 276.

verlangt und dadurch seine Mithäftlinge vor den Übergriffen des Gefängnispersonals beschützt.[47] Im selben Roman legt der Eskorteoffizier einem Arrestanten Handschellen an und nimmt ihm sein Kind weg, obwohl dieses Verhalten „gegens Gesetz“[48] ist, also der „Kaiserlichen Eskortenordnung für die sibirischen Gouvernements“ widerspricht.[49] In der Kurzgeschichte „Der Traum des jungen Zaren“ wird ein Soldat im Strafbataillon „ohne jeden Grund gegeißelt und mit Salz bestreut – auch er stirbt“.[50] Im Übrigen beklagte Tolstoi schon 1872 im unvollendeten Artikel „Das neue Gericht und seine Tätigkeit“, dass ein ihm bekannter Bauer schon das vierte Jahr lang auf den Abschluss der gesetzlichen siebentägigen Frist zwischen dem Ermittlungsbeginn und der Klageerhebung bzw. Verfahrenseinstellung warte,[51] und meinte dazu:

> „Wenn der Gesetzdiener das Recht hat, vom Gesetz auch nur um ein Haar abzuweichen, dann ist das Gesetz kein Schutz mehr, sondern eine Plage. Die allgemein angewandte, zum Brauch gewordene, Abweichung von der siebentägigen Frist ist kein Gesetzesbruch [mehr], sondern eine Gesetzesvernichtung. Der Dieb muss vielleicht ein Jahr im Gefängnis verbringen, sitzt aber dort seit drei Jahren.“[52]

Im Endeffekt kann man nicht umhin, Tolstois Antwort auf die Frage, ob eine strenge oder liberale Anwendung der Strafnormen ein kleineres Übel wäre, als verworren und widersprüchlich zu bezeichnen. Aber angesichts seiner eindeutig negativen Einstellung zum Strafrecht fällt dieser Mangel nicht wesentlich ins Gewicht.

---

47 Vgl. *Tolstoi*, Woskressenije a.a.O., S. 159 f.

48 *Tolstoi*, Woskressenije a.a.O., S. 365.

49 Siehe oben Kapitel A) IV.

50 *Tolstoi*, Sson a.a.O., S. 110.

51 Vgl. *Tolstoi*, Nowyj a.a.O., S. 703.

52 *Tolstoi*, Nowyj a.a.O., S. 706.

E) Kritik an den Justizangehörigen

„Doch aus alledem ergab sich nur, dass bedürftige und gewinnsüchtige Leute sich aus dieser vermeintlichen Bestrafung und Besserung von Menschen einen Beruf machten, dabei selber sittlich aufs äußerste verkamen und diejenigen, die sie quälten, fortwährend verdarben.“[1]

Leo Tolstoi

I. Einleitung

Leo Tolstoi beschränkte sich nicht auf eine abstrakte Verurteilung des Strafrechts. Er machte vielmehr deutlich, dass „die Gefängnisse niemand von selbst ein[schließen]“[2] und „die Galgen niemanden [hängen]“[3] und wandte sich deshalb auch gegen die Menschen, welche das Institut des Strafrechts auf die eine oder andere Weise aufrechterhalten. Dafür befasste er sich ausführlich mit den Angehörigen des hierarchisch gegliederten Justizwesens, das von den Henkern und Gefängnisaufsehern bis zur Staatsspitze reichte.[4] Im Folgenden wird Tolstois resolute, aber durchaus differenzierte Kritik an den Justizangehörigen umfassend erläutert.

II. Scharfrichter

Angesichts Tolstois heftiger Verurteilung der Todesstrafe[5] fiel seine Kritik an den Henkern erstaunlich mild aus. Er schilderte die Scharfrichter nicht als blutrünstige Monster, sondern als menschenscheue und ängstliche Gestalten,[6] ja sogar als unglückliche Menschen.[7] Der Grund für diese Darstellung war Tolstois Überzeugung, dass sie erst durch bittere Not[8] oder durch obrigkeitlichen Druck[9] dazu gebracht wurden, dieses schmähliche Handwerk zu ergreifen

1 *Tolstoi*, Woskressenije a.a.O., S. 442.

2 *Tolstoi*, Zarstwo a.a.O., S. 218.

3 *Tolstoi*, Zarstwo a.a.O., S. 219.

4 Vgl.*Tolstoi*, Popowa a.a.O., S. 98.

5 Siehe oben Kapitel D) I.

6 Vgl. *Tolstoi*, mogu a.a.O., S. 93 f., 95.

7 Vgl. ebd.

8 Vgl. *Tolstoi*, mogu a.a.O., S. 86.

9 Vgl. *Tolstoi*, Zarstwo a.a.O., S. 224; Falschiwyj a.a.O., S. 40.

https://doi.org/10.1515/9783110726206-006

und sich über die Schlechtigkeit ihres Tuns im Klaren sind[10] – im Gegensatz zu den höheren Justiz- und Staatsbeamten.[11] Deshalb sind die Scharfrichter von allen Rechtsdienern auch am ehesten bereit, ihr Amt niederzulegen, wobei oft eine kleine Anregung ausreicht, um sie zu diesem Schritt zu veranlassen, selbst wenn sie dafür schwere Konsequenzen erleiden könnten.

Diese Meinung brachte Tolstoi in seinem literarischen Werk mehrfach zum Ausdruck. In der Novelle „Göttliches und Menschliches" beschreibt er einen inhaftierten Mörder, dem der Scharfrichterberuf „eine verhältnismäßige Freiheit und manche Annehmlichkeiten des Lebens"[12] verschafft. Nachdem ihn am Schafott sein Opfer, der zum Tode durch den Strang verurteilte junge Revolutionär Swetlogub, verzweifelt fragt: „Hast du denn gar kein Mitleid mit mir?",[13] verliert der scheinbar abgestumpfte Mann seinen Seelenfrieden, gibt das Henkeramt auf, ergibt sich dem Trunk und endet im Gefängniskrankenhaus.[14] Noch beeindruckender ist der Scharfrichter Machorkin, ein ebenfalls verurteilter Mörder, in „Der gefälschte Kupon". Aufgerüttelt durch den geläuterten Schwerverbrecher Pelagejuschkin,[15] erklärt er dem Gefängnisleiter, sein Amt nie mehr auszuüben, und hält dessen Drohungen tapfer stand:

> „Diesmal dagegen erklärte er zur Verwunderung des Gefängnisvorstehers, er […] wolle künftig überhaupt nicht mehr die Obliegenheiten des Henkers ausüben.
>
> 'Du hast wohl vergessen, wie die Peitsche schmeckt?'
>
> 'Ob Sie mich auspeitschen oder nicht auspeitschen lassen – es gibt kein Gesetz, dass man andere Menschen töten soll.'"[16]

Tolstoi meinte sogar, dass die Auflehnung der Scharfrichter eine positive Kettenreaktion in der Gesellschaft auslösen könnte. Nachdem die Bekannte des Ermittlungsrichters Machin[17] Lisa Jeropkina von der Bekehrung des Henkers Machorkin erfahren hat, erlebt sie einen tiefgreifenden inneren Wandel – und öffnet schließlich auch dem kaltherzigen Justizbeamten die Augen „für jene ganz andere, ihm bis dahin fremde Welt geistiger Bestrebungen".[18] Und

10 Vgl. *Tolstoi*, mogu a.a.O., S. 93.
11 Vgl. ebd.
12 *Tolstoi*, Bosheskoje a.a.O., S. 213.
13 Ebd.
14 Vgl. ebd.
15 Siehe oben Kapitel C) IV.
16 *Tolstoi*, Falschiwyj a.a.O., S. 40.
17 Siehe oben Kapitel C) IV.
18 *Tolstoi*, Falschiwyj a.a.O., S. 42.

als die Nachricht von Machorkins Tat Natalja Swentizki[19] erreicht, vergibt sie den Mördern ihres Ehemannes, will sie vor dem Galgen retten, gewinnt für ihr Vorhaben den örtlichen Polizeichef und verfasst zusammen mit ihm die Eingabe an den Zaren,[20] der allerdings das Begnadigungsgesuch abschlägt und dabei heuchlerisch meint: „Gesetz ist Gesetz“.[21]

Somit ist auch nicht verwunderlich, dass Tolstoi – bei allem Abscheu gegen die Todesstrafe – meinte, dass der Scharfrichter von Moskau den hohen Justizbeamten, von den Gerichtsangestellten bis zum Zaren, moralisch weit überlegen ist.[22]

III. *Gefängnispersonal*

Die Strafvollzugsbeamten werden von Tolstoi durchaus differenziert dargestellt. Sie werden angehalten, die Häftlinge zu malträtieren,[23] wofür sie, auf Anordnung der höheren Justizbehörden,[24] die Arrestanten „ins Gefängnis werfen, durch Kälte, Hunger und Durst und Entziehung des Schlafes quälen und [sie] aller Verbindung mit Verwandten und Freunden berauben“[25] sollen, doch erfüllen viele Wärter und Aufseher diese grausige Pflicht nicht oder nicht in vollem Umfang.

Wohl schildert Tolstoi bei seiner Beschreibung des Gefängnispersonals auch perfide Sadisten, welche die Gefängnisinsassen malträtieren und misshandeln – und dabei bisweilen sogar die Strafvollzugsgesetze brechen.[26] Dazu gehört etwa ein Wächter, der den weiblichen Häftlingen selbst wenige Rubel wegnimmt,[27] der Aufseher Petrow, der den missliebigen Sträfling Wassiljew[28] nach einem vom anderen Aufseher provozierten[29] Zwischenfall brutal auspeitscht[30] oder der Eskorteoffizier, der einem Häftling, der ihn anscheinend unter Hin-

19 Siehe oben Kapitel C) III.

20 Vgl. *Tolstoi*, Falschiwyj a.a.O., S. 45 f.

21 *Tolstoi*, Falschiwyj a.a.O., S. 48.

22 Vgl. *Tolstoi*, mogu a.a.O., S. 93 f.

23 Vgl. *Tolstoi*, Zarstwo a.a.O., S. 213.

24 Vgl. *Tolstoi*, Popowa a.a.O., S. 98.

25 Ebd.

26 Siehe oben Kapitel D) II.

27 Vgl. *Tolstoi*, Woskressenije a.a.O., S. 149.

28 Siehe oben Kapitel D) II.

29 Vgl. *Tolstoi*, Woskressenije a.a.O., S. 160.

30 Vgl. *Tolstoi*, Woskressenije a.a.O., S. 162.

weis auf den eigenen angeblichen Adelsstand um die Erlaubnis bat, auf dem Wagen kurz mitfahren zu dürfen, mit Schlägen bedroht und dazu noch verhöhnt: „Ich mach dich so adlig, dass du's nicht vergisst. Du gehst zu Fuß!"[31]

Besonders oft gibt es solche gewalttätigen Individuen in den sibirischen Strafkolonien, wo sie den Häftlingen „das Geld wegnehmen, die Spenden rauben, [sie] für sich schuften [lassen], die Beihilfen für Kleidung, Essen, Feuerholz, Medikamente an sich [reißen], die Strafgefangengen mit Kälte, schlechtem Essen, unerträglich harter Arbeit quälen"[32] und auch „sie schlagen, vergewaltigen, wie ihre eigenen Sklaven behandeln."[33]

Aber noch häufiger sind die Wächter und Aufseher im Grunde genommen weder bösartig noch grausam, aber von ihrer Arbeit so „sinnverwirrt",[34] dass sie ihre Mitmenschen plagen, ohne es überhaupt zu begreifen – und diese Einstellung wirkt sich im Großen wie im Kleinen aus. Zu solchen Personen gehören unter anderem ein Gehilfe des Gefängnisinspektors, der im Gespräch mit Nechljudow ohne jede Gefühlsregung einräumt, dass die Gefangenen manchmal unschuldig sind,[35] oder die eskortierenden Soldaten, welche sich um den Tod der fünf Gefangenen durch Hitzschlag nicht kümmern; „es beschäftigte sie nur, dass sie auch all das ausführten, was nach dem Gesetz in solchen Fällen erforderlich war: die Toten samt ihren Papieren und Sachen gehörigen Orts abliefere und sie von der Liste derer streichen, die man nach Nischni [Nowgorod][36] bringen musste, was eben sehr mühsam besonders bei so einer Hitze."[37] Aber besonders erschütternd ist ein Eskorteoffizier, der auf Nechljudows Worte, dass er in der sibirischen Einöde einen Trost finden könnte, wenn er die Leiden der Menschen [der Gefangenen] erleichtere, irritiert antwortet: „Was denn für Leiden? Das ist doch ein derartiges Volk",[38] und die Geschichte von Katjuscha Maslowas Leidensweg mit der Bemerkung kommentiert: „Ja, so was kommt vor. In Kasan, will ich Ihnen erzählen, war eine – Emma hieß sie. Von Geburt Ungarin, aber die Augen echt persisch […] Und von einem Schick, mindestens für eine Gräfin […]"[39]

---

31 *Tolstoi*, Woskressenije a.a.O., S. 329.

32 *Tolstoi*, „Woskressenije". Tschernowyje a.a.O., S. 157.

33 Ebd.

34 *Tolstoi*, Woskressenije a.a.O., S. 187.

35 Vgl. *Tolstoi*, Woskressenije a.a.O., S. 176.

36 Nischni Nowgorod ist eine zentralrussische Stadt.

37 *Tolstoi*, Woskressenije a.a.O., S. 341.

38 *Tolstoi*, Woskressenije a.a.O., S. 383.

39 Ebd.

Tolstoi verneinte auch nicht, dass unter den Angehörigen des Gefängnispersonals durchaus barmherzige Menschen vorkommen, und meinte sogar, dass die Aufseher und Wächter im Großen und Ganzen humaner sind als hohe Justizbeamte:

> „Und wenn irgendetwas das Leiden [der Häftlinge] lindert, was ein grausames Leben, das in Gefängnissen angeordnet und geführt wird, ermöglicht, ist es die einfache Barmherzigkeit der niedrigsten Rechtsdiener: Aufseher und Wächter, die mit den Insassen immer zusammen sind und aus Herzensgüte von den Regeln abweichen, welche die Leute setzen, die in Zuchthäusern nie waren und glauben, dass man den Menschen Freiheit nehmen, sie in Stich lassen und dabei human sein kann. Allein diese *Wohltäter der Häftlinge* machen in Strafkolonien das Leben möglich, indem sie von den obrigkeitlichen Anordnungen abweichen und in Gefängnissen eine Freiheit zulassen, die der Mensch für sein Überleben braucht, wodurch sie Kontakte zwischen den Häftlingen, ihre eigenen Speisen und Kleider, Bettzeug, Spiele, Lieder, Tabak, sogar Wein, Arbeit für den eigenen Bedarf, Nachtlicht und Verbindungen mit der Außenwelt dulden."[40]

Der russische Jurist Alexander Goldenweiser[41] (1855–1915) umschrieb diese Idee schon 1901 in seinem von Leo Tolstoi gelobten[42] Aufsatz „Das Verbrechen als Strafe und die Strafe als Verbrechen" durch eine sinnbildliche Metapher:

> „Bei den niederen Beamten sind die Seelen gröber: sie sind sozusagen mit Steinen gepflastert, die nicht so gleichmäßig aneinander gefügt sind und wo deshalb eher aus den gebliebenen Lücken ein lebendiger Strom durchbrechen kann."[43]

Zu solchen „Wohltätern der Häftlinge"[44] gehört etwa ein Tschuwasche,[45] der in „Auferstehung" Katjuscha Maslowa im Gericht bewacht. Auf ihre Bitte kauft er für die Gefangene Brötchen und Zigaretten – und gibt ihr das Rückgeld ehrlich zurück.[46] In einer früheren Romanfassung wurde der tschuwaschische Wächter noch sympathischer dargestellt – weder ein Gerichtsbeamter noch Maslowas eigener Anwalt ist bereit, für sie ein Brötchen zu kaufen, aber er teilt mit ihr seine eigene karge Mahlzeit mit den Worten: „Iss, wenn du Hunger hast!"[47] Bemerkenswert ist auch eine andere Nebengestalt des Romans – ein gutherziger Gefängnisinspektor, der die Häftlinge aufrichtig bemitleidet[48] und

40 *Tolstoi*, „Woskressenije". Tschernowyje a.a.O., S. 145.

41 Vater des Rechtswissenschaftlers Alexis Goldenweiser; siehe Kapitel A) I. 2.

42 Vgl. *Tolstoi*, Brief an A. S. Goldenweiser a.a.O., S. 198.

43 Goldenweiser, Alexander, Verbrechen, S. 58.

44 *Tolstoi*, „Woskressenije". Tschernowyje a.a.O., S. 145.

45 Die Tschuwaschen sind ein Turkvolk im Nordosten Russlands.

46 Vgl. *Tolstoi*, Woskressenije a.a.O., S. 106.

47 *Tolstoi*, „Woskressenije". Tschernowyje a.a.O., S. 141.

48 Vgl. *Tolstoi*, Woskressenije a.a.O., S. 163.

deshalb sie und ihre Besucher „doch ein bisschen reden, das Herz ausschütten“[49] lässt.

Tolstoi macht aber zugleich deutlich, dass solche humanen Wächter und Aufseher das Gefangenenleben nur oberflächlich erleichtern und im Grunde genommen seine Grausamkeit mit ihren guten Taten kaschieren, wie der Hauptmann im Gespräch mit Nechljudow selbst einräumt:

> „‘Schwere Pflichten, sehr schwere’, sagte er zu Nechljudow und nahm sich eine dicke Zigarre.
>
> ‘Sie sind erschöpft, man sieht es’, sagte Nechljudow.
>
> ‘Erschöpft vom ganzen Dienst, dermaßen schwierig sind die Pflichten. Da willst du ein Schicksal erleichtern, aber es kommt nur schlimmer; ich denke bloß noch, wie dem entgehen: so schwer sind die Pflichten.’“[50]

Noch tragischer ist der gutherzige Gefängnisaufseher in einem früheren Entwurf von „Auferstehung“. Er bewacht im Gefängnis Losinski und Rosowski[51] und wird von ihrer Hinrichtung, die er durch seine Tätigkeit unbewusst und ungewollt mitverschuldet hat, so erschüttert, dass er gleich in geistige Umnachtung fällt.[52]

Den Einwand, dass die Angehörigen des Gefängnispersonals ihre Arbeit ausüben müssen, um sich und ihre Familien zu ernähren,[53] weist Tolstoi als plumpe Schutzbehauptung zurück:

> „Ihr sagt, durch den Mangel seid ihr genötigt, in diesem Amt zu dienen, aber ihr wisst wohl, dass das nicht wahr ist, ihr wisst, dass es keinen Mangel gibt, dass Mangel ein relativer Ausdruck ist, dass das, was für euch Mangel ist, für einen anderen Luxus sein kann. Ihr wisst, dass ihr einen anderen Dienst finden könnt, in dem ihr nicht gezwungen seid, Menschen zu quälen [...].“[54]

Der humane Gefängnisinspektor in „Auferstehung“ begreift schließlich den unüberbrückbaren Widerspruch zwischen der Menschlichkeit und dem Gefängnisdienst und kündigt seine Stelle.[55]

---

49 *Tolstoi*, Woskressenije a.a.O., S. 186.

50 *Tolstoi*, Woskressenije a.a.O., S. 163.

51 Siehe oben Kapitel C) IV.

52 Vgl. *Tolstoi*, „Woskressenije“. Tschernowyje a.a.O., S. 297.

53 Siehe *Tolstoi*, Woskressenije a.a.O., S. 163.

54 *Tolstoi*, Popowa a.a.O., S. 98.

55 Vgl. *Tolstoi*, Woskressenije a.a.O., S. 306.

IV. Gerichte

1. Richter und Geschworene

„Ich weiß, dass die Menschen nur Menschen sind, dass wir alle schwach sind, dass wir alle uns irren und dass der eine den anderen nicht richten kann.“[56]

Leo Tolstoi

Wie bereits erläutert,[57] empfand Tolstoi das Gerichtswesen als zynische Verhöhnung des christlichen Vergebungsgebots. Aber selbst wenn die Gerichtsleute „Sünder“ und „Heuchler“ sind, selbst wenn sie kein moralisches Recht haben, über ihre Mitmenschen den Stab zu brechen, können sie trotzdem geistig in der Lage sein, einen bestimmten Sachverhalt richtig zu erfassen und ein vom Standpunkt des Strafgesetzes richtiges Urteil zu fällen. Gerade diesen Einwand brachte Tolstois jahrelanger Kritiker Alexander Gussew vor.[58] Tolstoi muss diese Argumentation auch (zumindest indirekt) gekannt haben, weil sein Freund, der bekannte russische Schriftsteller Nikolai Leskow (1831–1895) im Brief an den Denker aus Jasnaja Poljana „Gussews Kanonenbeschuss aus Kasan“[59] beklagte und der Hauslehrer von Tolstois jüngeren Söhnen Alexei Nowikow (1865–1927) Gussews Ideen schriftlich zurückwies.[60]

Bei der Darstellung des Strafverfahrens gegen Katjuscha Maslowa in „Auferstehung“ versucht Tolstoi, diesen Einwand umfassend zu widerlegen. Eine Schlüsselgestalt in diesem Prozess ist der ältere, aber trotzdem liebestolle Gerichtsvorsitzende. Er ist so versessen darauf, sein Treffen mit der Geliebten nicht zu verpassen,[61] dass er während der Sitzung versäumt, den Geschworenen eine relevante Belehrung zu erteilen, nämlich, „dass ihre Antwort „Ja, schuldig“ ohne eine Verneinung der Tötungsabsicht die vorsätzliche Tötung bestätigen würde“.[62] Und die Geschworenenberatung beginnt zunächst mit einer einigermaßen konsequenten Erörterung der Tatumstände,[63] verliert aber schon bald den Faden und schlägt in einen sachfremden Streit um:

„Der Obmann aber sagte, man könne sie [Maslowa] unmöglich für unschuldig erklären, weil sie doch selber gestanden habe, das Pulver gegeben zu haben.

56 *Tolstoi*, mogu a.a.O., S. 94.

57 Siehe oben Kapitel C) I.

58 Siehe z.B. *Gussew A.*, Ossnownye, S. 212 f.

59 Leskow, Brief an Leo Tolstoi vom 28. Juli 1893 a.a.O.

60 Vgl. Leskow, Brief an Leo Tolstoi vom 26. August 1891 a.a.O.

61 Siehe *Tolstoi*, Woskressenije a.a.O., S. 76.

62 *Tolstoi*, Woskressenije a.a.O., S. 87.

63 Vgl. *Tolstoi*, Woskressenije a.a.O., S. 79.

> 'Gegeben schon, aber gedacht, dass es Opium sei', sagte der Kaufmann.
>
> 'Sie konnte ihm auch mit Opium das Leben nehmen', tönte der Oberst, der immer gerne abschweifte und bei dieser Gelegenheit zu erzählen begann, wie sich die Frau seines Schwagers mit Opium vergiftet habe und beinahe gestorben sei, wenn nicht ein Arzt in der Nähe gewesen wäre und rechtzeitig Maßnahmen ergriffen hätte. Der Oberst erzählte so eindringlich, selbstbewusst und mit solcher Würde, dass keiner den Mut hatte, ihn zu unterbrechen. Nur der Kommis, vom Beispiel angesteckt, beschloss, ihn zu unterbrechen, um seine Geschichte zu erzählen.
>
> 'So können sich manche daran gewöhnen", begann er, „dass sie vierzig Tropfen nehmen können; ich habe einen Verwandten [...].'
>
> Doch der Oberst ließ sich nicht unterbrechen und setzte seine Erzählung über die Folgen der Einnahme von Opium auf die Frau seines Schwagers fort."[64]

Dabei wird Maslowa besonders vehement vom Kaufmann verteidigt, dem sie physisch gefällt, woraus er auch keinen Hehl macht – und gerade dieses Benehmen wirkt sich beim Obmann der Geschworenen gefühlsmäßig zum Nachteil der nahezu unschuldigen Katjuscha aus,[65] wobei im Endeffekt „die Meinung des Obmanns die Oberhand zu gewinnen [beginnt], besonders weil alle Geschworenen müde [sind] und sich lieber derjenigen Meinung anschlössen, die eine raschere Einigung und folglich alle zu befreien [verspricht]."[66]

Dann besinnen sich die Geschworenen doch anders, weil der objektive und scharfsinnige Beisitzer Pjotr Gerassimowitsch seine Kollegen von Maslowas Unschuld mit stichhaltigen Argumenten überzeugt:

> „'Gestatten', sagte er, 'Sie behaupten, dass sie gestohlen habe, weil sie einen Schlüssel hatte. Aber konnten denn nicht die Etagendiener nach ihr den Koffer mit einem passenden Schlüssel öffnen? [...] Sie konnte doch das Geld gar nicht nehmen, weil sie es in ihrer Situation nirgendwo hintun konnte [...] Viel eher hat ihr Kommen die Etagendiener auf die Idee gebracht, und sie haben die Gelegenheit genutzt und dann alles auf sie abgewälzt.'"[67]

Schließlich verneinen die Geschworenen die Entwendungsabsicht von Maslowa, versäumen jedoch, hinzuzufügen, dass sie ohne den Vorsatz gehandelt hat, Smelkow umzubringen.[68]

> „Die eine Entscheidung wurde getroffen und keine andere, nicht etwa, weil alle damit einverstanden gewesen wären, sondern erstens, weil der Vorsitzende, der so lange für sein Resümee gebraucht hatte, diesmal versäumt hatte, zu sagen, was er immer sagte, nämlich dass sie bei der Beantwortung der Frage sagen könnten: 'Ja,

---

64 *Tolstoi*, Woskressenije a.a.O., S. 79, 82.

65 Vgl. *Tolstoi*, Woskressenije a.a.O., S. 81.

66 Ebd.

67 Ebd.

68 Vgl. *Tolstoi*, Woskressenije a.a.O., S. 82.

schuldig, aber ohne den Vorsatz, das Leben zu nehmen'; zweitens, weil der Oberst so ausführlich und langweilig die Geschichte der Frau seines Schwagers erzählt hatte; drittens, weil Nechljudow vor Erregung nicht bemerkt hatte, dass sie den Vorbehalt über den fehlenden Vorsatz, das Leben zu nehmen, weggelassen hatten, sondern glaubte, dass der Vorbehalt 'ohne Absicht zu rauben' die Klage zunichtemachen würde,[69] viertens, weil Pjotr Gerassimowitsch nicht im Zimmer war, er war hinausgegangen, als der Obmann die Fragen und Antworten noch einmal verlesen hatte, und vor allem, weil alle müde waren und so rasch wie möglich loskommen wollten und deshalb dem Beschluss zustimmten, mit dem alles am schnellsten beendet wäre."[70]

Immerhin fühlt der Gerichtsvorsitzende sich verpflichtet, die Geschworenen[71] darüber aufzuklären, dass aus ihrer Entscheidung folge, dass Maslowa zwar weder gestohlen noch geraubt, aber trotzdem Smelkow ohne jeden Zweck getötet habe, und ihnen vorzuschlagen, das bizarre Fehlurteil unter Anwendung des Art. 818 der russischen Strafprozessordnung[72] aufzuheben.[73] Aber diese Anregung scheitert an der Stimme eines „ärgerlichen"[74] Geschworenen (er hatte sich am Morgen mit der Ehefrau überworfen),[75] der sich damit „[auf] keinen Fall"[76] einverstanden erklärt, denn „[sowieso] heißt es in den Zeitungen, dass Geschworene immer die Verbrecher freisprechen; was würden sie erst sagen, wenn das Gericht freispricht!",[77] wobei Tolstoi offen lässt, ob der Grund für diesen Einwand der Ehestreit, die Angst vor dem negativen Presseecho oder beides war.

Um Maslowa vor der drohenden Zwangsarbeit in Sibirien zu retten, engagiert Nechljudow den „bekannten Anwalt"[78] Fanarin, der beim Senat die Kassationsbeschwerde einreicht, aber die Senatoren sind kaum objektiver als die Geschworenen. Zwar begreift einer von ihnen, der „praktische Jurist"[79] Beh,[80]

---

69 Vgl. § 1924 StGBRR.

70 *Tolstoi*, Woskressenije a.a.O., S. 83.

71 Vgl. oben Kapitel A) IV.

72 Diese Rechtsvorschrift befugte die Gerichtskammer, ein augenscheinliches Fehlurteil aufzuheben und in der Sache eine neue Hauptverhandlung anzuberaumen. Vgl. *Goldenweiser*, *Alexis*, Archiv 1928/1929, 106.

73 Vgl. *Tolstoi*, Woskressenije a.a.O., S. 83.

74 *Tolstoi*, Woskressenije a.a.O., S. 32.

75 Vgl. *Tolstoi*, Woskressenije a.a.O., S. 22, 26.

76 *Tolstoi*, Woskressenije a.a.O., S. 84.

77 Ebd.

78 *Tolstoi*, Woskressenije a.a.O., S. 88.

79 *Tolstoi*, Woskressenije a.a.O., S. 262.

80 Um 1900 gab es tatsächlich einen liberalen Senator Wassili Zeeh (1820–1906).

der die progressiven[81] „Traditionen der sechziger [1860er] Jahre hoch[hält], und „wenn [schon] […] einmal von der strikten Unparteilichkeit [abweicht], dann nur in Richtung Liberalität“[82] sofort, dass eine Unschuldige verurteilt worden ist, erklärt es seinen Kollegen und setzt sich vehement für die Aufhebung des Urteils ein,[83] obwohl der Senat einen erstinstanzlichen Prozess auf die materielle Richtigkeit des Urteils eigentlich nicht prüfen dürfte, sondern nur auf formelle Verfahrensverstöße.[84] Doch scheitert das Rechtsmittel – hauptsächlich an der Stimme des Senators Skoworodnikow:

> „[Er] war Materialist, Darwinist und hielt alle Bekundungen einer abstrakten Moral oder, noch schlimmer, einer Religion, nicht nur für verachtenswerten Unsinn, sondern auch für eine persönliche Beleidigung. Dieses ganze Getue mit dieser Prostituierten und die Anwesenheit des sie verteidigenden berühmten Anwalts und Nechljudows selbst hier, im Senat, war ihm im höchsten Maße zuwider.“[85]

Somit wird die Kassationsbeschwerde abgewiesen und Katjuscha Maslowa in die vierjährige Zwangsarbeit nach Sibirien geschickt.

Aber trotz dieser negativen Schilderung der meisten Richter und Geschworenen liegt Tolstoi, wie bereits mehrere zeitgenössische Juristen bemerkten,[86] nichts ferner, als sie zu diffamieren. Er schildert diese Leute gerade nicht als bösartige Rechtsverdreher, sondern als Menschen aus Fleisch und Blut, die mit Fehlern und Schwächen behaftet und dadurch außer Stande sind, sich von ihren subjektiven Erlebnissen und Eindrücken zu lösen und ein unparteiisches Urteil zu fällen.

Doch nicht allein die Ignoranz, Nachlässigkeit und Voreingenommenheit vieler Richter und Geschworenen empören Tolstoi. Er tadelt, dass die Menschen in Roben die Angeklagten aufs Schafott, in die Gefängnisse oder in die Verbannung schicken, aber ihre Urteile nicht selbst vollstrecken, sondern die schmutzige Arbeit den sozial verachteten, allenfalls bemitleideten Scharfrichtern und Kerkermeistern aufbürden, um sich selbst in einen Nimbus der Objek-

---

81 In den 1860er Jahren führte Zar Alexander II. (1818–1881) in Russland mehrere fortschrittliche Reformen durch, darunter die Aufhebung der Leibeigenschaft (1861) und die Liberalisierung des Justizwesens (1864). In den folgenden Jahrzehnten wurden diese progressiven Errungenschaften jedoch größtenteils abgebaut bzw. ausgehöhlt. Vgl. *Swjatopolk-Mirskij*, Russland, S. 371.

82 *Tolstoi*, Woskressenije a.a.O., S. 274.

83 Vgl. *Tolstoi*, Woskressenije a.a.O., S. 276 f.

84 Vgl. *Goldenweiser*, *Alexis*, prawa, S. 43 f. Siehe auch *Tolstoi*, Woskressenije a.a.O., S. 278 f.

85 *Tolstoi*, Woskressenije a.a.O., S. 277.

86 Siehe z.B. *Dawydow*, Tolstoi, S. 6 ff.; *Maklakow*, RM 1914, 62 f.

tivität und Unparteilichkeit zu hüllen und gesellschaftliche Wertschätzung zu genießen. „Kein Richter wird sich dazu entschließen, denjenigen, den er seinem Rechte nach zum Tode verurteilt hat, selbst mit dem Stricke zu erdrosseln“[87] – schreibt Tolstoi im Traktat „Mein Glaube“. Das Gleiche gilt auch bei den Hafturteilen. Im Gespräch mit Alexander Goldenweiser im Jahr 1909 erzählte Tolstoi, dass seine Nichte zur Vegetarierin geworden sei, nachdem ein Huhn, das sie zuvor auf dem Hof gesehen habe, ihr als Gericht serviert worden sei.

> „Wenn auch die Richter – fügte Tolstoi hinzu – die Gefängnisse häufiger besuchten und die Insassen, welche sie persönlich kennen, da sie diese Menschen ja hinter Gitter gebracht haben, sähen, würden sie nicht mehr auf die leichte Schulter nehmen, ihre Urteile zu fällen.“[88]

Allerdings verdienen die Richter und Geschworenen nicht nur Kritik, sondern auch ein gewisses Mitleid. Durch ihre Macht,[89] den trügerischen Glanz der Rechtsprechung[90] und die ihnen entgegengebrachte soziale Wertschätzung[91] werden diese an sich durchaus intelligenten Menschen so weit geistig gefangen genommen, dass sie sich inzwischen zu unfehlbaren Sachwaltern der Gerechtigkeit verklären[92] und nicht merken, wie sie von den anderen Prozessteilnehmern belogen und beeinflusst werden.

Diesen Gedanken bringt Tolstoi in „Der gefälschte Kupon“ zum Ausdruck. Er schildert dort einen Richter, der einer mit gelassener Miene abgelegten Falschaussage eines Ladeninhabers bzw. seines bestochenen Hausknechts mehr Glauben schenkt als der aufrichtigen, aber unbeholfenen Rede des armen Holzhändlers Iwan Mironow: „([er] rief abermals Gott zum Zeugen an und erwähnte nochmals, dass alle Menschen einmal sterben müssten“).[93] Er weist die Klage des betrogenen Bauern ab und belehrt ihn dazu noch arrogant, „künftig nicht so leichtfertig Beschuldigungen gegen ehrbare Leute zu erheben; er müsse dem Beklagten noch dankbar dafür sein, dass er [entgegen dem Urteilsspruch] für ihn die Gerichtskosten trage und ihn nicht wegen Verleumdung zur Verantwortung ziehe, wobei er eine Strafe von mindestens drei Monaten Gefängnis zu gewärtigen gehabt hätte.“[94]

---

87 *Tolstoi*, W tschom a.a.O., S. 332.

88 Tolstoi, zitiert nach Goldenweiser, Alexis, prawa, S. 45.

89 Vgl. *Tolstoi*, Zarstwo a.a.O., S. 253.

90 Siehe *Tolstoi*, Woskressenije a.a.O., S. 25 ff., 271 f.

91 Vgl. *Tolstoi*, „Woskressenije“. Tschernowyje a.a.O., S. 110.

92 Vgl. *Tolstoi*, Zarstwo a.a.O., S. 254.

93 *Tolstoi*, Falschiwyj a.a.O., S. 13.

94 Ebd.

Seine Kritik an den Richter und Geschworenen fasste Tolstoi wenige Monate vor dem Tod zusammen:

> „(Über die Gerichte.) Wollten sie doch nur begreifen, diese unglückseligen, törichten, gefühllosen und selbstzufriedenen Bösewichte, wollten sie doch nur begreifen, was sie tun, wenn sie in Uniformen hinter ihren grünen Tischen sitzen und wichtigtuerisch die sinnlosen Worte wiederholen und interpretieren, die in ekelhaften, die Menschheit beschämenden Büchern abgedruckt sind; wollten sie doch nur begreifen, dass alles, was sie Gesetze nennen, plumpe Verhöhnung jener ewigen Gesetze darstellt, die allen Menschen ins Herz geschrieben sind."[95]

Dabei schildert Tolstoi auch Richter, die sich als scharfsinnig und redlich erweisen – gerade, weil sie nicht nach den Gesetzbüchern handeln. Dazu gehört neben dem bereits erwähnten[96] betagten Richter in „Versäumst du, den Funken zu löschen, wirst du der Flamme nicht Herr" auch Bauakas, der Protagonist des Märchens „Der gerechte Richter" (1875).[97] Er überführt einen Pferdedieb ausschließlich durch Mutterwitz und Lebenserfahrung:

„Der Krüppel hat ebenso wie du unter zwanzig anderen Pferden auf das richtige gezeigt. Aber ich habe euch beide auch gar nicht in den Pferdestall geführt, um zu sehen, ob ihr das Pferd erkennen werdet, sondern ich wollte sehen, wen von euch beiden das Pferd erkennen wird. Als du an das Pferd herantratst, wandte es den Kopf um und streckte ihn zu dir aus; als der Krüppel es berührte, legte es die Ohren an und hob ein Bein. Daran erkannte ich, dass du der rechtmäßige Besitzer des Pferdes bist."[98]

2. *Staatsanwälte*

Angesichts Tolstois negativer Einstellung zum Strafrecht überrascht seine Überzeugung nicht, dass die Aufgabe des Staatsanwalts darin besteht, „das Leben der Unglücklichen zu verschlimmern".[99] Der russische Schriftsteller äußerte diese Ansicht allen voran in „Auferstehung", wo er mehrere abstoßende Ankläger auftreten lässt. Das ist zunächst der stellvertretende Staatsanwalt, ein „von Natur aus dumm[er]"[100] Mensch und dazu noch ein absolut lebensfremder Jurist, der „auf der Universität eine Auszeichnung für seine Arbeit

---

95 *Tolstoi*, Tagebucheintragung von 27. Mai 1910 a.a.O., Bd. 58 S. 58.

96 Siehe oben Kapitel C) VI.

97 Vgl. *Tolstoi*, Prawednyj a.a.O., S. 217–220.

98 *Tolstoi*, Prawednyj a.a.O., S. 219.

99 *Tolstoi*, W tschom a.a.O., S. 422.

100 *Tolstoi*, Woskressenije a.a.O., S. 71.

über 'Die Servituten nach römischem Recht'"[101] erhielt. In seinem Plädoyer bringt er mehrere wissenschaftliche oder pseudowissenschaftliche Theorien („Da kam die Vererbung vor, das angeborene Verbrechertum, und Lombroso, und Tarde, und die Evolution, und der Kampf ums Dasein, und Hypnotismus, und Suggestion, und Charcot,[102] und die Dekadenz")[103] komplett durcheinander und stilisiert Maslowa zu einer verdorbenen und kaltblütigen Mörderin:

> „'Diese Frau', sagte der stellvertretende Staatsanwalt, ohne sie anzusehen, 'hat eine Bildung erhalten – wir haben hier im Gericht die Hinweise ihrer Chefin [der Bordellbetreiberin] gehört. Sie kann nicht nur lesen und schreiben, sie kann Französisch, sie, eine Waise, die vermutlich den Keim des Verbrecherischen in sich trägt, wurde in einer intelligenten adeligen Familie erzogen und hätte von ehrlicher Arbeit leben können; doch sie verlässt ihre Wohltäter, ergibt sich ihren Leidenschaften, und um diese zu befriedigen, tritt sie in ein Bordell ein, wo sie sich vor den anderen Kameradinnen mit ihrer Bildung, vor allem aber, wie Sie hier gehört haben, meine Herren Geschworenen, vor ihrer Chefin mit ihrer Fähigkeit hervortut, die Besucher mit jener geheimnisvollen, in jüngster Zeit wissenschaftlich, besonders durch die Schule Charcots, erforschten Eigenschaft zu beeinflussen, die unter dem Namen Suggestion bekannt ist. Mit ebendieser Eigenschaft bemächtigt sie sich dieses russischen Recken und gutmütigen, vertrauensseligen Sadko,[104] des reichen Gastes also, und nutzt dieses Vertrauen aus, um ihn erst zu bestehlen und ihm dann erbarmungslos das Leben zu nehmen.'"[105]

Einen Verteidigerhinweis tut er mit einem genauso bösartigen wie absurden Kommentar ab:

> „'Was die Vermutungen der Verteidigung darüber anbelange, dass ein angenommener (besonders giftig sagte er: angenommener) Verführer die Maslowa sittlich verdorben habe, so sprächen doch alle Fakten viel eher dafür, dass sie die Verführerin der unzähligen Opfer gewesen sei, die durch ihre Hände gegangen waren.'"[106]

In der Gerichtssitzung einen Tag später glaubt dieser „höchst eingebildet[e] und mit sich [zufriedene]"[107] Justizvertreter in dem arbeitslosen Burschen, der zusammen mit seinem Bekannten im betrunkenen Zustand aus einem Schuppen einige alte Matten gestohlen hat, einen „schlauen Verbrecher"[108] zu erkennen. Genauso kaltherzig ist der Staatsanwalt selbst. Nechljudows reumütiges

101 Ebd.

102 Jean-Martin Charcot (1825–1893) war ein französischer Pathologe und Neurologe.

103 Ebd.

104 Ein abenteuerlustiger und erfindungsreicher Kaufmann, Sänger und Musiker in einigen russischen Sagen.

105 *Tolstoi*, Woskressenije a.a.O., S. 73.

106 *Tolstoi*, Woskressenije a.a.O., S. 75.

107 *Tolstoi*, Woskressenije a.a.O., S. 71.

108 *Tolstoi*, Woskressenije a.a.O., S. 122.

Bekenntnis: „Sie [Maslowa] stand gestern vor Gericht und wurde vollkommen zu Unrecht zu vier Jahren Katorga [Zwangsarbeit] verurteilt. Sie ist unschuldig [...] Der Schuldige an allem aber bin ich [...] Weil ich sie verführt und in die Situation gebracht habe, in der sie jetzt ist. Wäre sie nicht das, wozu ich sie gebracht habe, sie wäre nicht einer solchen Anklage ausgesetzt worden",[109] quittiert er mit einer trockenen Antwort: „Trotzdem sehe ich nicht, was für einen Zusammenhang das mit einem Besuch hat."[110] Selbst Nechljudows Ankündigung, Maslowa heiraten zu wollen und an den Gerichtssitzungen nicht länger teilzunehmen, weil er alle Gerichte nicht nur für nutzlos, sondern auch für unmoralisch halte,[111] rütteln den Staatsanwalt nicht auf:

> „'Soso', sagte [er] noch immer mit dem kaum merklichen Lächeln, als wolle er mit diesem Lächeln zeigen, dass ihm solche Erklärungen bekannt seien und zu einer ihn belustigenden Kategorie gehörten. – 'Soso, aber Sie verstehen doch wohl, dass ich als Staatsanwalt des Gerichts Ihnen nicht beipflichten kann. Und deshalb rate ich Ihnen, das bei Gericht vorzubringen, und das Gericht wird Ihre Erklärung zulassen und sie für stichhaltig oder nicht stichhaltig erklären und in letzterem Falle Ihnen eine Ordnungsstrafe auferlegen. Wenden Sie sich ans Gericht.'"[112]

Anschließend tut er im Gespräch mit einem Beisitzer Nechljudows Verhalten als „seltsame Erregung"[113] ab.

Kaum sympathischer ist der stellvertretende Oberstaatsanwalt des Senats, Selenin. Zunächst begehrt er mit Erfolg die Abweisung der Kassationsbeschwerde Maslowas gegen das offensichtlich falsche Mordurteil,[114] und dann rechtfertigt er die Senatsentscheidung unter Berufung auf die „Rechtssicherheit":

> „'Ja, aber auch jetzt war doch klar, dass das Urteil absurd war', sagte er [Nechljudow].
>
> 'Der Senat hat kein Recht, so etwas zu sagen. Wenn der Senat sich erlaubte, Urteile von Gerichten nur aufgrund seiner eigenen Meinung, ob die Urteile selbst gerecht seien, zu kassieren – ganz zu schweigen davon, dass der Senat dann jeglichen Halt verlöre und eher riskierte, die Gerechtigkeit zu verletzen, als sie wiederherzustellen', sagte Selenin, der sich an den vorangegangenen Fall erinnerte, 'ganz zu schweigen davon, würden doch die Urteile der Geschworenen ihre ganze Bedeutung verlieren.'
>
> 'Ich weiß nur das eine, dass diese Frau vollkommen unschuldig ist und die letzte Hoffnung, sie vor der unverdienten Strafe zu retten, enttäuscht wurde. Die oberste Instanz hat eine reine Willkürentscheidung bestätigt.'

---

109 *Tolstoi*, Woskressenije a.a.O., S. 125.

110 *Tolstoi*, Woskressenije a.a.O., S. 126.

111 Vgl. ebd.

112 Ebd.

113 *Tolstoi*, Woskressenije a.a.O., S. 127.

114 Vgl. *Tolstoi*, Woskressenije a.a.O., S. 276 f.

> ‘Sie hat sie nicht bestätigt, weil sie eine Überprüfung des eigentlichen Falls gar nicht unternommen hat und auch gar nicht unternehmen kann’, sagte Selenin und kniff die Augen zusammen.“[115]

Immerhin bereut Selenin später sein Handeln und erwirkt in der Bittschriftenkommission einen Begnadigungserlass für Katjuscha Maslowa.[116] Diese Sinnesänderung lässt die Hoffnung auf seine eigene geistige und moralische „Auferstehung“ in der Zukunft offen.

Dabei beschränkte sich Tolstoi nicht auf sein erzählerisches Werk. In die philosophische Schrift „Das Gesetz der Gewalt und das Gesetz der Liebe“ fügte er eine eindrucksvolle Szene ein. Sie spielt in einem Militärgericht, das über einen Militärdienstverweigerer urteilt.

> „Der Ankläger spricht davon, dass der Angeklagte, wie er selbst sagte, keiner Sekte angehöre, dass seine Eltern orthodoxe Christen seien und dass darum die Weigerung, in den Militärdienst einzutreten, bloß seiner Hartnäckigkeit entspringe. Und dass diese Hartnäckigkeit, sowohl die des Angeklagten, wie auch ähnlicher verirrter, hartnäckiger Leute die Regierung veranlasst habe, strenge Strafnormen gegen solche Leute festzulegen, die nach seiner Meinung im gegebenen Fall auch anwendbar wären.“[117]

An polemischer Schärfe sind diese Darstellungen kaum zu überbieten. Allerdings vermied Tolstoi Pauschalurteile und räumte ein, dass es auch Staatsanwälte gibt, die sich aus Gewissensgründen weigern, die angeblichen Verbrecher anzuklagen – oder sie sogar, entgegen dem geltenden Gesetz, verteidigen.[118]

3. Anwälte

Wie groß die soziale Wertschätzung für Richter, Geschworene und Staatsanwälte zu Leo Tolstois Lebzeiten auch gewesen sein mag – ihr war oft eine unterschwellige Furcht beigemischt. Ganz anders die Rechtsanwälte. Sie galten gemeinhin als tapfere Partner und Beschützer der Angeklagten im ungleichen Kampf gegen die unerbittlichen Mühlen der Justiz.

Tolstois Einstellung zum Anwaltsberuf fällt anders aus. Bei ihrer Bewertung muss man aber auch beachten, dass die russische Literatur des späteren 19. Jahrhunderts anwaltsfeindlich war; man könnte dort – wie der exilrussische Schriftsteller und Literaturwissenschaftler Mark Aldanow (1886–1957) ironisch bemerkte – „eher einen sympathischen Mörder entdecken als einen sym-

115 *Tolstoi*, Woskressenije a.a.O., S. 278.

116 Vgl. *Tolstoi*, Woskressenije a.a.O., S. 424.

117 *Tolstoi*, Sakon a.a.O., S. 178.

118 Vgl. *Tolstoi*, Zarstwo a.a.O., S. 213, 214.

pathischen Rechtsanwalt".[119] Der Grund für diese negative Einstellung war der Umstand, dass der in Russland zunächst ungewöhnliche, erst durch die Gerichtsreform von 1864 eingeführte,[120] Berufsstand der Rechtanwälte von der breiten Öffentlichkeit ursprünglich als „habgierige Raubritterbande"[121] wahrgenommen wurde.[122]

Tolstoi entging nicht dem allgemeinen Trend, und einige Rechtsanwälte in seinem Werk spiegeln die gängigen Klischees wider.

Dazu gehört etwa der Advokat, der das grausame Vorhaben des kaltherzigen Ehemanns von Anna Karenina: „[Ich] wünsche das Eheverhältnis mit meiner Frau gemäß dem Gesetz aufzukündigen, das heißt mich scheiden zu lassen, aber so, dass der Sohn nicht bei der Mutter bleibt"[123] ohne moralische Bedenken sofort unterstützt.[124] Ähnlich reagiert ein von der Öffentlichkeit als „genialer Advokat"[125] bewunderter Nebencharakter in „Auferstehung", der eine alte Frau mit einem geschickten Trick um ihr rechtmäßiges Eigentum bringt, es seinem Mandanten zukommen lässt und dafür von ihm als Honorar zehntausend Rubel erhält.[126] Auch sein mittelmäßiger, aber genauso skrupelloser und gieriger Kollege, der von Maslowas Mitangeklagten Simon Kartinkin und Jewfimija Botschkowa für dreihundert Rubel engagiert wird und im Abschlussplädoyer entgegen der Beweislage seine Mandanten rechtfertigt und alle Schuld Maslowa zuschiebt, gehört in diese Kategorie.[127]

Aber die Hauptkritik Tolstois geht wesentlich tiefer als die verbreiteten Vorurteile. Das belegt schon die Tatsache, dass in seinem Werk auch durchaus anständige Rechtsanwälte vorkommen. Dazu zählt unter anderem Iwan Mironows Anwalt in „Der gefälschte Kupon". Er nimmt sich der Sache an „weniger

---

119 *Aldanov*, zitiert nach *Charabet*, Prestuplenije, S. 402 f. Als Beispiel für diese Tendenz sei auf Fjodor Dostojewskis berühmten Roman „Schuld und Sühne" („Verbrechen und Strafe") verwiesen. Dort wird der Raubmörder Rodion Raskolnikow wesentlich positiver dargestellt als der Anwalt Pjotr Lushin.

120 Siehe oben Kapitel A) IV.

121 Vgl.*Charabet*, Prestuplenije, S. 402 mit weiteren Nachweisen.

122 Vgl.*Charabet*, Prestuplenije, S. 402 f. Diese Auffassung änderte sich erst im fröhen 20. Jahrhundert, nachdem zahlreiche couragierte Rechtsanwälte die Verfolgten des Zarenregimes mutig verteidigt hatten. Vgl. *Charabet*, Prestuplenije, S. 403 mit weiteren Nachweisen.

123 *Tolstoi*, Karenina a.a.O., Bd. 18 S. 387.

124 Vgl. *Tolstoi*, Karenina a.a.O., Bd. 18 S. 387 ff.

125 *Tolstoi*, Woskressenije a.a.O., S. 21.

126 Vgl. *Tolstoi*, Woskressenije a.a.O., S. 24. Kritisch zu dieser Darstellung: *Goldenweiser, Alexis*, prawa, S. 41.

127 Vgl. *Tolstoi*, Woskressenije a.a.O., S. 74.

des Geldes wegen, das sie ihm einbringen [könnte], sondern vielmehr deshalb, weil er Iwan Mironows Schilderung Glauben schenkte und empört darüber war, wie gewissenlos man hier einen armen Bauern übertölpelt hatte."[128] Ein weiteres Beispiel ist Maslowas erster Verteidiger in „Auferstehung", der darzustellen versucht, „wie die Maslowa durch einen Mann zum Laster verleitet worden sei, der ungestraft geblieben sei, während sie die ganze Last ihres moralischen Absturzes habe tragen müssen",[129] aber an seiner Ungeschicklichkeit kläglich scheitert.[130] Besonders bemerkenswert ist jedoch der prominente Rechtsanwalt Fanarin, der nach Maslowas Verurteilung in erster Instanz von Nechljudow als ihr neuer Verteidiger engagiert wird. Er ist fleißig und pflichtbewusst,[131] er verteidigt eine unschuldig inhaftierte Bauernfamilie ohne Honorar,[132] er setzt sich der Gefahr aus, von den reaktionären Gerichtsbeamten selbst eingesperrt zu werden,[133] er sagt über sich ohne große Übertreibung: „Wir lassen doch auch, wie es bei einem Schriftsteller heißt, ein Stückchen Fleisch im Tintenfass".[134] Und doch erscheint er bei seinem Auftritt in der Kanzlei mit einem Ausdruck, „wie ihn Leute haben, die soeben ein vorteilhaftes, aber nicht ganz sauberes Geschäft abgeschlossen haben"[135] und wird Nechljudow im Laufe der Zeit noch fremder als seine ehemaligen Freunde im hohen Adel.[136]

Den Schlüssel zu dieser scheinbar paradoxen Beschreibung liefert Tolstois Notiz mit dem Titel „Die Freigesprochene" (1887/1888), die das Sujet des gleichnamigen Gemäldes des russischen Künstlers Wladimir Makowski (1846–1920) beschreibt – und zugleich kritisch hinterfragt:

> „Im Gerichtssaal sind die Zeugen geblieben, das *schaulustige*[137] Publikum, der Vater, die Mutter, die Schwester der Angeklagten, die das Kind der Angeklagten in den Armen hält, und die Angeklagte selbst hinter den Gittern […] 'Angeklagte, – sagt der Gerichtsvorsitzende, indem er ihren Namen nennt, – Sie können gehen, sie sind frei.' […] Der Angeklagten wurde erklärt, dass sie gehen dürfe. Sie steigt hin-

128 *Tolstoi*, Falschiwyj a.a.O., S. 13.

129 *Tolstoi*, Woskressenije a.a.O., S. 74.

130 Vgl. ebd.

131 Vgl. *Tolstoi*, Woskressenije a.a.O., S. 158.

132 Vgl. *Tolstoi*, Woskressenije a.a.O., S. 237.

133 Vgl. *Tolstoi*, Woskressenije a.a.O., S. 238.

134 *Tolstoi*, Woskressenije a.a.O., S. 155 f. Der zitierte Schriftsteller ist wohl Tolstoi selbst, vgl. *Conrad*, Anmerkungen a.a.O., S. 672.

135 *Tolstoi*, Woskressenije a.a.O., S. 154 f.

136 Vgl. *Tolstoi*, Woskressenije a.a.O., S. 239.

137 Kursivsetzung im Original.

kend die Treppe herab, hält das Kind bereits in ihren Armen, und es schmiegt sich an sie an […] *Und der Gerichtsbetrieb nimmt wieder seinen Lauf: der Anklageakt und das Verteidigerplädoyer werden vorbereitet. Anstelle der freigelassenen jungen Mutter werden gleich weitere Angeklagten dem Gericht vorgeführt.*“[138]

Somit ist der Rechtsanwalt entgegen der eigenen und fremden Wahrnehmung kein treuer und kompetenter Verbündeter des Angeklagten in seinem verzweifelten Streit gegen die staatliche Übermacht, sondern Berufsheuchler, der durch seine Teilnahme am Strafverfahren die unchristliche und unmenschliche Institution des Gerichts[139] legitimiert und ihre menschenverachtenden Urteile durch den Anschein der Humanität kaschiert.[140] Gerade die Gestalt Fanarins illustriert diese Ansicht Tolstois. Wenn Nechljudow im Gespräch mit diesem Anwalt fragt, ob angesichts der übermächtigen und willkürlich handelnden Gerichtsbeamten das Gericht noch sinnvoll sei, bricht der scheinbar sehr nachdenkliche Jurist in „belustigtes Gelächter“[141] aus und witzelt:

> „Was Sie auch für Fragen stellen! Aber das, mein Lieber, ist Philosophie. Wie stehts, auch darüber könnte man sich unterhalten. Kommen Sie doch am Samstag. Sie treffen bei mir Gelehrte, Literaten und Künstler. Dann sprechen wir auch über grundsätzliche Fragen“ […] und sprach dabei die Worte ‘grundsätzliche Fragen’ mit ironischem Pathos aus.“[142]

Den angeblichen Antagonismus zwischen einem „unerbittlichen“ Staatsanwalt und einem „humanen“ Verteidiger verwarf Tolstoi als pure Fiktion und meinte vielmehr, dass sie in Wirklichkeit für einen reibungslosen Ablauf der Justizmaschinerie gemeinsam sorgen[143] und dafür gelegentlich sogar ihre Rollen tauschen.[144] In einem früheren Entwurf von „Auferstehung“ trifft Nechljudow im Gerichtsgebäude einen bekannten Anwalt, der dem Fürsten erzählt, dass er diesmal nicht verteidigen, sondern als Nebenkläger anklagen werde – und empfindet bei dieser Erklärung keine moralischen Skrupel.[145]

Daneben sind selbst die redlichen Anwälte nur am formalen Erfolg ihrer Sache interessiert und ignorieren die konkrete Situation der Angeklagten – auch und gerade wenn sie die Unschuldigen verteidigen. Im Plädoyer vor dem Senat erwähnt Fonarin lediglich am Rande, dass das Mordurteil gegen Maslowa

---

138 *Tolstoi*, Oprawdannaja a.a.O., S. 655 f.

139 Vgl.*Tolstoi*, Zarstwo a.a.O., S. 6, 182, 215, 272.

140 Vgl. *Goldenweiser*, *Alexis*, Archiv 1928/1929, 108.

141 *Tolstoi*, Woskressenije a.a.O., S. 238.

142 Ebd.

143 Siehe *Maklakow*, RM 1914, 67.

144 Vgl. *Tolstoi*, „Woskressenije“. Tschernowyje a.a.O., S. 111.

145 Vgl. *Tolstoi*, „Woskressenije“. Tschernowyje a.a.O., S. 34.

sachlich falsch war,[146] macht aber sechs formale Verstöße gegen das Strafprozessrecht geltend, die er sich zuvor zum Teil durch eine bewusste Verzerrung des Prozessablaufs ausgedacht hat:

„'Erstens wurde während des Ermittlungsverfahrens die Verlesung der Untersuchungsakte über die inneren Organe Smelkows gleich zu Beginn durch den Vorsitzenden unterbrochen' – Punkt eins.

'Aber das war doch der Ankläger, der die Lesung verlangte', sagte Nechljudow verwundert.

'Spielt keine Rolle, auch die Verteidigung hätte Gründe haben können, das zu verlangen.'

'Aber das hätte doch erst recht keinen Sinn gehabt.'

Trotzdem ist das ein Argument. Weiter: 'Zweitens wurde dem Verteidiger der Maslowa', fuhr er fort zu lesen, 'während seines Plädoyers vom Vorsitzenden Einhalt geboten, als er in dem Wunsch, die Persönlichkeit der Maslowa zu charakterisieren, die inneren Ursachen ihres sittlichen Verfalls erwähnte, mit der Begründung, die Worte des Verteidigers bezögen sich angeblich nicht direkt auf den Prozess; dabei ist doch in Strafprozessen, worauf vom Senat mehrfach hingewiesen wurde, die Analyse von Charakter und generell der sittlichen Verfassung des Angeklagten von erstrangiger Bedeutung, zum Beispiel für die korrekte Entscheidung nach der Zurechnungsfähigkeit. Punkt zwei', sagte er und warf Nechljudow einen Blick zu.

'Aber er hat doch furchtbar schlecht gesprochen, dass einfach nichts zu verstehen war', sagte Nechljudow noch verwunderter.

'Ein ausgemachter Dummkopf, natürlich konnte er nichts Brauchbares sagen', sagte Fanarin lachend, und doch ist es ein Argument. Nun denn. 'Drittens, in seinem Schlusswort versäumte es der Vorsitzende entgegen der kategorischen Forderung von Artikel 801, Abs. 1 der Strafprozessordnung, den Geschworenen zu erläutern, aus welchen juridischen Elementen sich der Begriff der Schuld zusammensetzt, und ihnen zu sagen, dass sie Recht haben, auch wenn sie die Abgabe von Gift an Smelkow durch die Maslowa als Faktum anerkennen, ihr diese Handlung nicht als Schuld zuzurechnen, weil bei ihr keine Tötungsabsicht vorlag und man sie auf diese Weise nicht eines Kapitalverbrechens, sondern lediglich einer Übertretung für schuldig erachten könne – einer Unvorsichtigkeit, deren Folge der für die Maslowa unerwartete Tod des Kaufmanns war. Das also ist die Hauptsache.'

'Aber wir hätten das doch auch selbst erkennen können. Das ist unser Fehler.'"[147]

Noch trockener und formalistischer ist Petruschin, der Verteidiger von Fedja Protassow im Drama „Der lebende Leichnam". Dieser selbstzufriedene Anwalt glaubt, seinen Mandanten durch die Zusicherung zu trösten, dass dessen Sache

146 Vgl. *Tolstoi*, Woskressenije a.a.O., S. 276.

147 *Tolstoi*, Woskressenije a.a.O., S. 156 f.

„famos",[148] stehe, weil ihm nur ein relativ mildes Urteil („schlimmstenfalls Verbannung nach Sibirien [zusammen mit Lisa], [...] bestenfalls Kirchenbuße und natürlich Auflösung der zweiten Ehe [von Lisa]"[149] drohe. Wenn der verzweifelte Fedja einwendet, dass Lisa dadurch gegen ihren wie auch seinen eigenen Willen an ihn wieder „gekettet"[150] werde, meint Petruschin zynisch: „So wird es wohl kommen."[151]

Aufgrund dieser vielfältigen Differenzierung gehört Tolstois Anwaltskritik zu den einzigartigsten Aspekten seiner Rechtsphilosophie.

V. Hohe Justizbeamte

Aber besonders hart griff Tolstoi die hochrangigen Justizangehörigen an, welche „in den Ministerien, Komitees und Departments"[152] und auch in den Regierungspalästen schalten und walten. Er beschrieb sie als Menschen, deren Seelen, wie Alexander Goldenweiser scharfsinnig formulierte, „wie mit Holzwerk oder Asphalt, glatt und weich, aber mit kompakter Masse, undurchdringlich, ohne die geringste Öffnung, durch die ein lebendiger Spross durchdringen könnte, gepflastert"[153] sind.

Einige Angehörigen der Beamtenelite sind durch den langen Staatsdienst so verroht, dass sie keine menschlichen Gefühlsregungen mehr verspüren. Mehrere solche unerbittlichen Individuen erscheinen im Werk Tolstois. Dazu gehört etwa eine Nebenfigur von „Auferstehung" – der einflussreiche Regierungsbeamte mit dem makabren Nachnamen Toporow, der vom russischen Wort „topor" („Beil" bzw. „Henkersaxt") abgeleitet ist. Toporows Amt kann „nur ein Mensch, der abgestumpft und ohne jede Moral [ist]"[154] innehaben, denn er steht einer „Institution"[155] vor, welche die russisch-orthodoxe Kirche unterstützen und verteidigen soll,[156] indem sie die religiösen Abweichler brutal verfolgt.[157] Genauso hartherzig ist eine andere Gestalt dieses Romans – der

148 *Tolstoi*, Shiwoi a.a.O., S. 97.

149 *Tolstoi*, Shiwoi a.a.O., S. 98.

150 Ebd.

151 Ebd.

152 *Tolstoi*, Woskressenije a.a.O., S. 414.

153 Goldenweiser, Alexander, Verbrechen, S. 57.

154 *Tolstoi*, Woskressenije a.a.O., S. 296.

155 Ebd.

156 Vgl. ebd.

157 Toporows historisches Vorbild war der reaktionäre Jurist und Oberprokurator der Heiligen Synode Russlands, Konstantin Pobedonoszew (1827–1907), auf dessen Be-

Vizegouverneur Maslennikow. Er tut Nechljudows Beschwerde, dass hundertdreißig Wanderarbeiter nur aufgrund ihrer abgelaufenen Pässe schon den zweiten Monat im Stadtgefängnis festgehalten werden,[158] ärgerlich ab: „Das ist Sache des Staatsanwalts [...] Pflicht des Staatsanwalts ist es, das Gefängnis zu besuchen und sich zu erkundigen, ob die Gefangenen rechtmäßig inhaftiert sind [...]“[159]

Einige andere hohe Justizbeamte erkennen wenigstens einen Augenblick lang, dass sie anders handeln sollen, werden aber dann wieder überwältigt von dem, was sie für Pflichtbewusstsein halten. Auf diese Weise beschrieb Tolstoi bereits 1869 in „Krieg und Frieden“ den Marschall Davout im französisch besetzten Moskau. Am Anfang des Verhörs ist Pierre Besuchow für ihn überhaupt kein Mensch, sondern nur „Umstand“,[160] den er ohne Bedenken erschießen würde, aber dann schaut er dem Gefangenen lange und eindringlich in die Augen und begreift, dass er und Pierre „beide Menschenkinder, [...] Brüder [sind]“.[161] Doch gerade in diesem Moment erscheint plötzlich Davouts Adjutant mit einer Nachricht, versetzt den Marschall in eine ganz andere Stimmung – und Davout lässt Pierre Besuchow ohne Weiteres zur Hinrichtungsstätte abführen.[162]

Ihm ähnelt der zaristische Minister in „Der gefälschte Kupon“. Er bemitleidet zwar das junge Mädchen Katja Turtschaninowa, das auf ihn aus politischen Gründen ein ungeschicktes Attentat verübt hat, redet sich jedoch ein, dass er Staatspflichten erfüllen müsse, wie schwer es ihm auch falle – und lässt Katja in Untersuchungshaft schmachten.[163] Ähnlich handelt auch der Zar im selben Werk. Nach der Predigt des charismatischen Geistlichen Isidor über die unchristliche Natur der Todesstrafe erkennt der Monarch, dass seine Bestätigung des Todesurteils gegen die Mörder von Pjotr Swentizki[164] eine Schandtat war, und begreift seine Verantwortung, kann sich jedoch nicht dazu durchringen, die Herrscherpflichten zugunsten der Forderungen der Menschlichkeit aufzugeben.[165]

---

treiben Tolstoi bald nach dem Erscheinen des Romans „Auferstehung“ aus der Russisch-Orthodoxen Kirche ausgeschlossen wurde. Vgl. *Dieckmann*, Polemik, S. 174 mit weiteren Nachweisen.

158 Vgl. *Tolstoi*, Woskressenije a.a.O., S. 192.

159 Ebd.

160 *Tolstoi*, Woina a.a.O., Bd. 12 S. 39.

161 Ebd.

162 Vgl. ebd.

163 Vgl. *Tolstoi*, Falschiwyj a.a.O., S. 32.

164 Siehe oben Kapitel E) II.

165 Vgl. *Tolstoi*, Falschiwyj a.a.O., S. 49 f.

Besonders negativ wirkt sich aus, dass die hohen Justiz- und Staatsbeamten von opportunistischen Schmeichlern umgeben sind, welche die moralischen Skrupel ihrer Vorgesetzten sofort im Keim ersticken. Kaum erkennt der Protagonist der Kurzgeschichte „Der Traum des jungen Zaren“ die Justizwillkür und andere Missstände in seinem Land, da redet schon ein alter Höfling auf ihn ein: „Verzeihen Sie, wenn ich jetzt ganz offen spreche: Sie sind viel zu gütig, um Zar zu sein, und machen sich von Ihrer Verantwortlichkeit übertriebene Vorstellungen [...] Bestraft werden nur Schuldige, und wenn unvermeidlicherweise Irrtümer unterlaufen, ist das – ähnlich wie bei einem Blitzschlag – ein Zufall oder eine Fügung Gottes“.[166]

Tolstoi betont zugleich, dass die hohen Administratoren oft zarte Menschen seien[167] und mit ihren eigenen Händen keine Untaten begehen würden.[168] Sie stehen jedoch auf der höchsten Stufe der Justizhierarchie und erteilen ihre Anordnungen an die direkten Untergebenen, welche diese Befehle ihrerseits bis zur unmittelbaren Vollstreckung weiterleiten: „[D]ie einen haben sie gefördert, die anderen haben den Beschluss gefasst, die dritten haben ihn bestätigt, die vierten haben ihn eingebracht, die fünften haben ihn angenommen, die sechsten haben seinen Vollzug bestimmt, die siebten haben ihn ausgeführt“,[169] und im Endeffekt fühlt sich niemand verantwortlich, weil jeder glaubt, lediglich seine Pflicht zu tun.[170]

In einigen Fällen fällt es selbst den Opfern schwer, den oder die Schuldigen zu identifizieren. In „Krieg und Frieden“ grübelt Pierre Besuchow auf dem Weg zur Hinrichtungsstätte, wer an dem Todesurteil die Schuld trägt:

> „Das waren nicht diejenigen, die ihn in der Kommission verhört hatten: keiner [sic!] von ihnen wollte das tun und konnte es offenbar auch nicht. Es war nicht Davout, der ihn so menschlich angeblickt hatte. Noch einen Augenblick länger, und Davout hätte verstanden, dass sie schlecht handelten, doch diesen Augenblick hatte der Adjutant verhindert, der eingetreten war. Auch dieser Adjutant hatte offensichtlich nichts Schlechtes gewollt, aber er hätte auch nicht eintreten können. Wer war es letztlich, der ihn hinrichten, töten, ihm das Leben nehmen wollte – ihm, Pierre, mit allen seinen Erinnerungen, Bestrebungen, Hoffnungen, Gedanken? Wer machte das? Und Pierre hatte das Gefühl, es war niemand.
>
> Es war die Ordnung, das Zusammentreffen von Umständen.

---

166 *Tolstoi*, Sson a.a.O., S. 111.

167 Vgl. *Tolstoi*, Zarstwo a.a.O., S. 236.

168 Vgl. ebd.

169 *Tolstoi*, Zarstwo a.a.O., S. 250 f.

170 Vgl. *Tolstoi*, Briefentwurf an W. I. Panfilow a.a.O., S. 27.

Irgendeine Ordnung wollte ihn, Pierre, umbringen, ihm das Leben, alles, nehmen, ihn vernichten.“[171]

Noch deutlicher spricht Tolstoi drei Jahrzehnte später. In einer Szene von „Auferstehung“ macht er deutlich, wieso für den Tod von fünf Häftlingen auf dem Gefangenenmarsch[172] niemand strafrechtlich verfolgt werden kann:

„Maslennikow hat vermutlich seine übliche Anweisung gegeben, hat mit seinem dümmlichen Schnörkel einen Kopfbogen unterschrieben und hält sich natürlich überhaupt nicht für schuldig. Noch weniger schuldig kann sich der Gefängnisarzt fühlen, der die Gefangenen untersucht hat. Er hat seine Pflicht akkurat erfüllt, hat die Schwachen ausgesondert und konnte weder diese schreckliche Hitze voraussehen, noch, dass man die Gefangenen so spät und in einem solchen Haufen herausführen würde. Der Inspektor? Aber der Inspektor hat nur die Vorschrift ausgeführt, dass an dem und dem Tag soundso viele Zwangsarbeiter, Verbannte, Männer und Frauen abzutransportieren seien. Ebenso wenig kann der Geleitsoldat schuld sein, dessen Pflicht darin bestand, an dem und dem Ort abgezählt soundso viele zu übernehmen und an dem und dem anderen Ort ebenso viele zu übergeben. Er hat die Abteilung wie gewöhnlich und wie vorgesehen geführt und konnte nicht voraussehen, dass so kräftige Männer wie diese beiden, die Nechljudow gesehen hatte, es nicht aushalten und sterben würden. Niemand ist schuld, aber die Menschen sind getötet worden, getötet trotz allem von diesen selben Leuten, die nicht schuld sind an diesen Toden.“[173]

So funktioniert die erbarmungslose Maschinerie der Staatsjustiz, welche von den Menschen in Gang gesetzt wird, die sich und anderen weismachen wollen, die „Interessen des Volks“[174] zu verteidigen – und nicht ihre eigenen.[175]

171 *Tolstoi*, Woina a.a.O., Bd. 12 S. 40.

172 Siehe oben Kapitel D) I.

173 *Tolstoi*, Woskressenije a.a.O., S. 349.

174 *Tolstoi*, Woskressenije a.a.O., S. 299.

175 Vgl. *Tolstoi*, Woskressenije a.a.O., S. 299 f.

F) Kritik an den Strafrechtswissenschaftlern und an ihren Lehren

„Der deutlichste Beweis dafür, wie oft man unter 'Wissenschaft' nicht nur ganz unbedeutende, sondern die allerhäßlichsten Dinge versteht, ist der, dass es ein 'Strafrecht', eine 'Strafwissenschaft' gibt."[1]

Leo Tolstoi

I. Einleitung

Noch härter als die Rechtsdiener griff Tolstoi die Straftheoretiker an. „Es ist schrecklich, wenn irgendein persischer Schah, Iwan der Grausame, Dschinghis Khan, Nero die Menschen zu Tausenden niedermetzeln, aber es ist nicht so schrecklich, wie das, was Herr Herr Petrażycki[2] und seinesgleichen tun"[3] – fasste er seine Ansicht im offenen Brief „Über das Recht. Briefwechsel mit einem Juristen" zusammen. Der Grund für diese Ansicht war Tolstois Überzeugung, dass die Bemühungen der Rechtsgelehrten, das Strafrecht wissenschaftlich zu legitimieren, nichts anderes seien als sophistische Rechtfertigung der Gewalt und sogar des Mordes,[4] weshalb ihre Lehren im Endeffekt „alles Heilige im Menscheninnern [ertöten]".[5]

Im Folgenden wird Tolstois kritische Auseinandersetzung mit den zu seiner Zeit verbreiteten und zum guten Teil noch heute gängigen Strafrechtstheorien dargestellt.

II. Wiedervergeltungstheorie

Die Wiedervergeltungslehre geht auf die Anfangsphase der menschlichen Zivilisation zurück[6] (man denke an das Talionsprinzip in der Gesetzgebung

---

1 *Tolstoi*, Put a.a.O., S. 227.

2 Leon Petrażycki (1867–1931) war ein bedeutender polnisch-russischer Rechtswissenschaftler und Politiker bürgerlich-liberaler Richtung. In der deutschen Übersetzung von 1910 heißt es lediglich: „was die Herren Rechtsgelehrten tun". *Tolstoi*, Über das Recht, S. 7.

3 *Tolstoi*, Pismo a.a.O., S. 56.

4 Vgl. *Tolstoi*, Wosspominanije o ssude nad ssoldatom, Bd. 37 S. 66 (73).

5 *Tolstoi*, Pismo a.a.O., S. 56.

6 Vgl. *Bartolf*, Nicht-Widerstehen, S. 45 mit weiteren Nachweisen.

https://doi.org/10.1515/9783110726206-007

Hammurapis),[7] aber ihre wohl größten Vertreter waren die deutschen Philosophen Immanuel Kant (1724–1804) und Georg Wilhelm Friedrich Hegel (1770–1831).[8]

Zunächst ist das Verbrechen nach der Auffassung Kants ein Unrecht und somit Verstoß gegen das allgemeine Rechtsgesetz bzw. den kategorische Imperativ.[9] Daneben ist Kants Straftheorie eng verknüpft mit seiner Staatsverfassungslehre.[10] Der Straftäter mache sich unfähig, Staatsbürger zu sein,[11] weshalb dem Staatsoberhaupt das Recht zustehe, den Delinquenten „wegen seines Verbrechens mit einem Schmerz zu belegen".[12] Weiterhin müsse der Übeltäter auch aus Gründen der Staatsräson geahndet werden, nämlich „um die Sicherung der Rechte und [der] Zufriedenheit des Volkes mit seinem inneren und äußeren Zustande"[13] zu garantieren.[14]

Somit betrachtete Kant das Erfordernis der Täterahndung als „kategorischen Imperativ",[15] dessen Missachtung dem Ende der Welt gleichkomme, „denn wenn die Gerechtigkeit untergeht, so hat es keinen Wert mehr, dass Menschen auf Erden leben".[16]

Der Königsberger Denker bezeichnete das Wiedervergeltungsprinzip als Ausdruck der „reinen und strengen Gerechtigkeit"[17] und befürwortete zwar nicht unbedingt die Vergeltung des Gleichen mit dem Gleichen, wohl aber eine der Straftat äquivalente Sanktion:

> „So hat z.B. Geldstrafe wegen einer Verbalinjurie gar kein Verhältnis zur Beleidigung, denn, der des Geldes viel hat, kann diese sich wohl einmal zur Lust erlauben; aber die Kränkung der Ehrliebe des einen kann doch dem Wehtun des Hochmuts des anderen sehr gleich kommen: wenn dieser nicht allein öffentlich abzubitten, sondern jenem, ob er zwar niedriger ist, etwa zugleich die Hand zu küssen, durch Urteil und Recht genötigt würde […] Wer da stiehlt, macht aller anderer Eigentum unsicher; er beraubt sich also (nach dem Recht der Wiedervergeltung) der

7 Vgl. ebd.

8 Vgl. *Becchi*, a.a.O., S. 92; *Hoerster*, Strafe, S. 35.

9 *Schild*, ARSP 1998, S. 77 mit weiteren Nachweisen.

10 Vgl. *Caspers, B.*, Hegels, S. 366 Rn. 170.

11 *Kant*, Metaphysische, S. 154.

12 Ebd. Das Staatsoberhaupt selbst dürfe hingegen nicht strafrechtlich verfolgt werden, solange es im Amt bleibe. Vgl. ebd.

13 *Kant*, Vorarbeiten, a.a.O., S. 346.

14 Vgl. *Schild*, ARSP 1998, S. 79.

15 *Kant*, Metaphysische, S. 155.

16 Ebd.

17 *Kant*, Metaphysische, S. 156.

> Sicherheit alles möglichen Eigentums; er hat nichts und kann auch nichts erwerben, will aber doch leben; welches nun nicht anders möglich ist, als dass ihn andere ernähren. Weil dieses aber der Staat nicht umsonst tun wird, so muss er diesem seine Kräfte zu ihm beliebigen Arbeiten (Karren- oder Zuchthausarbeit) überlassen, und kommt auf gewisse Zeit, oder, nach Befinden, auch auf immer, in den Sklavenstand. – Hat er aber gemordet, so muss er sterben."[18]

Kant verdeutlichte seine Strafauffassung mit dem berühmten „Inselbeispiel":

> „Selbst wenn sich die bürgerliche Gesellschaft mit aller Glieder Einstimmung auflöste (z.B. das eine Insel bewohnende Volk beschlösse, auseinander zu gehen und sich in alle Welt zu zerstreuen), müsste der letzte im Gefängnisse befindliche Mörder vorher hingerichtet werden, damit jedermann das widerfahre, was seine Taten wert sind, und die Blutschuld nicht auf dem Volke hafte, das auf diese Bestrafung nicht gedrungen hat: weil es als Teilnehmer an dieser öffentlichen Verletzung der Gerechtigkeit betrachtet werden kann."[19]

Hegel modifizierte die Straflehre Kants.

Nach seiner Auffassung ist das Verbrechen zwar in seiner positiven Existenz nichtig, weil es das Recht als Absolutes nicht aufzuheben vermag,[20] verletzt aber zugleich die allgemeine Anerkennungsbeziehung als Fundament des Rechts.[21] Deshalb müsse die Nichtigkeit des Verbrechens durch die vergeltende Strafe als „Negation der Negation"[22] manifestiert werden,[23] um den Rechtszustand wiederzuherstellen.[24] Daneben sei das Verbrechen als „erster Zwang"[25]anzusehen, der von einem „Freien"[26] ausgeübt werde und in dem die formelle Vernünftigkeit des Individuums enthalten sei.[27]Somit sei die Ahndung der Übeltat auch ein Recht des Täters,[28] weil er dadurch als vernünftiges Wesen „geehrt"[29] werde, zumal die verletzte Anerkennungsbeziehung auf Wechselseitigkeit beruhe und ihn selbst in seinem Personensein schütze.[30]

---

18 *Kant*, Metaphysische, S. 156 f.

19 *Kant*, Metaphysische, S. 157.

20 *Caspers*, *B.*, Hegels, S. 352 f. mit weiteren Nachweisen.

21 *Caspers*, *B.*, Hegels, S. 353 mit weiteren Nachweisen.

22 *Hegel*, Grundlinien, S. 125.

23 Vgl. *Schild*, ARSP 1998, S. 91 mit weiteren Nachweisen.

24 Vgl. ebd.

25 *Hegel*, Grundlinien, S. 123.

26 Ebd.

27 *Caspers*, *B.*, Hegels, S. 350.

28 Vgl. *Hegel*, Grundlinien, S. 128.

29 *Hegel*, Grundlinien, S. 129.

30 *Caspers*, *B.*, Hegels, S. 353.

Tolstoi wies die Wiedervergeltungslehre jahrzehntelang vehement zurück. Er verneinte die Existenz eines metaphysischen Grundbedürfnisses, das Unrecht unbedingt zu bestrafen. Es handle sich vielmehr lediglich um einen primitiven tierischen Instinkt, der Kindern oder Wilden zu eigen sei, jedoch nicht den vernünftigen Menschen.[31] Dieser Instinkt werde jedoch im Volk von den Machthabern aufrechterhalten[32] bzw. ihm sogar aufgedrängt.[33]

Tolstoi äußert diese Auffassung bereits in einer besonders starken und ausdrucksvollen Szene in „Krieg und Frieden", die auch eine zurückweisende Kritik am Inselbeispiel Kants darstellt. Diese historisch korrekte[34] Episode spielt in Moskau im September 1812 nach der russisch-französischen Schlacht von Borodino, als das geschlagene Zarenheer die Großstadt räumen musste – und auch Russland selbst besiegt und verloren schien. Um diesen Rückzug in den Augen der geschockten Bewohner zu rechtfertigen, braucht der Generalgouverneur von Moskau Graf Fjodor Rastoptschin (1763–1826),[35] der noch kurz zuvor öffentlich bei seinem Leben geschworen hat, dass „dieser Schurke [Napoleon] niemals nach Moskau kommt",[36] unbedingt einen Sündenbock. Deshalb lässt er den Häftling Michail Wereschtschagin (1789–1812), der wegen Übersetzung und Verbreitung der französischen Proklamationen eingesperrt worden ist, vorführen und dem aufgebrachten Mob zum Lynchen vorwerfen. Aber trotz Rastoptschins Hetzrede („[D]ieser Mann, Wereschtschagin – ist der eigentliche Schurke, wegen dem Moskau zugrunde gegangen ist […] Er hat seinen Zaren und das Vaterland verraten, er hat sich Bonaparte ergeben, er allein von allen Russen hat den russischen Namen mit Schande bedeckt, und wegen ihm geht Moskau zugrunde […] Rechnet mit ihm ab, wie ihr meint! Ich überlasse ihn euch!")[37] tut die Volksmenge dem Gefangenen nichts an. Selbst einem direkten Tötungsbefehl des inzwischen tobenden Generalgouverneurs („Schlag ihn! […] Soll der Verräter umkommen und nicht den russischen Namen beschmutzen! […] Haut ihn zusammen! Ich befehle es! […] Schlagt ihn nieder! Ich befehle es!")[38] leisten die Menschen keine Folge. Erst nachdem ein Dragoner auf die Order seines Offiziers Wereschtschagin den Säbelhieb versetzt und der Verwundete vor Schmerz laut aufschreit, zerreißt „[j]ene aufs

31 Vgl. *Tolstoi*, Put a.a.O., S. 227, S. 233.

32 Vgl. *Tolstoi*, Put a.a.O., S. 227.

33 Vgl. *Tolstoi*, Woskressenije a.a.O., S. 413.

34 Vgl. *Seidenschnur / Rodionowa*, Neskolko a.a.O., S. 141 mit weiteren Nachweisen.

35 In der heutigen Fachliteratur wird sein Name meist als „Rostoptschin" wiedergegeben.

36 *Tolstoi*, Woina a.a.O., Bd. 11 S. 180.

37 *Tolstoi*, Woina a.a.O., Bd. 11 S. 347.

38 *Tolstoi*, Woina a.a.O., Bd. 11 S. 347 f.

äußerste angespannte Schranke des menschlichen Gefühls, die die Menge noch zurückgehalten [hat]“,[39] und der Häftling wird vom Mob brutal gelyncht.[40] Sein Tod erscheint jedoch nicht als gerechte Sühne, sondern als barbarische Schandtat, welche die Volksmenge schon bald bitter bereut:

> „Jeder trat heran, schaute auf das, was getan worden war, und drängte mit Entsetzen, Vorwürfen und Staunen zurück.
>
> 'Mein Gott, was sind die Menschen Bestien, wie könnte er da noch leben!', hörte man in der Menge 'Und ist so ein junger Kerl … wohl ein Kaufmann … sind das Menschen! … Die sagen, nicht er … wie denn nicht der … Mein Gott! … Den andern haben sie verprügelt, soll halbtot sein … Ach, diese Menschen … Scheuen keine Sünde … ', so redeten jetzt dieselben Leute, die mitleidig, mit schmerzlichem Ausdruck auf den toten Körper mit dem blauangelaufenen, blut- und staubverschmierten Gesicht und dem zerfetzten langen, dünnen Hals schauten.“[41]

Und Wereschtschagin selbst, dessen Tat Tolstoi sicher nicht guthieß, wird durch sein schreckliches Ende verklärt und sogar in die Nähe von Jesus gerückt, was die Reaktion Rastoptschins auf das anklagend wirkende Geschrei eines Wahnsinnigen deutlich macht:

> „Er [der Irre] erreichte [Rastoptschins] Equipage und lief neben ihr her. „Dreimal haben sie mich erschlagen, dreimal bin ich von den Toten auferstanden. Sie haben mich mit Steinen geschlagen, gekreuzigt … Ich werde auferstehen … auferstehen … auferstehen. Sie haben meinen Leib in Stücke gerissen. Das Reich Gottes stürzt ein … Dreimal will ich es zerstören und dreimal wiederaufrichten“, schrie er mit immer höherer Stimme. Graf Rastoptschin erblasste auf einmal, so wie er erblasst war, als die Menge sich auf Wereschtschagin gestürzt hatte. Er wandte sich ab.
>
> 'Los … schneller!' schrie er den Kutscher mit zitternder Stimme an.
>
> Die Kalesche raste, so schnell die Pferde konnten; doch lange noch hörte Graf Rastoptschin hinter sich den sich entfernenden wahnsinnigen und verzweifelten Schrei, und vor den Augen sah er das eine erschrocken staunende, blutige Gesicht des Verräters [Wereschtschagin] im Pelzmantel.“[42]

Tolstois Auffassung von einem fehlenden metaphysischen Vergeltungsbedürfnis der Menschen demonstriert auch eine Gerichtsszene in „Auferstehung“. Während der stellvertretende Staatsanwalt und der vom Gericht bestellte Verteidiger, also zwei Vertreter der staatlichen Justiz, darin übereinkommen, dass ein arbeitsloser junger Mann, der im betrunkenen Zustand einige nahezu wertlose alte Matten entwendet hatte,[43] ein gemeingefährlicher Verbrecher ist, und

---

39 *Tolstoi*, Woina a.a.O., Bd. 11 S. 348.

40 Vgl. *Tolstoi*, Woina a.a.O., Bd. 11 S. 348 f.

41 *Tolstoi*, Woina a.a.O., Bd. 11 S. 349.

42 *Tolstoi*, Woina a.a.O., Bd. 11 S. 352.

43 Siehe oben Kapitel C) V.

lediglich darüber streiten, inwieweit er die Gesellschaft bedroht,[44] zeigt sich das eigentliche Tatopfer, der Eigentümer der gestohlenen Matten, obwohl „ein offensichtlich reizbarer Mann“[45] durchaus versöhnlich:

> „[Er] bezeichnete die Matten, als man ihn fragte, ob er sie erkenne, höchst ungern als sein Eigentum; als der stellvertretende Staatsanwalt ihn darüber verhörte, welche Verwendung er für die Matten vorhabe, ob er sie sehr nötig habe, wurde er zornig und antwortete:
>
> 'Sollen sie doch draufgehen, diese Matten da, ich brauche sie überhaupt nicht. Hätte ich gewusst, dass ich deswegen so viel Scherereien habe, ich hätte sie nicht nur nicht gesucht, sondern noch einen Roten[46] draufgezahlt, oder auch zwei gegeben, damit man mich bloß nicht zum Verhör schleppt. Ich hab für Droschken fünf Rubel verfahren. Ich bin doch nicht gesund, hab das Reißen und Rheumatismus.'“[47]

Noch deutlicher äußert Tolstoi diesen Gedanken in „Der gefälschte Kupon“, wo der Zar sich weigert, die Mörder des Gutsverwalters Pjotr Swentizki zu begnadigen, obwohl Swentizkis Witwe ihnen vergeben und den Monarchen schriftlich gebeten hat, Milde walten zu lassen.[48]

Das wahre Ziel der Machthaber ist es nicht, die Untaten zu vergelten, sondern die Betrogenen und Ausgebeuteten besser unter ihrer Kontrolle zu halten:

> „In Gedanken ging Nechljudow alle jene Personen durch, an denen sich das Wirken jener Institutionen offenbart hatte, welche Gerechtigkeit herstellen, den Glauben stützen und das Volk erziehen – vom Bauernweib, das man wegen Branntweinhandels ohne Gewerbepatent, dem Jungen, den man wegen Diebstahls, dem Landstreicher, den man wegen Landstreicherei, dem Brandstifter, den man wegen Brandstiftung und dem Bankier, den man wegen Veruntreuung bestraft hatte, und jetzt noch diese unglückliche Lidija, die man nur deshalb strafte, weil man von ihr vielleicht notwendige Informationen erhalten konnte, die Sektierer, weil sie die Orthodoxie verletzt hatten und Gurkewitsch wegen seiner Forderung nach einer Verfassung – da kam ihm mit ungewöhnlicher Klarheit die Einsicht, dass man alle diese Menschen keineswegs deshalb verhaftet, weggesperrt oder verbannt hatte, weil sie sich gegen die Gerechtigkeit vergangen oder gegen Gesetze verstoßen hatten, sondern lediglich deshalb, weil sie die Beamten und Reichen dabei störten, über jenen Reichtum zu verfügen, den sie vom Volk zusammengerafft hatten.

---

44 Vgl. *Tolstoi*, Woskressenije a.a.O., S. 121 f.

45 *Tolstoi*, Woskressenije a.a.O., S. 121.

46 D.h. noch einen Zehn-Rubel-Schein (umgangssprachlich nicht nach dem Wert, sondern nach der Farbe bezeichnet).

47 Vgl. *Tolstoi*, Woskressenije a.a.O., S. 121.

48 Vgl. *Tolstoi*, Falschiwyj a.a.O., S. 46, 48.

Dabei störten eben das Bauernweib, das ohne Gewerbepatent handelte, und der Dieb, der durch die Stadt streunte, und Lidija mit den Proklamationen, und die Sektierer, die den Aberglauben zerstörten, und Gurkewitsch mit der Konstitution.“[49]

Genauso entschlossen verwarf Tolstoi auch das Rechtskonzept Hegels, das der russische Denker wahrscheinlich bereits im Rahmen seines Jurastudiums in Kasan kennenlernte, wo er unter anderem die 1839/1840 erschienene Monographie des Hegelianers[50] Konstantin Newolin (1806–1855) „Enzyklopädie der Rechtswissenschaft“ nach eigenen Worten „nicht nur der Prüfungen halber“[51] aufmerksam las. Er verneinte, dass die Strafe das vom Verbrecher angetane Unrecht eliminiere und den Rechtszustand wiederherstelle; vielmehr könne man das Böse nicht tilgen, indem man selbst das Böse tue.[52] In der Geschichte „Versäumst du, den Funken zu löschen, wirst du der Flamme nicht Herr“[53] führt das von Iwan erwirkte bzw. erzwungene Urteil gegen den Schläger Gawrilo keineswegs zur Behebung des Übels. Im Gegenteil: Das Böse wird in einem noch viel größeren Ausmaß perpetuiert, weil der erbitterte Gawrilo einen Brand legt, der schließlich ein halbes Dorf vernichtet.

Genauso wenig teilte Tolstoi die Vorstellung, dass der Verbrecher durch die Ahndung in seiner Menschenwürde anerkannt werde und meinte: „Eine Strafe ist immer grausam und qualvoll. Wäre sie nicht grausam und qualvoll, würde man sie gar nicht anwenden“.[54] Diesen Gedanken äußerte er bereits 1856 in der Kurzgeschichte „Erinnerungen an den Kaukasus – Der Degradierte“. Ihr Protagonist Guskow ist ein ehemaliger Salonlöwe aus Moskau, der wegen eines, von Tolstoi absichtlich nicht näher konkretisierten, Fehltritts erst drei Monate in Haft verbrachte und dann als einfacher Soldat in den Kaukasus geschickt wurde.[55] Durch diese Bestrafung fühlt er sich keineswegs „geehrt“,[56] sondern mutiert in eigenen und fremden Augen zu einem elenden Außenseiter, ergibt sich dem Trunk, wirkt unsicher und einsam, verwahrlost immer mehr und beklagt seinen zunehmenden Verfall mit bitteren Worten:

---

49 *Tolstoi*, Woskressenije a.a.O., S. 300.

50 Vgl. *Schewzow*, USTNU 2010, 71.

51 *Tolstoi*, Pismo a.a.O., S. 60.

52 Vgl. *Tolstoi*, Put a.a.O., S. 225.

53 Siehe oben Kapitel E) IV. 1.

54 *Tolstoi*, Put a.a.O., S. 226. Eigene Übertragung, weil in der deutschen Übersetzung „Der Lebensweg“ weggelassen.

55 Vgl. *Tolstoi*, Rashalowannyj a.a.O., S. 82 f., 87.

56 *Hegel*, Grundlinien, S. 129.

> „Ja, ich bin endgültig verloren! Je suis cassé.[57] Ich habe keine Energie mehr, keinen Stolz, überhaupt nichts. Nicht einmal Selbstachtung ... Ja, ich bin verloren! Und es gibt niemand, der jemals verstehen wird, wie ich leide. Das ist allen gleichgültig. Ich bin ein verlorener Mensch! Und ich werde mich nie wieder aufrichten, weil ich moralisch gesunken bin ... in den Schmutz versunken [...] ich [habe] keine Würde; dieses Leben hat mich vernichtet, alles, was mir eigen war, ist getötet. Ich trage mein Unglück nicht mehr mit Stolz, sondern auf schändliche Weise, ich habe keine dignité dans le malheur[58] mehr. Ich werde jeden Augenblick gedemütigt, und ich nehme alles hin, dränge mich selber zu Demütigungen."[59]

III. Generalprävention

Eine weitere bedeutende Straftheorie ist die Lehre von der Generalprävention. Sie entstand, zumindest im Ansatz, bereits unter den altgriechischen Sophisten,[60] gewann zahlreiche Anhänger (darunter Thomas Hobbes,[61] Samuel von Pufendorf[62] und Cesare Beccaria[63]) unter prominenten Philosophen der frühen Nuzeit und erreichte die größte Bekanntheit im 19. Jahrhundert durch die Werke der deutschen Denker Paul Johann Anselm Feuerbach (1775–1833) und Arthur Schopenhauer (1788–1860).

Nach der Auffassung von Feuerbach entfaltet die gesetzliche Androhung[64] der Strafe gegen den Verbrecher einen „psychologischen Zwang",[65] der die Bürger davon abschreckt, selbst Täter zu werden.[66] Diese Ansicht vertrat auch Schopenhauer. In seinem Hauptwerk „Die Welt als Wille und Vorstellung" (1819) betonte er:

> „Der einzige Zweck des Gesetzes aber ist Abschreckung von Beeinträchtigung fremder Rechte [...] Dass [...] der Zweck der Strafe, oder genauer des Strafgesetzes, Abschreckung vom Verbrechen sei, ist eine [...] allgemein anerkannte, ja, von selbst einleuchtende Wahrheit."[67]

---

57 Ich bin zerschlagen.

58 Würde im Unglück.

59 *Tolstoi*, Rashalowannyj a.a.O., S. 95.

60 Vgl. *von Bar*, Geschichte, S. 204; *Hippel*, Strafrecht, S. 461 f.

61 Vgl. *von Bar*, Geschichte, S. 222 f.

62 Vgl. *von Bar*, Geschichte, S. 226 f.

63 Vgl. *von Bar*, Geschichte, S. 234 f.

64 Vgl. *Hippel*, Strafrecht, S. 293.

65 *Feuerbach*, Lehrbuch, S. 13.

66 Vgl. *Feuerbach*, Lehrbuch, S. 18.

67 *Schopenhauer*, Welt a.a.O., Bd. 1, S. 411 f.

Aber auch dieser Lehre stimmte Tolstoi nicht zu – trotz seiner großen Bewunderung für Schopenhauer.[68] In einer selbst in Russland nahezu unbekannten (und ins Deutsche nur in stark gekürzter Form übersetzten), aber für ein korrektes Verständnis der Rechtslehre Tolstois unentbehrlichen pseudohistorischen Erzählung „Wandelt im Licht" (1887) ließ der russische Autor sein literarisches Alter Ego, den frühchristlichen Lehrer Pamphilius,[69] drei Arten der Verbrechen ausmachen[70] und übernahm diese Einteilung mehrere Jahre später auch in „Auferstehung"[71] – in einer vertieften und modifizierten Form.[72]

Da sind zunächst die „alltäglichen und oft mehrmals begangenen"[73] Delikte (Diebstähle, Betrügereien, Raubüberfälle, Morde), welche die Menschen verüben, um ihr Vermögen zu mehren – oder einfach, weil sie aus irgendeinem Grund auf andere Weise keine Mittel zum Überleben finden können.[74] Die größten und ertragreichsten dieser Straftaten, nämlich solche, die mit der Ausbeutung der Armen durch die Reichen zusammenhängen, werden von der Strafandrohung überhaupt nicht erfasst, die Begehung der restlichen Delikte wird allenfalls erschwert, weil die Kriminellen sich gezwungen sehen, neue und klügere Verbrechensmethoden zu erfinden.[75] Aber selbst die Festnahme und Aburteilung einiger eher ungeschickter Delinquenten schreckt angesichts der sozialen Ungerechtigkeit die Menschen von der Tatbegehung nicht ab, sie könnte vielmehr noch viel schwerere Verbrechen verschulden.

Tolstoi meint dazu polemisch:

> „Man muss sich nur wundern, wie, trotz dieser unablässigen und eifrig betriebenen Demoralisation von beiden Seiten, ein wahres Verständnis für Gerechtigkeit im

---

68 Siehe oben Kapitel B) I. 1.

69 Nicht identisch mit dem christlichen Theologen, Heiligen und Märtyrer Pamphilos von Caesarea (um 240–309) weil die Geschichte im 2. Jh. n. Chr. spielt. Vgl. *Tolstoi*, Chodite a.a.O., S. 250.

70 Vgl. *Tolstoi*, Chodite a.a.O., S. 291 f. Nicht wiedergegeben in der deutschen Übertragung „Wandelt im Licht" (1891).

71 Vgl. *Tolstoi*, Woskressenije a.a.O., S. 311 ff.

72 Boris Sapir meint einschränkend, dass diesbezügliche Angaben von Tolstoi sich kaum verallgemeinern lassen und nur historische Bedeutung für das Studium des zeitgenössischen Strafvollzugs in Russland haben. Vgl. *Sapir*, Tolstoi, S. 108.

73 *Tolstoi*, Chodite a.a.O., S. 291. Eigene Übersetzung, da nicht wiedergegeben in der deutschen Übertragung „Wandelt im Licht".

74 Vgl. ebd. Eigene Übersetzung, da nicht vollständig wiedergegeben in der deutschen Übertragung „Wandelt im Licht".

75 Vgl. ebd. Eigene Übersetzung, da nicht vollständig wiedergegeben in der deutschen Übertragung „Wandelt im Licht".

Volk sich noch erhielt, welches bei den nicht arbeitenden Klassen schon völlig verloren ging.

'Wenn gelehrte Herrschaften, die alle göttlichen und menschlichen Gesetze kennen, dabei gar keine Not zu leiden haben, reich sind, dafür halten, man müsse einen armen Teufel, der in der Not, oder sogar aus Dummheit, Trunkenheit, Unwissenheit einen Baum im Walde gefällt hat oder in der Fabrik für zwei Rubel Waren gestohlen hat, ins Gefängnis sperren und ihm nicht verzeihen, sondern das auch noch seiner Familie mit Hungerqualen entgelten, was soll dann ich, der ich nackt und ungeschult bin, tun, wenn man mir das Pferd stiehlt? Den Pferdedieb nicht nur verurteilen, sondern auch erschlagen?' So müssten die Menschen aus dem Volke räsonieren, doch sie bewahren trotz aller Demoralisierung, der sie seitens des 'Rechts' und der Theologie ausgesetzt sind, dennoch die wahren, sittlichen, menschlichen Charakterzüge, von denen bei Menschen, die 'Rechte' verordnen und nach ihnen leben, keine Spur zu finden ist."[76]

Die zweite Kategorie bilden spontane Affekttaten, die in einem aufgeregten Gemütszustand begangen werden. Die gesetzliche Strafandrohung kann sie nicht verhindern, weil Menschen, die sie begehen, die Folgen ihrer Handlungen nicht nüchtern abschätzen können;[77] vielmehr fühlen sie sich durch die Hindernisse gereizt.[78] In „Auferstehung" präzisiert Tolstoi diese Ansicht durch die Beschreibung der verurteilten Affektverbrecher:

„Die zweite Kategorie waren Menschen, die für Taten, begangen im Affekt, wie Zorn, Eifersucht, Trunkenheit usw., verurteilt waren, Taten, welche unter denselben Umständen nahezu sicher auch alle diejenigen begangen hätten, die über sie zu Gericht saßen und sie verurteilten. Zu dieser Kategorie gehörten nach Nechljudows Beobachtungen fast mehr als die Hälfte aller Verbrecher."[79]

Zur dritten Kategorie gehören die Straftaten der politischen Verbrecher, nämlich der linksgerichteten Radikalen, welche irrtümlicherweise glauben, zum Wohle der Menschen das Gute zu tun, indem sie das Böse verüben.[80] Ihre Bestrafung ist vollkommen kontraproduktiv. Zum einen werden diese verwirrten Idealisten von der Gefahr angetrieben und von der Ahndung zu Helden und Sympathieträgern verklärt.[81] Zum anderen schreckt die Bestrafung die Angehörigen, die Freunde, die Sympathisanten der Verurteilten nicht ab, sondern

76 *Tolstoi*, Pismo a.a.O., S. 59.

77 Vgl. *Tolstoi*, Chodite a.a.O., S. 291 f. Eigene Übersetzung, da nicht wiedergegeben in der deutschen Übertragung „Wandelt im Licht".

78 Vgl. ebd. Eigene Übersetzung, da nicht wiedergegeben in der deutschen Übertragung „Wandelt im Licht".

79 *Tolstoi*, Woskressenije a.a.O., S. 311.

80 Vgl. *Tolstoi*, Chodite a.a.O., S. 292. Eigene Übersetzung, da nicht wiedergegeben in der deutschen Übertragung „Wandelt im Licht".

81 Vgl. ebd. Eigene Übersetzung, da nicht wiedergegeben in der deutschen Übertragung „Wandelt im Licht".

radikalisiert diese Menschen und macht sie erst recht zu Todfeinden der Regierungen.[82]

„Ist es nicht einleuchtend, dass die Untaten, welche die Machthaber begehen, um die offenen Widersacher loszuwerden, ihnen zweimal, zehnmal mehr geheime und gefährlichere Widersacher schaffen?“,[83] fragt Tolstoi in der Schrift „Das Gesetz der Gewalt und das Gesetz der Liebe“. Dieser Gedanke kommt auch zum Ausdruck in Tolstois literarischem Werk. In „Auferstehung“ schildert er den politischen Gefangenen Krylzow. Mehrere Jahre zuvor wurde dieser zunächst eher politikferne junge Mann zum Zeugen der letzten Stunden der zwei jugendlichen Regimegegner, die wegen einer Bagatelltat das Schafott bestiegen.[84] Ihr Ende erschüttert Krylzow so stark, dass er sich der linksgerichteten Terrorgruppe „Narodnaja Wolja“ („Volkswille“ oder „Volksfreiheit“)[85] anschließt[86] und noch an der Schwelle des Todes (er stirbt an Schwindsucht) meint: „Nein, das [die Machthaber] sind keine Menschen, die, die so was machen können, wie sie […] Ja, im Ballon aufsteigen und sie wie Wanzen mit den Bomben bestreuen, bis sie ausgerottet sind …“[87] Und in „Der gefälschte Kupon“ entrüstet bereits die Festnahme des friedlichen sozialistischen Agitators Tjurin seine Freundin Katja Turtschaninowa so sehr, dass sie auf einen Minister das erfolglose Attentat verübt – und dann im Gefängnis qualvoll zugrunde geht.[88]

Daneben führen die Strafen generell zur Senkung der Gewalthemmschwelle bei den Menschen:

> „Wir wissen jetzt, dass Drohungen und Strafen die Zahl solcher Menschen nicht vermindern können, sondern dass nur die Veränderung der Gewalt und die sittliche Einwirkung auf die Menschen sie vermindert […]. [Die] Tätigkeit der Regierungen mit ihren grausamen Strafmethoden, die hinter dem allgemeinen Stand der Sittlichkeit zurückgeblieben sind, den Gefängnissen, den Foltern, den Galgen, den Guillotinen, eher die Verrohung der Nation als ihre Verfeinerung, und somit mehr die Zunahme als die Abnahme der Anzahl der Gewalttäter fördert.“[89]

---

82 Vgl. *Tolstoi*, Briefentwurf an W. I. Panfilow a.a.O., S. 27.

83 *Tolstoi*, Sakon a.a.O., S. 216.

84 Siehe oben Kapitel C) V.

85 Sie war für mehrere politische Morde in Russland um 1880 verantwortlich, darunter auch das tödliche Attentat auf den Zaren Alexander II. in 1881.

86 Vgl. *Tolstoi*, Woskressenije a.a.O., S. 378.

87 *Tolstoi*, Woskressenije a.a.O., S. 409.

88 Vgl. *Tolstoi*, Falschiwyj a.a.O., S. 30 ff.

89 *Tolstoi*, Zarstwo a.a.O., S. 142.

Schließlich thematisiert Tolstoi auch die von Feuerbach selbst eingeräumte[90] Tatsache, dass die Androhung oder Vollstreckung der Strafe die moralische Besserung des Menschen nicht bezwecke, und lässt in der Erzählung „Wandelt im Licht“ den Christen Pamphilius seinem heidnischen Freund Julius sagen:

> „Ich glaube, Du möchtest selbst nicht, dass die Menschen sich vom Bösen aus Angst vor der Bestrafung fernhalten und nicht aus Abneigung gegen das Böse. Willst du etwa, dass die Menschen den Gefangenen ähneln, die das Böse nicht tun, nur weil sie bewacht werden? Gesetze, die mahnen, vorbeugen und bestrafen, veranlassen die Menschen nicht, das Gute statt des Bösen zu wollen.“[91]

Die Menschen können und sollen nicht durch die Strafandrohung davon abgehalten werden, ein Verbrechen zu begehen, sondern durch eine tätige Nächstenliebe, die ihre inhumanen sozialen Lebensbedingungen ändert. In einer Szene von „Auferstehung“ gesteht Nechljudow sich selbst bei der Gerichtsverhandlung gegen einen jugendlichen Einbrecher:[92]

> „Es ist doch offensichtlich, dass dieser Junge keineswegs ein besonderer Bösewicht ist, vielmehr ein ganz gewöhnlicher Mensch – das sehen alle –, und dass er zu dem wurde, was er ist, weil er in Verhältnisse geraten ist, die solche Menschen eben hervorbringen. Und deshalb ist wohl klar, damit es nicht solche Jungen gibt, muss man sich dafür einsetzen, die Verhältnisse abzuschaffen, unter denen sich solche Unglückswesen entwickeln […] Aber ein solcher Mensch, der sich seiner erbarmt hätte, fand sich nicht in der ganzen Zeit, als er wie ein kleines Tier seine Lehrjahre in der Stadt verbrachte, und kahlgeschoren, um keine Läuse zu bekommen, herumlief und für die Meister Einkäufe machte; im Gegenteil, alles, was er von den Meistern und Kameraden hörte, seit er in der Stadt lebte, war, dass derjenige ein Kerl sei, der betrügen, trinken, fluchen, prügeln und ein liederliches Leben führen würde.“[93]

IV. Spezialprävention

> „Ihr bestraft schon jahrhundertelang Menschen, die ihr für Verbrecher anseht. Und nun, sind sie etwa verschwunden? Nein, das sind sie nicht, ihre Zahl hat sich nur noch vergrößert um solche Verbrecher, die durch Strafen sittlich verdorben werden, außerdem um diese verbrecherischen Richter, Staatsanwälte, Untersuchungsrichter, Gefängniswärter, die die Menschen richten und bestrafen.“[94]
>
> *Leo Tolstoi*

---

90 Vgl. *Feuerbach*, Lehrbuch, S. 19 f.

91 *Tolstoi*, Chodite a.a.O., S. 290 f. Eigene Übersetzung, da nicht wiedergegeben in der deutschen Übertragung „Wandelt im Licht“.

92 Siehe oben Kapitel C) V.

93 *Tolstoi*, Woskressenije a.a.O., S. 123 f.

94 *Tolstoi*, Woskressenije a.a.O., S. 442 f.

Eine weitere in der späteren Lebenszeit Tolstois verbreitete Straftheorie war die Lehre von der Spezialprävention, die die Verhinderung weiterer Straftaten seitens des Verbrechers bezweckt.[95] Sie entstand ebenfalls im antiken Griechenland,[96] gewann einige Anhänger in der Frühmoderne,[97] rückte aber erst um 1900 in den Mittelpunkt des öffentlichen Interesses – überwiegend durch die Tätigkeit des deutschen Rechtswissenschaftlers Franz von Liszt (1851– 1919) und seiner Schüler.[98]

In seiner Schrift „Der Zweckgedanke im Strafrecht" (1882/1883) teilt Liszt die Kriminellen in drei Kategorien ein – nämlich die nicht besserungsbedürftigen, die besserungsbedürftigen und besserungsfähigen und die nicht besserungsfähigen Straftäter.[99] Zum Zweck der Verbrechensverhütung sollen die ersten durch kürzere Haftstrafen (nicht unter sechs Wochen) gemahnt und abgeschreckt,[100] die zweiten durch einen längeren Gefängnisaufenthalt (mindestens 1 Jahr, höchstens 5 Jahre) gebessert[101] und die dritten durch eine grundsätzlich lebenslange Haft unter verschärften Bedingungen unschädlich gemacht werden;[102] die Todesstrafe für sie lehnte Liszt hingegen ab.[103] Dieses Konzept fand große Unterstützung auch in Russland; zahlreiche Werke von Liszt wurden um 1900 ins Russische übersetzt und oft mehrmals aufgelegt, und im Jahre 1897 ernannte die Kaiserliche Universität Sankt Petersburg[104] diesen Rechtswissenschaftler zum Ehrenmitglied ihres Hochschulkollegiums.[105]

Leo Tolstoi las[106] die Bücher von Liszt,[107] teilte seine Ideen jedoch nicht. Er behauptete hingegen, dass die (Haft-)Strafe den Verbrecher weder abschreckt noch läutert und auch nicht beseitigt. Zum einen wird der Mensch selbst durch

95 Vgl. *Hoerster*, „Strafe" a.a.O., S. 461. Dieser Artikel enthält auch eine ausführliche Kritik dieser Straftheorie, S. 461 ff.

96 Vgl. *von Bar*, Geschichte, S. 208 f.; *Hippel*, Strafrecht, S. 462 ff.

97 Vgl. *von Bar*, Geschichte, S. 246 f., 262 f.

98 Vgl. *Hoerster*, „Strafe" a.a.O., S. 461.

99 Vgl. *Liszt*, Zweckgedanke, S. 42.

100 Vgl. *Liszt*, Zweckgedanke, S. 48 f.

101 Vgl. *Liszt*, Zweckgedanke, S. 47 f.

102 Vgl. *Liszt*, Zweckgedanke, S. 45 ff.

103 Vgl. *Liszt*, Zweckgedanke, S. 45.

104 Gegenwärtig „Staatliche Universität Sankt Petersburg".

105 Vgl. *Rostowzew*, Lista a.a.O., S. 311.

106 Vgl. *Charabet*, Prestuplenije, S. 382.

107 *Krakowskij*, „ljudi" a.a.O., S. 176.
Von Liszt wird im Roman „Auferstehung" auch direkt erwähnt. Vgl. *Tolstoi*, Woskressenije a.a.O., S. 313.

einen kurzen Gefängnisaufenthalt erbittert sowie in eigenen und fremden Augen entwürdigt – und dadurch erst recht auf den kriminellen Pfad getrieben.

In „Der gefälschte Kupon" lässt der bösartige Gutsverwalter Pjotr Swentizki[108] seinen Kutscher Prokofi wegen einer Bagatelltat[109] für drei Monate inhaftieren. Durch den Gefängnisaufenthalt verliert der einst „schmucke und sehr gewandte"[110] junge Mann seine Selbstachtung, wird wütend nicht nur auf Swentizki, sondern auf die ganze Welt,[111] verwahrlost, ergibt sich dem Trunk, wird wegen Diebstählen noch zweimal eingesperrt und beschließt sein Leben im Gefängniskrankenhaus.[112]

Genauso wenig können die längerfristig inhaftierten Wiederholungstäter gebessert werden – nicht allein wegen der Brutalität vieler Wächter und Aufseher.[113] In der Haftanstalt erfolgt auch die systematische Ansteckung der Arrestanten mit allen Lastern.[114] An diesem Ort entsteht nämlich ein Spiegelbild des staatlichen Gemeinwesens,[115] weil die wenigen hartgesottenen Kriminellen dort die Macht ergreifen,[116] die restlichen Gefangenen (durch brutale Gewalt, aber auch durch die geschickte Meinungsmanipulation) ihrem Willen unterwerfen[117] und mit den menschenverachtenden Vorstellungen indoktrinieren.[118] Beschleunigt wird der moralische Verfall der Arrestanten durch ihr aufgezwungenes Nichtstun.[119] In „Auferstehung" erreicht diese Kritik sogar eine religiöse Dimension. Tolstoi ließ dort den inzwischen wieder inhaftierten alten Wanderer[120] den Gefängnisbesucher Nechljudow sarkastisch abweisen:

> „Soso, seid gekommen, um zu bestaunen, wie der Antichrist die Menschen quält? Da, schaus dir an. Hat die Leute gepackt, ein ganzes Heer in den Käfig gesperrt.

---

108 Vgl. *Tolstoi*, Falschiwyj a.a.O., S. 17 f.

109 Siehe oben Kapitel C) IV.

110 *Tolstoi*, Falschiwyj a.a.O., S. 17.

111 Vgl. *Tolstoi*, Falschiwyj a.a.O., S. 18.

112 Vgl. *Tolstoi*, Falschiwyj a.a.O., S. 18, 50 f.

113 Vgl. *Tolstoi*, „Woskressenije". Tschernowyje a.a.O., S. 156 f.

114 Vgl. *Tolstoi*, Woskressenije a.a.O., S. 413.

115 Siehe oben Kapitel C) III.

116 Vgl. *Tolstoi*, „Woskressenije". Tschernowyje a.a.O., S. 278 f.

117 Vgl. ebd.

118 Vgl. *Tolstoi*, „Woskressenije". Tschernowyje a.a.O., S. 235.

119 Vgl. *Tolstoi*, „Woskressenije". Tschernowyje a.a.O., S. 110 f.; *Tolstoi*, Zarstwo a.a.O., S. 151.

120 Siehe oben Kapitel C) III.

> Die Menschen sollten ihr Brot im Schweiße ihres Angesichts essen, aber er hat sie weggesperrt wie Schweine, füttert sie ohne Arbeit, damit sie zum Tier werden.“[121]

Im selben Roman fasst der Schriftsteller zusammen:

> „Menschen, die eine Weile im Gefängnis waren, machten ganz existentiell die Erfahrung, dass – nach dem zu urteilen, was an ihnen verübt wurde – all die moralischen Gebote der Achtung vor dem Menschen und des Mitleids mit ihm, wie sie von Kirchen- wie Sittenlehrern gepredigt werden, in der Realität aufgehoben waren, weshalb sie sich auch nicht an sie halten mussten.“[122]

Deshalb werden die zunächst bußfertigen Kriminellen durch ihren Gefängnisaufenthalt wieder verdorben. Tolstoi brachte diese These schon 1886 in der Schlussszene des Dramas „Macht der Finsternis“ vor[123] und dann noch einmal wenige Jahre später im früheren Entwurf der „Auferstehung“. Er schildert dort den Raubmörder Fjodorow,[124] der zunächst von Gewissensqualen überwältigt wird und sich der Polizei stellt; aber das Gerichtsverfahren, die Gefängnishaft und die Zwangsarbeit in Sibirien verwandeln ihn bald wieder in einen erbitterten und skrupellosen Zyniker.[125]

„Die Strafe bessert die bestraften Menschen nicht, sie verdirbt sie noch mehr“[126] – fasst Tolstoi in der Schrift „Das Reich Gottes ist inwendig in Euch“ zusammen. Besonders fatal ist, dass die Häftlinge, die in Gefängnissen geistig und moralisch zugrunde gerichtet werden, nach ihrer Entlassung auf die Gesellschaft einen unheilvollen Einfluss ausüben:

> „‘Ganz so, als wäre die Aufgabe gestellt worden, wie man am besten und sichersten so viele Menschen wie möglich sittlich verderben könnte’, dachte Nechljudow, als er zu ergründen suchte, was eigentlich in den Gefängnissen und auf den Etappen geschah. Hunderttausende wurden so Jahr für Jahr in extreme Sittenverderbnis getrieben, und wenn sie endgültig verdorben waren, entließ man sie in die Freiheit, damit sie das in den Gefängnissen Erworbene im Volk verbreiteten.“[127]

Schließlich erfolgt entgegen der Ansicht von Liszt[128] auch keine „Unschädlichmachung“[129] der „nicht besserungsfähigen“[130] Schwerverbrecher durch die

---

121 *Tolstoi*, Woskressenije a.a.O., S. 437.

122 *Tolstoi*, Woskressenije a.a.O., S. 412.

123 Siehe oben Kapitel C) VI.

124 In der Endfassung des Romans wird er lediglich kurz erwähnt. Die Rolle eines bußfertigen Schwerverbrechers übertrug Tolstoi auf Stepan Pelagejuschkin in der zur selben Zeit verfassten Erzählung „Der gefälschte Kupon“. Vgl. *Gudsij*, „Woskressenija“ a.a.O., S. 375.

125 Vgl. *Tolstoi*, „Woskressenije“. Tschernowyje a.a.O., S. 255 f.

126 *Tolstoi*, Zarstwo a.a.O., S. 174.

127 *Tolstoi*, Woskressenije a.a.O., S. 412.

128 Vgl. *Liszt*, Zweckgedanke, S. 45 ff.

lebenslange Freiheitsstrafe,[131] weil die Arrestanten neue Straftaten auch in der Haft begehen können.[132] In „Auferstehung" lässt Tolstoi allerdings den Protagonisten Nechljudow seinem Schwager Ignati Ragoschinski[133] sagen, dass die Todes-, Körper- und Verstümmelungsstrafen „vernünftig"[134] bzw. „zweckmäßig"[135] seien, aber diese Worte sind offensichtlich nicht ernst gemeint; vielmehr handelt es sich dabei um eine sarkastische Reductio ad absurdum[136] der von von Liszt (und von Ragoschinski) vertretenen Idee des Zweckstrafrechts.

Abschließend muss hinzugefügt werden, dass Franz von Liszt Tolstois Roman „Auferstehung" las und zwar seine Überzeugungen nicht änderte, aber Tolstois „flammende Anklage"[137] positiv würdigte, weil der russische Autor „in seiner ‚Auferstehung' die Frage nach dem Strafrecht der Gesellschaft mit einer Schärfe und Eindringlichkeit gestellt [hatte], wie keiner der kriminalistischen Theoretiker vor ihm."[138]

V. Kriminalanthropologie

Um 1900 verbreitet war auch der kriminalanthropologische Ansatz, dessen bedeutendste Vertreter die italienischen Kriminologen Cesare Lombroso (1835–1909), Raffaele Garofalo (1851–1934) und Enrico Ferri (1856–1929) waren.[139] Nach dieser Auffassung gehört zumindest ein Teil der Kriminellen (Lombroso sprach von etwa 40 %)[140] zu einem atavistischen, an äußeren Merkmalen erkennbaren[141] erblichen[142] Typus des „geborenen Verbrechers",[143]

---

129 *Liszt*, Zweckgedanke, S. 46.

130 *Liszt*, Zweckgedanke, S. 42.

131 Vgl. *Liszt*, Zweckgedanke, S. 45 ff.

132 Vgl. *Tolstoi*, „Woskressenije". Tschernowyje a.a.O., S. 110.

133 Siehe oben Kapitel C IV., C V.

134 *Tolstoi*, Woskressenije a.a.O., S. 324.

135 *Tolstoi*, Woskressenije a.a.O., S. 325.

136 Vgl. *Schröder*, „Auferstehung" Juristen a.a.O., S. 321.

137 *Liszt*, Kriminalität a.a.O., S. 447.

138 Ebd.

139 In Tolstois Roman „Auferstehung" werden sie auch zusammen erwähnt. Vgl. *Tolstoi*, Woskressenije a.a.O., S. 313.

140 Vgl. *Hippel*, Strafrecht, S. 537 mit weiteren Nachweisen.

141 Vgl. *Lombroso*, Verbrechensstudien, S. 136 ff.

142 Vgl. *Lombroso*, Verbrechensstudien, S. 171 ff.

143 *Lombroso*, Das freie Wort 1901, 393.

der Straftaten begeht, weil er anders nicht handeln kann[144] und deshalb durch dauernde Unterbringung von der von ihm bedrohten Gesellschaft ferngehalten werden soll,[145] auch wenn er eigentlich „viel eher Mitleid als Hass"[146] verdient. Diese auch als „Positive Schule der Kriminologie" bekannte Lehre erweckte bei Tolstoi eine besonders starke Abneigung. In „Auferstehung" lässt er seiner Antipathie gegen diese Lehre freien Lauf:

> „Er [Nechljudow] fragte nämlich etwas ganz Einfaches, weshalb und mit welchem Recht die einen Menschen die anderen wegsperren, quälen, verbannen, auspeitschen und töten, wo sie doch selbst genau solche Menschen sind wie die, die sie quälen, peitschen und töten. Und man antwortete ihm mit Erörterungen darüber, ob der Mensch die Freiheit des Willens habe oder nicht. Ob man einen Menschen nach den Abmessungen seines Schädels und Ähnlichem als verbrecherisch oder nicht einstufen könne. Welche Rolle beim Verbrechen die Vererbung spiele. Ob es angeborene Amoralität gebe. Was Moral sei. Was Wahnsinn sei. Was Degeneration sei. Was Temperament sei. Welchen Einfluss Klima, Nahrung, Unwissenheit, Nachahmung, Hypnotismus oder Leidenschaften auf das Verbrechen hätten. Was die Gesellschaft sei. Was ihre Pflichten usw. usw."[147]

Tolstoi beschränkt sich nicht auf eine allgemeine Kritik, sondern setzt sich mit der Kriminalanthropologie umfassend auseinander. Zunächst meint er, dass die angeblichen „geborenen Verbrecher" oft überhaupt keine Straftäter sind, sondern unschuldige Menschen, die allein aufgrund ihrer Familienherkunft zu gemeingefährlichen Ungeheuern abgestempelt werden. Katjuscha Maslowas Mutter in „Auferstehung" ist eine unverheiratete Stallmagd, die von häufig wechselnden Partnern sechs Kinder gebiert und fünf davon durch Entzug der Muttermilch qualvoll sterben lässt; allein Katjuscha wird durch einen Zufall gerettet.[148] Später trägt der reiche Genussmensch Fürst Nechljudow die Schuld an Katjuschas Lebensdrama, weil er das hilflose Mädchen ohne Skrupel erst verführt und dann verstößt. Aber Nechljudows Tanten und später der stellvertretende Staatsanwalt (der sich unter anderem auf Lombroso, die Vererbungstheorie und das angeborene Verbrechertum beruft)[149] machen sich keine Mühe, die Angelegenheit näher zu erforschen, sondern meinen gleich, dass Katjuscha

---

144 Vgl. *Hippel*, Strafrecht, S. 537.

145 Vgl. *Hippel*, Strafrecht, S. 537 mit weiteren Nachweisen.

146 *Lombroso*, Das freie Wort 1901, 396.

147 *Tolstoi*, Woskressenije a.a.O., S. 313.

148 Vgl.*Tolstoi*, Woskressenije a.a.O., S. 6.

149 Vgl. *Tolstoi*, Woskressenije a.a.O., S. 72.

„eben ein verdorbenes Geschöpf, genau wie ihre Mutter“[150] sei und „eine Waise [ist], die vermutlich den Keim des Verbrecherischen in sich [trägt].“[151]

Weiterhin bedient sich die Kriminalanthropologie eines Zirkelschlusses, indem sie jeden mutmaßlichen Schwerkriminellen gleich zu einem „geborenen Verbrecher“ abstempelt:

> „Zum Schluss und als Spitze gegen den stellvertretenden Staatsanwalt bemerkte der Anwalt [der augenscheinlichen Giftmörderin Jewfimija Botschkowa], dass die glänzenden Betrachtungen des Herrn stellvertretenden Staatsanwalts über die Vererbung, auch wenn sie Aufschluss über die wissenschaftlichen Fragen der Vererbung gäben, in diesem Falle fehl am Platze seien, denn die Botschkowa sei – Tochter unbekannter Eltern […] Nach diesem [zweiten] Verteidiger [dem Verteidiger von Maslowa] erhob sich wieder der stellvertretende Staatsanwalt und verteidigte seine These von der Vererbung gegen den ersten Verteidiger damit, dass sich die Richtigkeit der Vererbungslehre, auch wenn die Botschkowa Tochter unbekannter Eltern sei, dadurch nicht im Geringsten invalideren ließe, denn das Gesetz der Vererbung sei wissenschaftlich so genau definiert, dass wir nicht nur das Verbrechen aus der Vererbung, sondern auch die Vererbung aus dem Verbrechen ableiten könnten.“[152]

Und selbst die hartgesottensten Verbrecher stellen keinen „atavistischen Typus“ dar; es handelt sich vielmehr um „diejenigen sittlich verdorbenen Menschen […], welche die neue Schule den verbrecherischen Typus nennt und deren Vorkommen in der Gesellschaft als wichtigstes Argument dafür angeführt wird, dass man Strafen und ein Strafgesetz brauche. Diese sogenannten verdorbenen, verbrecherischen, unnormalen Typen waren, nach Nechljudows Meinung, nichts anderes als Menschen, vor denen die Gesellschaft eine größere Schuld hat als sie vor der Gesellschaft, nur dass die Gesellschaft nicht unmittelbar vor ihnen selbst schuldig ist, sondern in früheren Zeiten schuldig war, vor ihren Eltern und Vorfahren.“[153]

Zwei solche „sittlich verdorbene Menschen“[154] stellt Tolstoi ausführlicher dar:

> „Unter diesen Menschen verblüffte ihn [Nechljudow], besonders in dieser Hinsicht, der rückfällige Dieb Ochotin, der uneheliche Sohn einer Prostituierten, Zögling eines Nachtasyls, der offenbar vor seinem dreißigsten Lebensjahr keinen Menschen mit höherer Moralität als Polizisten begegnet war und in jungen Jahren in eine Diebsbande geriet, dabei war er mit einem ungewöhnlichen Talent für Komik ausgestattet, mit dem er die Menschen für sich einnahm. Er bat Nechljudow um

---

150 *Tolstoi*, Woskressenije a.a.O., S. 65.

151 *Tolstoi*, Woskressenije a.a.O., S. 73.

152 *Tolstoi*, Woskressenije a.a.O., S. 74, 75.

153 Ebd.

154 Ebd.

> Schutz, machte sich indessen lustig über sich selber, über die Richter, über das Gefängnis und sämtliche Gesetze, nicht nur Strafgesetze, sondern auch die göttlichen Gebote. Ein anderer war der schöne Fjodorow, der zusammen mit der Räuberbande, die er anführte, einen alten Beamten erschlagen und ausgeraubt hatte. Er war ein Bauer, dessen Vater man vollkommen widerrechtlich das Haus weggenommen hatte, der selbst dann bei den Soldaten war und dort dafür zu leiden hatte, dass er sich in die Geliebte des Offiziers verliebte. Er war eine anziehende, leidenschaftliche Natur, ein Mensch, der sein Leben um jeden Preis genießen wollte, der nie Menschen gesehen hatte, die für irgendetwas auf ihren Genuss verzichtet hätten, und nie auch nur ein Wort darüber gehört hatte, dass es auch noch ein anderes Lebensziel gab als den Genuss. Nechljudow war klar, dass beide reiche Naturen waren, nur verwildert und verdorben, so wie Pflanzen, die man vernachlässigt, verwildern und verderben."[155]

Wohl kommen unter diesen Schwerkriminellen auch abstoßend wirkende Menschen vor, aber sie sind nicht widerlicher als mehrere Personen „in Freiheit mit Fräcken, Epauletten und Spitzen".[156]

Aber auch die skrupellosesten Kriminellen können noch zum Guten bekehrt werden, nicht durch Strafe, sondern „durch gute Worte und gutes Beispiel".[157] In der Kurzgeschichte „Gott sieht die Wahrheit, aber er wartet" (1872) schildert Tolstoi den Kaufmann Iwan Aksjonow, der als vermeintlicher Raubmörder zur Zwangsarbeit in Sibirien verurteilt wird. Viele Jahre später trifft er in einer Strafkolonie den wegen eines anderen Delikts verbannten Makar Semjonowitsch, erkennt ihn als wahren Verbrecher, denunziert den Mithäftling jedoch nicht, sondern nimmt ihn in Schutz. Beeindruckt von dieser Großherzigkeit, bereut Makar Semjonowitsch seine Missetat und zeigt sie freiwillig an.[158]

Im Übrigen hielt Lombroso selbst Tolstoi zunächst für wahnsinnig, räumte aber nach dem Besuch von Jasnaja Poljana[159] ehrlich ein, seinen Opponenten im Vollbesitz der geistigen und körperlichen Kräfte vorgefunden zu haben.[160]

---

155 *Tolstoi*, Woskressenije a.a.O., S. 312 f.

156 *Tolstoi*, Woskressenije a.a.O., S. 313.

157 *Tolstoi*, Put a.a.O., S. 225.

158 Vgl. *Tolstoi*, Bog a.a.O., S. 246–253.

159 Siehe oben Kapitel B) IV.

160 Vgl. *Lombroso*, Das freie Wort 1901, 391–397.

G) Fehlinterpretationen der Straflehre Tolstois

„Tolstois Lehre ist von den Lehren der Welt (welcher Couleur auch immer) so weit entfernt, dass sowohl diejenigen, die sich als Tolstois treue Anhänger wähnen, als auch diejenigen, die ihn mit zwei oder drei Argumenten gänzlich zu widerlegen glauben, sie oft als Ganzes genauso wenig verstehen."[1]

Wassilij Maklakow

I. Tolstoi als Kritiker der russischen Strafjustiz

Schon zu Lebzeiten Tolstois war in Russland, wie auch im westlichen Ausland, die Idee verbreitet, dass die Strafkritik Tolstois keinen anderen Zweck verfolge, als die zaristische Justiz zu verurteilen[2] oder (nach einer negativeren Deutung) sie zu „verleumden".[3] Diese Auffassung fand besonders großen Anklang nach dem Erscheinen von „Auferstehung". Zahlreiche Rezensenten erblickten in Tolstois Rechtskritik lediglich eine heftige Verurteilung der zaristischen Strafjustiz, die „im Formelkram befangen, selbst die Rehabilitierung eines Unschuldigen nicht zulässt, sondern ihn eher nach Sibirien verschickt, als einen Fehler zugibt, die unmenschliche Behandlung der Gefangenen, dieser blutrote Faden, der sich seit Jahrhunderten durch die Geschichte Russlands zieht",[4] wie Wilhelm Thal (1867–1906) im Vorwort zu einer von ihm angefertigten deutschen Romanübersetzung schrieb. Noch deutlicher äußerte sich Marius-Ary Leblond,[5] der offen gestand, dass ihn in „Auferstehung" nicht die Zukunftsideen Tolstois interessierten, sondern lediglich seine Darstellung der russischen Gerichte.[6]

In Wirklichkeit machte Tolstoi trotz seines jahrzehntelangen erbitterten Streits gegen die zaristische Justiz[7] stets deutlich, dass seine Strafrechtskritik sich nicht auf ein bestimmtes Land beschränkt, sondern eine universelle Bedeutung

---

1 *Maklakow*, RM 1914, 35.

2 Vgl. *Goldenweiser*, *Alexis*, Archiv 1928/1929, 107.

3 Siehe *Reinhardt*, „Woskressenije", S. 1 ff. mit weiteren Nachweisen; *Hurban-Vajanský*, Národný Noviny 1900, 29.

4 *Thal*, Vorwort a.a.O., S. 4.

5 Es war war das kollektive Pseudonym der (miteinander verwandten) französischen Schriftsteller und Kritiker – Marius Leblond, eigentlich Georges Athénas (1877–1953), und Ary Leblond, eigentlich Alexandre Merlot (1880–1958).

6 Vgl. *Leblond*, Revue bleue 1899, 585.

7 Siehe oben Kapitel B) IV.

https://doi.org/10.1515/9783110726206-008

hat. 1884 verwarf er in der Schrift „Mein Glaube“ unter Berufung auf Matthäus 7,1 („Richtet nicht, auf dass ihr nicht gerichtet werdet“) und Lukas 6,37 („Richtet nicht, so werdet ihr auch nicht gerichtet. Verdammet nicht, so werdet ihr nicht verdammt. Vergebet, so wird euch vergeben“) apodiktisch *jede* menschliche Gerichtsbarkeit.[8] Neun Jahre später geißelte der Denker im Traktat „Das Reich Gottes ist inwendig in Euch“ die „allgemeine Lüge“,[9] dass „die Züchtigung, die Gefängnisstrafe und die Hinrichtung gleichwie der Totschlag zur Aufrechterhaltung und zum Schutze der bestehenden Ordnung (welche sie auch immer sei, eine selbstherrliche, monarchische, der Konvent, das Konsulat, das Kaiserreich eines ersten oder eines dritten Napoleon oder Boulanger,[10] eine Konstitution, Monarchie, Kommune oder Republik) völlig gesetzlich seien und weder der Sittlichkeit, noch dem Christentum widersprechen.“[11]

In derselben Schrift betont Tolstoi, dass die angeblichen Rädelsführer der sozialen Unruhen nicht allein in Russland verhaftet, abgeurteilt und hingerichtet werden, sondern „überall […], wo die gesellschaftliche Ordnung auf der [staatlichen] Gewalt beruht“,[12] und geißelt die arroganten Oberschichtler und ihre Handlanger:

> „[Sie] alle glauben gern daran, dass diese Privilegien, die sie genießen, nicht eine Folge der Gewalt sind, sondern eine Folge des vollständig freien und rechtmäßigen Austausches von Leistungen, und dass diese Privilegien nicht in den an den Menschen geübten Gewalttaten und Totschlägen ihre Quelle haben, wie sie in Orjol[13] und an vielen Orten Russlands in diesem Sommer vorgekommen sind und in ganz Europa und Amerika immer wieder vorkommen, sondern dass sie mit diesen Gewalttaten auch nicht den geringsten Zusammenhang haben.“[14]

Somit bemerkte der deutsch-schweizerische Schriftsteller und Journalist Edgar Steiger (1858–1919) vollkommen zu Recht, dass, obwohl Leo Tolstoi in „Auferstehung“ lediglich die Zustände in Russland schildere, seine Schlussfolgerungen ebenso auf jeden anderen modernen Kulturstaat passen.[15]

---

8 Vgl. *Tolstoi*, W tschom a.a.O., S. 318 ff.

9 *Tolstoi*, Zarstwo a.a.O., S. 239.

10 Georges Ernest Jean Marie Boulanger (1837–1891) war ein französischer General und populistischer Politiker. Ihm wurden diktatorische Ambitionen nachgesagt.

11 *Tolstoi*, Zarstwo a.a.O., S. 240.

12 *Tolstoi*, Zarstwo a.a.O., S. 222.

13 Orjol ist eine zentralrussische Stadt südwestlich von Moskau.

14 *Tolstoi*, Zarstwo a.a.O., S. 226.

15 Vgl. *Steiger*, Das Litterarische Echo 1900, 676.

II. Tolstoi als liberaler Rechtsphilosoph

„[L]iberale Nachsicht – Freiheit, maßvoll milde Strafen, ja sogar Volksvertretung, Verfassung, Ständeversammlung […] [Ihre Befürworter] werden nicht die Krankheit zu heilen versuchen, sondern sich bemühen, möglichst günstige, hygienische Verhältnisse für den Organismus zu schaffen, in der Hoffnung, dass die Krankheit dann von sich selbst vergeht."[16]

Leo Tolstoi

Leo Tolstoi war bekannt für seine heftige Kritik am Konzept der parlamentarischen Demokratie. In dieser Kritik verwendete er die Begriffe „demokratisch" und „republikanisch" synonym, weil um 1900 alle Republiken in Europa und Nordamerika (Frankreich, die Schweiz, San Marino und die USA) demokratisch waren.

Der russische Denker sah in der demokratischen Staatsform keinen grundlegenden Unterschied zur Diktatur, denn „wenn unter 100 Menschen einer über 99 herrscht – so ist das ungerecht, so ist das Despotismus; wenn zehn über 90 herrschen – so ist das gleichfalls ungerecht, so ist das Oligarchie; wenn aber 51 über 49 herrschen (und das nur in der Einbildung, denn in Wirklichkeit werden nur zehn oder elf von diesen 51 herrschen) – so ist das vollkommen gerecht, so nennt man das Freiheit!"[17]

Auch die Herrschaftsmethoden der Machthaber sind ihrem Wesen nach gleich:

„Wenn sich die Menschen der Macht fügen, so geschieht es nur, weil für den Fall des Nichtfügens diese Handlungen gegen sie angewendet werden. Alle Forderungen der Regierung, Steuern zahlen, die Erfüllung der Gemeinschaftsangelegenheiten, die Unterordnung unter die verhängten Strafen, Ausweisungen und so weiter, denen die Menschen sich, wie es heißt, freiwillig fügen, beruhen stets auf körperlicher Gewalt oder der Androhung dieser […] So war es und ist es, unabhängig von den Regierungsformen, in welchen die Völker leben. Der Unterschied liegt nur darin, dass bei der despotischen Regierungsform die Macht auf eine kleine Zahl von Gewalthabern beschränkt und die Form der Gewalt eine schärfere ist. In konstitutionellen Monarchien, in Republiken, wie Frankreich und Amerika, verteilt sich die Macht unter einer größeren Anzahl von Gewalthabern, und die Formen, in denen sie sich ausdrückt, sind weniger scharf, aber die Gewalt selbst, bei der die Nachteile der Macht größer sind als ihre Vorteile, und ihre Weiterentwicklung, die die Vergewaltigten bis an die äußerste Grenze der Erschöpfung bringt, bis zu der sie zum Vorteil der Gewalthaber gebracht werden können, ist stets ein und dieselbe."[18]

---

16 *Tolstoi*, Brief an Alexander III. a.a.O., S. 48.

17 *Lucy Mallory*, zitiert nach *Tolstoi*, Sakon a.a.O., S. 159. Lucy (Rose) Mallory (1846–1920) war eine mit Tolstoi befreundete amerikanische Publizistin und Bürgerrechtlerin.

18 *Tolstoi*, Zarstwo a.a.O., S. 131 f., 135.

Auch in seinem erzählerischen Werk äußerte Tolstoi scharfe Kritik am Konzept der bürgerlichen Demokratie. In der Kurzgeschichte „Aus den Notizen des Fürsten D. Nechljudow. Luzern" (1857), die auf einer wahren Begebenheit beruht,[19] ließ er einen behinderten Straßensänger in der gleichnamigen Stadt sich über die Gesetze der Schweiz, die um 1850 weithin als Inbegriff eines freiheitlichen Staates galt, bitter beklagen:

> „Vor allem on est très serré pour la police,[20] das ist es. Nach den republikanischen Gesetzen, die sie hier haben, ist es nicht erlaubt zu singen, wogegen in Italien ein Sänger herumziehen kann, so viel er will, und niemand ihm ein Wort sagt. Hier halten sie es so, wie es ihnen einfällt: wollen sie, dann erlauben sie es, wollen sie nicht, dann wird man eingesperrt [...] Das ist so in ihren neuen republikanischen Gesetzen bestimmt [...] Sie wollen nicht begreifen, dass auch ein armer Schlucker irgendwie leben muss. Wenn ich nicht ein Krüppel wäre, würde ich arbeiten. Und wenn ich nun singe, schade ich denn irgendjemand damit? Wo ist da Gerechtigkeit? Die Reichen können leben, wie sie wollen, aber einem bauvre tiaple[21] wie mir, dem macht man das Leben unmöglich. Was sind das für Gesetze in dieser Republik? Wenn es so steht, dann wollen wir keine Republik, nicht wahr, verehrtester Herr? Wir wollen keine Republik, wir wollen ... wir wollen einfach ... wir wollen ... wir wollen natürliche Gesetze."[22]

Am Ende der Kurzgeschichte macht Tolstoi deutlich, dass sein Hauptanliegen nicht die Kritik an einer bestimmten schweizerischen Rechtsvorschrift ist, sondern an der Grundidee eines demokratischen Staates:

> „Gleichheit vor dem Gesetz? Ja spielt sich denn das gesamte Leben der Menschen nach Gesetzesparagraphen ab? Nur der tausendste Teil des Lebens ist gesetzlich geregelt, der ganze übrige Teil spielt sich außerhalb der Gesetze ab, im Rahmen gesellschaftlicher Sitten und Anschauungen. In der Gesellschaft aber ist der Kellner besser gekleidet als der [Bänkel-]Sänger und darf diesen ungestraft beleidigen. Ich bin besser angezogen als der Kellner und somit berechtigt, diesen zu beleidigen. Der Portier hält mich für über sich und den Sänger für unter sich stehend; als ich mich dem Sänger angeschlossen hatte, glaubte der Portier, mit uns auf gleichem Fuße zu stehen, und wurde unverschämt. Ich wurde grob gegen den Portier, und dieser erkannte an, unter mir zu stehen. Der Kellner benahm sich unverschämt gegen den Sänger, und dieser erkannte an, unter dem Kellner zu stehen. Kann man einen Staat wirklich für frei, für einen, wie es heißt, vorbildlich freien Staat halten, wenn in ihm auch nur ein einziger Bürger deshalb ins Gefängnis gesteckt wird,

19 Vgl. *Tolstoi*, Tagebucheintragung vom 25. Juni (7. Juli) 1857 a.a.O., Bd. 47 S. 139 f.

20 Ist man wegen der Polizei sehr eingeengt.

21 Armer Teufel (richtig: „pauvre diable"). Der Sänger aus dem (deutschsprachigen) Kanton Aargau spricht kein einwandfreies Französisch.

22 *Tolstoi*, Ljuzern a.a.O., S. 17.

weil er, ohne jemand zu schaden und zu stören, die einzige ihm mögliche Tätigkeit ausübt, um nicht Hungers sterben zu müssen?“[23]

Angesichts dieser eindeutigen Position wagten nur sehr wenige Angehörige des bürgerlich-liberalen Lagers, Tolstoi die Nähe zu ihrem eigenen politischen Konzept zu bescheinigen.[24] Verbreiteter war die Auffassung, dass Tolstoi zwar nicht unbedingt selbst ein bürgerlicher Demokrat sei, aber die liberale Forderung nach einer milden Strafgesetzgebung und nach einem humanen Strafvollzug teile.[25] Dabei wurde „Auferstehung“, vor allem in Frankreich, häufig als russisches Pendant zu Victor Hugos Epos „Die Elenden“ (1862) angesehen,[26] das zwar die politische und soziale Ungerechtigkeit brandmarkt, jedoch den Staat und seine Institutionen nicht generell verwirft. Aber auch diese Auffassung ist nicht stichhaltig. Vielmehr war Tolstoi überzeugt von einer immanenten Verwerflichkeit der Strafe[27] und sah die Bestrebungen, das Strafrecht bzw. den Strafvollzug zu reformieren, im besten Fall als naiven Fehler[28] und im schlimmsten Fall als absichtliche Verschleierung ihrer Unmenschlichkeit.[29] „Die Gefängnisstrafe ist für die heutigen Menschen genauso grausam und qualvoll, wie das Auspeitschen vor hundert Jahren“[30] – schrieb er im Lesebuch „Der Lebensweg“.

Im Essay „Nikolai Palkin“[31] (1887) heißt es noch konkreter:

> „Wo ist unsere Folter, unsere Sklaverei, wo sind unsere Stockhiebe? Uns scheint, das alles gäbe es nicht, das alles sei eine Angelegenheit der Vergangenheit, jetzt aber vorbei. Dies scheint uns so, weil wir das Alte nicht begreifen wollen und geflissentlich davor die Augen verschließen […] Sobald wir einsehen, wie töricht und grausam es ist, Köpfe auf dem Richtblock abzuschlagen und die Wahrheit dadurch ermitteln zu wollen, dass man den Menschen die Knochen verrenkt, werden wir auch einsehen, dass es zumindest ebenso töricht und grausam ist, Menschen zu hängen oder in Einzelhaft zu sperren, die dem Tod gleichkommt oder noch schlimmer ist, und die Wahrheit durch bezahlte Advokaten und Staatsanwälte ermitteln zu wollen. Sobald wir einsehen, wie töricht und grausam es ist, einen Verirrten zu töten, werden wir

---

23 *Tolstoi*, Ljuzern a.a.O., S. 24.

24 Vgl. *Dieckmann*, Polemik, S. 163, 218 f., 228 f. mit weiteren Nachweisen.

25 Vgl. *Reinhardt*, „Woskressenije“ S. 8 f.; *Dawydow*, Tolstoi, S. 16.

26 Vgl. *Gornaja*, Zarubeshnyje a.a.O., S. 129 f. mit weiteren Nachweisen.

27 Vgl. *Goldenweiser*, *Alexander*, Verbrechen, S. 42 f., 64.

28 Vgl. *Goldenweiser*, *Alexander*, Verbrechen, S. 20.

29 Vgl. *Tolstoi*, zitiert nach *Dawydow*, Tolstoi, S. 18.

30 *Tolstoi*, Put a.a.O., S. 226. Eigene Übertragung, weil in der deutschen Übersetzung „Der Lebensweg“ weggelassen.

31 „Nikolai Palkin“ („Nikolai der Peitschenmann“) war der Spottname des russischen Zaren Nikolaus I. (1796–1855).

auch einsehen, dass es noch törichter ist, einen solchen Menschen ins Zuchthaus zu werfen, um ihn dort völlig dem Laster auszuliefern […].“[32]

Tolstoi bringt diese Ansicht auch in seinem erzählerischen Werk zum Ausdruck. In der Novelle „Göttliches und Menschliches“ weist der in einer Einzelzelle festgehaltene schwerkranke Revolutionär Meschenezkij den Gefängnisarzt schroff ab: „Wie? Schämen Sie sich nicht? […] Wie kann man hier dienen! Wozu kurieren Sie mich? Nur zur weiteren Qual. Das ist doch gerade so, als ob Sie einer Auspeitschung beiwohnen und zu deren Fortsetzung Ihre Genehmigung geben würden […] Man heilt die Wunden aus, damit man dem Delinquenten die restlichen 5000 Stockhiebe verabreichen kann […] Macht, dass ihr fortkommt! Ich werde auch ohne euch krepieren.“[33]

Und in „Auferstehung“ wird auch und gerade ein „reformiertes“ Strafrecht als brutal und unmenschlich geschildert:

„Am meisten aber verwunderte ihn [Nechljudow], dass das alles nicht zufällig, nicht aus einem Missverständnis heraus, nicht nur einmal geschah, sondern fortwährend, im Laufe von Hunderten von Jahren, mit nur dem einen Unterschied, dass da früher die mit den abgerissenen Nasen und abgeschnittenen Ohren waren, dann die Gebrandmarkten, an Eisenstangen Gefesselten, und jetzt die in Handfesseln mit Dampf und nicht mehr mit Fuhrwerken Deportierten. Überlegungen, dass das, was ihn so empörte, von der unvollkommenen Ausrüstung der Haft- und Verbannungsorte käme, wie ihm die Beamten sagten, und dass man das alles verbessern könne, wenn man Gefängnisse neuer Art anlege – befriedigten Nechljudow nicht, denn er spürte, dass das, was ihn empörte, nicht an der mehr oder weniger vollkommenen Ausrüstung der Haftanstalten lag. Er hatte von vervollkommneten Gefängnissen mit elektrischen Klingeln gehört, von Hinrichtungen durch Elektrizität, wie sie von Tarde empfohlen werden, und diese vervollkommnete Gewalt empörte ihn nur noch mehr.“[34]

Letztlich kommt Nechljudow zum Schluss, dass man das Strafwesen „nicht vervollkommnen kann“.[35] Gleichwohl kümmert er sich ernsthaft um die Belange der Häftlinge, muss aber zugeben, durch sein Engagement die menschenverachtende Justizmaschinerie und ihre Diener ungewollt zu legitimieren:

„All das berührte Nechljudow seltsam, am seltsamsten aber, dass er jetzt dem Inspektor und dem Oberaufseher dankbar sein, sich ihnen verpflichtet fühlen musste, Menschen also, die all diese Grausamkeiten verübten, die in diesem Hause geschahen […] wie immer fiel es Nechljudow qualvoll schwer, dass er sich, um den Unterdrückten zu helfen, auf die Seite der Unterdrücker stellen und ihre Tätigkeit dadurch scheinbar als rechtens anerkennen musste, dass er sich mit Bitten an sie

32 *Tolstoi*, Nikolai a.a.O., S. 560.

33 *Tolstoi*, Bosheskoje a.a.O., S. 218.

34 *Tolstoi*, Woskressenije a.a.O., S. 413.

35 *Tolstoi*, Woskressenije a.a.O., S. 324.

wandte, damit sie sich ein wenig, wenigstens in Bezug auf bekannte Personen, ihrer üblichen und vermutlich von ihnen selbst nicht wahrgenommenen Grausamkeiten enthielten.“[36]

Und ein wohlmeinender, aber naiver Reisender aus England, der ein sibirisches Gefängnis besucht, um den Häftlingen Trost zu spenden, wird umgehend der Lächerlichkeit preisgegeben:

> „Da holte der Engländer sein Evangelium im Ledereinband heraus.
>
> ‘Bitte, übersetzen Sie das’, sagte er zu Nechljudow. ‘Ihr habt euch gestritten und geschlagen, aber Christus, der für uns gestorben ist, hat uns ein anderes Mittel gegeben, unsere Streitigkeiten zu schlichten. Fragen Sie sie, ob sie wissen, wie man nach dem Gebot Christi mit demjenigen umgehen soll, der uns beleidigt.’
>
> Nechljudow übersetzte die Worte und die Frage des Engländers. ‘Der Obrigkeit klagen, ob die’s prüft?’, sagte fragend einer und schielte auf den imposanten Inspektor.
>
> ‘Ihn auspeitschen, dann beleidigt er nicht mehr’, sagte ein anderer. Ein paar beifällige Lacher waren zu hören. Nechljudow übersetzte dem Engländer ihre Antworten.
>
> ‘Sagen Sie ihnen, dass man nach Christi Gebot das genaue Gegenteil tun soll: Schlägt man dich auf die eine Wange, biet ihm die andere’, sagte der Engländer und bot gleichsam als Geste seine Wange dar.
>
> Nechljudow übersetzte.
>
> ‘Soll ers selber probieren’, sagte jemandes Stimme.
>
> ‘Und wenn er ihm eine auf die andere schmiert, welche kann er dann noch bieten?’ sagte einer der liegenden Kranken.
>
> ‘Da macht er dich zu Kleinholz.’
>
> ‘Los jetzt, versuchs’, sagte jemand von hinten und fing fröhlich an zu lachen. Ein allgemeines unbändiges Gelächter ergriff die ganze Zelle; selbst der Geprügelte lachte durch Blut und Rotz hindurch. Und auch die Kranken lachten.“[37]

Weiterhin ist das Strafverfahren gegen Katjuscha Maslowa, obwohl es im autoritär regierten Russischen Kaiserreich stattfindet, kein Scheinprozess, und die Umstände ihrer Verurteilung – voreingenommene bzw. nachlässige Geschworene, ein liebestoller und deshalb etwas vergesslicher Gerichtsvorsitzender, ein rücksichtsloser und boshafter stellvertretender Staatsanwalt, ein unbeholfener und ungeschickter Verteidiger – wären auch in einem demokratischen Rechtsstaat denkbar, zumal die Zusammensetzung des Geschworenengerichts (vom Fürsten bis zum Genossenschaftler bzw. „Artelschtschik“[38]) alle Bevölkerungsschichten gerecht repräsentierte. Im Übrigen wurde das in Russland

---

36 *Tolstoi*, Woskressenije a.a.O., S. 144, 253.

37 *Tolstoi*, Woskressenije a.a.O., S. 435 f.

38 Siehe oben Kapitel C) II.

1864 eingeführte Geschworenengericht[39] von den Liberalen nicht ganz zu Unrecht als „Palladium der Freiheit“[40] gefeiert, von den Konservativen jedoch massiv geschmäht,[41] wobei auch Tolstoi selbst in „Auferstehung“ auf diese Anfeindungen sarkastisch anspielt.[42]

„Die von ihm [Tolstoi] an den Tag gelegten Ansichten über die moderne Kriminaljustiz [wären] um keinen Deut andere, wenn er von seinem Standpunkte aus den englischen oder irgendeinen anderen Richter oder gar die vollkommenste Gefängnisart, die amerikanische, mit elektrischer Beleuchtung, automatischen Fächern, eigener Zeitung und anderen Einrichtungen des Komforts geschildert hätte“[43] – fasste Alexander Goldenweiser 1901 zusammen.

III. Tolstoi als Sozialist

> „Der Sozialismus steht und fällt mit der Staatlichkeit, mit der Gewalt, was aber viele vergessen.“[44]
>
> *Leo Tolstoi*

Nicht allein die parteiischen linksgerichteten Intellektuellen und ihre genauso voreingenommenen rechtskonservativen Gegner,[45] sondern auch zahlreiche namhafte Forscher[46] rückten Leo Tolstoi in die geistige Nähe des Sozialismus bzw. Kommunismus.[47] Bei näherer Betrachtung erscheint auch diese Auffassung falsch. Wohl verstand Tolstoi sich um 1900 als „Marx-Experte“,[48] las „Das Kapital“ sehr aufmerksam[49] und nahm Bezug auf dieses Werk in seiner Schrift „Die Sklaverei unserer Zeit“ (1900) – allerdings nur im rechtshistorischen Kontext:

---

39 Siehe oben Kapitel A) IV.

40 *Riwlin*, IWUSP 1961, 169 f.

41 Vgl. *Schröder*, „Auferstehung“ a.a.O., S. 318 mit weiteren Nachweisen.

42 Vgl. *Tolstoi*, Woskressenije a.a.O., S. 91.

43 Goldenweiser, Alexander, Verbrechen, S. 56.

44 *Tolstoi*, zitiert nach *Gussew N.*, Tolstym S. 108.

45 Siehe oben Kapitel A) I. 2.

46 In jüngster Zeit u.a. *Schröder*, „Auferstehung“ a.a.O., S. 322 f.; *Dement'ev*, Tolstoy a.a.O., S. 181; *Rotzetter*, Kreuz, S. 196.

47 Im zeitgenössischen Sprachgebrauch wurde zwischen diesen Begriffen nicht unterschieden; auch Lenins Bolschewiki nannten sich bis 1918 „Sozialdemokratische Arbeiterpartei Russlands (SDAPR)“.

48 *Caspers, O.*, Sozialismus a.a.O., S. 523 f. mit weiteren Nachweisen.

49 Vgl. *Serebrowskaja*, Rabstwo a.a.O., S. 567; *Caspers, O.*, Sozialismus a.a.O, S. 525 mit weiteren Nachweisen.

„Die Landbevölkerung wurde zuerst ihres Landes beraubt, sagt Karl Marx, vertrieben und zum Vagabundenleben gezwungen, und dann wurde sie, zufolge grausamer Gesetze, mit Zangen, glühendem Eisen und Peitschen gemartert, um sie den Forderungen der Privatarbeit unterzuordnen."[50]

Auch stellt Tolstoi die meisten (im Übrigen nicht ausschließlich marxistischen)[51] linksgerichteten Regimegegner in seinem Werk mit Sympathie dar.[52]

Er schildert sie jedoch gerade nicht als strahlende Freiheitshelden, sondern als „Verirrte",[53] als volksferne Träumer,[54] die durch rücksichtslose Gewalt der Machthaber zum Gegenterror getrieben werden,[55] sich kaum darüber im Klaren sind, wofür sie eigentlich kämpfen, leiden und sterben[56] und im Grunde genommen ihr Leben sinnlos vergeuden,[57] statt den Mitmenschen wirklich zu helfen.[58]

Die sozialistische Theorie verwarf Tolstoi als „Aberglauben",[59] als oberflächliche Modelehre,[60] die „von Unklarheit, willkürlichen Behauptungen, Widersprüchen, ja schlechthin Dummheiten"[61] voll sei. Unter anderem empfand Tolstoi die Behauptung der Sozialisten als arrogante Anmaßung, die Gesetze der sozialen Entwicklung der Menschheit zu kennen und das bestmögliche Ergebnis dieser Transformation voraussagen zu können.[62] Daneben bezweifelte Tolstoi, ob die voranschreitende Proletarisierung der Landbevölkerung

50 *Tolstoi*, Rabstwo a.a.O., S. 157 f. Vgl. *Marx*, Kapital a.a.O., S. 762 ff.

51 Zu den nichtkommunistischen Linksoppositionellen gehört unter anderem der politische Gefangene Wladimir Simonson, den Katjuscha Maslowa nach ihrer Entlassung heiratet.

52 Vgl. *Kusina / Tjunkin*, „Woskresenije" a.a.O., S. 478 ff.

53 Goldenweiser, Alexander, Verbrechen, S. 22.

54 Vgl. *Tolstoi*, Woskressenije a.a.O. S. 398; *Tolstoi*, „Woskressenije". Tschernowyje a.a.O., S. 277 f.; *Tolstoi*, Bosheskoje a.a.O., S. 200.

55 Vgl. *Tolstoi*, Chodite a.a.O., S. 292 (nicht wiedergegeben in der deutschen Übertragung „Wandelt im Licht"); *Tolstoi*, Woskressenije a.a.O., S. 373 f., 374 f; *Tolstoi*, Falschiwyj a.a.O., S. 30 f.; *Tolstoi*, Bosheskoje a.a.O., S. 199 f.

56 *Tolstoi*, Woskressenije a.a.O., S. 184; *Tolstoi*, „Woskressenije". Tschernowyje a.a.O., S. 219, 299.

57 Vgl. *Tolstoi*, Woskressenije a.a.O., S. 439; *Tolstoi*, Bosheskoje a.a.O., S. 201, 217, 225.

58 Vgl. *Tolstoi*, Bosheskoje a.a.O., S. 217.

59 *Tolstoi*, sozialisme a.a.O., S. 431.

60 Vgl. *Tolstoi*, nauke a.a.O., S. 142; *Tolstoi*, besumii a.a.O., S. 401; *Tolstoi*, Pismo a.a.O., S. 265.

61 *Tolstoi*, rabotschemu a.a.O., S. 122 f.

62 Vgl. *Tolstoi*, sozialisme a.a.O., S. 426.

tatsächlich einen Fortschritt darstellte,[63] hielt die von den Sozialisten anvisierte gleiche Aufteilung der Güter in der Gesellschaft für unrealistisch[64] und meinte, dass eine Neuorganisation der Betriebsabläufe im Sinne des Marxismus im rücksichtslosen Arbeitszwang resultieren werde.[65] Aber Tolstois zentrales[66] Argument gegen die sozialistische Gesellschaftsform beruht auf seiner generellen Ablehnung der staatlichen Gewalt.[67] Im Jahre 1893 brachte er diesen Einwand zum Ausdruck in „Das Reich Gottes ist inwendig in Euch“:

> „Wenn Menschen behaupten, die Befreiung von der Gewalt oder wenigstens ihre Abschwächung könne sich dadurch vollziehen, dass die unterdrückten Menschen durch Kraft die unterdrückende Regierung abschütteln, sie durch eine neue ersetzen, durch eine solche, bei der eine derartige Vergewaltigung und Knechtung des Menschen nicht mehr nötig sein wird, und manche Menschen dies zu tun versuchen, so täuschen diese Menschen nur sich und andere. Damit verbessern sie nicht, damit verschlechtern sie die Lage der Menschen […] Wollte man selbst zugeben, dass infolge besonderer für die Regierungen ungünstiger Umstände, wie zum Beispiel in Frankreich im Jahre 1870, irgendeine Regierung gewaltsam gestürzt wäre und die Macht in andere Hände überginge, so wäre doch diese neue Macht in keinem Falle weniger bedrückend als die frühere. Sie wird vielmehr stets, um sich gegen alle wütenden, gestürzten Feinde zu verteidigen, noch despotischer und grausamer sein als die frühere, wie es auch wirklich bei der Revolution gewesen ist […] Geknechtet werden andere Menschen sein, und man wird die Menschen zu anderen Dingen zwingen, aber es wird nicht bloß dieselbe, es wird eine grausamere Gewalt und Knechtung sein, denn infolge des Kampfes wird der Hass der Menschen gegeneinander wachsen. Mit ihm werden die Mittel der Knechtung stärker werden und sich neue entwickeln. So war es auch nach allen Revolutionen, nach allen Versuchen einer Empörung, nach allen Verschwörungen, nach allen gewaltsamen Veränderungen der Regierungen. Jeder Kampf verstärkt die Mittel der Knechtung der Menschen, die sich im gegebenen Augenblick in der Macht befinden.“[68]

Siebzehn Jahre später, als die baldige Revolution in Russland schon absehbar war, sprach Tolstoi im Essay „Über Sozialismus“ eine noch deutlichere Warnung aus:

> „Nehmen wir an, dass beispielweise die sozialistischen Gesellschaftsreformer in der Lage sein werden, Gesetze zu erlassen, die Kapitalisten und andere Eigentümer zu befolgen haben. Es war aber nie der Fall und wird auch nicht der Fall sein, dass ein Gesellschaftskonzept ausnahmslos von allen als das beste akzeptiert wurde. Und sobald diese Übereinstimmung fehlt, wird die Machtausübung (wie sie immer

---

63 Vgl. *Tolstoi*, Rabstwo a.a.O., S. 158, 160; *Tolstoi*, Grech a.a.O., S. 471.

64 Vgl. *Tolstoi*, O sozialisme a.a.O., S. 434; *Tolstoi*, Tagebucheintragung vom 1. Juli 1889 a.a.O., Bd. 50 S. 101.

65 Vgl. *Tolstoi*, Rabstwo a.a.O., S. 159 f., 161.

66 Vgl. *Falkner*, Tolstoi a.a.O., S. 99.

67 Siehe oben Kapitel C) III.

68 *Tolstoi*, Zarstwo a.a.O., S. 155 f.

> war und heute ist) erforderlich, also die Gewaltanwendung einiger Menschen gegen andere. Um die Gewalt aufrechtzuerhalten, muss der Betrug fortdauern, der dafür sorgt, dass die Menschen nach dem Willen der jeweiligen Machthaber sich selbst Gewalt antun.
>
> Und die [Staats-]Macht muss, um Macht zu sein, diesen Betrug durch allerlei Täuschungen und Grausamkeiten gegen das betrogene Volk aufrechterhalten: Sie muss die Gefängnisse, sogar die Todesstrafe haben, muss über die Polizei und das Heer verfügen, also über die Menschen, welche die Order, einschließlich der Mordbefehle, bedingungslos ausführen. Ist es vorstellbar, dass jede Macht, für die solches Handeln unerlässlich, eine conditio sine qua non ist, das Volkswohl fördern kann?"[69]

Dieser Ausgang einer sozialistischen Revolution wird umso wahrscheinlicher, weil ein zwar verhältnismäßig kleiner, aber besonders energischer und zielstrebiger Teil der Revolutionäre nicht aus idealistischen Träumern besteht, sondern aus ehrgeizigen Egoisten:

> „Zu ihren Gunsten sprach jedoch, dass sie [die Revolutionäre] im Unterschied zu den gewöhnlichen Menschen höhere Anforderungen an die Moral stellten, als allgemein bei den Menschen akzeptiert wird. Bei ihnen galten nicht nur Enthaltsamkeit, asketisches Leben, Wahrheitsliebe, Selbstlosigkeit für verbindlich, sondern auch die Bereitschaft, alles für die gemeinsame Sache zu opfern, selbst das eigene Leben. Und deshalb waren diejenigen unter ihnen, die über Mittelmaß waren, wesentlich darüber und gaben ein Beispiel an hoher Moralität; die unter dem Mittelmaß waren wesentlich darunter und häufig unehrlich, heuchlerisch und dabei eitel und stolz."[70]

Zu solchen negativen Gestalten gehört der inhaftierte charismatische Revolutionär Nowodworow[71] in „Auferstehung": „Gut war er bloß zu Leuten, die ihm ihre Verehrung erwiesen."[72] Nachdem sein Mithäftling Krylzow beklagt, dass die Revolutionäre die breiten Volksmassen, deren Interessen sie zu vertreten glauben, nicht kennen und von ihnen sogar gehasst werden,[73] gibt Nowodworow ihm eine zynische und arrogante Antwort:

> „Nichts ist da entsetzlich […] Die Massen vergöttern immer bloß die Macht […] Die Regierung übt Gewalt aus – sie vergöttern sie und hassen uns; morgen werden wir an der Macht sein – dann werden sie uns vergöttern […] die Massen sind Objekt unseres Handelns, können aber, solange sie so unbeweglich sind wie jetzt,

---

69 *Tolstoi*, sozialisme a.a.O., S. 429 f.

70 *Tolstoi*, Woskressenije a.a.O., S. 375.

71 Ein sprechender Nachname, abgeleitet vom russischen Ausdruck „nowyi dwor" („neuer [Fürsten]hof").

72 *Tolstoi*, Woskressenije a.a.O., S. 401.

73 Vgl. *Tolstoi*, Woskressenije a.a.O., S. 398.

> nicht mit uns zusammenarbeiten […] Ich sage nur, dass ich den Weg kenne, den das Volk gehen muss, und diesen Weg weisen kann.“[74]

Noch rücksichtsloser ist der inhaftierte marxistische Regimegegner Roman in der Novelle „Göttliches und Menschliches“. Dieser hochmütige und gefühllose Dogmatiker[75] verachtet das Volk als „unwissende[n] Haufen, richtiges Vieh“[76] und treibt seinen Mithäftling und Opponenten Meschenezkij, einen tapferen Revolutionsveteranen, der fast sieben Jahre in Einzelhaft verbracht hat, mit gehässigem Spott in den Selbstmord.[77]

Weiterhin sind die oft missverstandenen[78] Worte Nechljudows: „[Der Zweck der Justiz ist] die Aufrechterhaltung der Standesinteressen. Das Gericht ist meiner Ansicht nach nur das administrative Werkzeug zur Aufrechterhaltung der bestehenden Ordnung, die für unseren Stand von Vorteil ist.“[79] aus dem Zusammenhang gerissen, weil der Fürst danach hinzufügt: „Das Gericht hat allein den Zweck, die Gesellschaft in ihrem gegenwärtigen Zustand zu bewahren, dafür verfolgt und bestraft es sowohl diejenigen, die über dem Durchschnitt stehen und ihn anheben wollen, die sogenannten politischen Verbrecher, als auch diejenigen, die unter dem Durchschnitt stehen, die sogenannten verbrecherischen Typen“.[80]

Somit bezeugt diese Bemerkung nicht Tolstois Zustimmung zum marxistischen Klassenkonzept, sondern bezieht sich auf die Funktion der Justiz in *jeder* erdenklichen Staatsordnung, darunter auch in einem um 1900 noch hypothetischen kommunistischen Gemeinwesen. Im Übrigen räumte der prominente russische marxistische Publizist und Kritiker Wladimir Posse (1864–1940)[81] schon 1913 ein, dass Tolstoi dem sozialistischen Lager nicht zuzuordnen ist – und hielt ihm das auch nicht vor: „Niemand hat das Recht, von Tolstoi zu sagen – er ist unser und nicht unser, er gehört allen.“[82]

---

74 *Tolstoi*, Woskressenije a.a.O., S. 398 f.

75 Vgl. *Falkner*, Tolstoi a.a.O., S. 101.

76 *Tolstoi*, Bosheskoje a.a.O., S. 221.

77 Vgl. *Tolstoi*, Bosheskoje a.a.O., S. 221 f., 225 ff.

78 So u.a. *Maklakow*, RM 1914, S. 60 f.; *Schröder*, „Auferstehung“ a.a.O., S. 322 f.

79 *Tolstoi*, Woskressenije a.a.O., S. 323.

80 Ebd.

81 Ausführlicher zu diesem Intellektuellen: *Dieckmann*, Polemik, S. 244 ff.

82 *Lebedew / Posse*, Tolstogo, S. 141.

IV. Tolstoi als Anarchist

> „[I]ch konnte nie begreifen, welche Vorteile die Gesellschaftsform der Anarchie im Vergleich zur heutigen Ordnung der Dinge haben wird und wie sie [überhaupt] hergestellt werden kann, wenn die Herzen der Menschen sich nicht ändern, wenn die Menschen die christliche Sicht nicht übernehmen."[83]
>
> *Leo Tolstoi*

Seit fast 150 Jahren wird Leo Tolstoi von Laien wie auch von namhaften Wissenschaftlern[84]weithin als (friedlicher) Anarchist angesehen.[85]

Der Grund dafür ist die verbreitete Überzeugung, dass Tolstois Weltanschauung zu den Lehren gehöre, die „mit ihrer Kritik vor keiner Rechtseinrichtung Halt [machen] und nicht nur die Rechtseinrichtung des Staates, sondern zum Teil auch die des Eigentums, ja das Recht vor dem Richterstuhl [ziehen]"[86]

Aber Tolstoi selbst verwahrte sich explizit gegen die Bezeichnung „Anarchist":

> „Ich werde den Anarchisten zugerechnet, aber ich bin kein Anarchist, sondern Christ. Mein Anarchismus ist lediglich Anwendung des Christentums auf die Beziehungen der Menschen. Das gleiche gilt für Antimilitarismus, Kommunismus, Vegetariertum […] Die Lehre, die ich lebe, ist nicht Anarchismus. Sondern Erfüllung des ewigen Gesetzes, das Gewalt und Beteiligung an der Gewalt verbietet."[87]

Der Grund für diese Distanzierung war, dass Tolstoi im Gegensatz zu Vordenkern des Anarchismus – nämlich William Godwin (1756–1837), Pierre-Joseph Proudhon (1809–1865), Max Stirner (1806–1856), Michail Bakunin (1814–1876), Pjotr Kropotkin (1842–1921) und Benjamin Tucker (1854–1939)[88] – an ein christliches, aber zugleich universelles metaphysisches Lebensgesetz[89] glaubte und die Ablehnung des Staates und seiner Institutionen, einschließlich des Justiz- und Strafwesens, lediglich als Folgen seiner konsequenten Anwen-

---

83 *Tolstoi*, Brief an John Kenworthy a.a.O., S. 173.

84 Siehe u.a. *Walter*, Tolstoi, S. 192; *Mereschkowski*, Gefährten, S. 369; *Maklakow*, bolschwewism S. 14; *Pfahl-Traughber*, Tolstoi; vgl. auch *Hanke*, Prophet, S. 98 f. mit weiteren Nachweisen.

85 Siehe u.a. *Walter*, Tolstoi, S. 192; *Mereschkowski*, Gefährten, S. 369; *Maklakow*, bolschwewism S. 14; *Pfahl-Traughber*, Tolstoi; vgl. auch *Hanke*, Prophet, S. 98 f. mit weiteren Nachweisen.

86 *Eltzbacher*, PJ 1900, 267.

87 Vgl. *Tolstoi*, Tagebucheintragung vom 24. August 1906 a.a.O., Bd. 55 S. 239; *Tolstoi*, Tagebucheintragung vom 13. Januar 1910 a.a.O., Bd. 58 S. 7.

88 Vgl. *Tolstoi*, Brief an Paul Eltzbacher a.a.O., S. 424 unter Bezugnahme auf dessen Buch „Der Anarchismus" (1990); *Schmid*, Anarchismus a.a.O., S. 517 f. mit weiteren Nachweisen.

89 Siehe oben Kapitel C) II.

dung betrachtete.[90] Daher rief Tolstoi am Ende seines zentralen (sozial-)philosophischen Werks „Das Reich Gottes ist inwendig in Euch“ nicht zur umgehenden Abschaffung des Staatswesens und des Eigentums auf, sondern nur zum allmählichen gesellschaftlichen Umdenken:

> „Ich sage nicht, du sollst, wenn du ein Gutsbesitzer bist, im Augenblick deinen Grund und Boden den Armen geben; wenn du ein Kapitalist bist, du sollst sofort dein Geld, deine Fabrik den Arbeitern geben, wenn du ein Fürst, ein Minister, ein Beamter, ein Richter, ein General bist, du sollst sofort auf deine vorteilhafte Stellung verzichten; wenn du ein Soldat bist (das heißt, wenn du die Stellung einnimmst, auf die alle Gewalttaten sich stützen), du solltest ohne Rücksicht auf alle Gefahren der Verweigerung des Gehorsams sofort auf deine Stellung verzichten.
>
> Tust du das, so tust du das Allerbeste. Aber es kann sein, und es ist sehr wahrscheinlich, dass du gar nicht die Kraft haben wirst, das zu tun. Du hast Verbindungen, Familie, Untergebene und Vorgesetzte. Du kannst unter so einem starken Einfluss von Versuchungen stehen, dass du nicht die Kraft haben wirst, das zu tun. Aber die Wahrheit als Wahrheit anzuerkennen und nicht zu lügen, das kannst du zu jeder Zeit.
>
> Nicht behaupten, du bliebest Gutsbesitzer, Fabrikant, Kaufmann, Künstler und Schriftsteller, weil das für die Menschen nützlich ist, du dienest als Gouverneur, als Staatsanwalt, als Fürst, nicht weil es dir angenehm, weil es süße Gewohnheit ist, sondern zum Heile des Menschen; du bliebest Soldat, nicht weil du Strafe fürchtest, sondern weil du das Heer zur Sicherung des Lebens der Menschen für notwendig hältst, nicht so vor dir selbst und den Menschen lügen, das kannst du stets. Du kannst es nicht bloß, du musst es sogar, denn nur darin allein, in der Befreiung von der Lüge und in der Bekennung der Wahrheit, besteht das einzige Werk deines Lebens. Und du brauchst nur dies zu tun, und von selbst wird sich auch deine Stellung unvermeidlich ändern […] Der Ausweg aus dieser Lage liegt darin, dass wir, wollen wir schon nicht auf einmal auf unsere Stellung und unsere Rechte verzichten, unsere Schuld anerkennen, uns nicht rechtfertigen und nicht heucheln.“[91]

Von den zeitgenössischen Anarchisten distanzierte sich Tolstoi mit klaren Worten. Im Mai 1886 schrieb er an Wladimir Tschertkow:

> „Wir täuschen uns oft insofern, als wir bei Begegnungen mit Revolutionären meinen, wir stünden nahe beieinander. Keinen Staat – keinen Staat, kein Eigentum – kein Eigentum, keine Ungleichheit – keine Ungleichheit und vieles andere. Es sieht so aus, als sei alles dasselbe. Aber es besteht nicht nur ein großer Unterschied, nein, es gibt niemanden, der weiter von uns entfernt wäre. Für den Christen existiert der Staat nicht, sie aber vernichten den Staat; für den Christen gibt es kein Eigentum, sie aber vernichten das Eigentum. Für den Christen sind alle gleich; sie aber wollen die Ungleichheit beseitigen. Das sind genau zwei Enden eines nicht geschlossenen Ringes. Die Enden liegen beieinander, sind aber weiter voneinander

---

90 Vgl. *Falkner*, GWTPU 2018, 68.

91 *Tolstoi*, Zarstwo a.a.O., S. 291 f., 306.

neswegs die dunklen Seiten seiner traditionellen Lebensform.[103] Diese Kritik veranlasste den reaktionären Staatsmann Konstantin Pobedonoszew[104] zum absurden Vorwurf, dass Tolstoi die russischen Bauern beleidige.[105]

In Wirklichkeit beurteilte der Schriftsteller die Menschen nicht nach ihrem sozialen Status, sondern danach, ob sie „menschlich leben, die Menschen lieben, Gutes tun und Böses mit Gutem vergelten".[106] Deshalb schildert Tolstoi in „Auferstehung" den Senator Bee[107] mit genauso großer Sympathie wie im Drama „Macht der Finsternis" den Bauern Akim.[108]

Im Übrigen belegt schon Tolstois Zitateauswahl für die Anthologien „Für alle Tage", „Für jeden Tag" und „Der Lebensweg", wie wenig Affinität der russische Autor zum anarchistischen Gedankengut verspürte. Diese Lesebücher enthalten insgesamt 52 Sprüche von Konfuzius, 67 von Laozi, 90 aus dem Talmud, 95 aus den buddhistischen Schriften, 134 aus den Evangelien, aber lediglich 14 aus den Werken von Proudhon, Bakunin und Kropotkin.[109]

Somit beschränkt sich die Strafkritik Tolstois nicht auf ein bestimmtes Land und lässt sich auch nicht einer bestimmten politischen Ideenlehre zuordnen. Sie stellt vielmehr eine zwar keineswegs aus dem Nichts gestampfte,[110] aber in in ihrer endgültigen Form und Gestalt einmalige Erscheinung in der Geschichte der Rechtsphilosophie dar.

---

103 Siehe insbesondere *Tolstoi*, Wlast a.a.O., S. 220 f.

104 Siehe oben Rn. 809.

105 Vgl. *Dieckmann*, Polemik, S. 172 mit weiteren Nachweisen.

106 *Buka*, zitiert nach *Tolstoi*, Krug a.a.O., Bd. 41 S. 335. „Buka" („Butzemann") war das Pseudonym des mit Tolstoi befreundeten russischen Publizisten Alexander Archangelskij (1857–1906).

107 Siehe oben Kapitel E) IV. 1.

108 Siehe oben Kapitel C) VI.

109 Vgl. *Falkner*, GWTPU 2018, 70.

110 Siehe oben Kapitel B).

H) Tolstois Konzept der Nächstenliebe

> „An der Universität studiere ich Recht. Das Recht der Gewalt, das Recht der Macht. Aber dank Ihren Büchern erkannte ich das wahre Recht – das Recht der Gerechtigkeit.“[1]
>
> *A. B. Braganza Pereira*

Schon zu Leo Tolstois Lebzeiten wurde der Vorwurf laut, dass der Denker zwar die bekannten Rechtsmodelle negiere, ihnen aber keinen eigenen Gegenentwurf entgegensetze. So verlachte der zunächst mit Tolstoi befreundete[2] berühmte russische Religionsphilosoph und Dichter Wladimir Solowjow (1853–1900) in seiner gegen Ende der 1890er Jahre verfassten Skizze „Unsere Nikodims“[3] Tolstois Staats- und Gesellschaftskritik mit der sarkastischen Bemerkung, dass dieser Auffassung zufolge die Menschen in den Mutterleib zurückkehren sollen.[4] Noch gehässiger äußerte sich im März 1905 der französische Philosoph Jacques Maritain (1882–1973): „Es ist an der Zeit, ihn [Tolstoi] als den zu zeigen, der er ist: ein großer Dichter, ein falscher Christ, ein Prediger der Lüge und des Todes“.[5]

Der Vorwurf des Rechtsnihilismus verkennt jedoch die Grundidee von Leo Tolstoi:

> „Doch weiß ich in Gemeinschaft mit allen Menschen, mit der überwiegenden Mehrzahl der Menschen der ganzen Welt, dass alle Menschen freie, vernünftige Wesen sind, in deren Seele ein höheres, ungemein einfaches, klares und allen zugängliches Gesetz eingeprägt ist, das nichts gemein hat mit denjenigen Vorschriften der Menschen, die Rechte und Gesetze heißen. Dieses höhere Gesetz besteht darin, den Nächsten zu lieben wie sich selbst, und deshalb anderen nichts zufügen, was man für sich nicht wünscht.“[6]

Diese „ewige, allgemeine und für die ganze Welt gültige Lehre der Wahrheit“[7] bezeichnete Leo Tolstoi als „Gesetz der Liebe“.[8] „Liebe“ ist nicht gleichbedeutend mit persönlichen Zuneigungen:

---

1 *Braganza Pereira*, Brief an Leo Tolstoi a.a.O., S. 365. A. B. Braganza Pereira war ein portugiesischer Student der Rechtswissenschaft.

2 Vgl. *Dieckmann*, Polemik, S. 167 f. mit weiteren Nachweisen.

3 Anspielung auf Nikodemus aus dem Johannes-Evangelium („Nikodim“ ist die russische Form des Namens „Nikodemus“).

4 Vgl. *Dieckmann*, Polemik, S. 169 mit weiteren Nachweisen.

5 *Maritain*, Tolstoï a.a.O., S. 681.

6 *Tolstoi*, Pismo a.a.O., S. 61.

7 *Tolstoi*, Tagebucheintragung vom 2. Dezember 1897 a.a.O., Bd. 53 S. 168.

https://doi.org/10.1515/9783110726206-009

> „In der Tat, die Menschen geben ihrem Säugling, ihren Freunden, ihrem Weibe, ihren Kindern, ihrem Vaterland den Vorzug vor allen andern Kindern, Frauen, Freunden, Ländern – und nennen dieses Gefühl Liebe [...] Das, was die Menschen, die das Leben nicht verstehen, Liebe nennen, ist nur die Bevorzugung gewisser Bedingungen ihres persönlichen Wohles vor irgendwelchen anderen. Wenn der Mensch, der das Leben nicht versteht, sagt, dass er sein Weib oder sein Kind oder seinen Freund liebe, so sagt er damit nur, dass seines Weibes, Kindes oder Freundes Anwesenheit in seinem Leben sein persönliches Wohl erhöhe."[9]

Es handelt sich vielmehr um einen altruistischen Einsatz im Dienste der Mitmenschen über die familiären, sozialen und nationalen Grenzen hinaus:

> „Die Liebe ist die Bevorzugung anderer Wesen vor sich selbst – vor seiner tierischen Persönlichkeit [...] Die wahre Liebe hat stets zu ihrer Grundlage die Verleugnung des Wohles der Persönlichkeit und das aus derselben entstehende Wohlwollen gegen alle Menschen. Nur auf diesem allgemeinen Wohlwollen kann die wahre Liebe zu gewissen Menschen – zu den Seinigen und zu Fremden – aufwachsen [...] Dieser Zustand ist ein Zustand des Wohlwollens gegen alle Menschen, wie er Kindern eigen zu sein pflegt, im erwachsenen Menschen aber nur durch die Entsagung hervorgebracht wird und sich nur je nach dem Grade der Verleugnung des Wohles der Persönlichkeit verstärkt [...]
>
> In der Tat, die Liebe ist die Bevorzugung anderer Wesen vor uns selbst – wir alle fassen die Liebe so auf und können sie gar nicht anders auffassen. Die Größe der Liebe ist die Größe des Bruches, dessen Zähler – meine Leidenschaften, meine Sympathien für andere – nicht in meiner Gewalt ist; der Nenner dagegen, meine Liebe zu mir selbst, kann von mir bis ins Unendliche vergrößert oder verkleinert werden je nach dem Grade der Bedeutung, die ich meiner tierischen Persönlichkeit beilegen werde. Die Urteile aber unserer Welt über die Liebe, über ihre Grade – sind Urteile über die Größe der Brüche nach den bloßen Zählern ohne Berücksichtigung ihrer Nenner."[10]

Der Begriff „Gesetz" indiziert nicht Zwang oder Gewalt. Vielmehr machte Tolstoi damit deutlich, dass nicht das positive Staatsrecht, sondern das Gebot der Nächstenliebe das wahre Lebensgesetz des Menschen darstellt: „[D]as Wesen des menschlichen Lebens und das höchste Gesetz, das uns leiten soll, [ist] eben diese [altruistische] Liebe".[11] Somit ist das Gesetz der Liebe ein Gesetz, das „das ganze Leben bestimmt, [...] bindend ohne Zwang [ist], nur durch die innere Überzeugung eines jeden".[12]

---

8 Vgl. den Titel seiner Schrift „Das Gesetz der Gewalt und das Gesetz der Liebe" (1908).

9 *Tolstoi*, O zhisni a.a.O., S. 385, 388 f.

10 *Tolstoi*, O zhisni a.a.O., S. 390, 391.

11 *Tolstoi*, Sakon a.a.O., S. 166.

12 *Tolstoi*, W tschom a.a.O., S. 446.

Leo Tolstoi beschränkte sich dabei nicht auf generelle Ausführungen, sondern formulierte auf der Grundlage der Bergpredigt Jesu (nämlich Matthäus 5, 21–48) fünf Gebote,[13] welche die zwischenmenschlichen Beziehungen bestimmen sollen:

1. Der Mensch soll nicht nur nicht töten, sondern auch nicht zürnen – und auch keinen Rechtsstreit führen.
2. Der Mensch soll nicht ehebrechen.
3. Der Mensch soll keinen Eid schwören.
4. Der Mensch soll dem Übel nicht mit Gewalt widerstehen.
5. Der Mensch soll seine Feinde nicht hassen, sondern sie lieben.

Zwar erschöpft sich das Gesetz der Liebe nicht in diesen fünf Geboten,[14] doch zeigen sie auf, „was die Menschen auf einer gewissen Höhe der Entwicklung der Menschheit nicht mehr zu tun [vermögen]"[15] und sind somit „gewissermaßen Merkzeichen [Wegweiser] auf dem unendlichen Wege zur Vollkommenheit, auf dem die Menschheit schreitet, Merkzeichen der Stufe der Vollkommenheit, die der Menschheit in einer bestimmten Periode der Entwicklung möglich ist."[16]

Dabei betonte Tolstoi, keine neue Ideologie geprägt zu haben;[17] es handle sich vielmehr um „die christliche Lehre in ihrer wirklichen Bedeutung",[18] wie sie einst von Jesus von Nazareth – einem „Menschen"[19] und großen Weisen[20] verkündet wurde. Zwar predigen auch die anderen Religionen „die Eintracht, das Mitleid, die Güte, die Wohltätigkeit und überhaupt die Liebe".[21]

> „Die Besonderheit der christlichen Lehre besteht in dieser Beziehung nur darin, dass sie als die späteste das Wesen des Gesetzes der Liebe und das hieraus entspringende Prinzip der Lebensführung deutlicher und bestimmter zum Ausdruck gebracht hat.

13 Vgl. *Tolstoi*, W tschom a.a.O., S. 346 ff.; *Tolstoi*, Woskressenije a.a.O., S. 443 f.

14 Vgl. *Gusseinow*, Moralisty, S. 317.

15 *Tolstoi*, Zarstwo a.a.O., S. 80.

16 Ebd.

17 Vgl. *Tolstoi*, Tagebucheintragung vom 2. Dezember 1897 a.a.O., Bd. 53 S. 168; *Pismo* a.a.O., S. 60 f.

18 *Tolstoi*, Sakon a.a.O., S. 166.

19 *Tolstoi*, O zhisni a.a.O., S. 415.

20 Vgl. *Tolstoi*, Potschemu a.a.O., S. 353.

21 *Tolstoi*, Sakon a.a.O., S. 166 f.

Die christliche Lehre von der Liebe ist also nicht, wie in den früheren Zeiten, die Predigt einer besonderen Tugend, sondern die Formulierung des höchsten Gesetzes des menschlichen Lebens und des hieraus entspringenden Prinzips der Lebensführung. Die Lehre Christi weist nach, warum dieses Gesetz das höchste Gesetz des menschlichen Lebens ist, und weist andererseits auf die Reihe von Handlungen hin, die der Mensch vollbringen oder nicht vollbringen muss, wenn er die Richtigkeit dieser Lehre anerkennt."[22]

Im Laufe der Zeit sei das Christentum jedoch verzerrt und entstellt worden – genauso wie die anderen Religionen.[23] Zum einen habe die Kirche das Bild von Jesus verfälscht – durch die absurden Glaubensdogmen wie Dreifaltigkeit, Erlösung der Menschen von der Erbsünde, Auferstehung, Himmelfahrt und Wiederkunft.[24] Zum anderen sei sie auf die vollkommen verdorbene heidnische Welt zugegangen und habe ihre Lebensweise gebilligt:

„Die christliche Kirche hat alles anerkannt und geheiligt, was im Heidentum bestanden hat. Sie hat Ehescheidung, Sklaverei, Gerichte und alle Obrigkeiten anerkannt, die bereits bestanden; hat Kriege und Todesstrafen anerkannt und bei der Taufe nur ein wörtliches Sichlossagen vom Bösen verlangt; auch das war nur im Anfang, später, bei der Taufe Neugeborener, wurde selbst diese Forderung eingestellt. Die Kirche, die die Lehre Christi in Worten anerkennt, hat sie im Leben stets verleugnet.

Anstatt die Welt in ihrem Leben zu lenken, hat die Kirche, der Welt zu Gefallen, die metaphysische Lehre Christi derart umgewandelt, dass keinerlei Forderungen des Lebens aus ihr entsprungen sind und sie auf diese Weise die Menschen nicht verhinderte, so zu leben, wie sie bisher gelebt hatten. Die Kirche ist der Welt gewichen; und nachdem sie ihr einmal gewichen war, ist sie ihr nachgefolgt. Die Welt tat alles, was sie wollte, und überließ es der Kirche, ihr in ihren Erklärungen des Lebenssinns nachzufolgen, wie sie es verstände. Die Welt führte ihr in allem der Lehre Christi widersprechendes Leben, und die Kirche ersann Spitzfindigkeiten, aus denen sich ergeben sollte, dass die Menschen, indem sie dem Gesetze Christi zuwider lebten, mit ihm im Einklang lebten. Und das Endergebnis war, dass die Welt ein Leben zu führen begann, das schlechter war als das Leben der Heiden; und die Kirche versuchte nicht nur, dies Leben zu rechtfertigen, sondern sogar zu behaupten, dass gerade darin die Lehre Christi bestehe [...] Die Kirche aber lehrt uns, dass jeder Christ sich ohne Widerrede den Herrschern, als den Gesalbten Gottes, sowie den von ihnen eingesetzten Vorgesetzten unterwerfen, dass er sein und fremdes Eigentum mit Gewalt schützen, dafür kämpfen, töten und die

22 *Tolstoi*, Sakon a.a.O., S. 167. Ein Jahr später gab Tolstoi diese These auf – zumindest in einem Privatbrief: „Die Lehre Christi ist für mich nur eine der schönen religiösen Lehren, die wir aus dem ägyptischen, jüdischen, indischen, griechischen Altertum übernommen haben [...] Die religiöse und sittliche Wahrheit ist immer die gleiche [...] Ich habe keinerlei Vorliebe für das Christentum". *Tolstoi*, Brief an Jan Styka a.a.O., S. 42 f.

23 Vgl. *Tolstoi*, Tschto takoje a.a.O., S. 169.

24 Vgl. *Tolstoi*, Tschto takoje a.a.O., S. 187 f.

Strafen erleiden muss, die von den nach Gottes Willen eingesetzten Obrigkeiten verhängt werden."[25]

Dennoch sei die wahre Lehre von Jesus der Vergessenheit nicht anheimgefallen. Auf Umwegen („durch sogenannte „Sektierer" und sogar durch die Freigeister")[26] – habe sie in der christlichen Welt wieder Fuß fassen[27] und allmählich an Boden gewinnen können:

„[W]ir müssen wissen und erkennen, dass die Menschen der christlichen Welt nicht mehr ernstlich mit Eroberungen, Monarchenzusammenführungen, diplomatischen Schlichen, Konstitutionen mit all ihren Kammern und Dumen,[28] ihren sozialrevolutionären, demokratischen, anarchistischen Parteien und Revolutionen spielen, und vor allem, dass sie sich mit diesen Sachen nicht beschäftigen können, indem sie sie auf die Gewalt gründen."[29]

Nun sei die Zeit gekommen, dem Gesetz der Liebe zum endgültigen Durchbruch zu verhelfen:

„Begreift doch ihr einen und ihr andern, dass ihr weder als Sklaven noch als Beherrscher anderer Leute geboren, dass ihr freie Menschen, aber nur dann auch wirklich frei und vernünftig seid, wenn ihr das höchste Gesetz eures Lebens erkannt und erfüllt habt. Und es genügt bloß, dass ihr die Lügen beseitigt, die euch vom Gesetze trennen, damit ihr erkennt, worin es besteht und was euer Wohl ist. Dieses Gesetz ist die Liebe, und euer Wohl besteht nur in der Erfüllung dieses Gesetzes. Begreift das und ihr werdet wahrhaft frei werden und das erlangen, was ihr jetzt auf den verschlungenen Wegen, auf den euch irrende, ungläubige und lasterhafte Menschen geführt haben, vergebens zu erlangen sucht."[30]

Bemerkenswerterweise soll die Ausbreitung des Gesetzes der Liebe die religiösen und philosophischen Lehren der Gegenwart – einschließlich des kirchlichen Christentums – nicht etwa gewaltsam verdrängen, sondern lediglich sinnvoll ergänzen:

„Die Lehre Christi rechtet nicht mit den Menschen unserer Welt über die Weltanschauung; sie erklärt sich im Voraus mit ihr einverstanden, und indem sie diese in sich aufnimmt, gibt sie ihnen, was ihnen fehlt, was ihnen notwendig ist und wonach sie suchen; sie weist ihnen den Weg des Lebens. Nicht einen neuen, sondern einen längst ihnen allen wohlbekannten Weg. Du bist ein gläubiger Christ eines beliebigen Bekenntnisses; du glaubst an die Erschaffung der Welt, an die Dreieinigkeit, den Sündenfall und die Erlösung der Menschen, an die Sakramente, an die Gebete, an die Kirche. Christi Lehre, weit entfernt, mit dir zu rechten, ist mit dei-

25 *Tolstoi,* W tschom a.a.O., S. 439, 443.

26 *Tolstoi,* W tschom a.a.O., S. 440.

27 Vgl. ebd.

28 Plural von „Duma". Seitenhieb auf die „Duma", das zum ersten Mal im Frühling 1906 einberufene russische Parlament.

29 *Tolstoi,* Sakon a.a.O., S. 201.

30 *Tolstoi,* Sakon a.a.O., S. 209 f.

ner Weltanschauung vollkommen einverstanden; sie gibt dir nur, was dir fehlt. Du behältst deinen gegenwärtigen Glauben bei und fühlst, dass in dem Leben der Welt wie in dem deinen das Böse herrscht, und du weißt nicht, wie du es vermeiden sollst; die Lehre Christi (zu der du verpflichtet bist, weil sie die Lehre deines Gottes ist) gibt dir einfache, ausführbare Lebensregeln, die dich und andere von jenem Übel befreien werden, das euch quält.

Glaubt an den Sonntag, an das Paradies, an die Hölle, an den Papst, an die Kirche, an die Sakramente, an die Erlösung; betet, wie eure Religion es verlangt, fastet, singt Psalmen – alles das hindert euch nicht, das zu erfüllen, was durch Christus zu eurem Heile verkündet worden ist: zürnt nicht, brecht nicht die Ehe, schwört nicht, verteidigt euch nicht durch Gewalt, führt keine Kriege.

[...]

Du bist ein ungläubiger Philosoph einer beliebigen Schule. Du sagst, dass alles in der Welt nach einem Gesetze entsteht, das ihr entdeckt habt. Christi Lehre rechtet nicht mit euch und erkennt das von euch entdeckte Gesetz bereitwillig an. Außer diesem eurem Gesetze jedoch, nach welchem nach Jahrtausenden jene Glückseligkeit eintreten wird, die ihr wünscht und für die Menschheit vorbereitet, habt ihr noch euer persönliches Leben, das ihr entweder im Einklang mit eurer Vernunft oder im Widerspruch mit ihr verbringen könnt; und eben für dieses euer persönliches Leben habt ihr jetzt keine Regeln, außer denen, die von Leuten geschrieben sind, die ihr verachtet, und die von Polizisten zur Ausführung gebracht werden. Die Lehre Christi gibt euch solche Regeln, die sicher mit eurem Gesetze übereinstimmen, denn euer Gesetz des Altruismus oder des Allwillens ist nichts anderes als eine schlechte Umschreibung eben dieser Lehre Christi."[31]

Auch Durchschnittsmenschen, die sich über das Metaphysische kaum Gedanken machen, würden von der Annahme des Gesetzes der Liebe entscheidend profitieren:

„Du bist ein Durchschnittsmensch, halb gläubig und halb ungläubig, der keine Zeit hat, sich in die Bedeutung des menschlichen Lebens zu vertiefen; du hast keine bestimmte Weltanschauung und tust alles, was die anderen tun. Christi Lehre rechtet nicht mit dir. Sie sagt: Gut, du bist unfähig, zu überlegen und die Wahrhaftigkeit der euch eingeprägten Lehre zu prüfen; es ist auch leichter, den Fußstapfen anderer zu folgen; wie bescheiden du aber auch immer sein magst, du fühlst dennoch in dir einen inneren Richter, der deine mit allen übereinstimmenden Handlungen mitunter gutheißt und mitunter tadelt. Wie bescheiden dein Los auch sein mag, es trifft sich dennoch, dass du manchmal nachdenkst und dich fragst: Soll ich so handeln wie alle oder nach meinem Gutdünken? Namentlich in solchen Fällen, wenn die Notwendigkeit der Lösung einer derartigen Frage an dich herantritt, werden die Vorschriften Christi in ihrer ganzen Kraft vor dir erstehen. Und diese Vorschriften werden dir sicher Antwort auf deine Frage geben, denn sie umfassen dein ganzes Leben und antworten auch in Übereinstimmung mit deiner Vernunft und deinem Gewissen. Wenn du mehr zum Glauben als zum Unglauben neigst, so handelst du, wenn du so tust, nach dem Willen Gottes; neigst du mehr zur Freigeisterei, so handelst du nach den vernünftigsten Regeln, die in der Welt existieren, wovon du dich

31 *Tolstoi*, W tschom a.a.O., S. 451 f.

selbst überzeugen wirst – denn die Regeln Christi tragen ihre Bedeutung und ihre Rechtfertigung in sich.“[32]

Tolstoi betonte zugleich, dass das von Jesus verkündete Gesetz der Liebe keine göttliche Offenbarung darstellt, die einen blinden Glauben erfordert, sondern eine „vernünftig[e], klar[e], mit [dem] Gewissen übereinstimmend[e], Rettung bringend[e]“[33] Lehre ist. Ihre Richtigkeit wird umso offensichtlicher, weil das Gegenkonzept zu ihr, das „Gesetz der Gewalt“,[34] der Grund für all die Kriege, Strafgesetze, Gefängnisse, Zuchthäuser, Verbannungen und Hinrichtungen inzwischen kläglich gescheitert sei:

> „Er [Christus] sagt: Ihr glaubt, eure Gesetze der Gewalt vermindern das Übel; nein, sie vergrößern es nur. Ihr habt Tausende von Jahren euch bemüht, das Übel durch das Übel zu vernichten und habt es nicht vernichtet, sondern vergrößert.“[35]

In der Erzählung „Wandelt im Licht“ legte Tolstoi dem christlichen Lehrer Pamphilius noch deutlichere Worte in den Mund, wobei er das kaiserliche Rom der ersten Hälfte des 2. Jahrhunderts (in dem die Novelle spielt) als Sinnbild für die christlich geprägten Staaten um 1900 benutzt.

> „Und wenn du auf die Folgen unserer Lehre und unseres Lebenswandels tatsächlich einen aufmerksamen und objektiven Blick wagst, dann wirst du selbst erkennen, dass diese Folgen keine Morde, Gewalttätigkeiten und Raubtaten sind, sondern dass man solche Verbrechen nur mit unseren Mitteln erfolgreich bekämpfen kann. Mord, Raub und allerlei Übel gab es in der Welt auch vor der Entstehung des Christentums; und die Menschen bekämpften sie immer, aber ohne Erfolg, mit gerade denselben Mitteln, die wir verwerfen […] Schau auf das mächtige Römische Reich. In keinem anderen Land kümmert man sich um die Gesetze so viel wie in Rom.
>
> Das Studium der Gesetze und ihre Vervollkommnung werden dort sogar zu einer besonderen Wissenschaft erhoben. Die Gesetze werden in den Schulen unterrichtet, im Senat erörtert, die begabtesten Bürger widmen sich ihrer Nachbesserung und Anwendung. Die gesetzmäßige Rechtsprechung gilt als höchste Tugend, und das Richteramt genießt einen besonderen Respekt, aber zugleich ist allgemein bekannt, dass keine andere Stadt der Welt so in Laster und Verbrechen versunken ist wie Rom. Denk an die römische Geschichte – und dir fällt auf, dass das römische Volk in früheren, primitiveren Zeiten tugendhaft war, obwohl die Gesetze noch nicht herausgearbeitet wurden.
>
> Aber in unserer Epoche, gleichzeitig mit der Untersuchung, Nachbesserung und Anwendung der Gesetze, verderben sich die Sitten der Römer immer mehr, die Zahl der Verbrechen steigt unentwegt, und die Verbrechen selbst werden immer umfangreicher und ausgeklügelter.

32 *Tolstoi*, W tschom a.a.O., S. 452 f.

33 *Tolstoi*, W tschom a.a.O., S. 433.

34 *Gusseinow*, W tschom a.a.O., S. 731.

35 *Tolstoi*, W tschom a.a.O., S. 329.

> Das kann auch nicht anders sein. Die Verbrechen, wie auch jedes Übel, können nur mit der Waffe des Christen – der Liebe – erfolgreich bekämpft werden und nicht mit den heidnischen Waffen der Rache, Strafe, Gewalt.“[36]

Den möglichen Einwand, dass, obwohl das Gesetz der Liebe die richtige Lehre sei, es dem Menschen dennoch zu schwer falle, danach zu leben,[37] wies Tolstoi vehement zurück:

> „Wenn das Wort ‘schwer’ derart zu verstehen ist, dass es schwer ist, die momentane Befriedigung seiner Begierden dem größeren Glück zu opfern, – warum sagen wir dann nicht auch, dass es schwer ist, zu pflügen, damit wir Brot haben, und schwer Apfelbäume zu pflanzen, damit Äpfel wachsen? Dass man Schwierigkeiten zu ertragen hat, um größeres Heil zu erringen, das weiß jedes Geschöpf, das mit dem ersten Keime der Vernunft begabt ist. Nun aber zeigt sich plötzlich, dass wir zwar zugeben, Christi Lehre sei herrlich, zugleich aber sagen, sie sei unausführbar, weil sie schwierig ist. Schwierig, weil wir bei ihrer Befolgung das entbehren müssen, was wir bisher nicht entbehrt haben. Es ist gleichsam, als hätten wir nie vernommen, dass es manchmal vorteilhafter ist, zu dulden und zu entbehren, als nichts zu erdulden und stets nur seine Begierden zu befriedigen.“[38]

Schließlich wird die Ausbreitung des Gesetzes der Liebe auch den gewalttätigen revolutionären Bewegungen den Riegel vorschieben.[39] Tolstoi schrieb bereits im März 1881:

> „Was sind Revolutionäre? Menschen, die die bestehende Ordnung der Dinge hassen, die sie schlecht finden und die Grundlagen für eine zukünftige Ordnung schaffen wollen, die besser wäre. Man kann sie nicht bekämpfen, indem man sie tötet und vernichtet […] Ihre Ideale sind allgemeiner Wohlstand, Gleichheit, Freiheit. Um sie zu bekämpfen, muss man Ihnen ein Ideal entgegensetzen, das über ihrem eigenen steht, es in sich einschließt.“[40]

24 Jahre später kehrte dieses Motiv in der Novelle „Göttliches und Menschliches“ wieder. In der Todeszelle bekommt der Revolutionär Anatolij Swetlogub eher durch Zufall das Evangelium in die Hand und ist vom fünften Kapitel des Matthäus so beeindruckt, dass er plötzlich auf den Gedanken kommt:

> „‘Ihr sollt nicht zürnen, nicht ehebrechen, widerstehet nicht dem Übel, liebet eure Feinde.’… Ja, wenn alle so leben würden, … wäre keine Revolution nötig.“[41]

---

36 *Tolstoi*, Chodite a.a.O., S. 290. Eigene Übersetzung, da nicht wiedergegeben in der deutschen Übertragung „Wandelt im Licht“.

37 Vgl. *Tolstoi*, W tschom a.a.O., S. 372.

38 *Tolstoi*, W tschom a.a.O., S. 372 f.

39 Vgl. *Falkner*, Tolstoi a.a.O., S. 100 f.

40 *Tolstoi*, Brief an Alexander III. a.a.O., S. 52.

41 *Tolstoi*, Bosheskoje a.a.O., S. 202 f.

I) Nichtwiderstand gegen das Böse

„Widerstrebe nicht dem Übel will heißen: widerstrebe niemals dem Übel, d.h. übe nie Gewalt aus, d.h. begehe nie eine Handlung, die der Liebe widerspricht.“[1]

Leo Tolstoi

I. Definition des Begriffs „Nichtwiderstand gegen das Böse“

„Dem Bösen muss man durch alle gerechten Mittel widerstreben, keineswegs aber mit Bösem.“[2]

Adin Ballou

Leo Tolstoi zeigte sich zuversichtlich:

> „Sozialismus, Kommunismus, Anarchismus, Heilsarmee, Zunahme von Verbrechen, Arbeitslosigkeit, die wachsende widersinnige Üppigkeit der Reichen und die Verelendung der Armen, das furchtbare Anschwellen der Selbstmordzahlen, all das sind Merkmale jenes inneren Widerspruchs, der gelöst werden muss und gelöst wird. Und selbstverständlich so gelöst, dass das Gesetz der Liebe anerkannt und jede Gewaltanwendung verworfen wird.“[3]

Tolstoi erklärte aber auch, wie die Menschen, welche das Gesetz der Liebe noch immer verwerfen und stattdessen nach dem Faustrecht bzw. nach dem Recht des Stärkeren leben wollen (seien es Kriminelle oder Gewaltherrscher), erfolgreich abgewehrt werden sollen.
Allerdings ist sein Konzept häufig missverstanden worden.

Nicht allein Lenin und die Leninisten taten Tolstois Gewaltlosigkeitslehre als „verzückt-wahnsinnige Predigt des ‘Verzichts’ auf ‘gewaltsamen Widerstand gegen das Böse’“[4] ab. Auch der französische Psychologe Georges Dumas[5] bemängelte, dass Tolstoi den Unterdrückern ausschließlich die Liebe und ihren Opfern nichts als Resignation nahelege.[6] Tolstois früher, eher bürgerlich-liberaler, russischer Biograph Jewgenij Solowjow (1863–1905) höhnte:

---

1 *Tolstoi*, W tschom a.a.O., S. 313.

2 *Ballou*, zitiert nach *Tolstoi*, Zarstwo a.a.O., S. 11.

3 *Tolstoi*, Brief an M. Gandhi vom 7. September 1910 a.a.O., S. 139.

4 *Lenin*, Tolstoj a.a.O., S. 184.

5 Siehe oben Kapitel A) II.

6 Vgl. *Dumas*, Tolstoy, S. 201.

https://doi.org/10.1515/9783110726206-010

„Soll ich etwa, wie der Narr im Märchen von Iwan, dem Zarensohn, gleichgültig bleiben, wenn die Ehefrau vor meinen Augen vergewaltigt wird und den Vergewaltiger demütig anflehen: 'Verlass uns nie, mein lieber Freund.'? Soll ich mich ruhig und devot verhalten, wenn meine Kinder oder meine Mutter getötet werden?"[7]

Der exilsowjetische Dichter und Essayist und spätere Literaturnobelpreisträger Joseph Brodsky (1940–1996), ein ehemaliger Dissident und politischer Häftling, gab Leo Tolstoi im Jahre 1984 sogar die Schuld am langen Fortbestand des Sowjetregimes, weil er dem russischen Volk beigebracht habe, den politischen Unterdrückern die andere Wange zu reichen,[8] ohne dabei zu erklären, wie die Russen bei dieser Einstellung 1917 die Revolution vollbracht hatten.

Zu dieser verzerrten Wahrnehmung seines Schlüsselkonzepts trug Tolstoi zugegebenermaßen selbst wesentlich bei – durch missverständliche Äußerungen, wie etwa:

„[Der] Mensch [soll] [...] die andere Backe darbieten, wenn die eine geschlagen wird, [...] [soll] Kränkungen verzeihen und sie mit Demut ertragen und niemandem verweigern, was Menschen von ihm wollen [...] nicht nur seine Feinde nicht hassen, nicht mit ihnen kämpfen, sondern sie lieben, ihnen helfen, ihnen dienen"[9] oder „nur die Demut, nur die Bereitschaft, Erniedrigungen zu ertragen und verleumdet oder falsch verstanden zu werden, gibt dem Menschen die Möglichkeit, in sein eigenes Verhältnis zu den anderen und in dasjenige der Menschen untereinander Frieden zu bringen."[10]

Diese irritierende Wortwahl muss jedoch im Kontext der zeitgenössischen Geschichte Russlands interpretiert werden, als Tolstoi der rücksichtslosen zaristischen Obrigkeit und ihren erbitterten revolutionären Gegnern jahrzehntelang vergeblich ins Gewissen redete.[11] Den gleichen Zweck verfolgten auch die scheinbar unverständlichen Äußerungen Tolstois, wie etwa die Worte in „Das Reich Gottes ist inwendig in Euch": „[W]eil es kein zuverlässiges und unzweifelhaftes Maß [gibt], nach dem man genau einen Übeltäter von einem Nichtübeltäter unterscheiden könnte, [...] würden alle Menschen oder alle Gesamtheiten von Menschen sich gegenseitig als Übeltäter bezeichnen, wie es auch wirklich jetzt geschieht",[12] weil der russische Schriftsteller im selben Traktat (erst acht Seiten später) diese Idee präzisierte:

---

7 *Solowjow J.*, Tolstoi, S. 133 f.

8 Vgl. *Brodsky*, Address. Dort auch Brodskys eigene (jedenfalls bemerkenswerte) Interpretation von Matthäus 5, 39.

9 *Tolstoi*, Woskressenije a.a.O., S. 443.

10 *Tolstoi*, Krug a.a.O., Bd. 41 S. 384.

11 Vgl. *Lomunow*, Predislowije a.a.O., S. IX ff.

12 *Tolstoi*, Zarstwo a.a.O., S. 28.

„Für alle russischen Kritiker lag die ganze Bedeutung der Predigt Christi nur darin, dass sie gewissermaßen ihnen zum Trotz eine gewisse Tätigkeit verhindert, die sich gegen das richtet, was sie im gegebenen Augenblick für ein Übel halten. So kam es, dass auf das Prinzip des Nicht-Widerstrebens [dem Bösen] mit Gewalt zwei entgegengesetzte Lager herfielen: die Konservativen, weil dieses Prinzip ihre Tätigkeit des Widerstands gegen das Übel, das von der Revolution hervorgebracht wird, ihre Verfolgungen und Hinrichtungen lähmt; die Revolutionäre wiederum, weil dieses Prinzip eines Widerstands gegen das Übel, welches von den Konservativen hervorgebracht wird, und ihre Umsturzgelüste verhindert; die Konservativen waren darüber erbittert, dass die Lehre vom Nicht-Widerstreben die energische Niederhaltung revolutionärer Elemente, die den Wohlstand des Volkes zerstören können, verhindert; die Revolutionäre waren darüber erbittert, dass die Lehre vom Nicht-Widerstreben den Sturz der Konservativen verhindert, die das Wohl des Volkes vernichten.“[13]

Bei näherer Betrachtung stellt sich jedoch heraus, dass Tolstoi keineswegs dazu aufrief, das Böse[14] passiv hinzunehmen, bzw. ihm tatenlos zuzuschauen; vielmehr wies er solche Interpretation seiner Lehre entrüstet zurück:

„Man verwechselt (absichtlich, wie es mir scheint) das Wort ‘Widersetze dich nicht dem Bösen durch Böses’ mit ‘Widersetze dich nicht dem Bösen’, d.h. mit ‘Sei gleichgültig dem Bösen gegenüber’. Während der Kampf gegen das Böse das einzige Ziel des Christentums ist, und das Gebot vom ‘dem Bösen Nichtwiderstreben’ als das wirksamste Kampfmittel gegeben ist.“[15]

Fünf Jahre später, während der Duchoborzenverfolgung in Russland,[16] fand Tolstoi noch deutlichere Worte:

„Man darf nicht schweigen, wenn man von diesen Taten die Kunde erhält. Ich bin aber zufälligerweise genau darüber unterrichtet und kann nicht umhin, mein Bestes zu geben, um die Lage der Opfer zu verbessern, insbesondere auch, um die Sünde ihrer Peiniger, die wie immer nicht wissen, was sie tun, zu verringern.“[17]

Verwerflich ist somit nicht *jeder* Kampf gegen das Böse, sondern nur ein *gewaltsamer*[18] Widerstand, wobei diese Einschränkung sich nicht nur auf das gegen uns selbst gerichtete Übel, sondern auch auf das Übel gegen unsere Mitmenschen bezieht.[19] Um diese These zu untermauern, beruft sich Tolstoi auf biblische und historische Beispiele:

---

13 *Tolstoi*, Zarstwo a.a.O., S. 36.

14 Zu Tolstois Definition dieses Begriffs siehe oben Kapitel C) II.

15 *Tolstoi*, Brief an William L. Kantor a.a.O., S. 70 f.

16 Siehe oben Kapitel B) III. 1 a).

17 *Tolstoi*, gasety a.a.O., S. 209.

18 Zum Gewaltbegriff von Tolstoi siehe oben Kapitel C) II.

19 Vgl. *Tolstoi*, Zarstwo a.a.O., S. 28.

> „Petrus verteidigte [mit dem Schwert] nicht sich, sondern seinen geliebten und göttlichen Lehrer. Und Christus verbot ihm das geradezu und sagte: 'Wer das Schwert nimmt, der soll durchs Schwert umkommen' […] solange die Welt besteht, alle Gewalttaten – von der Inquisition bis zur Festung von Schlüsselburg[20] – auf dem entgegengesetzten Prinzip der Notwendigkeit des gewaltsamen Widerstandes beruht haben und beruhen […] Schon zur Zeit des Auftretens des Christentums an dem Orte, wo es auftrat, im Römischen Reich, war es für die Mehrzahl der Menschen klar, dass das, was Kaiser Nero oder Caligula für ein Übel hielten, dem man mit Gewalt widerstreben müsste, von den anderen Menschen nicht für ein Übel gehalten werden kann. Schon damals begannen die Menschen, zu begreifen, dass die menschlichen Gesetze, die man für göttliche Gesetze ausgab, von Menschen geschrieben sind, dass Menschen nicht unfehlbar sein können, mit welchem äußeren Glanz sie auch bekleidet seien, und dass irrende Menschen nicht unfehlbar werden können dadurch, dass sie sich zusammentun und sich Senat oder sonst wie nennen."[21]

Auch Tolstois Aufforderung, die verbrecherischen Feinde zu lieben,[22] ergibt einen tieferen Sinn – man soll nicht den Übeltäter an sich lieben, sondern seine unterdrückte helle, menschliche Seite:

> „Den bösen Menschen zu lieben, scheint unmöglich. Das ist auch unmöglich. Man darf und soll aber nicht den Menschen selbst lieben, sondern einen unterdrückten, mundtot gemachten Gott in diesem Menschen – und in Liebe zu diesem Gott soll man ihm zur Befreiung verhelfen. Und es ist nicht nur möglich, sondern auch mit Freude machbar."[23]

Diese Auffassung von Tolstoi illustriert die Schlussszene des Dramas „Macht der Finsternis", wo der „gottesfürchtige"[24] Bauer Akim seinen verbrecherischen Sohn Nikita zur aufrichtigen Reue ermuntert.[25] Schließlich ist das Gebot des Nichtwiderstands mehr als bloße Absage an die Gewalt, weil es auch eine tiefe moralische Botschaft miteinschließt,[26] nämlich: „Das Anerkenntnis, dass das Leben eines jeden Menschen heilig ist, ist die erste und einzige Grundlage jeder Sittlichkeit".[27] Deshalb werden die Menschen aufgefordert, ihre Konflikte einvernehmlich beizulegen.[28]

---

20 Ein strenges Gefängnis für politische Verbrecher im zaristischen Russland.

21 *Tolstoi*, Zarstwo a.a.O., S. 29, 36 f., 149.

22 Vgl. *Tolstoi*, Zarstwo a.a.O., S. 80.

23 *Tolstoi*, Tagebucheintragung vom 15. September 1907 a.a.O., Bd. 56 S. 66. Eigene Übertragung, weil diese Stelle in der deutschen Übersetzung „Tagebücher 1847–1910" fehlt.

24 *Tolstoi*, Wlast a.a.O., S. 123.

25 Siehe oben Kapitel C) VI.

26 Vgl. *Gusseinow*, Moralisty, S. 319.

27 *Tolstoi*, Zarstwo a.a.O., S. 246.

28 Vgl. *Gusseinow*, Moralisty, S. 319.

„[Die] Formel müsste also lauten: Widerstrebt dem Bösen mit allen Mitteln, nicht aber mit dem Bösen selbst; oder, anders ausgedrückt: widerstrebt dem Bösen nicht mit Bösem, sondern mit Gutem“[29] – fasste Boris Sapir Tolstois Konzept zusammen.

II. Das Bild des Verbrechers in der Rechtsphilosophie von Tolstoi

Ein weiterer Kritikpunkt am Konzept des Nichtwiderstands gegen das Böse war schon zu Tolstois Lebzeiten seine vermeintliche Sicht auf den Übeltäter, die von vielen Lesern und auch Kritikern dahingehend interpretiert wurde, dass Tolstoi der Milieutheorie[30] anhänge und somit der Meinung sei, dass es im Grunde genommen „Verbrecher überhaupt nicht gibt“.[31] Der politisch konservative[32] slowakische Schriftsteller und Publizist Svetozár Hurban-Vajanský (1847–1916) spottete sogar, dass im Roman „Auferstehung“, die einzigen anständigen Menschen die Sträflinge seien.[33] Sachlicher, aber genauso kritisch, war Leo Tolstois Briefpartner aus Warschau, Jewgenij Statschinskij:

> „[G]lauben Sie, dass:
>
> 1) Ausschließlich Ignoranz und Not den Menschen zum Verbrecher machen und an der Ignoranz und Not des Einzelnen die Gesellschaft die alleinige Schuld trage;
>
> 2) deshalb der Mensch für seine Verbrechen nicht verantwortlich sei, vielmehr sei die Gesellschaft verantwortlich für die Verbrechen jedes Individuums;
>
> 3) infolgedessen es im Grunde keine Verbrechen gebe, sondern nur Fehler, die von der Gesellschaft verhindert, aber nicht geahndet werden sollen.“[34]

In Wirklichkeit begriff Tolstoi den Missetäter (gleichgültig, ob Räuber oder Staatsdiener)[35] trotz scharfer Kritik an der Ignoranz und Gefühllosigkeit der Menschengesellschaft keineswegs als unschuldiges Opfer seiner Umgebung;[36] vielmehr wies er das passiv-deterministische Menschenbild vehement zurück: „Es kann nichts Schädlicheres geben als den Gedanken, dass die Ursachen des Elends nicht in den Menschen selbst liegen, sondern in den äußeren Faktoren“.[37]

---

29 *Sapir*, Tolstoi, S. 70.

30 Siehe oben Kapitel A) IV.

31 *Walter*, Tolstoi, S. 143; siehe auch *Reinhardt*, „Woskressenije“ S. 26 f.

32 Vgl. *Grigorjew*, „Woskressenije“ a.a.O., S. 561.

33 Vgl. *Hurban–Vajanský*, Národný Noviny 1900, 29. Vgl. auch *Petrus*, Slovenská, S. 365.

34 *Statschinskij*, Brief an Leo Tolstoi a.a.O., S. 108.

35 Vgl. *Tolstoi*, Sakon a.a.O., S. 199.

36 Vgl. *Sapir*, Tolstoi, S. 105.

37 *Tolstoi*, rabotschemu a.a.O., S. 147.

Wohl räumte Tolstoi ein, dass viele Angehörige eines staatlich organisierten Gemeinwesens unter der politischen und sozialen Ungerechtigkeit leiden und in verzweifelter Empörung dagegen leicht in die Kriminalität abrutschen können.[38] Er betonte auch, dass noch mehr Menschen in vielerlei Hinsicht den obrigkeitlichen Zwängen ausgesetzt werden, weil die Machthaber „eine möglichst große Zahl von Bürgern zu möglichst großer Teilnahme an allen von ihnen vollzogenen und für sie notwendigen Verbrechen heranziehen"[39] wollen:

> „Jetzt, bei der allgemeinen Wehrpflicht und der Beteiligung aller am Gerichte als Geschworene [...] [muss] jeder Mensch tödliche Waffen zur Hand nehmen, ein Gewehr, ein Messer, und wenn auch nicht töten, so doch das Gewehr laden und das Messer schärfen, das heißt zum Totschlag bereit sein. Jeder Bürger soll im Gerichte erscheinen und sich am Richten und Strafen beteiligen, das heißt, jeder soll das Gebot Christi vom Nichtwiderstehen in Wort und Tat verleugnen."[40]

Doch hat der Einzelne die freie Wahl,[41] ob er den Affekten nachgibt bzw. die Anordnungen befolgt oder dem „ewig[en], unwandelbar[en], notwendig[en], von Gott selbst den Menschen ins Herz geschrieben[en]"[42] Gesetz der Liebe[43] gehorcht und dadurch weder an der Gewalt teilhaben noch sich ihr fügen[44] wird. Deshalb war Tolstoi überzeugt, dass selbst die scheinbar hartgesottensten Übeltäter, darunter auch und gerade solche, die nach dem positiven Recht handeln,[45] tief in ihrem Inneren wissen, dass sie Unrecht tun,[46] und veranschaulichte diese Auffassung am Beispiel der russischen Eliten und Militärs:

> „Noch weniger kann man sagen, dass alle diese Leute solche Bestien seien, dass es ihnen sympathisch und nicht vielmehr schmerzlich sei, solche Dinge zu tun. Man braucht nur mit diesen Leuten zu sprechen, um zu erkennen, dass sie alle, sowohl der Gutsbesitzer wie der Richter, der Minister wie der Zar, der Statthalter, die Offiziere und die Soldaten im Grunde ihrer Seele nicht nur solche Dinge nicht billigen, sondern unter dem Bewusstsein ihrer Teilnahme an ihnen leiden, wenn man ihnen die Bedeutung der Sache nahelegt. Sie geben sich nur Mühe, nicht daran zu denken.
>
> Man braucht nur mit ihnen zu sprechen, mit allen, die an diesem Werke teilnehmen, vom Gutsbesitzer bis zum letzten Polizisten und Soldaten, um zu sehen, dass

38 Siehe oben Kapitel C) III., IV.

39 *Tolstoi*, Zarstwo a.a.O., S. 250.

40 *Tolstoi*, W tschom a.a.O., S. 318.

41 Vgl. *Gusseinow*, Neprotiwlenije; *Sapir*, Tolstoi, S. 106.

42 *Tolstoi*, Woskressenije a.a.O., S. 351.

43 Siehe oben Kapitel H).

44 Vgl. *Tolstoi*, Brief an I. G. Roshkow, a.a.O., S. 235.

45 Vgl. *Sapir*, Tolstoi, S. 116.

46 Vgl. *Schewzow*, USTNU 2010, 73.

sie alle in der Tiefe ihrer Seele wissen, dass dieses Werk ein schlechtes ist, dass es besser wäre, nicht daran teilzunehmen, und dass sie alle darunter leiden."[47]

Bezeichnenderweise empfand Tolstoi den Versuch, die bösen Taten unter Berufung auf das geltende positive Recht zu verteidigen, als verlogene Heuchelei.[48] Daher verurteilte er mit scharfen Worten einen hochbetagten ehemaligen Soldaten des tyrannischen Zaren Nikolaus I.:[49]

„Wie wäre diesem Greis zumute, wenn er begriffe, was ihm, der an der Schwelle des Todes steht, an sich nur zu klar sein müsste, dass nämlich zwischen allen Taten seines Lebens, sowohl denen, die er, wie er es nennt, nach Gesetz beging, als auch allen anderen keinerlei Unterschied besteht, dass alle Taten, die er begehen oder nicht begehen konnte (und Menschen zu schlagen oder nicht zu schlagen, zu töten oder nicht zu töten, hat immer in seiner Macht gestanden), dass alle seine Taten sein eigenes Werk sind und dass es irgendeinen Mittler zwischen ihm und Gott weder heute, kurz vor seinem Tode, geben kann noch auch damals geben konnte, als man ihn zwang, Menschen zu quälen und zu töten. Wie wäre ihm zumute, wenn er jetzt begriffe, dass er nicht schlagen und töten durfte und dass es ein Gesetz, seine Brüder zu schlagen und zu töten, niemals gegeben hat und niemals geben kann. Wenn er begriffe, dass es nur ein einziges ewiges Gesetz gibt, das er immer gekannt hat und nur zu gut kennen musste – das Gesetz, welches Liebe und Erbarmen für die Menschen fordert, wenn er begriffe, dass sein sogenanntes Gesetz ein frecher, gottloser Betrug ist, dem er nicht hätte erliegen dürfen."[50]

Und weil „[m]an sich leicht an das schlechteste Leben [gewöhnt], wenn die ganze Umgebung ein schlechtes Leben führt",[51] suchen die Übeltäter aller Art die Gesellschaft ihresgleichen, um den Ruf des Gewissens mit weniger Mühe zu unterdrücken:

„Man glaubt gewöhnlich, dass der Dieb, der Mörder, der Spion,[52] die Prostituierte, indem sie ihren Beruf als schlecht erkennen, sich seiner schämen müssen. Aber gerade das Gegenteil davon trifft zu. Menschen, welche durch das Schicksal *und* durch ihre Sünden und Fehler in eine gewisse Lage geraten sind, sei sie auch noch so schief, bilden sich auch in dieser Lage eine allgemeine Ansicht vom Leben, die ihnen ihre Lage als gut und ehrbar erscheinen lässt. Um aber solche Ansicht aufrechtzuerhalten, halten sich die Leute instinktiv an jenen menschlichen Kreis, wo der von ihnen gebildete Begriff vom Leben und von ihrem Platz darin anerkannt wird. Wir verwundern uns, wenn es sich um Diebe handelt, die mit ihrer Gewandtheit, um Prostituierte, die mit ihrer Liederlichkeit, um Mörder, die mit ihrer Grausamkeit prahlen. Aber es verwundert uns nur deshalb, weil der Kreis, die Atmo-

47 *Tolstoi*, Zarstwo a.a.O., S. 232.

48 Vgl. *Goldenweiser*, *Alexis*, Archiv für 1928/1929, 110.

49 Siehe oben Kapitel D) I.

50 *Tolstoi*, Nikolai a.a.O., S. 557 f.

51 *Tolstoi*, Put a.a.O., S. 244.

52 Gemeint ist der (Polizei-)Spitzel. Vgl. *Tolstoi*, Woskressenije a.a.O., S. 168, 373.

> sphäre, dieser Leute beschränkt ist, und hauptsächlich, weil wir uns außerhalb desselben befinden. Aber haben wir nicht dieselbe Erscheinung bei den Reichen, die mit ihrem Reichtum, das heißt mit ihrem Raube, prahlen? Bei Feldherren, die mit ihren Siegen, das heißt mit ihren Mordtaten, prahlen? Bei Herrschern, die mit ihrer Macht, das heißt mit ihrer Gewalttätigkeit, prahlen? Nur deshalb sehen wir bei diesen Menschen über die Verdrehung ihrer Begriffe vom Leben, vom Guten und Bösen nicht klar, weil der Kreis der Leute mit solchen verkehrten Begriffen größer ist, und weil wir selbst zu ihm gehören.“[53]

Somit forderte Leo Tolstoi auf, den Verbrecher zwar zu verstehen, jedoch keineswegs, ihm zu vergeben;[54] vielmehr muss er für seine Taten einstehen,[55] seine innere Läuterung durch tätige Reue unter Beweis stellen und dabei bis zur Selbstaufopferung im Kampf gegen die Ungerechtigkeit gehen. Gerade das tut der inhaftierte Mörder Machorkin in „Der gefälschte Kupon“. Nach seiner Läuterung weigert er sich, die Todesurteile zu vollstrecken und bleibt standhaft selbst unter Androhung der Prügelstrafe.[56]

III. Praktische Anwendung des Konzepts des Nichtwiderstands

1. Außerhalb des Gesellschaftslebens

Tolstois Konzept des gewaltlosen Widerstands gegen das Böse war von Anfang an heftigen Angriffen ausgesetzt. Mehrere Kritiker behaupteten, dass der Denker aus Jasnaja Poljana einen latenten Fatalismus nahelege[57] oder gar seine Leser zur „Flucht vor dem Bösen“[58] auffordere. Unter anderem meinte der in Russland um 1900 bekannte[59] religiöse Philosoph Nikolai Fjodorow (1829–1903): „Leo Tolstoi verzichtet einfach auf die Gewalt und predigt anstelle des christlichen Gebots des positiven Tuns [der guten Werke] nur die Weisheit des Nicht-Tuns“.[60] Iwan Iljin[61] warf Tolstoi und seinen Anhängern vor, das Böse als Bagatelle hinzustellen, die man mit stoischer Apathie, unendlicher Geduld und

53 *Tolstoi*, Woskressenije a.a.O., S. 151 f. Zitiert nach Übersetzung von Ilse Frapan (1900). In der (sonst durchgehend verwendeten) modernen Übersetzung von Barbara Conrad (2016) wird das kursiv hervorgehobene Wort „und“ fälschlich als „oder“ übertragen.

54 Vgl. *Goldenweiser*, *Alexis*, Archiv 1928/1929, 64; *Gosse*, Contemporary Review 1908, 282 f.

55 Vgl. *Sapir*, Tolstoi, S. 105.

56 Siehe oben Kapitel E) II.

57 Vgl. *Bode*, Tolstois, S. 170 ff.

58 Vgl. *Gelfond*, Nrawstwenno-religiosnoje, S. 329.

59 Vgl. *Dieckmann*, Polemik, S. 169 f.

60 *Fjodorow*, Filosofija, S. 291.

61 Siehe oben Kapitel A) I. 2.

grenzenloser Demut über sich ergehen lassen müsse,[62] weshalb sie im Endeffekt ihre Flucht vor der Herausforderung des Bösen als Problemlösung ausgäben.[63] Sogar der berühmte russische Autor Maxim Gorki (1868–1936), der Leo Tolstoi (im Gegensatz zu Fjodorow und Iljin) im Allgemeinen positiv gegenüberstand,[64] bezeichnete seinen älteren Schriftstellerkollegen als „Prediger der passiven Lebenseinstellung".[65]

In Anbetracht von Tolstois jahrzehntelangem Kampf gegen die politische und soziale Ungerechtigkeit[66] erscheint der Vorwurf des quietistischen Eskapismus schon auf den ersten Blick unbegründet. Im Übrigen verwarf Leo Tolstoi mit scharfen Worten die Option einer „selbstische[n] Weltflucht, bei welcher der Mensch nur an sich denkt":[67]

> „Die Flucht in die Gemeinde, die Bildung einer Gemeinde, ihre Reinerhaltung, all das ist Sünde, Irrtum. Kein Einzelner und keine Gruppe kann sich allein rein erhalten; wenn Reinhaltung, dann für alle gemeinsam; sich isolieren, um sich nicht zu beschmutzen, ist die größte Unfreiheit, vergleichbar der Sauberkeit der Damen, die durch die Arbeit anderer erzielt wird. Das ist, als wolle man nur am Rande säubern oder graben, wo es schon rein ist. Nein, wer arbeiten will, muss mitten hineinsteigen in den Schmutz, tut er es nicht, darf er zumindest diese Mitte nicht verlassen, wenn er einmal hineingeraten ist."[68]

Wohl sei eine vorübergehende meditative Einkehr hilfreich, um ohne destruktive Einflüsse von außen den richtigen Weg zu erkennen,[69] doch um die gewonnenen Einsichten in die Tat umzusetzen, sei wiederum ein aktives soziales Handeln erforderlich,[70] und von der Macht des Bösen solle ein Streiter gegen die Ungerechtigkeit sich genauso wenig entmutigen lassen wie ein Holzfäller von der Waldgröße.[71]

Ernster zu nehmen ist der Vorwurf, dass Tolstois Konzept des gewaltlosen Widerstands sein Ziel verfehle und das Böse fördere, statt es niederzuhalten.[72]

---

62 Vgl. *Iljin*, Widerstand, S. 106 f.

63 Vgl. *Iljin*, Widerstand, S. 107.

64 Siehe *Sapir*, Tolstoi, S. 109 f.

65 *Gorki*, Istorija, S. 4.

66 Siehe oben Kapitel B) IV.

67 *Walter*, Tolstoi, S. 190.

68 *Tolstoi*, Tagebucheintragung vom 22. April 1889 a.a.O., Bd. 50 S. 71.

69 Vgl. *Tolstoi*, Krug a.a.O., Bd. 41 S. 198, 230.

70 Vgl. ebd.

71 Vgl. *Tolstoi*, Neiswestnyj, S. 159.

72 So u.a. *Solowjow W.*, Gespräche a.a.O., S. 141 ff.; *Gussew A.*, Ossnownye, S. 211. *Koni*, Wospominanija, S. 370 f; *Iljin*, Widerstand, S. 113; *Berdjajew*, nasnatschenii, S. 308.

Um diese Auffassung zu illustrieren, brachten die Kritiker das Argument des „unschuldigen Opfers“[73] bzw. der „Beschützung des Schwächeren“[74] vor, das besonders prägnant von Tolstois großen Opponenten Wladimir Solowjow,[75] in der Abhandlung „Drei Gespräche über den Krieg, den Fortschritt und das Ende der Weltgeschichte“ (1900) formuliert wurde. Dieser Traktat enthält eine heftige Diskussion zwischen Herrn Z. (dem „Sprachrohr“ des Autors)[76] und einem Fürsten, in dem Tolstoi leicht zu erkennen ist:[77]

> „HERR Z. Kommt es aber nicht vor, dass der Wille, obwohl er das Töten in Kauf nimmt, dennoch nicht ein böser Wille ist, und dass folglich hier die Tötung nicht einmal von dieser subjektiven Seite her ein unbedingt Böses sein kann?
>
> FÜRST. Nun, das ist schon etwas ganz Unverständliches […] Ah! Übrigens, ich errate es: Sie meinen den berühmten Fall, da ein Vater an einem öden Ort einen rasend gewordenen Schurken[78] sieht, der sich auf seine unschuldige (um des größeren Effektes willen fügt man noch hinzu: minderjährige) Tochter stürzt, um an ihr eine abscheuliche Missetat zu begehen, und da tötet der unglückliche Vater den Beleidiger, weil er keine andere Möglichkeit hat, seine Tochter zu schützen. Tausendmal habe ich dieses Argument gehört!
>
> HERR Z. Bemerkenswert ist indessen nicht, dass Sie es tausendmal gehört haben, sondern dass niemand auch nur ein einziges Mal einen gescheiten oder auch nur einen einigermaßen plausiblen Einwand gegen dieses einfache Argument von Ihren Gesinnungsgenossen gehört hat.“[79]

Im weiteren Gesprächsverlauf wird Herr Z. noch polemischer und höhnt über einen „kinderlosen Moralisten, vor dessen Augen ein fremdes und ihm unbekanntes schwaches Wesen dem wütenden Überfall eines kraftstrotzenden Missetäters ausgesetzt ist“.[80]

In seinem Spätwerk wies Leo Tolstoi diese Argumentation umfassend zurück. Zunächst bemerkte er, dass ihre Verfechter die Möglichkeit völlig ignorieren, dass der Verbrecher im letzten Moment vom Opfer ablässt,[81] und trotzdem die Tötungshandlung nahelegen:

---

73 *Gelfond*, Nrawstwenno-religiosnoje, S. 288, 347.

74 Ebd.

75 Siehe oben Kapitel H.

76 Vgl. *Zwahlen*, Religionsphilosophie a.a.O., S. 596.

77 Vgl. *Dieckmann*, Polemik, S. 168.

78 Im späteren Gesprächsverlauf als „Räuber“ bezeichnet; *Solowjow W.*, Gespräche a.a.O., S. 144.

79 *Solowjow W.*, Gespräche a.a.O., S. 141 f.

80 *Solowjow W.*, Gespräche a.a.O., S. 144.

81 Vgl. *Tolstoi*, Brief an Ernest Crosby vom 4.–12. Januar 1896 a.a.O., S. 119.

„Ich sehe, wie ein mir bekannter Räuber ein Mädchen verfolgt, ich habe die Flinte in der Hand – ich töte den Räuber, rette das Mädchen; der Tod oder die Verwundung des Räubers ist sicher geschehen. Was aber geschehen wäre, wenn das nicht geschehen wäre, weiß ich nicht.“[82]

Aber vor allem hielt er die Angst vor einem gewalttätigen Schwerverbrecher für maßlos übertrieben:

„Derartige Rechtfertigungen gründen sich stets auf der Annahme jenes vorgestellten Räubers, der gar nichts Menschliches mehr an sich hat, der Unschuldige tötet und quält, und gerade dieses vorgestellte Ungetüm, das gleichsam ständig damit beschäftigt ist, Unschuldige zu ermorden, dient auch zur Grundlage für die Beweise aller Anhänger der Gewalt für ihre Unabweisbarkeit. Ein solcher Räuber ist aber doch der seltenste und sogar völlig unmögliche Ausnahmefall. Viele Menschen können hundert Jahre leben, wie ich 60 verlebte, ohne irgendwann jenem angenommenen Räuber bei der Vornahme seines Verbrechens begegnet zu sein. Wozu werde ich dann die Richtschnur meines Lebens auf dieser in der Luft schwebenden Vorstellung gründen?“[83]

Daneben verurteilte Tolstoi das „Räuber-Argument“ als Ausdruck einer verlogenen Heuchelei:

„‘Das Gesetz der Liebe, das die Gewalt ausschließt, ist unerfüllbar, weil es vorkommen könnte, dass ein Bösewicht vor unseren Augen ein unschuldiges Kind tötet’, sagen die Menschen.

Diese Menschen fragen nicht, was sie tun sollen, wenn sie einen zum Tode Verurteilten auf dem Weg zum Schafott sehen, oder wenn sie das Abrichten zum Töten [beim Militär] sehen, oder wenn sie die durch schwere Fabrikarbeit zugrunde gerichteten Männer, Frauen, Kinder sehen. Sie sehen das alles und stellen keine Frage, was sie dagegen tun sollen; vielmehr nehmen sie selbst daran teil – an den Hinrichtungen, an den Drillübungen, an den Kriegen, am Zugrunderichten der Arbeiter und an vielen ähnlichen Sachen. Aber sie machen sich ja ach so viele Sorgen um ein imaginäres Kind, das vor ihren Augen getötet wird. So stark kümmern sie sich um das Schicksal dieses fiktiven Kindes, dass sie den Verzicht auf die Gewaltanwendung als notwendige Bedingung der Liebe nicht akzeptieren können. Aber im Grunde genommen sorgen sich diese Menschen, welche die Gewalt rechtfertigen wollen, gar nicht um das Schicksal des fiktiven Kindes, sondern um ihre eigenen Schicksale, um ihr auf der Gewalt beruhendes Leben, das beim Aufgeben der Gewalt so nicht mehr fortgehen könnte.“[84]

Daneben warnte Leo Tolstoi – in einem 1900 veröffentlichten[85] – Brief an den nach Sibirien verbannten Revolutionär Michail Tschernawskij (1855–1943)

82 *Tolstoi*, Zarstwo a.a.O., S. 29.

83 *Tolstoi*, Brief an M. M. Tschernawskij a.a.O., S. 143 f.

84 *Tolstoi*, Neisbeshnyj a.a.O., S. 92.

85 Vgl. *Mischin*, Kommentar a.a.O., S. 145.

vor der Gefahr eines politischen Missbrauchs der Berufung auf die Beschützung des Schwächeren:

> „Wenn wir indes vom wirklichen Leben ausgehen und nicht von einer Fiktion, so erschauen wir etwas ganz anderes: [...] dass die grausamsten Taten, wie Menschenschlächtereien, [die von den Revolutionären verübten] Dynamitattentate, Guillotinen, Galgen, Einzelhaft, persönliches Eigentum, Gerichte, Behörden und alle ihre Folgen, alle insgesamt durchaus nicht ausgehen von jenem vorgestellten Räuber, vielmehr von jenen Leuten, die ihre Lebensregeln auf der albernen Fiktion jenes vorgestellten, viehischen Räubers gründen.“[86]

Ähnlich äußert er sich im Brief an den amerikanischen Intellektuellen Ernest Howard Crosby (1856–1907):

> „Wie soll ein Mensch verfahren – das ist das stets angeführte Beispiel –, wenn vor seinen Augen ein Räuber ein Kind mordet oder vergewaltigt und er das Kind nicht anders zu retten vermag, als wenn er den Räuber tötet?
>
> Augenscheinlich wird angenommen, dass, wenn man ein solches Beispiel aufstellt, die Antwort auf diese Frage keine andere sein kann als die, man müsse den Räuber töten, um das Kind zu retten. Diese Antwort wird aber doch nur deshalb mit solcher Entschiedenheit und in solcher Eile erteilt, weil wir nicht nur alle daran gewöhnt sind, derart vorzugehen im Falle der Verteidigung eines Kindes, vielmehr auch daran, so zu verfahren, wenn das Nachbarreich auf Kosten unseres Reiches seine Grenzen erweitert, oder wenn über die Grenze Spitzen eingeführt werden, oder sogar falls es sich nur um den Schutz der Früchte unseres Gartens handelt, vor dem Diebstahl durch Vorübergehende.“[87]

Im Übrigen leugnete Leo Tolstoi nicht, dass es auf der Welt gewalttätige Kriminelle gibt,[88] und beschrieb im Essay „Der unvermeidliche Umsturz“ (1909), wie sie seiner Ansicht nach friedlich abgewehrt werden können (wenn auch nicht unbedingt immer müssen):[89]

> „Man kann ein vom gewaltsamen Tode bedrohtes Kind immer beschützen, indem man seine eigene Brust dem Mörder zum Stoß anbietet, aber dieser Gedanke, der für einen Menschen, der sich nach der Liebe ausrichtet, natürlich wäre, würde den Menschen, die der Gewalt anhängen, nie in den Sinn kommen, weil diese Menschen nur tierische Tatantriebe haben und haben können.“[90]

Im selben Werk verallgemeinert Tolstoi diese Idee:

> „Dem Übel nicht mit Gewalt widerstehen, heißt nicht, dass man so dem Schutz des eigenen Lebens, wie auch seines eigenen und auch fremden Hab und Gutes zu ent-

86 *Tolstoi*, Brief an M. M. Tschernawskij a.a.O., S. 144.

87 *Tolstoi*, Brief an Ernest Crosby a.a.O., S. 19.

88 Vgl. *Tolstoi*, Brief an Ernest Crosby a.a.O., S. 20.

89 Siehe unten Kapitel I) IV.

90 *Tolstoi*, Neisbeshnyj a.a.O., S. 92.

sagen habe, es bedeutet nur, dass man all dies auf eine andere Art beschützen müsse, auf eine Art, die dem höheren geistigen Wesen im Menschen nicht widerspräche. Man muss das Leben und das Hab und Gut anderer Leute und auch das eigene mit der Erweckung des Lebens eines geistigen Wesens im Missetäter beschützen. Dieses Verfahren beruht hauptsächlich in der eigenen geistigen Vervollkommnung, die unbedingt notwendig ist, um die Macht zu erlangen, auf andere mit Gutem, mit Liebe, mit vernünftigem Aufklären einzuwirken. Wenn ich beispielsweise sehe, dass ein Mensch einen anderen zu töten gesonnen ist, so ist das Äußerste, was ich dabei unternehmen kann, mich selbst der Waffe des Mörders bloßzustellen und ihm zu sagen: '[H]ier, meine Brust, töte mich zuerst, weil ich, solange ich lebe, keinen Menschenmord sehen und zulassen kann,' um so den Angefallenen zu beschützen, ihn mit dem eigenen Leib zu bedecken, wenn dies möglich, ihn fortbringen, zu erretten, zu verstecken, ganz so wie ich einen Menschen aus den Flammen einer Feuersbrunst, oder einen Ertrinkenden reiten würde: entweder retten oder selbst dabei zugrunde gehen."[91]

Dieses Konzept spiegelt sich in Tolstois literarischem Werk wider – zunächst in der Volkserzählung „Der Taufsohn" (1886):

> „Da hört er [der Einsiedler] auch schon von weitem die Stimme des Räubers. Der reitet daher, schmäht und höhnt mit lauter Stimme. Der Greis erhebt sich: 'Von niemand sonst als von Gott allein kann mir Gutes oder Böses widerfahren!' und geht mutig dem Räuber entgegen. Der Räuber aber ist nicht allein, vor sich im Sattel hält er einen gefesselten Mann und beschimpft ihn mit wüsten Worten. Da eilt der Greis auf den Räuber zu und stellt sich ihm in den Weg.
>
> 'Wohin führst du diesen Mann?'
>
> 'Er muss mit mir in den Wald', antwortet der Räuber, 'es ist der Sohn des Kaufmanns, er will mir nicht verraten, wo sein Vater das Geld versteckt hält, jetzt werde ich ihn so lange prügeln, bis er sich eines andern besinnt.' Nach diesen Worten will der Räuber weiter, doch der Einsiedler lässt es nicht zu, packt das Pferd am Zaum und ruft:
>
> 'Gib diesen Mann frei!'
>
> Da kommt ein wilder Zorn über den Räuber, er holt zum Schlag aus:
>
> 'Willst du das gleiche erleiden, Alter? Ich habe dir schon längst gesagt, dass ich dich noch umbringe. Gib den Weg frei!'
>
> Doch der Greis war ohne Furcht:
>
> 'Ich lasse dich nicht', spricht er, 'ich habe auch keine Angst vor dir. Ich fürchte nur Gott allein, und Gott befahl mir nicht, dich loszulassen. Gib diesen Mann frei!'
>
> Der Räuber runzelte die Stirn, doch nahm er nach einer Weile sein Messer, schnitt die Fesseln des Kaufmannssohnes durch und ließ ihn los.

91 *Buka*, zitiert nach *Tolstoi*, Neisbeshnyj a.a.O., S. 90. Die zitierte Übersetzung in: *Bartolf*, Nicht-Widerstehen, S. 134.

'Packt euch beide aus meinen Augen!' rief er voller Ärger."[92]

Hier wurde das Motiv noch in eine phantasievolle Form gekleidet, weil „Der Taufsohn" durch die Bearbeitung der zwei russischen Volksmärchen entstand,[93] aber einige Jahre später, in „Auferstehung" behandelte Tolstoi es betont realistisch, wobei allerdings anstelle des Wegelagerers ein brutaler Eskorteoffizier auftritt, der durch einen geschlossenen friedlichen Widerstand mehrerer Strafgefangenen zu einem wenigstens partiellen Nachgeben genötigt wird:

„Der Offizier verlangte, dass man dem Gemeindeverschickten die Handschellen anlegen sollte, dabei hatte der doch den ganzen Weg das kleine Mädchen, das ihm seine in Tomsk[94] an Typhus gestorbene Frau hinterlassen hatte, auf dem Arm getragen. Sein Einwand, dass er mit Handschellen das Kind nicht tragen könne, reizte den schlecht gelaunten Offizier, und er prügelte auf den nicht gleich sich fügenden Gefangenen ein [...] Der Offizier wiederholte dem Geleitsoldaten seinen Befehl, das Mädchen wegzunehmen. Unter den Gefangenen wurde das Gemurre immer lauter.

'Von Tomsk her gings doch, da haben sie sie nicht angelegt', ließ sich eine heisere Stimme aus den hinteren Reihen vernehmen.

'Ist doch ein Kind, kein Hündchen.'

'Wohin soll er das Mädchen denn tun?'

'Das ist gegens Gesetz', sagte noch jemand.

'Wer war das?', schrie wie von der Tarantel gestochen der Offizier und stürzte sich auf die Menge. 'Ich werd dir das Gesetz zeigen! Wer hat das gesagt? Du? Du?'

'Alle sagen es. Weil ...', begann ein untersetzter Gefangener mit breitem Gesicht.

Er konnte nicht zu Ende sprechen, der Offizier begann, ihn mit beiden Händen ins Gesicht zu schlagen.

'Ihr wollt meutern! Ich zeigs euch, wie man meutert, erschieß euch wie die Hunde. Die Obrigkeit wirds mir nur danken. Nimm das Mädchen!'

Die Menge verstummte. Der eine Geleitsoldat riss das verzweifelt brüllende Kind los, der andere legte dem gehorsam seine Hand darbietenden Gefangenen die Handschellen an.

'Brings den Weibern', schrie der Offizier dem Geleitsoldaten zu und rückte das Portepee seines Säbels zurecht.

Das kleine Mädchen, das versuchte, die Händchen aus dem Tuch zu befreien, es hörte nicht auf zu schreien mit seinem blutverschmierten Gesicht. Aus der Menge trat Marja Pawlowna [Schtschetenina][95] hervor und ging zu dem Geleitsoldaten.

92 *Tolstoi*, Krestnik a.a.O., S. 159 f.

93 Vgl. *Sresnewskij*, „Krestnik" a.a.O., S. 725.

94 *Tomsk* ist eine Stadt in Westsibirien.

95 Ihr historisches Vorbild war die russische Revolutionärin Natalja Armfeld (1850–1887), vgl. *Conrad*, Anmerkungen a.a.O., S. 683 f.

> 'Herr Offizier, gestatten, ich trage das Mädchen.' Der Geleitsoldat blieb mit dem Mädchen stehen. 'Du bist wer?', fragte der Offizier.
>
> 'Ich bin eine Politische.'
>
> Offensichtlich wirkte das schöne Gesicht Marja Pawlownas mit ihren schönen klaren Augen auf den Offizier (er hatte sie bereits bei der Aufnahme bemerkt). Schweigend sah er sie an, als erwäge er etwas.
>
> 'Ist mir egal, tragen Sie sie, wenn Sie wollen. Sie haben gut bemitleiden, aber läuft der weg, wer hat dann die Verantwortung?'
>
> 'Wie kann er denn mit dem Mädelchen weglaufen?', sagte Marja Pawlowna.
>
> 'Ich hab keine Zeit, mich mit Ihnen zu unterhalten. Nehmen Sie sie, wenn Sie wollen.'"[96]

„Die Liebe – ist nur dann Liebe, wenn sie sich selbst zum Opfer bringt,"[97] fasste Leo Tolstoi zusammen.

2. Ziviler Ungehorsam

> „Der Nichtwiderstand gegen das Böse ist gleich wichtig im öffentlichen Leben, wie im persönlichen Verkehr."[98]
>
> *Leo Tolstoi*

Leo Tolstoi verurteilte das vom Staat begangene Unrecht genauso entschlossen wie die gewöhnliche Kriminalität:

> „Die Gewalttat des Räubers gegen den Wanderer ist auch uns ein Gräuel, wie die Gewalttat des Kriegers gegen die Gefangenen, des Richters gegen die [zum Tode] Verurteilten, und wir können weder an der einen noch an der anderen mit Bewusstsein teilnehmen."[99]

In „Auferstehung" drückt Tolstoi diesen Vergleich noch deutlicher aus – als Gedanken von Nechljudow:

> „[V]ielleicht sind ja diese Gouverneure, Inspektoren und Polizisten nötig, aber es ist entsetzlich, Menschen zu sehen, denen es an den wichtigsten Zügen der Menschlichkeit gebricht – der Liebe und des Mitleids füreinander […] Ich fürchte sie einfach. Und wirklich, diese Leute sind schrecklich. Schrecklicher als Räuber. Ein Räuber kann doch immerhin Mitleid haben – aber sie können das nicht: Gegen Mitleid sind sie gefeit wie diese Steine gegen die Vegetation. Und dadurch sind sie

---

96 *Tolstoi*, Woskressenije a.a.O., S. 364 ff.

97 *Tolstoi*, O zhisni, a.a.O., S. 392.

98 *Tolstoi*, Put a.a.O., S. 238 (Kapitelüberschrift).

99 *Tolstoi*, Chodite a.a.O., S. 289.

so schrecklich. Es heißt, schrecklich seien die Pugatschows[100] oder die Rasins.[101]Doch diese sind tausendmal schrecklicher."[102]

Bezeichnenderweise rief Tolstoi aber nicht dazu auf, das vom Staat gesetzte positive Recht ausnahmslos abzulehnen,[103] was auch seine Notiz in der Anthologie „Der Lebensweg" deutlich macht:

> „Die Gesetze der Menschen muss man bisweilen befolgen, bisweilen nicht, einige Gesetze muss man befolgen, andere nicht. Die Gebote Gottes sind anders, sie sind immer und für alle Menschen bindend."[104]

In „Wandelt im Licht" präzisiert Tolstoi diesen Gedanken durch die Worte von Pamphilius:[105]

> „Ich sprach soeben von den Missetaten, die sowohl von uns [den Christen] als auch vom Staat gleichermaßen als Verbrechen angesehen werden. Diese Verbrechen sind Gewalttaten, die vorübergehende Gesetze eines bestimmten Landes brechen. Daneben sind sich die Menschen aber auch der ewigen, allgemeingültigen Gesetze bewusst, die im Herzen aller Menschen geschrieben sind. Wir Christen befolgen diese universellen, göttlichen Gesetze und sehen in Worten und Taten unseres Lehrers ihren besten, klarsten und vollständigsten Ausdruck. Deshalb ist in unseren Augen jede Gewalt, die gegen die Gebote Christi und somit die Gesetze Gottes verstößt, Verbrechen. Wir sehen ein, dass wir, um keine Feindschaft hervorzurufen, die Gesetze des Landes, in welchem wir leben, ebenfalls befolgen müssen, aber an vorderster Stelle steht für uns das Gesetz Gottes, das unseren Verstand und unser Gewissen anleitet; wir können nur solche Gesetze des Staates befolgen, die dem Gesetz Gottes nicht widersprechen. Gebt dem Kaiser, was des Kaisers ist, und Gott, was Gottes ist. Wir verabscheuen nicht nur die Übertretung der Gesetze des Staates, in dessen Grenzen wir zufälligerweise geboren wurden und leben müssen, sondern vor allem die Verbrechen gegen den Willen Gottes. Deshalb ist unsere Verbrechensbekämpfung breiter und tiefe als eure – die staatliche."[106]

Diese Auffassung steht in keinem Widerspruch zur grundsätzlichen Ablehnung des Staates und des Eigentums,[107] denn (wie Pamphilius ebenfalls erklärt):

---

100 Siehe oben Kapitel C) III.

101 Stepan „Stenka" Rasin (um 1630–1671) war Anführer eines brutal geführten (und noch brutaler unterdrückten) Kosaken- und Bauernaufstandes in Russland.

102 *Tolstoi*, Woskressenije a.a.O., S. 351.

103 Vgl. *Eltzbacher*, PJ 1900, 279 f.

104 *Tolstoi*, Put a.a.O., S. 233. Eigene Übertragung, weil in der deutschen Übersetzung „Der Lebensweg" weggelassen.

105 Siehe oben Kapitel F) III.

106 *Tolstoi*, Chodite a.a.O., S. 293. Eigene Übersetzung, da nicht wiedergegeben in der deutschen Übertragung „Wandelt im Licht".

107 Siehe oben Kapitel C) III., C) IV.

> „Es gelingt uns [den Christen] nicht ganz, alles zu tun, was uns für unser Heil wünschenswert erscheint, das heißt, wir haben uns nicht ganz von der Gewalt und vom Eigentum befreit. Das ist wahr, aber kann es anders sein? Du [Julius] strebst danach, die schönste Frau zu haben und den größten Reichtum zu besitzen. – Hast Du oder sonst irgendjemand dies jemals erreicht? Wenn der Schütze sein Ziel nicht trifft, wird er dann etwa aufhören, nach dem Ziel zu zielen? So ist es auch mit uns. Nach der Lehre Christi besteht unser Heil in der Liebe. Die Liebe aber schließt die Gewalt und das daraus hervorgehende Eigentum aus. Wir suchen unser Heil, aber es gelingt uns weitaus nicht vollkommen. Wir streben auch auf verschiedenen Wegen danach, und nicht alle erreichen die gleiche Stufe."[108]

Aber es gibt moralische Grenzen, die ein Christ unter keinen Umständen[109] überschreiten darf:

> „Dem Zaren oder wem sonst immer kannst du alles geben, was du willst, nur nicht, was Gottes ist. Der Kaiser braucht mein Geld – nehmt es hin; mein Haus, meine Werke – nehmt sie hin. Mein Weib, meine Kinder, mein Leben – nehmt hin; all das ist nicht Gottes. Doch wenn der Kaiser fordert, ich solle die Rute erheben und auf den Rücken meines Nächsten niedersausen lassen, wenn er fordert, ich solle einen Menschen festhalten, während man ihn schlägt, ich solle ihn fesseln oder ihn unter Androhung des Todes mit der Waffe in der Hand bewachen, während man ihm Böses zufügt, ich solle hinter einem Menschen das Gefängnistor zusperren, ihm die Kuh, das Brot wegnehmen oder einen Befehl schreiben, dem zufolge man einen Menschen einsperrt oder ihm nimmt, was ihm teuer ist – all das vermag ich nicht, denn hier werden meine Taten gefordert, und die sind Gottes. Meine Taten sind es, woraus sich mein Leben zusammenfügt, ein Leben, das ich von Gott empfing und ihm allein zurückgeben werde. Und daher kann, wer wirklich glaubt, dem Kaiser nicht geben, was Gottes ist. Spießrutenlaufen, ins Gefängnis gehen, den Tod erleiden, dem Kaiser Steuern zahlen – all das vermag ich, aber einen anderen Spießruten laufen lassen, ihn ins Gefängnis werfen, ihn in den Tod führen und Steuern eintreiben, all das kann ich für den Kaiser nicht tun, denn was der Kaiser hier von mir verlangt, ist Gottes."[110]

„Wenn das menschliche Gesetz verlangt, was dem Gesetz Gottes widerspricht, darf und soll der Mensch sich nicht fügen"[111] – fasste Leo Tolstoi zusammen.

Daher liest sich „Das Reich Gottes ist inwendig in Euch" nahezu wie ein Handbuch des zivilen Ungehorsams:

> „Sehr oft kommt es vor, wie in diesen Tagen, dass Soldaten, die herbeigerufen waren, um die Bewohner zur Ruhe zu bringen, sich weigern, auf sie zu schießen […] Ganz so ist es mit Richtern und Staatsverwaltern: Die Richter, die die Pflicht haben, zu richten und die Verbrecher zu verurteilen, führen ihre Verhandlung in der

---

108 *Tolstoi*, Chodite a.a.O., S. 276.

109 Vgl. *Gusseinow*, Sakon a.a.O., S. 732.

110 *Tolstoi*, Nikolai a.a.O., S. 562.

111 *Tolstoi*, Put a.a.O., S. 219. Eigene Übertragung, weil in der deutschen Übersetzung „Der Lebensweg" weggelassen.

Absicht, sie freizusprechen, so dass die russische Regierung zur Aburteilung solcher Personen, die sie zu verurteilen für notwendig hält, nie mehr die gewöhnlichen Gerichte anruft, sondern dem sogenannten Kriegsgericht überweist, das nur das Aussehen eines Gerichtes hat. Ebenso steht es mit den Staatsanwälten, die sich oft weigern, anzuklagen, und sogar mit Umgehung des Gesetzes, statt anzuklagen, diejenigen verteidigen, die sie anklagen sollten. Gelehrte Juristen, die verpflichtet wären, die Gewalt der Machthaber zu rechtfertigen, bestreiten immer mehr und mehr das Recht der Strafe und setzen an dessen Stelle die Theorie der Unzurechnungsfähigkeit, ja sogar der Nicht-Besserung, sondern der ärztlichen Behandlung derjenigen, die man Verbrecher nennt. Die Gefängniswärter und die Zuchthausaufseher werden meist die Verteidiger derjenigen, die sie peinigen sollten. Die Gendarmen und Häscher retten beständig diejenigen, die sie zugrunde richten sollten. Geistliche Personen predigen Duldsamkeit, oft sogar die Verwerfung der Gewalt, und die Gebildeten unter ihnen bemühen sich, in ihren Predigten die Lüge zu umgehen, die den ganzen Sinn ihrer Stellung bildet, und die sie berufen sind zu predigen. Henker verweigern die Erfüllung ihrer Pflicht, so dass in Russland Todesurteile oft nicht vollzogen werden können, weil es an Henkern fehlt, da trotz all der Vorteile, die diesen Menschen geboten werden, die man aus den Zuchthäuslern wählt, sich immer weniger Leute finden, die geneigt sind, Henker zu werden. Statthalter, Polizeiverweser,[112] Kommissare, Steuereintreiber und Zollerheber geben sich oft in ihrem Erbarmen über das Volk Mühe, Vorwände zu finden, um die Steuer von dem Volke nicht einzutreiben."[113]

Was Tolstoi hier noch etwas vage beschreibt als „Anzeichen der aufkeimenden öffentlichen Meinung, die sich immer weiter und weiter ausbreitet und dahin gelangen wird, dass es niemanden mehr geben wird, der in Regierungsdienste tritt",[114] machte er sieben Jahre später im Essay „Die Sklaverei unserer Zeit" zu einem direkten Aufruf:

„Um aber das Schlechte, das sein und seiner Brüder Elend verursacht, nicht zu tun, *muss der Mensch: erstens, weder freiwillig noch zwangsweise an den Tätigkeiten der Regierungen teilnehmen und daher weder den Beruf eines Soldaten, noch den eines Feldmarschalls, eines Ministers, eines Steuereinnehmers, eines Bürgermeisters, eines Geschworenen, eines Gouverneurs, eines Parlamentsmitgliedes erfüllen und überhaupt keine Stellung annehmen, die mit Gewalttätigkeit verbunden ist.*[115] Dieses erstens!

Zweitens darf ein solcher Mensch nicht freiwillig Steuern an die Regierungen zahlen und ebenso wenig das durch Steuern eingetriebene Geld benutzen, sei es in Form von Gehalt oder von Pension, Belohnung etc. Auch darf er nicht die Regie-

112 Im russischen Originaltext handelt es sich um *die hochrangigen Polizeibeamten.*

113 *Tolstoi*, Zarstwo a.a.O., S. 212 f.

114 *Tolstoi*, Zarstwo a.a.O., S. 302.

115 Kursivsetzung im Original.

rungsämter benutzen, die durch Steuern unterhalten werden, welche mit Gewalt vom Volke eingetrieben sind.[116] Dieses zweitens!

Drittens darf der Mensch, der nicht nur sein eigenes Wohl erstrebt, sondern die Lage der ganzen Menschheit bessern will, sich nicht um den gewalttätigen Beistand der Regierungen bewerben, weder um seinen Besitz an Grund und Boden und anderen Gegenständen zu sichern, noch zum Schutze seiner eigenen Person und der Seinen, sondern er darf seine Ansprüche auf den Besitz des Bodens, wie auch aller Erzeugnisse seiner oder der anderen Arbeit nur so weit aufrecht erhalten, als diese Gegenstände nicht von anderen Menschen beansprucht werden können.[117]"[118]

Wohl bleibt der zivile Ungehorsam zunächst eine marginale Randerscheinung, aber schon bald verbreitet er sich wie ein Lauffeuer und fegt die Gewaltherrscher hinweg:

„Wenn nicht jede Biene, die fliegen kann, flöge, würden sich auch die anderen nicht vom Platze rühren, und der Schwarm würde seine Lage nie verändern. Und wenn der Mensch, der sich die christliche Lebensauffassung angeeignet hat, ohne zu warten, bis die anderen nachkommen, nicht gemäß dieser Auffassung lebte, würden die Menschen nie ihre Lage verändern. Und wie die eine Biene nur die Flügel ausbreiten, sich zu erheben und zu fliegen braucht, und nach ihr die zweite, die dritte, die zehnte, die hundertste, damit der unbeweglich hängende Haufen ein frei fliegender Bienenschwarm werde, so braucht doch nur ein Mensch das Leben so zu begreifen, wie das Christentum es zu begreifen lehrt, und anzufangen, so zu leben, und ihm ein zweiter, ein dritter, ein hundertster zu folgen, damit der Zauberkreis des gesellschaftlichen Lebens, aus dem, wie es schien, kein Ausweg führte, durchbrochen werde […] Was, sollte man meinen, liegt viel an solchen Erscheinungen, wie die Verweigerung weniger Dutzend Wahnsinniger, wie man sie nennt, die der Regierung nicht schwören wollen, die keine Steuern bezahlen wollen, die nicht am Gericht und am Kriegsdienst teilnehmen wollen […] Man sollte meinen, es liegt nicht viel an diesen Erscheinungen, und doch untergraben diese Erscheinungen mehr als etwas anderes die Macht des Staates und bereiten die Befreiung der Menschen vor. Dies sind die einzelnen Bienen, die sich vom Schwarm abzulösen beginnen und umherfliegen in der Erwartung dessen, dass der Augenblick eintreten müsse, wo sich der ganze Schwarm erhebt und ihnen folgt. Und die Regierungen wissen dies und fürchten diese Erscheinungen mehr als alle Sozialisten, Kommunisten, Anarchisten und ihre Verschwörungen mit ihren Dynamitbomben […] Die Regierungen wissen nicht, was sie mit den Menschen beginnen sollen, die auf Grund der christlichen Lehre ihren Forderungen widerstreben, die sie bloßstellen und ohne sie [die Regierung] fertig werden. Diese Menschen zerstören ohne Kampf, von innen heraus, die Grundlage der Regierung."[119]

116 Kursivsetzung im Original.

117 Kursivsetzung im Original.

118 *Tolstoi*, Rabstwo a.a.O., S. 193.

119 *Tolstoi*, Zarstwo a.a.O., S. 170, 176, 300.

Tolstoi sah durchaus ein, dass die Verweigerung des Kriegs-, Polizei- und Geschworenendienstes sowie der Steuerzahlung[120] von den tyrannischen Regimes bestraft wird, hielt jedoch die staatlichen Sanktionen für weniger dramatisch als Folgescheusa des blinden Gehorsams gegenüber der Obrigkeit:

> „Wenn ich zu der Minderheit der Bedrücker [Unterdrücker] gehöre, werden die Nachteile der Nichtunterwerfung unter die Forderung der Regierung darin bestehen, dass man mich als einen Menschen, der sich weigert, die Forderung der Regierung zu erfüllen, vor Gericht stellt und im besten Falle freispricht, oder, wie man bei uns mit den Mennoniten verfährt, zwingt, die Dienstzeit in unkriegerischer Arbeit abzuleisten, im schlimmsten Falle zur Verbannung oder zu Gefängnis auf zwei, drei Jahre verurteilt (ich spreche von Fällen, die in Russland vorgekommen sind) oder vielleicht zu längerer Gefängnisdauer, vielleicht auch zu Tode, obwohl die Wahrscheinlichkeit einer solchen Strafe sehr gering ist.
>
> Dies sind die Nachteile der Nichtunterwerfung. Die Nachteile der Unterwerfung werden im Folgenden bestehen: Im besten Falle schickt man mich nicht aus, um die Menschen zu töten, und setzt mich selbst nicht der größten Wahrscheinlichkeit der Verstümmelung und des Todes aus, sondern zählt mich nur zu der Kriegsknechtschaft: Ich werde in ein närrisches Kleid gesteckt, jeder Mensch, der höher im Range ist als ich, vom Gefreiten bis zum Feldmarschall, wird mich hänseln. Man zwingt mich, mit meinem Körper Verrenkungen zu machen, ganz nach Belieben, man hält mich für fünf Jahre fest, dann zehn Jahre im Zustand der Bereitschaft, jeden Moment wieder alle diese Dinge zu erfüllen. Im schlimmeren Falle kann es kommen, dass man mich unter all den aufgeführten Bedingungen der Knechtschaft noch in den Krieg schickt, wo ich gezwungen werde, Menschen fremder Nationalität, die mir nichts getan haben, zu töten, wo ich verstümmelt und getötet werden kann, wo ich an einen Ort kommen kann, wie das in Sewastopol war,[121] und wie es in jedem Kriege vorkommt, wo Leute in den Tod geschickt werden. Und was das Qualvollste von allen ist, ich kann gegen meine eigenen Landsleute geschickt werden und werde meine Brüder töten müssen um dynastischer oder mir ganz fremder Regierungsinteressen willen. Das sind die verhältnismäßigen Nachteile.
>
> Die verhältnismäßigen Vorteile der Unterwerfung und der Nichtunterwerfung sind folgende: Für den, der sich nicht weigert, werden die Vorteile darin bestehen, dass er, nachdem er sich allen Erniedrigungen gefügt, alle Grausamkeiten, die man von ihm abverlangt, ausgeübt und vielleicht nicht getötet worden ist, roten, goldenen und Flitterschmuck an seinem närrischen Kleide haben wird, dass er vielleicht im besten Falle über Hunderttausende, ganz wie er, vertierter Menschen den Befehl haben, Feldmarschall heißen oder viel Geld bekommen wird.
>
> Die Vorteile dessen, dass er sich weigert, werden darin bestehen, dass er seine Menschenwürde bewahrt, die Achtung der guten Menschen erlangt und vor allem

120 Vgl. *Eltzbacher*, Anarchismus, S. 256. Siehe auch *Tolstoi*, Zarstwo a.a.O., S. 300.

121 Anspielung auf die elfmonatige Belagerung von Sewastopol (1854–1855) im Krimkrieg (1853–1856).

unzweifelhaft dessen wird, dass er ein Gotteswerk und darum eine unzweifelhafte Guttat gegen die Menschen übt.

Dies sind die beiderseitigen Vorteile und Nachteile für den Menschen aus den reichen Gesellschaftsklassen, für den Bedrücker. Für den Armen der arbeitenden Klasse werden Vorteile und Nachteile dieselben sein, jedoch mit einem gewichtigen Plus von Nachteilen. Die Nachteile werden für den Mann aus der arbeitenden Klasse, der den Kriegsdienst nicht verweigert, noch darin bestehen, dass er durch seinen Eintritt in den Kriegsdienst, durch seine Teilnahme und gewissermaßen durch seine Zustimmung die Bedrückung, in der er sich selbst befindet, noch verstärkt."[122]

In seiner späteren Schrift „Der unvermeidliche Umsturz" räumte Tolstoi allerdings ein, dass die gewaltlosen Vorkämpfer gegen die Unterdrückung „unter gegenwärtigen Umständen"[123] härter verfolgt und „sehr wahrscheinlich"[124] enteignet, verbannt, eingesperrt und eventuell auch getötet werden;[125] er änderte jedoch nicht seine Überzeugung, dass „[d]as öffentliche Leben nur durch die Selbstverleugnung der Menschen verbessert werden [kann]"[126] und schrieb noch im Oktober 1910:

„[Es] ist nicht wichtig, wie viele Menschen sich weigern, an den Gewalttaten teilzunehmen, sondern warum sie das tun. Deshalb ist ein einziger Verweigerer unvergleichbar mächtiger als Millionen, die ihn quälen, gefangen halten, hinrichten werden. Und seine Tat ist wirkungsvoller und folgenreicher als sämtliche Parlamentsreden und Friedenskongresse, als Sozialismus und als alle möglichen Kinderspiele und Mittel, die Wahrheit vor sich selbst zu verbergen."[127]

Tolstois Aufruf zur Opferbereitschaft und zur märtyrerischen Hingebung[128] mag verantwortungslos erscheinen, doch muss man beachten, dass der Denker ihn auch an sich selbst richtete. Schon 1896 sprach Tolstoi die zaristischen Regierungsbehörden im Aufsatz „Das Ende naht!" zornig an:

„Auch begreife ich nicht, weshalb die [russische] Regierung diejenigen verfolgt, die den Militärdienst verweigern, und ihre Strafe nicht gegen mich richtet, den sie als Urheber dieser Weigerungen bezeichnen könnte. So alt bin ich doch nicht, dass man mich nicht verfolgen und bestrafen könnte, und auch meine Stellung schützt mich durchaus nicht dagegen."[129]

---

122 *Tolstoi*, Zarstwo a.a.O., S. 144 f.

123 *Tolstoi*, Neisbeshnyj a.a.O., S. 94.

124 Ebd.

125 Vgl. ebd.

126 *Tolstoi*, Sakon a.a.O., S. 192.

127 Tolstoi, sozialisme a.a.O., S. 430 f.

128 Vgl. *Walter*, Tolstoi, S. 210.

129 *Tolstoi*, Priblizhenije a.a.O., S. 83.

Zwölf Jahre später, als das zaristische Regime gegen die Revolutionsbewegung besonders grausam vorging, fand Tolstoi im Essay „Ich kann nicht schweigen", der bald „zum eisernen Bestand jeder freiheitlichen und humanen Bewegung in Russland [wurde]"[130] noch drastischere Worte:

> „Deswegen auch schreibe ich dieses und werde es, so weit ich kann, sowohl in Russland als auch im Auslande verbreiten, damit eins von beiden: entweder diese unmenschlichen Taten aufhören, oder dass man meine Verbindung mit diesen Dingen aufhebt, indem man mich entweder ins Gefängnis sperrt, wo es mir klar zum Bewusstsein kommen mag, dass diese Schrecken schon nicht mehr meinetwillen begangen werden, oder, was noch besser wäre (so gut, dass ich von solchem Glück nicht zu träumen wage), dass man mich wie jene zwanzig oder zwölf Bauern in ein Totenhemd steckt und unter meinen Füßen die Bank fortstößt, damit ich durch mein eigenes Gewicht auf meiner alten Kehle die eingeseifte Schlinge zusammenziehe."[131]

Man kann Leo Tolstoi sicher nicht vorwerfen, dass die zaristische Obrigkeit seine Anhänger erbarmungslos verfolgte,[132] aber einen weltbekannten Schriftsteller, und dazu noch den Angehörigen der hohen Aristokratie, nicht anzutasten wagte – obwohl es in den russischen Regierungskreisen um 1890 durchaus Überlegungen gab, Tolstoi als „Ketzer" ins Kloster einzusperren.[133]

Auch die unterworfenen (Kolonial-)Völker sollen ihre Freiheit durch zivilen Ungehorsam wiedererlangen, wie Tolstoi im Jahre 1908 am Beispiel Indiens – im Brief an den indischen Unabhängigkeitskämpfer Taraknath Das (1884–1958) – aufzeigte:

> „Sie sagen, die Engländer haben Ihr Volk versklavt und halten es in der Versklavung, weil sich die Inder nicht entschieden genug zur Wehr setzen und der Gewalt nicht mit Gewalt begegnen. Aber gerade das Umgekehrte ist der Fall. Wenn die Engländer Ihr Volk knechten konnten, so kam es nur daher, dass die Inder Gewalt als Grundprinzip ihrer Gesellschaftsordnung anerkannten und anerkennen, diesem Prinzip gemäß unterwarfen sie sich ihren Kleinkönigen, ihnen zuliebe kämpften sie untereinander, kämpften sie gegen die Europäer und versuchen es nun wiederum, gegen sie zu kämpfen […] Sobald die Menschen nur in Übereinstimmung mit dem mit ihren Herzen natürlichen und mit ihnen nun geoffenbarten Gesetze der Liebe leben, das alle [gewaltsame] Gegenwehr ausschließt und sie daher von jeder Teilnahme an Gewaltanwendung fernhält, sobald das geschieht, können keine Millionen mehr durch Hunderte, ja nicht einmal ein Einziger mehr durch Millionen geknechtet werden. Widersteht dem Bösen nicht und nehmt keinen Anteil daran, an den Vergewalti-

130 *Sapir*, Tolstoi, S. 64.

131 *Tolstoi*, mogu a.a.O., S. 95.

132 Siehe Tolstois Schrift „Die Verfolgung meiner Leser" (1908).

133 Vgl. *Meleschko*, Filosofija, S. 326 mit weiteren Nachweisen.

gungen der Staatsbehörden, der Gerichte, der Steuererhebung und vor allem des Militärs, und niemand wird in der Welt euch zu knechten vermögen.“[134]

Interessanterweise trat die Idee des gewaltlosen Widerstands zumindest im Ansatz[135] nicht zuerst in Tolstois Publizistik auf, sondern in „Krieg und Frieden“ – bei der Schilderung der Situation im französisch besetzten Moskau:

„Doch seltsam, alle diese [französischen] Verordnungen, Bemühungen und Pläne, die keineswegs schlechter waren als andere, die bei ähnlichen Gelegenheiten ausgegeben werden, berührten den Kern der Sache nicht, sondern drehten sich, wie Uhrzeiger auf einem Zifferblatt, das von der Mechanik getrennt wurde, willkürlich und ziellos, ohne in die Rädchen zu greifen […] In diplomatischer Hinsicht erwiesen sich Napoleons Beweise seiner Großmut und Gerechtigkeit sowohl Tutolmin als auch Jakowlew[136] gegenüber, der sich vorwiegend um die Beschaffung eines Mantels und einer Kutsche sorgte, sämtlich als nutzlos: Alexander [Zar Alexander I.] empfing diese Abgesandten nicht und beantwortete auch nicht ihre Botschaft.“[137]

IV. *„Nichtwiderstand gegen das Böse“ und gewaltsamer Widerstand*

„Die *Anwendung*[138] jeder Lehre ist stets ein Kompromiss, aber die Lehre in der Theorie kann keine Kompromisse erlauben.“[139]

Leo Tolstoi

Viele Kritiker Tolstois, darunter auch und gerade solche, die mit ihm sonst sympathisierten, nahmen Anstoß an der scheinbaren „kompromisslosen Radikalität“[140] seines Konzepts des Nichtwiderstands gegen das Böse mit Gewalt und monierten, dass die konsequente Umsetzung dieser Idee im Endeffekt den Einzelnen der Willkür der Rücksichtslosen ausliefern würde.[141] So beklagte der französische Sozialistenführer Jean Jaurès (1859–1914) im Jahre 1911, dass aus Tolstois Sicht die Unterdrückten nur so lange unterstützt werden sollen, wie sie sich nicht gewaltsam auflehnen, sondern passiv bleiben oder friedlich

---

134 *Tolstoi*, Brief an einen Hindu a.a.O., S. 268 f.

135 Vgl. *Urban*, Einführung a.a.O., S. 19.

136 Iwan Tutolmin (1752/1753–1815) und Iwan Jakowlew (1767–1846) waren prominente Bürger von Moskau, die Napoleon freundlich empfing und für Unterhandlungen nach Petersburg schickte.

137 *Tolstoi*, Woina a.a.O., Bd. 12 S. 88, 89.

138 Kursivsetzung im Original.

139 *Tolstoi*, Brief an L. G. Wilson a.a.O., S. 271.

140 *Machinek*, FKT 1998, 60.

141 Vgl. *Machinek*, FKT 1998, 56.

protestieren.[142] Tolstois enger Freund Wassilij Maklakow meinte drei Jahre später, dass die realistisch denkenden Menschen nach Tolstois Lehre vom Nichtwiderstand gegen das Böse nicht leben können,[143] und eine moderne russische Literaturwissenschaftlerin kommentierte die oben angeführte[144] Stelle aus Tolstois Schrift „Der unvermeidliche Umsturz", dass jede halbwegs vernünftige Person erkennen werde, dass der Bösewicht in diesem Fall erst den ungeschickten Beschützer töte und dann das Kind umbringe oder verstümmele.[145]

Aber bei näherer Betrachtung erweist sich auch diese Kritik als unbegründet, denn Leo Tolstoi begriff das Gebot des gewaltlosen Widerstands gegen das Böse gerade *nicht* als apodiktische Regel, die man immer, in jeder Situation und um jeden Preis befolgen muss:

> „Die Lehre von der Liebe, die das Nichtwiderstehen zwingend enthält, zeigt das Ideal, und das Streben nach der Verwirklichung dieses Ideals ist dem Menschen zu Eigen. Das Ideal mit der Lebensregel zu verwechseln, ist aber ein großer Fehler oder Selbstbetrug. Das Ideal ist nur dann Ideal, wenn es die Vollkommenheit erfordert, und sie kann im diesseitigen Leben nicht uneingeschränkt erreicht werden, [das Ideal] ist aber unentbehrlich als Leitfaden zu ihr und ist nur dann notwendig, wenn es den Weg zu dieser zu Lebzeiten unerreichbaren Vollkommenheit aufzeigt."[146]

In einer mit der Bemerkung *„sehr wichtig"* versehenen Tagebuchnotiz äußerte sich Tolstoi noch deutlicher:

> „Das Gesetz [dem Übel nicht mit Gewalt zu widerstreben] ist, wie jedes Gesetz, ein Ideal, dem alles Lebendige von selbst unbewusst zustrebt und jeder einzelne Mensch zustreben *muss*.[147]Falsch erscheint dieses Gesetz nur, wenn es als eine Forderung hingestellt wird, die uneingeschränkt zu erfüllen ist, und nicht wie es *verstanden werden muss* als immerwährendes, ständiges und bewusstes Streben nach seiner Verwirklichung."[148]

Somit treten in Tolstois literarischem Werk mehrere durchaus positive Gestalten auf, die ihre Mitmenschen oder auch sich selbst gegen das Böse gewaltsam verteidigen. Der geläuterte Kriminelle Stepan Pelagejuschkin in „Der gefälschte Kupon" trifft zwei Zellengenossen, die einem unerfahrenen jungen Arrestanten beim Kartenspiel seine gesamte Barschaft abgelistet haben, nimmt den Männern das Geld ab, gibt es dem rechtmäßigen Eigentümer zurück, wird

142 Vgl. *Jaurès*, RS1911, 206.

143 Vgl. *Maklakow*, RM 1914, 39 f.

144 Siehe oben Kapitel I) III. 1.

145 Vgl. *Gelfond*, Nrawstwenno-religiosnoje, S. 230.

146 *Tolstoi*, Brief an U. A. Chodschajew a.a.O., S. 218.

147 Kursivsetzung im Original.

148 *Tolstoi*, Tagebucheintragung vom 26. Oktober 1907 a.a.O., Bd. 56 S. 75 f.

darauf von den erbosten Tätern angegriffen und bricht in der Schlägerei einem von ihnen den Arm.[149] In „Auferstehung“ stößt der „wegen seiner Fröhlichkeit, Großzügigkeit und Standhaftigkeit gegenüber den Obrigkeit“[150] bekannte Häftling Wassiljew einen gewalttätigen Aufseher, der ihn schlagen wollte, aus der Zelle hinaus.[151] Im selben Werk wird ausgerechnet die aufopferungsvolle Marja Pawlowna,[152] die als Strafgefangene in Sibirien endet, weil sie den eher zufälligen Tod eines Gendarmen bei der Razzia gegen die Regimegegner auf sich genommen hat,[153] von Tolstoi – ohne die geringste Verurteilung – folgendermaßen beschrieben:

> „[Vor der Verhaftung wurden] Fremde [...] häufig [gegen sie] zudringlich, und davor rettete sie, wie sie erzählte, ihre große physische Kraft, auf die sie besonders stolz war. ‘Einmal’, erzählte sie lachend, ‘belästigte mich auf der Straße ein Herr und wollte einfach nicht davon ablassen, da habe ich ihn so geschüttelt, dass er erschrocken ist und weglief.’“[154]

In einer früheren Romanfassung wurde Marja Pawlownas Reaktion noch drastischer dargestellt:

> „Ihre große Körperkraft beschützte sie vor diesen [zudringlichen] Männern. Einmal wurde sie auf der Straße von einem Offizier belästigt, der sie so lange bedrängte, bis sie im Zorn ihn an den Mantelkragen packte und so stark schüttelte und gegen einen Laternenpfahl schlug, dass er sich glücklich schätzte, nachdem sie ihn wieder laufen gelassen hatte.“[155]

Tolstois scheinbar widersprüchliches Konzept wurde noch zu seinen Lebzeiten erläutert – vom vielseitig begabten und mit Tolstoi persönlich bekannten[156] russischen Publizisten und Naturwissenschaftler Michail Filippow (1858–1903), in „eine[r] der weitblickendsten[n] Kritiken des Romans [„Auferstehung“]“:[157]

> „Ich kann [Tolstois] Idee folgendermaßen erklären: Stellen wir uns vor, eine Mutter mit ihren Kindern ist beim Brand im Zimmer ohne Ausweg eingeschlossen. Ihre Wohnung befindet sich im vierten Stock, und der einzige Fluchtweg führt aus dem Fenster. Die verzweifelte Mutter sieht keine Rettung mehr, greift die Kissen, bindet daran ihre Kinder, wirft die Kinder aus dem Fenster und folgt ihnen nach. Einige Kinder werden vielleicht überleben, andere kommen zu Tode. Wie handelte

149 Vgl. *Tolstoi*, Falschiwyj a.a.O., S. 39.

150 *Tolstoi*, Woskressenije a.a.O., S. 159 f.

151 Vgl. *Tolstoi*, Woskressenije a.a.O., S. 160.

152 Siehe oben Kapitel I) III. 1.

153 Vgl. *Tolstoi*, Woskressenije a.a.O., S. 184 f., 368.

154 *Tolstoi*, Woskressenije a.a.O., S. 367.

155 *Tolstoi*, „Woskressenije“. Tschernowyje a.a.O., Bd. 33 S. 287.

156 Vgl. *Tolstoi*, Tagebucheintragung vom 19. November 1900 a.a.O., Bd. 54 S. 63.

157 *Dieckmann*, Polemik, S. 165.

die Mutter: moralisch oder unmoralisch, vernünftig oder widersinnig? Die Frage ist schwierig zu beantworten, weil der Fall sich unter extremen Umständen ereignete. Bei näherer Betrachtung kommen wir wohl zum Schluss, dass die Mutter unter einem gewaltigen Antrieb der Mutterliebe handelte; aber das Endergebnis konnte trotzdem sehr tragisch ausfallen. Darf man aber, ausgehend von diesem extremen Einzelfall, eine generelle Regel ableiten, dass eine Mutter bei jeder Brandgefahr ihre Kinder aus dem Fenster im vierten Stock auf die Straße werfen muss? Eine solche Mutter würde doch jeder für verrückt halten.

Und darf man allgemein, ausgehend von den extremen Situationen, wie etwa vom Fall mit dem Zulu,[158] der im Begriff wäre, mein Kind zu töten, generelle Lebensregeln ableiten? Im Ausnahmefall erweist sich die Gewaltanwendung vielleicht unvermeidbar, aber der allgemeine ethische Grundsatz 'Widerstrebe nicht dem Bösen mit Gewalt' bleibt dadurch unangetastet."[159]

Erstaunlicherweise fand Tolstoi selbst ähnliche Worte im bereits erwähnten[160] Brief an Michail Tschernawskij:

„Sie führen zum Vergleich an, der Grundsatz, 'der Gewalt sich nicht mit Gewalt zu widersetzen', sei ganz so wie der Grundsatz, Kinder nicht aus dem Fenster hinauszuwerfen: Es könne doch der Fall eintreten, dass dies nötig sei, und hieraus ziehen Sie dann den Schluss, die Behauptung, man dürfe Kinder nicht aus dem Fenster herauswerfen, sei unrichtig. Aber das richtet sich doch unmittelbar gegen Sie selber! Diese Behauptung ist durchaus richtig und unabweisbar. Darauf zu bestehen, man dürfe nicht verbieten, Kinder zum Fenster hinauszuwerfen, weil, im Falle einer Feuersbrunst, dies notwendig sein könnte, darauf zu bestehen vermag doch nur derjenige, der es überhaupt nötig hat, Kinder zu quälen, derjenige, der sich mit einer solchen Tätigkeit befasst, bei der er immer wieder auf diese Notwendigkeit stößt."[161]

Somit akzeptierte Tolstoi *stillschweigend* eine gewaltsame Notwehr als letzte Lösung in wenigen Sondersituationen, wollte diese Ausnahme jedoch nicht explizit zulassen – aus Angst vor einer verzerrenden Interpretation, die die Ausnahme zur Regel verkehren und den Andersdenkenden bzw. den Fremden einem blutrünstigen Räuber[162] gleichsetzen würde. Diese Position Tolstois verdeutlichen auch seine Worte im Brief an Ernest Crosby:

„Menschen, denen Gewalttaten zu verüben vorteilhaft war, und die keine Lust hatten, hierauf zu verzichten, nahmen für sich das ausschließliche Recht in Anspruch, das Christentum zu predigen, und bei dieser Predigt behaupteten sie: da es ja Fälle gebe, bei denen die Nichtanwendung der Gewalt größeres Übel bewirke als ihre

158 Die Zulu-Krieger galten um 1900 (absolut zu Unrecht) als blutrünstige Barbaren.

159 *Filippow*, Tolstoi.

160 Siehe oben Kapitel I) IV. 1. Filippow scheint diesen Brief nicht gekannt zu haben; jedenfalls nahm er im Aufsatz „Leo Tolstoi und sein Roman „Auferstehung"" (1900) darauf keinen Bezug.

161 *Tolstoi*, Brief an M. M. Tschernawskij a.a.O., S. 143.

162 Vgl. oben Kapitel I) III. 1.

> Anwendung (der vorgestellte Räuber, der das vorgestellte Kind tötet), so brauche man der Lehre Christi von dem Nichtwiderstandleisten der Gewalt durch Gewalt nicht durchaus zu folgen, man dürfe vielmehr von dieser Lehre abweichen, wenn es sich um den Schutz des eigenen Lebens handle oder des Lebens anderer, um den Schutz des Vaterlandes, um die Verteidigung der Gesellschaft gegen Verrückte und Übeltäter und noch in vielen andern Fällen. Die Entscheidung aber darüber, in welchen Fällen man eigentlich die Lehre Christi abändern müsse, ward jenen selben Menschen überlassen, welche die Gewalt anwendeten.“[163]

Im Übrigen scheint der scharfsinnige Wladimir Solowjow diese Intention Tolstois erkannt zu haben, weil er im Traktat „Drei Gespräche über den Krieg, den Fortschritt und das Ende der Weltgeschichte“[164] dem Fürsten die sarkastische Bemerkung in den Mund legte: „Sie werden doch nicht behaupten, dass Napoleon oder Moltke oder Skobelev[165] sich in einer Lage befunden hätten, die irgendwie der Lage des Vaters gliche, der gezwungen ist, die Unschuld seiner minderjährigen Tochter vor dem Anschlag des Scheusals zu schützen?“[166]

Herr Z. (bzw. Solowjow) schlägt jedoch keinen Weg vor, um dem Missbrauch des „Räuber-Arguments“ vorzubeugen, sondern tut diesen Einwand einfach ab als „ein[en] geschickte[n] Sprung, um von einer unangenehmen Frage wegzukommen“[167] und schadet dadurch seinem eigenen Standpunkt.[168]

Und Iwan Iljin räumte offen ein, dass eine ausdrückliche Zulassung der Ausnahmen vom Grundsatz des Nichtwiderstands gegen das Böse mit Gewalt im Endeffekt dieses Konzept vollständig zunichtemachen würde.[169]

Es stellt sich jedoch die Frage, ob Tolstois Lehre auf *politischer* Ebene ebenfalls anwendbar ist, mit der unvermeidbaren Konsequenz, bei ihrer Bejahung einen gewaltsamen Widerstand gegen Diktatur bzw. Fremdherrschaft zwar im Grundsatz abzulehnen, aber im Einzelfall stillschweigend zu akzeptieren.

Zu einer eindeutigen Antwort auf diese Frage konnte Leo Tolstoi sich offensichtlich nicht durchringen. Einerseits macht der Philosoph unmissverständlich deutlich:

> „In Wirklichkeit ist der Staat nichts anderes als Fiktion, er war nicht und ist nicht real. Real ist nur das Leben des Menschen und der Menschen. Und diese Realität

---

163 *Tolstoi*, Brief an Ernest Crosby a.a.O., S. 22.

164 Siehe oben Kapitel I) III. 1.

165 Michail Skobelev (Skobelew) (1843–1882) war ein siegreicher russischer General.

166 *Solowjow W.*, Gespräche a.a.O., S. 143.

167 Ebd.

168 Vgl. *Gelfond*, Nrawstwenno-religiosnoje, S. 287.

169 Vgl. *Iljin*, Widerstand, S. 113.

ist so offensichtlich und klar für jeden Menschen, dass keine Umstände, in die er auch gebracht werden mag, das Bewusstsein dieser für ihn allerwichtigsten Tatsache auslöschen könnten[170][…] Der Patriotismus ist die Sklaverei […] Wenn man mich daher um Rat fragt, was man tun soll – ob mich nun ein Inder fragt, wie er gegen die Engländer, oder ein Serbe, wie er gegen Österreich, oder ob mich Perser und Russen fragen, wie sie gegen ihre gewalttätigen persischen und russischen Regierungen kämpfen sollen – ich kann nur das eine antworten und kann nichts anderes glauben, als dass es heil- und segensvoll für alle ist. Ich antworte: Man soll sich mit aller Kraft vom verderblichen Aberglauben des Patriotismus und des Staates befreien und in jedem Menschen seine Menschenwürde erkennen, die keine Abweichung vom Gesetze der Liebe duldet, die nichts von Staat und von Sklaverei weiß, die keine besonderen Taten, sondern nur das Einstellen jener Handlungen fordert, welche das Böse stützen und unter welchen die Menschen leiden. Was die Bosnier, die Herzogowiner, die Inder, Serben, Russen und alle anderen künstlich abgestumpften und betäubten Völker tun sollen, die ihre Menschenwürde verloren haben? Ich kann ihnen nur dasselbe sagen, was jene Serbin ihrem Sohne sagte: Sie sollen leben nach dem göttlichen Gesetz und nicht nach den Gesetzen der Menschen."[171]

Insbesondere verwarf Tolstoi den Tyrannenmord, allerdings mit einer anderen Begründung als die Philosophen mit staatsbejahender Grundhaltung wie Thomas Hobbes[172] oder Immanuel Kant,[173] die von einer grundsätzlichen Unantastbarkeit des (monarchistischen) Staatsoberhaupts ausgegangen waren:

„Nur einem oberflächlichen Beobachter kann die Ermordung dieser Leute [der Gewaltherrscher] als ein Mittel der Errettung vor der Unterdrückung und den Kriegen erscheinen, welche die Menschenleben dezimieren.

Es genügt, daran zu erinnern, dass diese Unterdrückung und diese Kriege immer unabhängig von denen stattgefunden haben, die zufällig an der Spitze der Regierung standen […], um zu erkennen, dass es nicht irgendwelche einzelnen Personen sind, die die Ursachen dieser Unterdrückung und dieser Kriege, unter denen die Völker leiden, bilden. Solche Übel werden nicht von einzelnen verursacht, sondern durch die gesamte Ordnung der Gesellschaft, in der die Menschen so aneinander gekettet sind, dass das Schicksal aller in den Händen weniger oder gar eines einzelnen liegt; und diese wenigen oder dieser einzelne sind durch die so unnatürliche Stellung, die ihnen Macht über das Leben und das Schicksal von Millionen verleiht, so demoralisiert, dass sie stets die Opfer eines krankhaften Zustandes, immer mehr oder weniger von einer Manie nach Größe ergriffen werden, eines Zustandes, der nur wegen ihrer Ausnahmestellung unbemerkt bleibt."[174]

---

170 Eigene Übersetzung, weil diese Worte in der deutschen Übersetzung „Die Annexion Bosniens und der Herzegowina" (1909) nicht wiedergegeben werden.

171 *Tolstoi*, Bosnii a.a.O., S. 239, 241.

172 Vgl. *Hobbes*, Bürger, a.a.O., S. 183 f.

173 Vgl. *Kant*, Metaphysische, S. 142.

174 *Tolstoi*, ubij a.a.O., S. 201.

Andererseits hielt er die revolutionäre Gewalt in Russland um 1900 zwar für schrecklich, dumm und falsch,[175] aber doch für weniger verwerflich als den Terror der zaristischen Behörden:

> „Wenn ein Unterschied zwischen Euch [den Regierungsmännern und den Revolutionären] besteht, so ist er sicherlich nicht zu Euren, sondern zu ihren Gunsten. Die mildernden Umstände auf ihrer Seite sind erstens, dass ihre Verbrechen mit weit größerer persönlicher Gefahr ausgeübt werden, als die Euren – und Risiko und Gefahr rechtfertigen manches in den Augen der heißblütigen Jugend.
>
> Zweitens, dass die weitaus größte Mehrheit unter ihnen ganz junge Menschen sind, für die es ganz natürlich ist, vom rechten Wege abzukommen, während Ihr meist Menschen reiferen Alters seid, alte Leute, für welche vernünftige Ruhe und Schonung der Irregeführten natürlich sein sollte.
>
> Drittens ist ein mildernder Umstand zu ihren Gunsten derjenige, dass, wie abscheulich ihre Morde auch sein mögen, sie doch nicht so kaltblütig-systematisch grausam sind, wie Eure Schlüsselburgen, Zuchthäuser, Galgen und Füsilierungen.
>
> Der vierte mildernde Umstand für die Revolutionäre ist, dass sie alle religiösen Lehren kategorisch verwerfen; dass sie annehmen, dass der Zweck die Mittel heilige, und deshalb ganz folgerichtig handeln, wenn sie einen oder mehrere Menschen für das eingebildete Wohl vieler töten. Während Ihr, Regierungsmänner – vom niedrigsten Henker bis zu den höchsten Befehlshabern – Euch auf die Religion und das Christentum beruft, das ganz unvereinbar ist mit den Taten, die Ihr verübt.“[176]

Und seine Verurteilung der erfolgreichen Attentate auf Alexander II. von Russland (1881) und Umberto I. von Italien (1900) im Essay „Du sollst nicht töten“ (1900) relativierte Tolstoi durch die geistreiche Bemerkung:

> „Wenn Alexander II. und König Humbert [Umberto] den Tod nicht verdient haben, so haben ihn noch weniger die Tausende von Russen verdient, die vor Plewna[177] fielen und die Tausende von Italienern, die in Abessinien[178] ums Leben kamen. Wenn diese Königsmorde schrecklich sind, so sind sie es nicht, weil sie grausam und unverdient sind, sondern wegen des Mangels an Vernunft bei denen, die sie begehen.“[179]

Weiterhin zeigte Tolstoi bis in die letzten Lebensjahre eine grundsätzliche Sympathie auch für bewaffnete Unabhängigkeitskämpfe, sei es der russische Abwehrkrieg gegen Napoleon 1812 („Krieg und Frieden“) oder der polnische („Wofür?“) und kaukasische („Hadschi Murat“) Aufstand gegen die russische Herrschaft einige Jahrzehnte später. Diese Inkonsequenzen der Rechtslehre

---

175 Vgl. *Tolstoi*, mogu a.a.O., S. 90.

176 *Tolstoi*, mogu a.a.O., S. 92.

177 Die verlustreiche Schlacht von Plewna (Plewen) ereignete sich während des Russisch-Türkischen Krieges von 1877–1878.

178 Anspielung auf den Italienisch-Äthiopischen Krieg von 1895–1896.

179 *Tolstoi*, ubij a.a.O., S. 201.

Tolstois könnte man wohl mit den Worten seines Helden Viktor Karenin[180] kommentieren: „Wir sind doch alle miteinander nicht so unfehlbar, dass unser Handeln nicht gelegentlich einmal von unserer Überzeugung abweicht, zumal das Leben so verwickelt ist.“[181]

---

180 Siehe oben Kapitel C) V.

181 *Tolstoi*, Shiwoi a.a.O., S. 46.

J) Nachwirkung der Straflehre Tolstois im 20. Jahrhundert

„Die Forschungsreisenden beschreiben die Sahara als heiße Wüste, der jedes Leben entschwunden scheint. In den Abendstunden wird das Schweigen des Todes durch das Schweigen der Dunkelheit noch unheimlicher. Und dann kommt ein Löwe zur Wasserquelle und erfüllt die Wüste mit seinem Brüllen. Ihm antworten das Klagegeheul der Tiere, die Vogelschreie, das ferne Echo – und die Wüste lebt auf.

So war es auch mit Leo Tolstoi.

Auf seiner zornigen Suche nach Wahrheit mag er sich bisweilen geirrt haben, aber er spornte die Gedanken an, zerstörte das selbstzufriedene Schweigen, weckte die Mitmenschen auf und hielt sie davon ab, im faulen Morast der Bequemlichkeit zu ersticken.“[1]

Anatolij Koni

I. Vor 1917

Leo Tolstoi war kein weltentrückter Träumer im Elfenbeinturm von Jasnaja Poljana. Er nahm jahrzehntelang Stellung zu den aktuellen politischen Ereignissen in Russland und in der Welt, führte eine immense Korrespondenz (in seiner 90-bändigen Gesamtwerkausgabe füllen die Briefe 30 Bände), empfing Besucher aus allen Teilen der Erde (von Rainer Maria Rilke[2] bis zum japanischen Romancier Tokutomi Roka[3]), gab bereitwillig Interviews, ließ sich beim Vorlesen seiner Leseanthologien auf Grammophon aufzeichnen[4] und trat nach anfänglichem Zögern auch vor die Kameras.[5] Noch bedeutsamer war die Tätigkeit des von Wladimir Tschertkow im Jahre 1884 gegründeten Verlags „Posrednik“, der Tolstois Volkserzählungen und religiöse Schriften als kostenlose oder sehr billige Volksbücher[6] verbreitete; allein in den ersten vier Jahren publizierte „Posrednik“ etwa 12 Millionen Broschüren.[7] Auch die staatlichen Repressalien gegen diesen Verlag um 1900 (Wladimir Tschertkow wurde 1897 nach Großbritannien ausgewiesen und durfte erst 1908 zurückkehren) konnten

1 *Koni*, Wospominanija, S. 404.

2 Vgl. *Leppmann*, Rilke, S. 128, 134 ff.

3 Vgl. *Schiffmann*, Tolstoi, S. 267 ff.

4 Vgl. *George / Herlth / Münch / Schmid*, Einleitung a.a.O., S. 27.

5 Vgl. ebd.

6 Vgl. *George / Herlth / Münch / Schmid*, Einleitung a.a.O., S. 28.

7 Vgl. ebd.

https://doi.org/10.1515/9783110726206-011

„Tolstois Publikationsmaschine“[8] nicht zum Stillstand bringen, weil die Werke des russischen Autors von nun an im Zarenreich massenweise illegal vervielfältigt und aus dem Ausland geschmuggelt wurden.[9]

Diese „mediale Missionierung“[10] zeigte bald Wirkung. Ab 1886[11] gründeten die Anhänger Tolstois zahlreiche Landkommunen zwischen Ural und Kaukasus.[12] Ihre Mitglieder hießen die Menschen aus allen sozialen, ethnischen und religiösen Bevölkerungsgruppen willkommen,[13] auch wenn viele Siedler sich in der Praxis aus dem russischen Bauerntum rekrutierten.[14] Die Kolonisten praktizierten die gegenseitige Unterstützung,[15] lehnten die Gewalt, insbesondere den Militärdienst,[16] und das Privateigentum[17] ab, regelten ihre Angelegenheiten durch direktdemokratische Abstimmungen,[18] wirtschafteten weitgehend autark,[19] lebten abstinent[20] und ernährten sich vegetarisch.[21]

Sie waren dabei (durchaus im Sinne Tolstois)[22] in der Regel weltoffen und aufgeschlossen, pflegten, zumindest im Südwesten des Russischen Reiches, intensive Kontakte mit religiösen Dissidenten verschiedener Richtungen, Liberalen und sogar Revolutionären[23] und brachten dadurch die Hauptgrundsätze der Lehre Tolstois auch den Menschen nahe, die sie als Ganzes ablehnten.

Trotzdem gestalteten sich die Beziehungen zwischen den Tolstoianer-Kommunen und der Außenwelt oft schwierig, weil die Bauern aus den Nachbardörfern häufig von der absoluten Gewaltlosigkeit der Siedler Gebrauch machten, indem sie ihre Kolonien überfielen, das Vieh, das Arbeitsinventar,

---

8 Ebd.

9 Vgl. *Alston*, Tolstoy, S. 31.

10 *George / Herlth / Münch / Schmid*, Einleitung a.a.O., S. 26.

11 Vgl. *Alston*, Tolstoy, S. 34.

12 Vgl. ebd.

13 Vgl. *Meleschko*, Filosofija, S. 282, 337.

14 Vgl. *Meleschko*, Filosofija, S. 353.

15 Vgl. *Meleschko*, Filosofija, S. 338, 345.

16 Vgl. *Meleschko*, Filosofija, S. 337, 341, 351.

17 Vgl. *Meleschko*, Filosofija, S. 337, 345.

18 Vgl. *Meleschko*, Filosofija, S. 337.

19 Vgl. *Meleschko*, Filosofija, S. 338.

20 Vgl. *Meleschko*, Filosofija, S. 345.

21 Vgl. ebd.

22 Vgl. oben Kapitel I) III. 1.

23 Vgl. *Zhuk*, Stundisten a.a.O., S. 712 f.

die Ernte stahlen und auf Bitten und Mahnungen mit Spott reagierten.[24] Es ist sogar der Fall eines Kommunarden bekannt, der von betrunkenen Messerstechern verletzt wurde, wonach die anderen Kolonisten zwar die Verbrecher ergriffen, sie aber, wenn auch nach einem heftigen Streit untereinander, nicht an die Polizei auslieferten, sondern gehen ließen.[25] Daneben nahm in einigen Kommunen der Asketismus hässliche Züge an, weil dort die Mitglieder aufgefordert wurden, dem Geschlechtsverkehr abzuschwören,[26] obwohl Tolstoi im Nachwort zur „Kreutzersonate" (1890) betont hatte, dass die sexuelle Enthaltsamkeit „nicht die Verhaltungsregel oder Vorschrift [ist]"[27] und nur auf freiwilliger Basis erfolgen könne.[28]

Im Übrigen stand Leo Tolstoi selbst dem Tolstoianertum ambivalent gegenüber. Einerseits unterstützte er die Gründung mehrerer Kommunen[29] und verarbeitete die Erfahrungen der Siedler in seinen Schriften über den gewaltlosen Widerstand gegen das Böse.[30] Andererseits erblickte der Denker im Tolstoianertum auch Züge des sektiererischen Dogmatismus[31] und einer sklavischen Ergebenheit ihm gegenüber:

> „Hatte ein Gespräch mit Dušan [Makovický][32] […] Ich freute mich über die Gelegenheit, ihm zu sagen und mir selbst klar darüber zu werden, dass es ein großer, ein elementarer Fehler wäre, von Tolstoianertum zu sprechen, mich zum geistigen Oberhaupt machen zu wollen und sich wegen der Entscheidung von Fragen an mich zu wenden."[33]

Aber vor allem glaubte Tolstoi, dass die Kommunarden trotz aller Bemühungen nicht in der Lage sind, christlich zu leben:

> „Die Widersprüche zwischen seiner Umwelt und seinen Überzeugungen sind sehr schmerzhaft für einen Menschen, der aufrecht in seinem christlichen Glauben ist,

---

24 Vgl. *Maklakow*, RM 1914, S. 40.

25 Vgl. *Meleschko*, Filosofija, S. 343.

26 Vgl. *Meleschko*, Filosofija, S. 327 mit weiteren Nachweisen. Möglicherweise waren diese Kommunen von den *Chlysten* („Geißlern") geprägt, einer in der russischen Landbevölkerung um 1900 relativ weit verbreiteten ekstatisch-asketischen Glaubensgemeinschaft, die den Geschlechtsverkehr als schwere Sünde ansah. Siehe *Grass*, Chlüsten, S. 313 ff.

27 *Tolstoi*, Posleslowije a.a.O., S. 84.

28 Ebd.

29 Vgl. *Meleschko*, Filosofija, S. 310.

30 Vgl. *Meleschko*, Filosofija, S. 311 mit weiteren Nachweisen.

31 Vgl. *Suchotina-Tolstaja*, Wospominanija, S. 419.

32 Der slowakische Intellektuelle Dušan Makovický (1866–1921) war Leo Tolstois Freund und Arzt.

33 *Tolstoi*, Tagebucheintragung von 2. Dezember 1897 a.a.O., Bd. 53 S. 168.

> und deswegen scheint die Gründung der [tolstoianischen] Gemeinden für so einen Menschen die einzige Möglichkeit zu sein, sich von diesen Widersprüchen zu befreien. Aber das ist eine Illusion. Jede Gemeinde ist eine kleine Insel im Dunst eines Ozeans unchristlicher Lebensbedingungen, so dass christliche Beziehungen nur zwischen Mitgliedern der Kommune bestehen, die Außenwelt jedoch unchristlich bleiben muss, ansonsten könnte die Gemeinde nicht für einen Augenblick bestehen. Und deswegen kann das Leben in einer solchen Kolonie einen Christen nicht von der Widersprüchlichkeit zwischen seinem Gewissen und seinem Leben befreien. [...] Ich wollte nur sagen, dass das bloße Gründen von Gemeinden keine Erfüllung der christlichen Aufgabe ist, aber es ist ein Mittel zu ihrer Erfüllung. Die umwälzende Erneuerung, die weitergeht, um das christliche Ideal zu erreichen, ist so gewaltig, unser Leben unterscheidet sich so sehr von dem, wie es sein müsste, dass für den vollkommenen Erfolg dieser Erneuerung, für die Übereinstimmung von Gewissen und Leben, die Arbeit aller Menschen benötigt wird – Menschen, die in Kommunen leben, ebenso wie Menschen, die unter höchst unterschiedlichen Gegebenheiten in der Welt leben. [...] Wir können nicht getrennt voneinander gerettet werden, wir müssen alle zusammen gerettet werden. Und das kann nur erreicht werden durch die Veränderung der Vorstellung über das Leben, d.h. des Glaubens aller Menschen; und zu diesem Zweck müssen wir alle zusammenarbeiten – Menschen, die in der Welt leben, und Menschen, die in Gemeinschaften leben. [...] Richten Sie bitte den Gemeindemitgliedern meine Achtung und meine Grüße aus und bitten Sie sie, es mir nicht übel zu nehmen, wenn ich ihnen einen Rat gebe, der vielleicht gar nicht notwendig ist. [...] Wenn du dich mit einem Freund oder einem Fremden streiten musst, um die Nahrung der Gemeinde zu erhalten oder den sparsamen Umgang damit, wenn du bei jemanden böses Blut erzeugen musst, ist es besser, alles aufzugeben, als gegen die Liebe zu handeln. Und lasse unsere Freunde nicht fürchten, dass das strikte Befolgen des Prinzips unsere praktische Arbeit zerstören wird. Gerade die praktische Arbeit wird gedeihen – nicht so wie, wir es erwarten, aber in ihrer eigenen Art, allein durch das strikte Befolgen des Gesetzes der Liebe und sie wird zugrunde gehen, wenn wir dagegen handeln."[34]

Bemerkenswerterweise fand Leo Tolstoi Anhänger nicht nur unter den russischen und den russifizierten Bewohnern des zaristischen Vielvölkerreichs, sondern auch im muslimischen Gebiet am Unterlauf der Wolga, wo sie als „Gottes Heer" in die Geschichte eingingen. Allerdings entstand diese Gemeinschaft um 1860 ohne Zusammenhang mit Tolstoi, als vage Protestbewegung gegen die inkompetente, korrupte und skrupellose islamische Geistlichkeit Tatariens, die das einfache Volk in enger Kooperation mit russisch-orthodoxen Zarenbehörden brutal ausbeutete.[35] Deshalb sah „Gottes Heer" den islamischen Glauben als verfälscht und korrumpiert durch die Verbindung mit dem repressiven Staat, lehnte den etablierten Klerus ab und plädierte stattdessen für einen lebendigen Gottesglauben.[36]

---

34 *Tolstoi*, Brief an George Howard Gibson a.a.O., S. 306 ff.

35 Vgl. *Gluchow*, Wremja a.a.O., S. 200 f.

36 Vgl. *Senjutkina*, Waissow.

Im Jahre 1884 wurde „Gottes Heer“ aufgrund seiner Beteiligung an mehreren Aufständen der tatarischen Bauern von den zaristischen Behörden gewaltsam zerschlagen;[37] sein Anführer Bagautdin Waissow (1810–1893) beschloss sein Leben in einer Irrenanstalt,[38] und dessen jugendlicher Sohn Gainan (1878–1918) wurde 1894 wegen der „gewaltsamen regierungsfeindlichen Aktivitäten“[39] erst nach Sibirien und dann nach Sachalin verbannt, wo er die ebenfalls exilierten russischen Tolstoianer kennenlernte und von ihnen beeinflusst worden zu sein scheint. Nach seiner Rückkehr nach Tatarstan (1906) gründete Gainan Waissow die Glaubensgemeinschaft neu, entsagte jedoch der Gewalt und verlegte sich auf friedliche Protestaktionen (Steuerstreik und Militärdienstverweigerung),[40] wobei Waissows Spruch die Runde machte: „Wir ehren den Zaren und beten für ihn, brauchen aber nicht seinen Staat.“[41]

Diese Weltanschauung und Lebenseinstellung beeindruckten Leo Tolstoi so stark, dass er „Gottes Heer“ nicht nur publizistisch, in der Schrift „Das Gesetz der Gewalt und das Gesetz der Liebe“,[42] und finanziell[43] unterstützte, sondern auch zu Gainan Waissow Briefkontakt knüpfte und ihn zu einem persönlichen Gespräch nach Jasnaja Poljana einlud, die der tatarische Aktivist im Februar 1909 auch besuchte.[44] Und noch wenige Wochen vor dem Tod schickte Tolstoi seinen Vertrauten Iwan Nashiwin (1874–1940) nach Kasan, um Waissow und seine nächsten Getreuen vor der Verurteilung in einem Scheinprozess zu bewahren.[45]

Aber bei aller Sympathie Tolstois für „Gottes Heer“ soll nicht verkannt werden, dass ihre endgültigen Ziele sich grundlegend unterschieden. Während der Schriftsteller selbst der Meinung war, dass „alle Staaten oder Verbände [Staatsverbände], die ja stets auf Gewalt gegründet sind und durch sie erhalten werden, nicht nur Brüderlichkeit ausschließen, sondern als ihr Gegensatz erscheinen“,[46] erstrebte diese Glaubensgemeinschaft die Gründung eines (nicht-

37 Vgl. *Nurutdinov*, Sardara.

38 Vgl. ebd.

39 Ebd.

40 Vgl. *Gluchow*, Wremja a.a.O., S. 201.

41 *Waissow*, zitiert nach *Nurutdinov*, Sardara.

42 Vgl.*Tolstoi*, Sakon a.a.O., S. 187.

43 Vgl.*Mirgasisow*, Waissow.

44 Vgl.*Birukoff*, Tolstoi, S. 121 ff.

45 Vgl. *Gluchow*, Wremja a.a.O., S. 201. Sie wurden trotzdem zur Kerkerstrafe verurteilt und kamen erst nach der Februarrevolution von 1917 frei.

46 *Tolstoi*, Brief an Mirza Riza Chan a.a.O., S. 96.

theokratischen) unabhängigen Staates für die Moslems im östlichen Teil des europäischen Russlands.[47]

Tolstois Worte fanden Resonanz auch in West- und Südosteuropa sowie in Nordamerika. Angeregt vom russischen Beispiel,[48] entstanden auch dort zahlreiche[49] Landkommunen, deren Mitglieder versuchten, ihr Leben nach den Grundsätzen der Nächstenliebe, Gewaltlosigkeit und Autarkie zu gestalten. Diese Siedlungen waren allerdings schon bald gescheitert – in erster Linie, weil es unter den westlichen Kolonisten – im Gegensatz zu den russischen – kaum erfahrene Bauern gab, dafür aber sehr viele (groß)städtische Akademiker ohne Agrarkenntnisse.[50] Nur in einem um 1900 noch überwiegend bäuerlich geprägten Bulgarien konnten die Tolstoianer-Kommunen sich einige Jahrzehnte lang halten.[51]

Wesentlich folgenreicher war Leo Tolstois Bedeutung als großes Vorbild für einen idealistischen und gewaltlosen Anarchismus,[52] der nicht nur den Staat mit Krieg und Gewalt assoziierte,[53] sondern auch die Gewaltfreiheit als richtigen Weg auffasste, dagegen zu kämpfen und dabei Aufklärungsarbeit, aber auch friedliche Protestaktionen befürwortete.[54] Charakteristisch für diese um 1900 besonders stark in Deutschland[55] und in den Niederlanden[56] verbreitete politische Strömung waren die Worte des deutschen Philosophen Gustav Landauer (1870–1919) im Aufsatz „Schwache Staatsmänner, schwächeres Volk!" (1910):

> „Einen Tisch kann man umwerfen und eine Fensterscheibe zertrümmern; aber die sind eitle Wortemacher und gläubige Wortanbeter, die den Staat für so ein Ding oder einen Fetisch halten, den man zertrümmern kann, um ihn zu zerstören. Der Staat ist ein Verhältnis, ist eine Beziehung zwischen den Menschen, ist eine Art,

---

47 Vgl. *Mirgasisow*, Waissow.

48 Vgl. *Hanke*, Prophet, S. 142.

49 Vgl. *Hanke*, Prophet, S. 142 ff.; *Alston*, Tolstoy, S. 119 ff.

50 Vgl. *Edgerton*, NM 1989, 266. Aus dem gleichen Grund scheiterten übrigens auch die ersten Tolstoianer-Kommunen in Russland. Vgl. *Meleschko*, Filosofija, S. 353.

51 Vgl. *Edgerton*, NM 1989, 267.

52 Vgl. *Hanke*, Prophet, S. 150. Die bisweilen vorgenommene Unterscheidung zwischen „gewaltfreiem" und „gewaltlosem" Anarchismus ist wohl nicht gerechtfertigt; siehe *Kalicha*, Anarchismus, S. 39 f. (Rn.42). Daher werden die beiden Begriffe im vorliegenden Buch synonym verwendet. Zum Unterschied zwischen dem gewaltfreien/gewaltlosen Anarchismus und dem anarchistischen Pazifismus/Anarchopazifismus vgl. *Kalicha*, Anarchismus, S. 40.

53 Vgl. *Kalicha*, Anarchismus, S. 38 f., 40.

54 Vgl. *Kalicha*, Anarchismus, S. 40.

55 Vgl. *Hanke*, Prophet, S. 130 ff.

56 Vgl. *Nettlau*, Anarchisten, S. 363 f.; *Lange*, Revolution.

> wie die Menschen sich zueinander verhalten; und man zerstört ihn, indem man andere Beziehungen eingeht, indem man sich anders zueinander verhält."[57]

Die führenden Vertreter des gewaltlosen Anarchismus zollten Leo Tolstoi ein bisweilen überschwängliches Lob.[58] Der bekannte niederländische Schriftsteller und Sozialreformer Frederik Willem van Eeden (1860–1932) pries Tolstoi als Inbegriff des Aufrichtigen, als „Gewissen der Menschheit".[59] Für Gustav Landauer war Tolstoi schon um 1890 ein neuer prophetischer Künstlertypus, neben Ibsen und Hauptmann,[60] und zwei Jahrzehnte später sogar „der verkörperte gesunde Menschenverstand".[61] Und Erich Mühsam (1878–1934) pries Ende 1910 den kurz zuvor verstorbenen Leo Tolstoi mit einer nahezu religiösen Inbrunst:

> „Die Liebe ist verwaist. Ihr stärkster Hort,
> ihr Schützer, ihr Prophet, ihr Held, ihr Sohn,
> die menschgewordne Liebe selbst ging fort.
>
> Das Herz der Welt erbebt in seinen Festen,
> erschüttert von des Worts Posaunenton,
> vom Testament des Weisesten und Besten.
>
> […]
>
> Sein Herzschlag hat sich dem der Welt vereint –
> Die Liebe ist verwaist. – Die Menschheit weint."[62]

Leo Tolstoi selbst zeigte sich allerdings distanziert. Zwar nahm er schon 1900 positive Notiz von der voranschreitenden Ausbreitung des gewaltlosen Anarchismus,[63] stand jedoch dem Anarchismus, in welcher Form auch immer, bis zum Lebensende ablehnend gegenüber.[64] Im Übrigen waren die Gewaltgegner auch vielen Anarchisten, die den politischen Terrorismus mehr oder weniger offen befürworteten,[65] suspekt, weshalb die führenden gewaltlosen Anarchisten sich zu leidenschaftlichen Rechtfertigungen genötigt sahen – und sich

---

57 *Landauer*, Schwache a.a.O., S. 53.

58 Vgl. *Falkner*, GWTPU 2018, 67.

59 *Eeden*, DS 1910, 187.

60 Vgl. *Landauer*, DNZ 1891/1892, 534.

61 *Landauer*, DS 1910, 179.

62 *Mühsam*, Tolstojs a.a.O., S. 13, 15. In der (von Gustav Landauer herausgegebenen) Zeitschrift „Der Sozialist" erschien das Gedicht im Dezember 1910 nur in stark gekürzter Fassung. Vgl. *Hanke*, Prophet, S. 146.

63 Vgl. *Tolstoi*, Brief an Pawel Birjukow vom 6. August 1900 a.a.O., S. 440.

64 Siehe oben Kapitel G) IV.

65 Siehe *Bartsch*, Anarchismus, S. 44 ff.

dabei mit Nachdruck auf Leo Tolstoi beriefen. Gustav Landauer schrieb im Jahre 1901 im Aufsatz „Gewalt als Quelle von Despotie und Autorität“:

> „Die Anarchisten müssen einsehen: Ein Ziel lässt sich nur erreichen, wenn das Mittel schon in der Farbe dieses Zieles gefärbt ist. Nie kommt man durch Gewalt zur Gewaltlosigkeit. Die Anarchie ist da, wo Anarchisten sind, wirkliche Anarchisten, solche Menschen, die keine Gewalt mehr üben. Ich sage damit wahrhaftig nichts Neues; es ist dasselbe, was uns Tolstoi schon lange gesagt hat.“[66]

Erich Mühsam äußerte sich elf Jahre später im Essay „Anarchistisches Bekenntnis“ noch emotionaler, wobei er Leo Tolstoi zu Unrecht als Anarchisten bezeichnete:

> „Dass ich – aus ähnlichen Gründen wie der Anarchist Tolstoj – die aggressive Gewalt im Prinzip verwerfe, berechtigt niemanden, meinen Charakter als Anarchisten in irgendeiner Form anzuzweifeln, umso weniger als meine Ablehnung der Gewalt engstens in meiner anarchistischen Gesinnung begründet ist und von der großen Mehrheit meiner anarchistischen Genossen durchaus gutgeheißen wird.“[67]

Daneben geriet der gewaltlose Anarchismus in den Niederlanden noch zu Tolstois Lebzeiten in eine tiefe Krise. Der Grund dafür war seine allzu starke Anbindung an das als gemeinsames Anliegen empfundene Siedlungsprojekt in Blaricum (1900–1903).[68] Nach dem Scheitern dieser Kolonie verloren die niederländischen Anhänger des gewaltlosen Anarchismus ihren Orientierungspunkt und zerfielen in zahlreiche oft zerstrittene Gruppen und Grüppchen.[69]

Auch ein junger indischer Rechtsanwalt namens Mohandas Karamchand Gandhi (1869–1948), der später als Mahatma Gandhi in die Geschichte eingehen sollte, begeisterte sich für Leo Tolstois Ideen. Im April 1894 las er den im selben Jahr auf Englisch erschienenen Traktat „Das Reich Gottes ist inwendig in Euch“[70] und war nach eigenen Angaben von „der Unabhängigkeit des Denkens, der tiefen Moralität und Wahrhaftigkeit dieses Buches“[71] überwältigt. Danach rezipierte er weitere Schriften des russischen Autors (u.a. „Vereinigung und Übersetzung der vier Evangelien“ und „Was sollen wir denn tun?“)[72]

---

66 *Landauer*, Gewalt a.a.O., S. 80.

67 *Mühsam*, Kain 1912, 7 f. Er schloss allerdings (im Gegensatz zu Landauer) die Gewaltausübung während einer Revolution nicht aus. Vgl. *Mühsam*, Anarchistisches Bekenntnis, S. 6.

68 Siehe oben Kapitel A) I. 1. Ausführlicher zu dieser Kommune *Lange*, Revolution, S. 91 ff.

69 Vgl. *Lange*, Revolution, S. 127 ff.

70 Vgl. *Udolph*, Gandhi a.a.O., S. 683.

71 *Gandhi*, Autobiographie, S. 171.

72 Vgl. *Alston*, Tolstoy, S. 58. Die anscheinend vollständige Liste in: *Udolph*, Gandhi a.a.O., S. 683 (689/Rn.7) mit weiteren Nachweisen.

und fasste Tolstois Ansichten 1905 in einem Artikel für die Zeitung „Indian Opinion“[73] zusammen.[74] Einige Jahre später leitete Gandhi eine auf Englisch geführte Korrespondenz mit Tolstoi ein,[75] nachdem er auf Umwegen Tolstois Brief an Taraknath Das[76] erhalten hatte. Zunächst stellte Gandhi am 10. September 1909 den von ihm organisierten gewaltlosen Widerstand in Südafrika dar und bat Tolstoi um die Genehmigung, den nicht veröffentlichten Brief an Das zu publizieren.[77]

Beeindruckt von Gandhis „erfreuliche[m] Brief“[78] erteilte ihm Tolstoi in seiner Antwort vom 7. Oktober 1909 diese Erlaubnis und schloss seinen Brief mit den Worten: „Ich grüße Sie brüderlich und freue mich, in Verbindung mit Ihnen getreten zu sein“.[79] In seinen weiteren Briefen an Tolstoi vom 10. November 1909 und vom 4. April 1910 warb Gandhi um Tolstois Unterstützung für seinen friedlichen Unabhängigkeitskampf in Indien und sandte ihm dabei mehrere einschlägige Schriften, darunter seine eigene Broschüre „Hind Swaraj or Indian Home Rule“ (1909),[80] die bei Tolstoi einen starken Eindruck hinterließen und sein freundschaftliches Verhältnis mit Gandhi festigten.[81]

In seinen Antwortbriefen vom 8. Mai 1910 und vom 7. September 1910 bezeichnete Tolstoi den unbewaffneten Widerstand als „Frage von größter Wichtigkeit nicht nur für Indien, sondern für die ganze Menschheit“[82] und meinte, dass Gandhis Kampf in Südafrika „die wichtigste Betätigung dar[stellt], […] an der die Welt augenblicklich teilnehmen kann.“[83] Wenig später reagierte Gandhi auf den Tod des russischen Schriftstellers mit dem Nachruf, der einen vielsprechenden Titel trug – „Der kürzlich verstorbene Tolstoi der Große.“[84]

---

73 Sie wurde von Gandhi zwischen 1903 und 1915 herausgegeben.

74 Vgl. *Alston*, Tolstoy, S. 54.

75 Ausführlich dargestellt in: *Udolph*, Gandhi a.a.O., S. 684 ff.

76 Siehe oben Kapitel I) III. 2.

77 Vgl. *Udolph*, Gandhi a.a.O., S. 684.

78 *Tolstoi*, Tagebucheintragung vom 24. September 1909 a.a.O., Bd. 57 S. 144.

79 *Tolstoi*, Brief an M. Gandhi vom 7. Oktober 1909 a.a.O., S. 110.

80 Vgl. *Udolph*, Gandhi a.a.O., S. 684 f.

81 Vgl.*Birukoff*, Tolstoi, S. 72.

82 *Tolstoi*, Brief an M. Gandhi vom 25. April/8. Mai 1910 a.a.O., S. 247.

83 *Tolstoi*, Brief an M. Gandhi vom 7. September 1910 a.a.O., S. 139.

84 *Gandhi*, Indian Opinion 1910, 2.

II. Ab 1917

Die politischen Ereignisse in Europa am Ende des Ersten Weltkriegs und in den darauffolgenden Jahren brachten den tolstoianisch geprägten Gruppen einen kurzlebigen Triumph – gefolgt vom tragischen Scheitern. Das trifft zunächst auf Tolstois Heimatland zu. Wohl war der Zarensturz im Frühjahr 1917 („Februarrevolution") unvermeidbar, doch ist sein weitgehend friedliches Zustandekommen, als die Soldaten der Petrograder[85] Garnison sich weigerten, auf das demonstrierende und streikende Volk zu schießen und dadurch im Endeffekt die Abdankung von Nikolaus II. erzwangen, größtenteils als Verdienst von Leo Tolstoi anzusehen, der überzeugt war, dass „[d]ie russische Revolution die bestehende Ordnung zerstören [muss], aber nicht durch Gewalt, sondern passiv, durch Ungehorsam",[86] jahrzehntelang zum zivilen Widerstand gegen die Diktaturen aufrief[87] und noch zu Lebzeiten zur Integrationsfigur einer Opposition gegen den Zarismus wurde, die sich den Anweisungen der Obrigkeit durch ihr bewusstes Ignorieren widersetzte.[88]

Deshalb ist nicht verwunderlich, dass im Februar/März 1917 die friedlichen Regimegegner auf ihren Kundgebungen Tolstois Porträts trugen,[89] seine Büsten an die Stelle der zerstörten zaristischen Denkmäler setzten[90] sowie nach ihrem Sieg Leo Tolstois Grab in Jasnaja Poljana mit Kränzen schmückten[91] und die Schriftstellerwitwe Sofja Tolstaja (1844–1919) hingebungsvoll begrüßten.[92] Aber durch die gewaltsame Machtübernahme der Bolschewiki im Herbst 1917 („Oktoberrevolution") wurde die junge demokratische Republik in Russland zerstört und der Staat versank in einem brutalen Bürgerkrieg. Immerhin überzeugte der tatkräftige Wladimir Tschertkow, der eine Zeit lang als informelles Oberhaupt der russischen Tolstoianer galt, im Januar 1919 die neuen Machthaber, das „Dekret über die Befreiung vom Militärdienst aus Gewissensgründen" zu erlassen,[93] dessen Umsetzung allerdings auf lokaler Ebene von den Provinzbehörden oft sabotiert wurde.[94]

---

85 Sankt Petersburg hieß „Petrograd" („Peterstadt") von 1914 bis 1924.

86 *Tolstoi*, Tagebucheintragung vom 31. Juli 1905 a.a.O., Bd. 55 S. 156.

87 Siehe oben Kapitel I) III. 2.

88 Vgl. *Bartolf*, Nicht-Widerstehen, S. 84.

89 Vgl. *Apostolov*, Tolstoi a.a.O., S. 21 f.

90 Vgl. ebd.

91 Vgl. *Strunsky*, Introduction a.a.O., S. XII.

92 Vgl. *N. N.*, New York Times 1917, 4.

93 Vgl. *Meleschko*, Filosofija, S. 334.

94 Vgl. *Popowskij*, Russkije, S. 72 ff.

Im Übrigen verzeichnete die russische Tolstoianer-Bewegung um 1920 einen starken Mitgliederzuwachs, weil sie vielen Menschen angesichts der Schrecknisse des Ersten Weltkriegs und des Bürgerkriegs als realistische Alternative zu den gewaltsamen Ideologien des frühen 20. Jahrhunderts erschien.[95] Gab es in Russland 1918 noch ca. 500–600 Kommunen (mit insgesamt über 13.000 Mitgliedern), so stieg ihre Anzahl in 1921 auf 3.000.[96]

Selbst das junge Sowjetregime stand den Tolstoianern anfangs im Großen und Ganzen tolerant gegenüber,[97] zum einen, weil es noch im Bürgerkrieg um sein Überleben kämpfte,[98] und zum anderen auch, weil mehrere einflussreiche Bolschewiki mit dieser Bewegung sympathisierten, da sie dem sogenannten „Gotterbauertum“[99] anhingen, dessen führender Kopf, der bedeutende Geisteswissenschaftler und relativ liberale[100] „Volkskommissar für das Bildungswesen“ (eine Art Kultusminister) Anatoli Lunatscharski (1875–1933) den Versuch unternahm, die Wirtschaftstheorie von Marx und Engels mit der Ethik Tolstois zu verbinden.[101]

Aber schon bald wendete sich das Blatt: die Tolstoianer-Presse wurde liquidiert (bis 1922),[102] die von Wladimir Tschertkow geleitete „Vereinigung der religiösen Gemeinschaften und Gruppen“ aufgelöst (1922),[103] das „Dekret über die Befreiung vom Militärdienst aus Gewissensgründen“ faktisch aufgehoben (1923),[104] die Kommunen mussten im Zuge der 1928 gestarteten Zwangskollektivierung den Kolchosen weichen,[105] und Lunatscharski, der inzwischen

---

95 Vgl. Tolstoy, S. 46 f. mit weiteren Nachweisen.

96 Vgl. *Alston*, Tolstoy, S. 40.

97 Vgl. *Alston*, Tolstoy, S. 40.

98 Vgl. *Popowskij*, Russkije, S. 60.

99 Diese geistige und politische Strömung, der eine Zeit lang auch Maxim Gorki anhing, bezweckte, durch die Verbindung des (im Sinne Tolstos interpretierten) Christentums und Marxismus, dem Volk die Kraft zuzusprechen „aus sich selbst Gott zu erbauen“ und dadurch den gläubigen Russen den Zugang zu marxistischen Ideen zu erleichern. Vgl. *Döring*, Autoren, S. 152; *Wolfe*, Bridge, S. 40 f.

100 Vgl. *Blum*, Klassika.

101 Vgl.*Caspers, O.*, Marxismus a.a.O., S. 635 f.

102 Vgl. *Popowskij*, Russkije, S. 62. Ein kleinformatiges Bulletin mit der Auflage von nur 200 Exemplaren erschien noch bis 1929–1930, siehe *Popowskij*, Russkije, S. 62 f.

103 Vgl. *Popowskij*, Russkije, S. 80.

104 Vgl. ebd.

105 Vgl. *Popowskij*, Russkije, S. 105 ff.

dem Gotterbauertum abgeschworen hatte, geißelte das Tolstoianertum als gefährlichen Konkurrenten des Marxismus.[106]

Die Tolstoianer endeten zunehmend in Verbannung oder in den sibirischen Strafanstalten, und selbst Tolstois enge Freunde und sogar seine Angehörigen waren vor Repressalien nicht sicher – Iwan Tregubow[107] und Wladimir Molotschnikow[108] starben in der Verbannung, und Tolstois Lieblingstochter Alexandra Tolstaja (1884–1979) musste 1929 nach mehreren Festnahmen nach Japan bzw. in die USA[109] emigrieren. Zehn Jahre später erreichte die Verfolgung ihren Höhepunkt – 1939 liquidierten die Sowjetbehörden die letzte Tolstoianer-Kommune in der Sowjetunion,[110] und allein im Gebiet der westsibirischen Stadt Nowokusnezk (einer Hochburg des Spättolstoianertums)[111] wurden zwischen 1936 und 1945 insgesamt 105 Tolstoianer zu Haftstrafen verurteilt.[112]

Nach Stalins Tod im März 1953 ließen die Repressalien nach, aber die erhoffte Legalisierung kam nicht, weshalb die überlebenden Tolstoianer sich nicht vernetzen durften und nach und nach vereinsamt starben. Im Jahre 1977, als das Sowjetregime sich vorbereitete, den 150. Geburtstag Tolstois aufwändig zu feiern, tat die dritte Auflage der Großen Sowjetischen Enzyklopädie[113] das Tolstoianertum als „eine unbedeutende religiös-utopische Strömung“[114] ab, die „sich in der Periode des neuen gesellschaftlichen Aufschwungs am Anfang des 20. Jahrhunderts von selbst [!] auflöste.“[115] Sogar die Perestroika führte nicht zur Renaissance des Tolstoianertums, hauptsächlich weil in einem inzwischen stark urbanisierten (post)sowjetischen Raum an der Bildung der Landkommunen kein Interesse mehr bestand; die wenigen städtischen Neo-Tolstoianer gingen in den größeren Subkulturen schnell unter.[116]

---

106 Vgl. *Denner*, Tolstoy's a.a.O., S. 238 f. mit weiteren Nachweisen; *Caspers, O.*, Marxismus a.a.O., S. 636 mit weiteren Nachweisen. Trotz seiner politischen Nachgiebigkeit wurde Lunatscharski 1929 von Stalin aus der Regierung entlassen.

107 Vgl. oben Kapitel B) III. 1 a).

108 Vgl. oben Kapitel B) IV.

109 Vgl. *Wolfe*, Bridge, S. 116.

110 Vgl. *Caspers, O.*, Marxismus a.a.O., S. 636 (Rn. 5).

111 Vgl. *Alston*, Tolstoy, S. 44 f.

112 Vgl. *Alston*, Tolstoy, S. 46.

113 In den beiden ersten Auflagen fehlte das Stichwort „Tolstoianertum“. Vgl.*Caspers, O.*, Marxismus a.a.O., S. 631.

114 *N. N.*, Tolstowstwo a.a.O., S. 49.

115 Ebd.

116 2007 gab es in Russland noch etwa 500 Tolstoianer. Vgl. *Tajewskij*, Sekty, S. 311. Spätere Angaben liegen nicht vor.

Auch „Gottes Heer" überlebte nicht die Sowjetzeit. Im ersten Jahr nach der Februarrevolution von 1917 spielte es eine bedeutende Rolle in einem zunächst friedlich ausgetragenen politischen Diskurs im inzwischen faktisch autonomen Tatarien. Ende Februar 1918 brachen in der tatarischen Hauptstadt Kasan jedoch schwere Kämpfe zwischen den Kommunisten und der nationalreligiösen Unabhängigkeitsbewegung aus, wobei der wohlmeinende, aber politisch unerfahrene Gainan Waissow zwischen die Fronten geriet und von den Nationalisten als vermeintlicher Bolschewik brutal gelyncht wurde.[117] Nach dem kommunistischen Sieg im Bürgerkrieg wurde „Gottes Heer" zunächst geduldet, aber schon 1923 verboten,[118] und viele seiner ehemaligen Mitglieder wurden in den folgenden Jahren inhaftiert oder sogar hingerichtet.[119] Vereinzelte Versuche, diese Bewegung um 1990 wieder ins Leben zu erwecken, schlugen fehl.

Auch den gewaltfreien Anarchisten in Westeuropa war kein dauerhafter Erfolg beschieden. Im Zuge der Novemberrevolution in Deutschland wurde auch die bayerische Wittelsbacher-Dynastie gestürzt. An ihrer Stelle trat am 8. November 1918 ein Regierungskabinett aus Mitgliedern der SPD sowie der linkssozialistischen und pazifistischen Unabhängigen Sozialdemokratischen Partei Deutschlands (USPD). Sein Chef, der USPD-Politiker[120] Kurt Eisner (1867–1919) war eine „durchaus tolstoische Natur"[121] – zwar nicht in politischer (er lehnte den Staat nicht ab), wohl aber in religiöser[122] und ethischer Hinsicht.[123] Insbesondere fühlte er sich in seiner Gewaltablehnung mit Tolstoi, aber auch mit Gustav Landauer, verbunden,[124] sah das Gewaltlosigkeitsprinzip als verbindlichen Maßstab für die Durchsetzung der eigenen Ziele[125] und wertete die friedlich verlaufende Revolution in Bayern als ermutigendes Zeichen für die Vereinbarkeit von Politik und Gewaltfreiheit.[126]

---

117 Vgl. *Walejew / Schakurow*, waissowzew.

118 Vgl. *Gadelschin*, Otkas.

119 Vgl. ebd. mit weiteren Nachweisen.

120 Zu seiner Position als „„outsider" [sic!] der sozialdemokratischen Partei" siehe *Hanke*, Prophet, S. 131 ff.

121 *Mann, K.*, Zeit, S. 91.

122 Vgl.*Bartolf*, Nicht-Widerstehen, S. 21 mit weiteren Nachweisen. Vgl. auch Eisners Nachruf „Evangelium Tolstoi", abgedruckt in: *Bartolf*, Nicht-Widerstehen, S. 239 ff.

123 Vgl. *Hanke*, Prophet, S. 134 f. mit weiteren Nachweisen.

124 Vgl. *Hanke*, Prophet, S. 134. Zum späteren Zerwürfnis zwischen Eisner und Landauer siehe *Hanke*, Prophet, S. 160.

125 Vgl. *Hanke*, Prophet, S. 135.

126 Vgl. *Hanke*, Prophet, S. 159 mit weiteren Nachweisen.

Das Kabinett Eisners führte mehrere fortschrittliche Reformen durch – insbesondere die Einführung des Acht-Stunden-Tages, die Aufhebung der geistlichen Schulaufsicht und des Zwangs zur Teilnahme am Religionsunterricht sowie die Beseitigung aller Beschränkungen der politischen Freiheiten für Schüler über 18 Jahren und für die Studenten.[127] Aber trotz ihrer sozialistischen Grundorientierung nahm diese Koalitionsregierung in ihrer kurzen Amtszeit (bis Februar 1919) keine weitreichenden Reformen in Angriff, weil ihre Angehörigen, vor allem die SPD-Minister, sie nur als Provisorium bis zur im Frühjahr 1919 angesetzten Landtagswahl betrachteten und darüber hinaus zwischen den einzelnen Kabinettsmitgliedern ernste Meinungsunterschiede über die künftigen Staatsstrukturen bestanden.[128] Bei den Landtagswahlen am 12. Januar/2. Februar 1919 erreichte die USPD allerdings nur drei von insgesamt 180 Parlamentssitzen, weil Eisners politische Vision – eine Mischform aus parlamentarischer Republik und sozialistischer Rätedemokratie[129] – den konservativen Wählern genauso missfiel wie den bürgerlich-liberalen und den linken. Angesichts dieser vernichtenden Wahlniederlage schickte Eisner sich an, seinen Rücktritt einzureichen,[130] wurde jedoch am 21. Februar 1919 auf dem Weg zum Landtag vom Rechtsterroristen Anton Graf von Arco auf Valley (1897–1945) erschossen.[131]

Nach diesem Meuchelmord spitzten sich die politischen Auseinandersetzungen in Bayern drastisch zu. Erst wurde am 17. März 1919 die Übergangsregierung unter dem SPD-Politiker Johannes Hoffmann (1867–1930) gebildet, dann proklamierten die linksgerichteten Kräfte am 7. April die „Räterepublik Baiern".[132] Die idealistischen Anarchisten beteiligten sich an dieser Ausrufung, wurden aber dann von einer radikaleren kommunistischen Fraktion ins politische Abseits gedrängt – Erich Mühsam erhielt in der Räteregierung überhaupt kein Amt,[133] Gustav Landauer wurde zwar zum „Volksbeauftragten für Volksaufklärung" ernannt, sah sich aber schon am 16. April zum Rücktritt

---

127 Vgl. *Grau*, Eisner, S. 440.

128 Vgl. *Brajer*, Eisner a.a.O., S. 69.

129 Vgl. *Grau*, Eisner, S. 421 ff.

130 Vgl. *Grau*, Eisner, S. 439.

131 Landauer und Mühsam sollten diesem Terroranschlag ebenfalls zum Opfer fallen, befanden sich aber zu dessen Zeitpunkt nicht in München. Vgl. *Hanke*, Prophet, S. 160 f.

132 Der bayerische Minister für militärische Angelegenheiten, Ernst Schneppenhorst (1881–1945), der zunächst ihre Ausrufung vehement befürwortete und nach der Proklamation zu Hoffmann überlief, war möglicherweise ein Agent Provocateur, der die bayerische Linke zum aussichtslosen Aufstand provozieren wollte, um sie dann gewaltsam ausschalten zu lassen. Vgl. *Luhrssen*, Thule, S. 125.

133 Vgl. *Hanke*, Prophet, S. 161.

gezwungen;[134] in diesen neun Tagen konnte er insbesondere die „Schriften zur Volksaufklärung" herausgeben, wobei dort der Abdruck von Leo Tolstois pazifistischer und staatskritischer Schrift „Patriotismus und Regierung" an erster Stelle stand.[135]

Ende April/Anfang Mai 1919 wurde die „Bayerische Räterepublik" von den Truppen der Regierung Hoffmann (den Reichswehrverbänden und den Freikorps) blutig hinweggefegt; auch Gustav Landauer fiel dem rücksichtslosen Siegerterror zum Opfer und wurde am 2. Mai im Gefängnis Stadelheim brutal erschlagen.[136] Der schon am 13. April gefangengenommene Erich Mühsam wurde zu 15 Jahren Festungshaft verurteilt. Im Dezember 1924 kam er nach Fürsprache mehrerer prominenter Intellektueller (u.a. von Heinrich Mann und Albert Einstein)[137] frei und zog nach Berlin. Trotz der angeschlagenen Gesundheit (er hatte sich in der Haft ein schweres Herzleiden zugezogen und auf dem rechten Ohr das Gehör verloren)[138] setzte Mühsam seine publizistischen und literarischen Aktivitäten fort – namentlich in der von ihm herausgegebenen Zeitschrift „Fanal" (1926–1931).

Bemerkenswert war sein zum 100. Geburtstag Leo Tolstois verfasster Beitrag „Tolstois Vermächtnis".[139] In diesem Aufsatz würdigte Mühsam den russischen Autor erneut positiv – allerdings viel sachlicher und ausgewogener als 1910.[140] Daneben kritisierte er die kommunistische Tolstoi-Rezeption,[141] verurteilte die Verfolgung der sowjetischen Tolstoianer,[142] warnte aber auch vor einer oberflächlichen, unreflektierten Übernahme der Ideen Tolstois.

Insbesondere erkannte der scharfsinnige Publizist, dass Leo Tolstoi zwar „um der Deutlichkeit willen"[143] vom absoluten Gewaltverbot gesprochen, es aber nicht in jeder Situation befürwortet hatte: „Tolstoi wusste so gut wie einer

---

134 Vgl. *Hanke*, Prophet, S. 161 f.

135 Vgl. *Hanke*, Prophet, S. 161.

136 Vgl. *Hanke*, Prophet, S. 162.

137 Vgl. *Serke*, Mühsam a.a.O., S. 183.

138 Vgl. *Serke*, Mühsam a.a.O., S. 184.

139 *Mühsam*, Fanal 1928, 1–8.

140 Siehe oben Kapitel J) I.

141 Vgl. *Mühsam*, Fanal 1928, 1 f., 3.

142 Vgl. *Mühsam*, Fanal 1928, 7. Er verwechselte allerdings Wladimir Tschertkow („Tschetkoff") mit Pawel Birjukow, der 1923 aus der Sowjetunion emigriert war.

143 *Mühsam*, Fanal 1928, 2 f.

[sic!], dass niemals das Absolute über die Lebendigkeit des Augenblicks herrschen kann".[144]

Im Übrigen übte der gewaltfreie Anarchismus auch in der Weimarer Republik eine gewisse Anziehungskraft aus, wie der Lebenslauf seines späteren Vertreters Ernst Friedrich (1894–1967), deutlich macht. Auf seiner Reise nach Schweden kurz vor dem Ausbruch des Ersten Weltkriegs lernte er den pazifistischen Pastor Per Johan Gyberg (1888–1966) kennen, der den jungen Mann motivierte, die Werke von Leo Tolstoi, insbesondere „Krieg und Frieden", zu lesen.[145] Tolstois Aufruf zu Gewaltlosigkeit und Nächstenliebe sowie seine Staatskritik hinterließen bei Friedrich einen großen Eindruck.[146] Wenig später trat er 1914 aus der SPD wegen ihrer Zustimmung zu Kriegskrediten aus,[147] wurde als Kriegsdienstverweigerer und Saboteur inhaftiert (1917/1918)[148] und fand bald nach dem Krieg im gewaltlosen Anarchismus seine neue politische Heimat.[149] Dabei spiegelte Friedrichs Staatskritik (geäußert im August 1922 in der von ihm herausgegebenen Zeitschrift „Freie Jugend") den Einfluss Tolstois unverkennbar wider:

> „Das Wesen *jedes*[150]Staates (mag es sich monarchistisch, republikanisch oder bolschewistisch gebärden) ist immer Gewalt und Unterdrückung! Und solange es noch diese Staaten gibt, solange wird es auch – *Kriege*[151]geben! Kriege nicht nur zwischen den einzelnen Staaten, sondern auch sogenannte 'Bürgerkriege'."[152]

In den zwanziger Jahren profilierte sich Ernst Friedrich als führender gewaltfreier Anarchist. Erst rief er 1923 die Bewegung „Freie Jugend" ins Leben (mit rund 600 Mitgliedern in ca. 27 Gruppen),[153] dann gab 1924 sein berühmtes pazifistisches Buch „Krieg dem Kriege" heraus und gründete ein Jahr später in Berlin das „Erste Internationale Anti-Kriegs-Museum". Daneben freundete sich Ernst Friedrich mit Erich Mühsam an,[154] trug während seiner Rezitations-

---

144 *Mühsam*, Fanal 1928, 7. Die Reduzierung der Gewaltkritik Tolstois auf seinen Pazifismus war allerdings abwegig, vgl. *Mühsam*, Fanal 1928, 6 f.

145 Vgl. *Spree / Oelze* a.a.O., S. XL f.

146 Vgl. *Spree / Oelze* a.a.O., S. XLI.

147 Vgl. ebd.

148 Vgl. *Spree / Oelze* a.a.O., S. XLIII.

149 Zunächst schloß er sich kurzfristig der KPD an, fühlte sich jedoch von ihrem ideologischen Dogmatismus abgestoßen. Vgl. *Krumeich*, Werk a.a.O., S. XIII.

150 Im Original unterstrichen.

151 Im Original unterstrichen.

152 *Friedrich*, zitiert nach *Krumeich*, Werk a.a.O., S. XIX.

153 Vgl. *Holler*, a.a.O., S. 184.

154 Vgl. N. N., *Mühsam*.

abende (neben anderen Autoren) Leo Tolstoi öffentlich vor[155] und nahm in das von ihm veröffentlichte Kinderbuch „Proletarischer Kindergarten. Ein Märchen- und Lesebuch für Kinder und Erwachsene“ (1921) Tolstois Kurzgeschichten und Sprüche auf.[156]

Die nationalsozialistische Machtergreifung im Januar 1933 führte zur Auslöschung des gewaltlosen Anarchismus in Deutschland; Erich Mühsam wurde in der Nacht des Reichstagsbrandes verhaftet[157] und im Juli 1934 im KZ Oranienburg nach schweren Misshandlungen brutal ermordet;[158] Ernst Friedrich gelang Ende 1933 die Flucht ins Ausland.[159]

In der Bundesrepublik Deutschland entstand diese politische Strömung zwar neu, blieb aber, selbst im Zuge der 1968er-Bewegung, eine Randerscheinung.[160] Eine geringe politische Bedeutung hatten auch die friedlichen Anarchisten in der DDR-Opposition.[161] Sie schöpften ihre Anregungen aus den – teils offen zugänglichen, teils aus der BRD illegal eingeführten – Schriften Leo Tolstois, Gustav Landauers und Erich Mühsams, aber auch von Max Stirner, Pjotr Kropotkin und Pierre Joseph Proudhon.[162]

Der Niedergang des tolstoianisch geprägten Anarchismus in den Niederlanden zeichnete sich noch vor dem Ersten Weltkrieg ab.[163] Ausschlaggebend war jedoch die zunehmende politische Radikalisierung nicht nur in den Niederlanden nach 1917/1918, wodurch die ehemaligen Anhänger des russischen Denkers sich auf den Kampf gegen den Kapitalismus und seine angeblichen Auswirkungen konzentrierten und die Ideen Tolstois eher unbewusst nach und nach hintanstellten.[164] „Tolstoj schwebte hier wohl noch im Hintergrund, aber der Krieg und die Revolution [in Russland] hatten mit den Menschen auch die Parolen verändert.“[165] – schrieb 1952 der niederländische Historiker Rudolf Jans. Exemplarisch für diese Entwicklung war die ideologische Transformation des prominenten niederländischen Anarchisten Bart de Ligt (1883–1938).

155 Vgl. *Spree / Oelze* a.a.O., S. LIII.

156 Vgl. *Krumeich*, Ein einzigartiges Werk, S. XV.

157 Vgl. *Serke*, Mühsam a.a.O., S. 185.

158 Vgl. *Serke*, Mühsam a.a.O., S. 185 ff.

159 Vgl. *Spree / Oelze* a.a.O., S. LXI f. Er starb 1967 in Frankreich.

160 Vgl. *Kalicha*, Anarchismus, S. 229 ff.

161 Vgl. *Kalicha*, Anarchismus, S. 225 ff.

162 Vgl. *Kalicha*, Anarchismus, S. 226 mit weiteren Nachweisen.

163 Siehe oben Kapitel J) I.

164 Vgl. *Lange*, Revolution, S. 139.

165 *Jans*, Tolstoj, S. 113.

Um 1918 war er noch stark von Tolstoi beeinflusst,[166] befürwortete aber in seinen späteren Lebensjahren zwar keinen „Klassenkrieg", wohl aber einen gewaltfreien „Klassenkampf",[167] obwohl Tolstoi in der Schrift „Das Gesetz der Gewalt und das Gesetz der Liebe" ausdrücklich verurteilt hatte, dass der „Hass der unterdrückten Arbeiter gegen die Reichen und Herrschenden"[168] oft als „Liebe zur Freiheit, Gleichheit, Brüderlichkeit"[169] hingestellt werde.

In Indien konnte die Lehre Tolstois hingegen tiefere Wurzeln schlagen. Noch vor Tolstois Tod gründete Gandhi im Mai/Juni 1910 zusammen mit dem südafrikanischen Architekten Hermann Kallenbach (1871–1945) bei Johannesburg die „Tolstoy Farm", um die Familien der indischen Regimegegner in Transvaal zu unterstützen.[170] Zwar gab Gandhi sie schon 1913 auf, doch knüpfte er sechs Jahre später an seine Erfahrungen auf dieser Farm bei der Einrichtung des Satyagraha-Ashrams in Ahmedabad wieder an.[171] Auch in den späteren Jahren pries der indische Unabhängigkeitsführer Tolstoi als Verkörperung der Wahrheit in seiner Zeit,[172] bezeichnete sich als seinen ergebenen Anhänger[173] und behauptete sogar (wohl kontrafaktisch), dass erst die Lektüre Tolstois ihn zum Gewaltgegner gemacht habe.[174] Und es blieb nicht bei bloßen Lippenbekenntnissen. Vielmehr spiegelten Gandhis gewaltfreie Aktionen im indischen Unabhängigkeitskampf, wie etwa die als „Hartal" bekannten Proteste von 1919, die „Kampagne der Nichtkooperation" von 1920–1922 und der „Salzmarsch" von 1930, Tolstois Aufruf an die Inder wider:

> „Widersteht dem Bösen nicht und nehmt keinen Anteil daran, an den Vergewaltigungen der Staatsbehörden, der Gerichte, der Steuererhebung und vor allem des Militärs, und niemand wird in der Welt euch zu knechten vermögen."[175]

Deshalb sah Tolstois Sekretär und Biograph Walentin Bulgakow (1886–1966) in Gandhis friedlichem Widerstand nicht zu Unrecht eine sinnvolle und konstruktive Fortentwicklung des Gewaltlosigkeitskonzepts von Tolstoi.[176] Aller-

166 Vgl. *Lange*, Revolution, S. 139.

167 *Kalicha*, Anarchismus, S. 103 mit weiteren Nachweisen.

168 *Tolstoi*, Sakon a.a.O., S. 154.

169 *Tolstoi*, Sakon a.a.O., S. 154 f.

170 Vgl. *Udolph*, Gandhi a.a.O., S. 690 (Rn.18) mit weiteren Nachweisen; *Alston*, Tolstoy, S. 108.

171 Vgl. *Udolph*, Gandhi a.a.O., S. 690 (Rn.18).

172 Vgl. *Udolph*, Gandhi a.a.O., S. 683 (687).

173 Vgl. *Alston*, Tolstoy, S. 207.

174 Vgl. *Udolph*, Gandhi a.a.O., S. 689 (Rn. 8) mit weiteren Nachweisen.

175 *Tolstoi*, Brief an einen Hindu a.a.O., S. 269. Siehe auch oben Kapitel I) IV. 2.

176 Vgl. *Hanke*, Prophet, S. 145, 167.

dings befolgte Gandhi nicht immer Tolstois Gebote. Im Ersten Weltkrieg unterstützte er tatkräftig die Entente als britischer „Hauptrekrutierer" in Indien,[177] empfand aber ein Vierteljahrhundert eine so große Sympathie für die Achsenmächte,[178] dass er im August 1942 in Indien schwere Unruhen entfesselte, die zum Tod und zur Verwundung von etwa 2.500 Menschen führten.[179]

Auch die afroamerikanische Bürgerrechtsbewegung war von Tolstois Widerstandslehre wesentlich beeinflusst – sowohl durch die bewusste Anlehnung und Orientierung an Gandhi[180] als auch direkt. Es betrifft zunächst Martin Luther Kings Vorgänger und Mentoren. Booker T. Washington (1856–1915) korrespondierte mit dem russischen Autor,[181]und W.E.B. Du Bois (1868–1963) pries Tolstoi als prophetischen Visionär.[182] Die 1957 gegründete und von Martin Luther King angeführte „Southern Christian Leadership Conference (SCLC)" entwickelte eine Tradition des gewaltlosen Widerstands fort, die von der „National Association for the Advancement of Colored People (NAACP)", der „National Urban League (NUL)" und dem „Congress of Racial Equality (CORE)" bereits in der ersten Hälfte des 20. Jahrhunderts hervorgebracht worden war.[183] John Hayne Holmes (1879–1964) und William English Walling (1877–1936), die NAACP und NUL 1909 bzw. 1910 mitgegründet hatten, waren von Tolstois Ideen stark beeinflusst,[184] genauso wie James Farmer (1920–1999), der 1942 an der Entstehung des CORE entscheidend beteiligt gewesen war.[185]

Beim Auftritt vor der NAACP am 17. Juli 1959 zitierte auch King selbst Tolstoi – nämlich seine Worte im Roman „Krieg und Frieden": „Man kann sich einen Menschen, der keine Freiheit hat, nicht anders als des Lebens beraubt vorstellen."[186] Der afroamerikanische Bürgerrechtler interpretierte diesen Spruch durchaus korrekt[187] als Aufruf zum Widerstand gegen eine dem seelischen Tod gleichkommende politische Unfreiheit:

---

177 Vgl. *Losurdo*, Gewaltlosigkeit, S. 36 ff. mit weiteren Nachweisen.

178 Vgl. *Losurdo*, Gewaltlosigkeit, S. 110 ff. mit weiteren Nachweisen.

179 Vgl. *Losurdo*, Gewaltlosigkeit, S. 237 f. mit weiteren Nachweisen.

180 Vgl. *Marks*, Russia, S. 134 f.

181 Vgl. *Alston*, Tolstoy, S. 208 f.

182 Vgl. *Marks*, Russia, S. 136.

183 Vgl. *Marks*, Russia, S. 136 f.

184 Vgl. *Marks*, Russia, S. 137.

185 Vgl. ebd.

186 *Tolstoi*, Woina a.a.O., Bd. 12 S. 325.

187 Vgl. oben Kapitel I) III. 2.

„Indes diese Worte etwas übertrieben klingen, beschreiben sie dennoch eine grundlegende Wahrheit. Was Tolstoi im Wesentlichen sagt, ist, dass das Fehlen der Freiheit dem Tod gleichkommt. Jedes Volk oder jede Regierung, die den Einzelnen seiner Freiheit berauben, begehen in diesem Moment moralischen und geistigen Mord. Jeder Einzelne, der nicht auf seine Freiheit bedacht ist, begeht einen moralischen und geistigen Selbstmord. In diesem Moment verwirkt er sein Recht, zu sein. Der Kampf um die Freiheit ist kein Kampf, um ein flüchtiges Bedürfnis zu erlangen; es ist ein Kampf, um sein Selbst zu erhalten. Es ist ein Kampf, um den tragischen Tod des Geistes zu verhindern."[188]

Aber in einem wichtigen Punkt distanzierte sich King von Tolstoi – mit klaren Worten:

„Wie ich bereits gesagt habe, glaube ich fest an die Gewaltlosigkeit. Aber gleichzeitig bin ich kein Anarchist. Heutzutage sind einige Pazifisten Anarchisten, Tolstoi nachfolgend. Aber ich gehe nicht so weit. Ich glaube an den klugen Einsatz der Polizei. Ich glaube, dass jemand, der an Gewaltlosigkeit glaubt, die Dimensionen des Bösen in der menschlichen Natur anerkennen muss, und es besteht die Gefahr, dass man sich einer Art oberflächlichem Optimismus hingibt, indem man denkt, der Mensch sei nur gut. Der Mensch hat nicht nur das größere Fassungsvermögen für das Gute, sondern auch das Potential für das Böse. Und ich denke daran überall in meiner ganzen Philosophie, und ich versuche in diesem Punkt realistisch zu sein. Deswegen glaube ich an den klugen Einsatz der Polizei. Und ich denke, dass es gut ist, was wir in Little Rock[189] haben. Dort kämpft keine Armee gegen eine Nation oder ein Volk. Es ist nur die Polizei, die versucht, den Gesetzen des Landes Geltung zu verschaffen."[190]

Bemerkenswerterweise verurteilte auch Leo Tolstoi selbst die Diskriminierung der Afroamerikaner.[191]

Somit gehen zwei wichtige und im Wesentlichen erfolgreiche[192] Fälle des massenhaften zivilen Ungehorsams im 20. Jahrhundert zum großen Teil auf Leo Tolstois politisches Widerstandskonzept zurück. Daneben existierten im späteren 20. Jahrhundert mehrere Bewegungen, welche sich am indischen und/oder afroamerikanischen Beispiel orientierten, und somit von Leo Tolstoi indirekt beeinflusst wurden, wie etwa der Kampf gegen den weißen Rassismus

---

188 *King*, Threshhold, S. 269. Vier Jahre später zitierte der amerikanische Bürgerrechtler in seiner Predigt „Kraft zum Lieben" Tolstoi erneut – allerdings nur im religiösen Kontext. Vgl. *Alston*, Tolstoy, S. 283 (Rn. 45).

189 1957 musste die US-Bundesregierung in der Stadt Little Rock, Arkansas, gegen die weißen Rassisten Armeetruppen einsetzen, um den afroamerikanischen Schülern den Besuch der „Little Rock Central High School" zu ermöglichen.

190 *King*, Symbol, S. 295.

191 Vgl. *Tolstoi*, Brief an einen Hindu a.a.O., S. 271.

192 Vgl. *Edgerton*, NM 1989, 266 f.

auf den Bahamas,[193] die Anti-Apartheid-Kampagne in Südafrika,[194] oder Aung San Suu Kyis „Nationale Liga für Demokratie“ in Burma.[195] Besonders bemerkenswert war jedoch die mittelbare Wirkung der Ideen Tolstois auf die sowjetische Dissidentenbewegung. Ihr führender Vertreter Andrei Amalrik (1938–1980) beschrieb diese Wirkung folgendermaßen:

> „Der westliche Einfluss [auf die Dissidenten] ist allen voran der Einfluss von Martin Luther King und seiner gewaltlosen Aktionen. Aber King war Erbe Gandhis und Gandhi war Erbe Tolstois, dessen Ideen somit als eine Art Bumerang nach Russland zurückkehrten.“[196]

Somit spielte die politische Philosophie Tolstois im 20. Jahrhundert eine beachtliche Rolle, auch wenn ihre Wirkung im Vergleich zu Tolstois literarischen Bedeutsamkeit verhältnismäßig gering war.

193 Vgl. *Smith*, Bahamas.

194 Vgl.*Mandela*, Warrior.

195 Vgl. *N. N.*, Gandhi.

196 *Amalrik*, dissidenta, S. 40.

Epilog

„Zwischen der bestehenden Ordnung der Dinge, die auf roherer Gewalt basiert, und dem Ideal des Lebens, das auf einer durch die Sitten befestigten vernünftigen Vereinbarung beruht, gibt es eine endlose Reihe von Stufen, über die die Menschheit ohne Aufhören fortschreitet, und die Annäherung an dieses Ideal geschieht nur nach Maßgabe der Befreiung der Menschen von der Teilnahme an den Gewalttätigkeiten, von der Benutzung derselben und von der Gewöhnung an dieselben."[1]

Leo Tolstoi

Mehr als ein Jahrhundert verging seit Leo Tolstois Tod. Aber gerade diese zeitliche Distanz ermöglicht einen sachlichen, durch keine politisch-ideologischen Affinitäten getrübten Blick auf sein geistiges Erbe. Dabei wird zunächst ersichtlich, dass Leo Tolstois Straftheorie nicht isoliert betrachtet werden kann, sondern erst im Zusammenhang mit seinem Religionsverständnis, seiner moralisch-ethischen Lehre und seiner Staats- und Eigentumskritik gesehen und interpretiert werden muss, weil die zentralen Überzeugungen von Tolstoi – nämlich: „Das Leben ist Gott, Gott ist in Menschen, das Böse darf nicht mit Gewalt bekämpft werden, staatliche, gesellschaftliche und kirchliche Institutionen bringen nur Betrug und Verbrechen hervor, persönliches Eigentum führt zur Habgier und Egoismus"[2] – untrennbar miteinander verwoben sind.

Bei dieser umfassenden Auslegung kommt man ferner zur Feststellung, dass Leo Tolstoi sich nicht auf eine harsche Kritik der politischen und sozialen Ungerechtigkeit beschränkte, sondern *zwei* Visionen entwickelte, wie diese Missstände gewaltlos beseitigt werden können, zum einen die maximalistische Vorstellung von einer absolut freien Menschengesellschaft – ohne Zwang, ohne Staat, ohne Kirche und eben ohne positives Recht, insbesondere Strafrecht.

Dieses Konzept, das wohl der Idee „eine[r] spontanistische[n] [sic!] bzw. föderalistische[n] Vereinigung, […] welche nur auf dem moralischen Zweckbewusstsein und der Übereinkunft beruhen soll und in der das menschliche Zusammenleben durch Normen sozialethischer, nichtstaatlicher Natur geregelt werden soll"[3] nahekommt,[4] ist wohl langfristig gescheitert, und selbst die russischen bzw. frühsowjetischen und bulgarischen Tolstoianer-Kommunen waren nur zeit- und situationsbedingt einigermaßen erfolgreich – zum einen als

1 *Tolstoi*, Rabstwo a.a.O., S. 194.

2 *George / Herlth / Münch / Schmid*, Einleitung a.a.O., S. 19.

3 *Walter*, Tolstoi, S. 198.

4 Vgl. ebd.

https://doi.org/10.1515/9783110726206-012

winzige Friedensinseln in einer chaotischen und blutigen Ära und zum anderen, weil ihr Kern aus erfahrenen Bauern bestand. Im Übrigen scheint auch Tolstoi selbst dieses Scheitern vorausgeahnt zu haben, weil er die zeitgenössischen Duchoborzen als „Menschen des 25. Jahrhunderts“[5] bezeichnete und ausgerechnet in einer extrem staatskritischen Schrift „Das Gesetz der Gewalt und das Gesetz der Liebe“ einräumte:

> „Es ist möglich, dass die staatliche Gewaltherrschaft in einer früheren Epoche notwendig war; *es ist möglich, dass sie noch heute notwendig ist*; aber die Menschen müssen den Zustand kennen und voraussehen, bei welchem die Gewalt dem friedlichen Leben der Menschen nur hinderlich sein kann.“[6]

Auch Tolstois Konzept des gewaltlosen zivilen Ungehorsams[7] erwies sich, wie die Geschichte des 20. und frühen 21. Jahrhunderts demonstrierte, als nur beschränkt durchsetzbar. Wohl war es gut möglich, dadurch eine Diktatur bzw. Fremdherrschaft zu stürzen oder zumindest zu destabilisieren, doch nur beim Zusammentreffen mehrerer günstiger Umstände. Dazu gehörten insbesondere die verbreitete Unzufriedenheit mit dem repressiven Regime, seine weitgehende außenpolitische Isolierung, nennenswerte Auflösungserscheinungen im Sicherheitsapparat, aktive internationale Unterstützung für Proteste und medienwirksame Durchführung und Entfaltung der Protestkampagne. Aber um die (wieder)gewonnene Freiheit zu *sichern,* benötigten die Menschen, wie gerade das Beispiel Indiens zeigte,[8] wiederum die Mittel, welche Tolstoi so verabscheute – Armee, Polizei, Gerichte, Gefängnisse.

Zugleich entwarf Leo Tolstoi aber auch eine *zweite* Zukunftsvision und lebte sie jahrzehntelang selbst vor, nämlich die Vision des Menschen, der dem Staat und seinen Institutionen zwar nicht unkritisch gegenübersteht,[9] sie aber akzeptiert und auch die staatlichen Gesetze befolgt – solange sie einem höheren Recht, dem „Gesetz der (Nächsten-)Liebe“ nicht widersprechen,[10] wobei Tolstois Vorstellung von der Nächstenliebe, trotz aller mystisch-religiösen Ausschmückung, in ihrem Kern mit dem Natur- bzw. Menschenrechtskonzept vergleichbar ist.[11]

---

5 *Tolstoi*, Brief an T. L. Tolstaja und M. L. Obolenskaja a.a.O., S. 497.

6 *Tolstoi*, Sakon a.a.O., S. 199.

7 Siehe oben Kapitel I) IV. 2.

8 Vgl. *Edgerton*, CSP 1979, 298.

9 Siehe oben Kapitel G) IV.

10 Siehe oben Kapitel I) IV. 2.

11 Vgl. *Goldenweiser*, *Alexis*, prawa S. 60 f.

Bei allem Abscheu gegen das Justizwesen räumte Tolstoi ein, dass es auch unter seinen Angehörigen Menschen gibt, die nach dem „Gesetz der Liebe" leben, weil er mehrere Juristen durchaus positiv darstellte (man denke etwa an den Anwalt in „Der gefälschte Kupon",[12] den Richter in „Versäumst du, den Funken zu löschen, wirst du der Flamme nicht Herr"[13] oder den Senator Beh in „Auferstehung"[14]) und für Anatolij Konis Aufsatz „Grundzüge einer Gerichtsethik" (1902) Worte der Anerkennung fand: „[I]ch glaube, dass Gedanken, die von einer solchen Autorität wie Ihnen stammen, dem richterlichen Nachwuchs Nutzen bringen müssen."[15]

Und wenn diese zweite, realistische Vorstellung wahr wird und immer mehr Menschen zwar (noch) nicht der Gewalt und dem Eigentum vollständig entsagen,[16] aber die „Goldene Regel der Ethik" als „Grundforderung der Humanität[17] beherzigen und die „allerelementarsten Forderungen"[18] der Moral bzw. Liebe befolgen, die „darin bestehen, dass man dem anderen nicht tue, was man nicht möchte, dass uns getan werde; Mitleid zu haben mit dem Armen, mit dem Hungernden, Beleidigungen zu verzeihen, die Menschen nicht zu plündern, nicht ausschließlich für sich aneignen, worauf auch die anderen das gleiche Recht haben, im Allgemeinen nicht das tun, was von jedem unverdorbenen, vernünftigen Menschen als böse erkannt wird",[19] dann wird der angehimmelte und dämonisierte, verklärte und verdammte, gefeierte und geschmähte, aber vor allem massiv missverstandene „Prophet des Unmodernen"[20] zum visionären Vordenker einer besseren Epoche.

---

12 Siehe oben Kapitel E) IV. 3.

13 Siehe oben Kapitel C) VII.

14 Siehe oben Kapitel E) IV. 1.

15 *Tolstoi*, Brief an A. F. Koni a.a.O., S. 96.

16 Siehe oben Kapitel I) III. 2.

17 *Küng*, glaube, S. 88.

18 *Tolstoi*, Pismo a.a.O., S. 58.

19 Ebd.

20 *Hanke*, Prophet, S. 3. Edith Hanke definiert den Begriff des „Unmodernen" als Gegenbegriff zur Moderne, d.h. zur (groß-)städtisch-bürgerlichen, individualistischen Lebensweise, zu industrieller, spezialisierter Produktion und zum wissenschaftlichen Rationalismus. Vgl. *Hanke*, Prophet, S. 3 Rn. 11.

ANHANG

Literaturverzeichnis

I. Verwendete Abkürzungen

A = **Tolstoi**, Lew: Polnoje sobrabranije sotschinenij w 90 tomach (Gesamtausgabe in 90 Bänden), Moskau („Chudoshestwennaja Literatura“ Verlag) 1928–1958 (einige Bände erschienen erst nachträglich). http://tolstoy.ru/creativity/90-volume-collection-of-the-works/. Zuletzt besucht am 2.11.2019.

B = **Tolstoj**, Lew [sic!]: Gesammelte Werke in zwanzig Bänden, Berlin/DDR 1964–1978 (Bände in verschiedenen Auflagen).

C = **Birukoff**, Paul: Tolstoi und der Orient. Briefe und sonstige Zeugnisse über Tolstois Beziehungen zu den Vertretern orientalischer Religionen. Zürich und Leipzig (Rotapfel Verlag) 1925.

II. Bibliographie der verwendeten Schriften Tolstois und ihrer deutschen Übersetzungen

Der russische Julianische Kalender (verwendet bis 1918) hinkt hinter dem im Westen geltenden Gregorianischen Kalender her; bis 1900 ergab sich eine Verschiebung um 12 Tage, von 1900 bis 1917 sogar um 13. Daher werden einige Briefe Tolstois in den Originalquellen mit zwei Daten versehen. Durch die kalendarischen Abweichungen kommt es bei der Übersetzung oft zu unterschiedlichen Datumsangaben.

Tolstoi, Leo: Anna Karenina (Anna Karenina); in: A. Bd. 18–19. Moskau 1934–1935 (zitiert: *Tolstoi*, Karenina a.a.O., Bd. 18 S.).

Tolstoi, Lew [sic!]: Anna Karenina. München 2011.

Tolstoi, Leo: „Bessmyslennye metschtanija“. Plany i warianty („Unsinnige Träume“. Entwürfe und andere Fassungen); in: A. Bd. 31. Moskau 1954. S. 251–254 (zitiert: *Tolstoi*, Bessmyslennye a.a.O., S.). Eigene Übersetzung.

Tolstoi, Leo: Bog prawdu widit, da ne skoro skashet (Gott sieht die Wahrheit, aber sagt sie nicht sogleich); in: A. Bd. 21. Moskau 1957. S. 246–253 (zitiert: *Tolstoi*, Bog a.a.O., S.).

Tolstoi, Leo: Gott sieht die Wahrheit, aber sagt sie nicht sogleich; in: B. Bd. 9. 3. Auflage. Berlin 1986. S. 5–14.

https://doi.org/10.1515/9783110726206-013

Tolstoi, Leo: Bosheskoje i tschelowetscheskoje (Göttliches und Menschliches); in: A. Bd. 42. Moskau 1957. S. 194–227 (zitiert: *Tolstoi*, Bosheskoje a.a.O., S.).

Tolstoi, Leo: Göttliches und Menschliches; in: Leo Tolstoi, Gesammelte Novellen. Bd. 6. Jena 1928. S. 3–60.

Tolstoi, Leo: Brief an Alexander III. vom 8.–15. März 1881; in: A. Bd. 63. Moskau 1934. S. 44–53 (zitiert: *Tolstoi*, Brief an Alexander III. a.a.O., S.).

Tolstoi, Leo: Brief an Alexander III. (1881); in: Martin George / Jens Herlth / Christian Münch / Ulrich Schmid (Hrsg.), Tolstoj als theologischer Denker und Kirchenkritiker. 2. Auflage. Göttingen 2015. S. 125–133.

Tolstoi, Leo: Brief an Baba Premanand Bharati vom 3./16. Februar 1907; in: A. Bd. 77. Moskau 1956. S. 35–39 (zitiert: *Tolstoi*, Brief an Baba Premananda Bharati a.a.O., S.).

Tolstoi, Leo: Brief an Baba Premanand Bharati (ohne Datumsangabe); in: C. S. 31–33.

Tolstoi, Leo: Brief an P. I. Birjukow vom 17. September 1890; in: A. Bd. 65. Moskau 1953. S. 164–167 (zitiert: *Tolstoi*, Brief an P. I. Birjukow vom 17. September 1890 a.a.O., S.). Eigene Übersetzung.

Tolstoi, Leo: Brief an P. I. Birjukow vom 13.(?) Mai 1897; in: A. Bd. 70. Moskau 1954. S. 114–116 (zitiert: *Tolstoi*, Brief an P. I. Birjukow vom 17. September 1890 a.a.O., S.). Eigene Übersetzung.

Tolstoi, Leo: Brief an P. I. Birjukow vom 6. August 1900; in: A. Bd. 72. Moskau 1933. S. 439–441 (zitiert: *Tolstoi*, Brief an Pawel Birjukow vom 6. August 1900 a.a.O., S.). Eigene Übersetzung.

Tolstoi, Leo: Brief an W. P. Botkin vom 24.–25. Marz/5.–6. April 1857; in: A. Bd. 60. Moskau 1949. S. 167–169 (zitiert: *Tolstoi*, Brief an W.P. Botkin a.a.O., S.).

Tolstoi, Leo: Brief an W. P. Botkin vom 24.–25. Marz/5.–6. April 1857; in: B. Bd. 16. Berlin 1971. S. 193–195.

Tolstoi, Leo: Brief an Bernard Bouvier vom 7/20.März 1905; in: A. Bd. 75. Moskau 1956. S. 234–235 (zitiert: *Tolstoi*, Brief an Bernard Bouvier a.a.O., S.).

Tolstoi, Leo: Brief an Bernard Bouvier vom 20. März 1905; in: B. Bd. 17. Berlin 1971. S. 431.

Tolstoi, Leo: Brief an Mirza Riza Chan vom 10./23.Juli 1901; in: A. Bd. 73. Moskau 1954. S. 94–97 (zitiert: *Tolstoi*, Brief an Mirza Riza Chan a.a.O., S.).

TOLSTOI, Leo: Brief an den persischen Gesandten Mirza Riza Chan vom 10. Juli 1901; in: C. S. 91–93.

TOLSTOI, Leo: Brief an D. Gopaul Chetty vom 17./30. Mai 1907; in: A. Bd. 77. Moskau 1956. S. 114–115 (zitiert: *Tolstoi*, Brief an D. Gopaul Chetty a.a.O., S.).

TOLSTOI, Leo: Brief an Gopal [sic!] Chetty vom 17./30. Mai 1907; in: C. S. 46.

TOLSTOI, Leo: Brief an einen Chinesen [Gu Hongming] in: A. Bd. 36. Moskau 1936. S. 290–299 (zitiert: *Tolstoi*, Brief an einen Chinesen a.a.O., S.).

TOLSTOI, Leo: Brief an Ku Hung Ming [sic!] vom Oktober 1906; in: C. S. 130–142.

TOLSTOI, Leo: Brief an S. R. Chitale vom 21. Januar/3. Februar 1908; in: A. Bd. 78. Moskau 1956. S. 32–33 (zitiert: *Tolstoi*, Brief an S. R. Chitale a.a.O., S.).

TOLSTOI, Leo: Brief an S. R. Chitali [sic!] vom 3. Februar 1908; in: C. S. 48–49.

TOLSTOI, Leo: Brief an U. A. Chodschajew vom 5. Juni 1909; in: A. Bd. 79. Moskau 1955. S. 218–219 (zitiert: *Tolstoi*, Brief an U. A. Chodschajew a.a.O. S.). Eigene Übersetzung.

TOLSTOI, Leo: Brief an Ernest Crosby vom 4.–12. Januar 1896; in: A. Bd. 69. Moskau 1954. S. 13–23 (zitiert: *Tolstoi*, Brief an Ernest Crosby a.a.O., S.).

TOLSTOI, Leo: Brief an den Amerikaner Crosbee [sic!] vom 12. Januar 1896; in: Leo Tolstoi, Religiöse Briefe. Leipzig 1923. S. 114–124.

TOLSTOI, Leo: Brief an N. W. Dawydow vom 9. April 1908; in: A. Bd. 78. Moskau 1956. S. 119–120 (zitiert: *Tolstoi*, Brief an N.W. Dawydow a.a.O., S.).

TOLSTOI, Leo: Brief an N. W. Dawydow vom 9. April 1908; in: B. Bd. 17. Berlin 1971. S. 477–478.

TOLSTOI, Leo: Brief an Georges Dumas vom 1. April 1892; in: A. Bd. 66. Moskau 1953. S. 188–189 (zitiert: *Tolstoi*, Brief an Georges Dumas a.a.O., S.).

TOLSTOI, Leo: Brief an Georges Dumas vom 1. April 1892; in: B. Bd. 17. Berlin 1971. S. 131–132.

TOLSTOI, Leo: Brief an R. M. Elkibajew vom 10. Juni 1908; in: A. Bd. 78. Moskau 1956. S. 164–165 (zitiert: Brief an R. M. Elkibajew a.a.O., S.).

TOLSTOI, Leo: Brief an Elkibajew vom 10. Juni 1908; in: C. S. 118–119.

TOLSTOI, Leo: Brief an Paul Eltzbacher vom 1./13. August 1900; in: A. Bd. 72. Moskau 1933. S. 424–426 (zitiert: *Tolstoi*, Brief an Paul Eltzbacher a.a.O., S.).

TOLSTOI, Leo: Brief an Paul Eltzbacher vom 1. April 1900; in: B. Bd. 17. Berlin 1971. S. 330–331.

TOLSTOI, Leo: Brief an A. A. Fet vom 30. August 1869; in: A. Bd. 61. Moskau 1953. S. 219–220 (zitiert: *Tolstoi*, Brief an A. A. Fet a.a.O., S.).

TOLSTOI, Leo: Brief an A. A. Fet vom 30. August 1869; in: B. Bd. 16. Berlin 1971. S. 374–375.

TOLSTOI, Leo: Brief an Mohandas Gandhi vom 25. April/8. Mai 1910 1910; in: A. Bd. 81. Moskau 1956. S. 247–248 (zitiert: *Tolstoi*, Brief an M. Gandhi vom 25. April/8. Mai 1910 a.a.O., S.).

TOLSTOI, Leo: Brief an Gandhi vom 8. Mai 1910; in: C. S. 72.

TOLSTOI, Leo: Brief an Mohandas Gandhi vom 7. September 1910; in: A. Bd. 82. Moskau 1956. S. 137–141 (zitiert: *Tolstoi*, Brief an M. Gandhi vom 7. September 1910 a.a.O., S.).

TOLSTOI, Leo: Brief an Gandhi vom 7. September 1910; in: C. S. 73–77.

TOLSTOI, Leo: Brief an Edward Garnett vom 21. Juni 1900; in: A. Bd. 72. Moskau 1933. S. 396–400 (zitiert: *Tolstoi*, Brief an Edwards Garnett a.a.O., S.).

TOLSTOI, Leo: Brief an Edward Garnett vom 21. Juni 1900; in: B. Bd. 17. Berlin 1971. S. 329–330.

TOLSTOI, Leo: Brief an George Howard Gibson vom 11. März 1898; in: A. Bd. 71. Moskau 1954. S. 306–310 (zitiert: *Tolstoi*, Brief an George Howard Gibson a.a.O., S.). Übersetzung von Prof. Dr. Arno Lott.

TOLSTOI, Leo: Brief an A. S. Goldenweiser vom 5. Januar 1905; in: A. Bd. 65. Moskau 1956. S. 198 (zitiert: *Tolstoi*, Brief an A. S. Goldenweiser a.a.O., S.). Eigene Übersetzung.

TOLSTOI, Leo: Brief an I. A. Grinewskaja vom 22. Oktober 1903; in: A. Bd. 74. Moskau 1954. S. 207–208 (zitiert: *Tolstoi*, Brief an Isabella Grinewskaja a.a.O. S.).

TOLSTOI, Leo: Brief an Frau Grinewskaja (ohne Datumsangabe); in: C. S. 99–100.

TOLSTOI, Leo: Brief an N. J. Grot vom 13. (?) Oktober 1887; in: A. Bd. 64. Moskau 1953. S. 104–105 (zitiert: Brief an N. J. Grot a.a.O., S.). Eigene Übersetzung.

TOLSTOI, Leo: Brief an einen Hindu [Taraknath Das]; in: A. Bd. 37. Moskau 1956. S. 244–272 (zitiert: *Tolstoi*, Brief an einen Hindu a.a.O., S.).

TOLSTOI, Leo: Brief an einen Inder [!]; in: C. S. 54–68.

TOLSTOI, Leo: Brief an Edward H. James vom 13./26. Oktober 1903; in: A. Bd. 74. Moskau 1954. S. 205–207 (zitiert: *Tolstoi*, Brief an Edwards H. James a.a.O., S.). Eigene Übersetzung.

TOLSTOI, Leo: Brief an William L. Kantor vom 9. April 1890; in: A. Bd. 65. Moskau 1953. S. 70–72 (zitiert: *Tolstoi*, Brief an William L. Kantor a.a.O., S.).

TOLSTOI, Leo: Brief „an einen Freund"; in: Rolland, Romain: Das Leben Tolstois. Zürich 1994. S. 212.

TOLSTOI, Leo: Brief an John Kenworthy vom 17. bzw. 18. Oktober 1896; in: A. Bd. 69. Moskau 1954. S.173–175 (zitiert: *Tolstoi*, Brief an John Kenworthy a.a.O., S.). Eigene Übersetzung.

TOLSTOI, Leo: Brief an A. F. Koni vom 22. Februar 1889; in: B. Bd. 17. Berlin 1971. S. 420–421. Eigene Übersetzung.

TOLSTOI, Leo: Brief an A. F. Koni vom 1. Mai 1904; in: A. Bd. 75. Moskau 1956. S. 96–97 (zitiert: *Tolstoi*, Brief an A. F. Koni a.a.O., S.). Eigene Übersetzung.

TOLSTOI, Leo: Brief an M. M. Krymbajew vom 13.–16. März. 1909; in: A. Bd. 79. Moskau 1955. S. 120–122 (zitiert: *Tolstoi*, Brief an M.M. Krymbajew a.a.O., S.).

TOLSTOI, Leo: Brief an M. M. Krymbajew vom 16. März 1909; in: C. S. 123–124.

TOLSTOI, Leo: Brief an den Landessteuerbund Australiens vom 2. September 1908; in: A. Bd. 78. Moskau 1956. S. 221–222 (zitiert: *Tolstoi*, Brief an den Landessteuerbund Australiens a.a.O., S.). Eigene Übersetzung.

TOLSTOI, Leo: Brief an M. P. Lederle vom 25. Oktober 1891; in: A. Bd. 66. Moskau 1953. S. 66–72 (zitiert: *Tolstoi*, Brief an M.P. Lederle a.a.O., S.).

TOLSTOI, Leo: Brief an M. P. Lederle vom 25. Oktober 1891; in: B. Bd. 17. Berlin 1971. S. 116–119.

TOLSTOI, Leo: Brief an N. W. Michailow vom 16. Februar 1889; in: A. Bd. 64. Moskau 1953. S. 224–226 (zitiert: *Tolstoi*, Brief an N. W. Michailow a.a.O., S.). Eigene Übersetzung.

TOLSTOI, Leo: Brief an I. F. Nashiwin vom 7. Juli 1907; in: A. Bd. 77. Moskau 1956. S. 151 (zitiert: *Tolstoi*, Brief an I. F. Nashiwin a.a.O., S.). Eigene Übersetzung.

TOLSTOI, Leo: Brief an A. Ramaseshan vom 25. Juli 1901; in: A. Bd. 73. Moskau 1954. S. 100–104 (zitiert: *Tolstoi*, Brief an A. Ramaseshan a.a.O., S.).

TOLSTOI, Leo: Brief an A. Ramaseshan (ohne Datumsangabe); in: C. S. 23–25.

TOLSTOI, Leo: Brief an einen Revolutionär; in: A. Bd. 38. Moskau 1936. S. 262–267 (zitiert: *Tolstoi*, Brief an einen Revolutionär a.a.O., S.). Eigene Übersetzung.

TOLSTOI, Leo: Brief an E. Rod vom 22. Februar 1889; in: A. Bd. 64. Moskau 1953. S. 229–231 (zitiert: *Tolstoi*, Brief an E. Rod a.a.O., S.).

TOLSTOI, Leo: Brief an E. Rod vom 22. Februar 1889; in: B. Bd. 17. Berlin 1971. S. 64–66.

TOLSTOI, Leo: Brief an I. G. Roshkow vom 15.–18. April 1910; in: A. Bd. 81. Moskau 1956. S. 235–236 (zitiert: *Tolstoi*, Brief an I. G. Roshkow a.a.O., S.). Eigene Übersetzung.

TOLSTOI, Leo: Brief an Gabriel Sacy vom 28. Juli/10. August 1901; in: A. Bd. 73. Moskau 1954. S. 109–110 (zitiert: *Tolstoi*, Brief an Gabriel Sacy a.a.O., S.).

TOLSTOI, Leo: Brief an Gabriel Sacy vom 10. August 1901; in: C. S. 97–98.

TOLSTOI, Leo: Brief an Eugen Heinrich Schmitt vom 12. Oktober 1896; in: A. Bd. 69. Moskau 1954. S. 160–168 (zitiert: *Tolstoi*, Brief an Eugen Heinrich Schmitt a.a.O., S.). Eigene Übersetzung.

TOLSTOI, Leo: Brief an W. W. Stassow vom 18. Oktober 1900; in: A. Bd. 76. Moskau 1956. S. 45–46 (zitiert: *Tolstoi*, Brief an W. W.Stassow a.a.O., S.).

TOLSTOI, Leo: Brief an W. W. Stassow 18. Oktober 1900; in: B. Bd. 17. Berlin 1971. S. 438–439.

TOLSTOI, Leo: Brief an N. N. Strachow vom 5.–10.(?) Februar 1881; in: A. Bd. 63. Moskau 1934. S. 42–44 (zitiert: *Tolstoi*, Brief an N. N. Strachow vom 5.–10.(?) Februar 1881 a.a.O., S.).

TOLSTOI, Leo: Brief an N. N. Strachow vom 5.–10.(?) Februar 1881; in: B. Bd. 16. Berlin 1971. S. 565.

TOLSTOI, Leo: Brief an N. N. Strachow vom Dezember(?) 1885; in: A. Bd. 63. Moskau 1934. S. 312–315 (zitiert: Brief an N. N. Strachow vom Dezember (?) 1885 a.a.O., S.). Eigene Übersetzung.

TOLSTOI, Leo: Brief an Jan Styka vom 27. Juli/9. August 1909; in: A. Bd. 80. Moskau 1955. S. 42–44 (zitiert: *Tolstoi*, Brief an Jan Styka a.a.O., S.).

TOLSTOI, Leo: Brief an Jan Styka vom 27. Juli/9. August 1909; in: Christoph Bartolf, Ursprung der Lehre vom Nichtwiderstehen. Berlin 2006. S. 154.

TOLSTOI, Leo: Brief an M. M. Tschernawskij vom Januar(?) 1888; in: A. Bd. 64. Moskau 1953. S. 140–145 (zitiert: *Tolstoi*, Brief an M. M. Tschernawskij a.a.O., S.).

TOLSTOI, Leo: Brief an einen Revolutionär von 1886 [sic!]; in: Leo Tolstoi, Religiöse Briefe. Leipzig 1923. S. 39–43.

TOLSTOI, Leo: Brief an A. A. Tolstaja aus dem Jahr 1884; in: A. Bd. 63. Moskau 1934. S. 200–201 (zitiert: *Tolstoi*, Brief an A. A. Tolstaja a.a.O., S.). Eigene Übersetzung.

TOLSTOI, Leo: Brief an T. L. Tolstaja und M. L. Obolenskaja vom 5. Dezember 1898; in: A. Bd. 71. Moskau 1954. S. 497–498 (zitiert: *Tolstoi*, Brief an T. L. Tolstaja und M. L. Obolenskaja a.a.O., S.). Eigene Übersetzung.

TOLSTOI, Leo: Brief an Wladimir Tschertkow vom 27./28. Mai 1886; in: A. Bd. 85. Moskau 1935. S. 355–361 (zitiert: *Tolstoi*, Brief an Wladimir Tschertkow vom 27.–28. Mai 1886 a.a.O., S.). Eigene Übersetzung.

TOLSTOI, Leo: Brief an Wladimir Tschertkow vom 28. Juli 1890; in: A. Bd. 87. Moskau 1935. S. 36–39 (zitiert: *Tolstoi*, Brief an Wladimir Tschertkow vom 28. Juli 1890 a.a.O., S.). Eigene Übersetzung.

TOLSTOI, Leo: Brief an Wladimir Tschertkow vom 12. November 1893; in: A. Bd. 87. Moskau 1937. S. 239–242 (zitiert: *Tolstoi*, Brief an Wladimir Tschertkow vom 12. November 1893 a.a.O., S.). Eigene Übersetzung.

TOLSTOI, Leo: Brief an J. J. Wekilowa vom 13.–16. März 1909; in: A. Bd. 79. Moskau 1955. S.118–120 (zitiert: *Tolstoi*, Brief an Jelena Wekilowa a.a.O., S.). Übersetzung in: *Schmid*, Ulrich: Islam; in: Martin George / Jens Herlth / Christian Münch / Ulrich Schmid (Hrsg.), Tolstoj als theologischer Denker und Kirchenkritiker. 2. Auflage. Göttingen 2015. S. 571.

TOLSTOI, Leo: Brief an P. W. Werigin vom 28. Mai 1905; in: A. Bd. 75. Moskau 1956. S. 245–246 (zitiert: *Tolstoi*, Brief an Pjotr Werigin a.a.O., S.). Eigene Übersetzung.

TOLSTOI, Leo: Brief an L. G. Wilson vom 22. Juni 1889; in: A. Bd. 64. Moskau 1953. S. 270–273 (zitiert: *Tolstoi*, Brief an L. G. Wilson a.a.O., S.). Eigene Übersetzung.

TOLSTOI, Leo: Brief an Asfendiar Woinow vom 11. Oktober 1902; in: A. Bd. 73. Moskau 1954. S. 304–306 (zitiert: *Tolstoi*, Brief an A. Woinow a.a.O., S.).

TOLSTOI, Leo: Brief an Asfendiar Woinow vom 11. Oktober 1902; in: C. S. 108–109.

TOLSTOI, Leo: Brief an V. K. Zavolokin vom 18. Januar 1901; in: A. Bd. 73. Moskau 1954. S. 11–15 (zitiert: *Tolstoi*, Brief an V. K. Zavolokin, a.a.O., S.).

TOLSTOI, Leo: Brief an V. K. Zavolokin vom 18. Januar 1901; in: Martin George / Jens Herlth / Christian Münch / Ulrich Schmid (Hrsg.), Tolstoj als theologischer Denker und Kirchenkritiker. 2. Auflage. Göttingen 2015. S. 125–133.

TOLSTOI, Leo: Briefentwurf an Wendel (Phillips) Garrison vom März/April 1886; in: A. Bd. 79. Moskau 1955 S. 26–27 (zitiert: *Tolstoi*, Briefentwurf an Wendel (Phillips) Garrison a.a.O., S.). Eigene Übersetzung.

TOLSTOI, Leo: Briefentwurf an W. I. Panfilow vom 11. Januar 1909; in: A. Bd. 79. Moskau 1955 S. 26–27 (zitiert: *Tolstoi*, Briefentwurf an W. I. Panfilow a.a.O., S.). Eigene Übersetzung.

TOLSTOI, Leo: Chadschi-Murat (Hadschi Murat); in: A. Bd. 35. Moskau 1950. S. 5–120 (zitiert: *Tolstoi*, Chadschi-Murat a.a.O., S.).

TOLSTOI, Leo: Hadschi Murat; in: B. Bd. 13. 2. Auflage. Berlin 1986. S. 5–161.

TOLSTOI, Leo: Chodite w swete poka est swet (Wandelt im Lichte, solange das Licht leuchtet); in: A. Bd. 26. Moskau 1936. S. 250–301 (zitiert: *Tolstoi*, Chodite a.a.O., S.).

TOLSTOI, Leo: Wandelt im Licht. Berlin 1891. Teilweise eigene Übersetzung.

TOLSTOI, Leo: Cholstomer (Der Leinwandmesser); in: A. Bd. 26. Moskau 1936. S. 3–37 (zitiert: *Tolstoi*, Cholstomer a.a.O., S.).

TOLSTOI, Leo: Der Leinwandmesser; in: B. Bd. 12. 2. Auflage. Berlin 1976. S. 5–55.

TOLSTOI, Leo: Christianstwo i patriotism (Christentum und Vaterlandsliebe); in: A. Bd. 39. Moskau 1956. S. 27–80 (zitiert: *Tolstoi*, Christianstwo a.a.O., S.).

TOLSTOI, Leo: Christentum und Vaterlandsliebe. Berlin 1894.

TOLSTOI, Leo: Dejstwitelnoje sredstwo (Ein wirksames Mittel); in: A. Bd. 38. Moskau 1936. S. 436–437 (zitiert: *Tolstoi*, Dejstwitelnoje a.a.O., S.). Eigene Übersetzung.

TOLSTOI, Leo: Dnewniki (Tagebücher); in: A. Bd. 46–58. Moskau 1937–1952 (zitiert: *Tolstoi*, Tagebucheintragung vom … a.a.O., Bd. S.).

TOLSTOI, Leo: Tagebücher 1847–1910. München 1979. Teilweise eigene Übersetzung.

TOLSTOI, Leo: Falschiwyi Kupon (Der gefälschte Kupon); in: A. Bd. 36. Moskau 1936. S. 5–53 (zitiert: *Tolstoi*, Falschiwyi a.a.O., S.).

TOLSTOI, Leo: Der gefälschte Kupon; in: B. Bd. 13. 2. Auflage. Berlin 1986. S. 175–259.

TOLSTOI, Leo: Filosopskie sametschanija na retschi J. J. Rousseau (Philosophische Bemerkungen zu den Reden J. J. Rousseaus); in: A. Bd. 1. Moskau 1935. S. 221–225 (zitiert: *Tolstoi*, Filosopskie a.a.O., S.). Eigene Übersetzung.

TOLSTOI, Leo: Is kawkaskkich wospominanij. Rashalowannyj. (Erinnerungen an den Kaukasus – Der Degradierte); in: A. Bd. 3. Moskau 1935. S. 75–99 (zitiert: *Tolstoi*, Rashalowannyj a.a.O., S.).

TOLSTOI, Leo: Erinnerungen an den Kaukasus – Der Degradierte; in: B. Bd. 2. Berlin 1965. S. 380–411.

TOLSTOI, Leo: Is sapisok knjasja D. Nechljudowa. Ljuzern (Aus den Notizen des Fürsten D. Nechljudow. Luzern); in: A. Bd. 5. Moskau 1935. S. 75–99 (zitiert: *Tolstoi*, Ljuzern a.a.O., S.).

TOLSTOI, Leo: Luzern; in: B. Bd. 3. 3. Auflage. Berlin 1983. S. 5–35.

TOLSTOI, Leo: Isspowed (Beichte); in: A. Bd. 23. Moskau 1957. S. 1–59 (zitiert: *Tolstoi*, Isspowed a.a.O., S.).

TOLSTOI, Leo: Beichte; in: B. Bd. 15. Berlin 1974. S. 73–152.

TOLSTOI, Leo: Jedinoje na potrebu (Eines ist not); in: A. Bd. 36. Moskau 1936. S. 166–205 (zitiert: *Tolstoi*, Jedinoje a.a.O., S.).

TOLSTOI, Leo: Eines ist not. Über die Staatsmacht, in: Peter Urban (Hrsg.), Leo N. Tolstoj. Rede gegen den Krieg. Frankfurt am Main 1983. S. 63–115.

TOLSTOI, Leo: K duchowenstwu (An die Geistlichkeit); in: A. Bd. 34. Moskau 1952. S. 299–318 (zitiert: *Tolstoi*, duchowenstwu a.a.O., S. 308).

TOLSTOI, Leo: An die Geistlichkeit; in: Martin George / Jens Herlth / Christian Münch / Ulrich Schmid (Hrsg.), Tolstoj als theologischer Denker und Kirchenkritiker. 2. Auflage. Göttingen 2015. S. 249–269.

TOLSTOI, Leo: K rabotschemu narodu (An die Arbeiter); in: A. Bd. 35. Moskau 1950. S. 121–156 (zitiert: *Tolstoi*, rabotschemu a.a.O., S.).

TOLSTOI, Leo: An die Arbeiter; in: Leo N. Tolstoj, Religiös-ethische Flugschriften. Bd. 2. Jena 1911. S. 1–76.

TOLSTOI, Leo: Krestnik (Der Taufsohn); in: A. Bd. 25. Moskau 1937. S. 147–161 (zitiert: *Tolstoi*, Krestnik a.a.O., S.).

TOLSTOI, Leo: Der Taufsohn; in: Leo Tolstoi, Volkserzählungen und Legenden. Stuttgart 1963. S. 186–210.

TOLSTOI, Leo: Krug tschtenija (Für alle Tage); in: A. Bd. 41–42. Moskau 1957 (zitiert: *Tolstoi*, Krug a.a.O., Bd. … S.).

TOLSTOI, Lew [sic!]: Für alle Tage: Ein Lebensbuch. München 2011.

TOLSTOI, Leo: Na kazhdyj den (Für jeden Tag); in: A. Bd. 43. Moskau 1929 (zitiert: *Tolstoi*, kazhdyj; a.a.O., S.). Eigene Übersetzung.

TOLSTOI, Leo: Nedelanije (Das Nichtstun); in: A. Bd. 29. Moskau 1954. S. 173–201 (zitiert: *Tolstoi*, Nedelanije a.a.O., S.).

TOLSTOI, Leo: Das Nichtsthun. Berlin 1902.

TOLSTOI, Leo: Neisbeshnyj pereworot (Der unvermeidliche Umsturz); in: A. Bd. 38. Moskau 1936. S. 72–99 (zitiert: *Tolstoi*, Neisbeshnyj a.a.O., S.). Übertragung des Zitats von Buka (Alexander Archangelskij) in: Christian Bartolf: Ursprung der Lehre vom Nicht-Widerstehen. Berlin 2006. S. 134; sonst eigene Übersetzung.

TOLSTOI, Leo: Neiswestnyj Tolstoi. Is archiwow Rossii i SSchA (Der unbekannte Tolstoi. Aus den russischen und amerikanischen Archiven). Zusammengestellt von I. P. Borisowa. Moskau („Nauka“ Verlag) 1994 (zitiert: *Tolstoi*, Neiswestnyj, S.).

TOLSTOI, Leo: Ne mogu moltschat (Ich kann nicht schweigen); in: A. Bd. 37. Moskau 1956. S. 83–96 (zitiert: *Tolstoi*, mogu a.a.O., S.).

TOLSTOI, Leo: Ich kann nicht schweigen! Berlin 1908.

TOLSTOI, Leo: Ne ubij (Du sollst nicht töten); in: A. Bd. 34. Moskau 1952. S. 200–205 (zitiert: *Tolstoi*, ubij a.a.O., S.).

TOLSTOI, Leo: Du sollst nicht töten; in: Peter Urban (Hrsg.), Leo N. Tolstoj. Rede gegen den Krieg. Frankfurt am Main 1983. S. 39–46.

TOLSTOI, Leo: Ne ubij nikogo (Du sollst niemanden töten); in: A. Bd. 37. Moskau 1956. S. 39–54 (zitiert: *Tolstoi*, nikogo a.a.O., S.). Eigene Übersetzung.

TOLSTOI, Leo: Neuzheli eto tak nado? (Muss es denn so sein?); in: A. Bd. 34. Moskau 1954. S. 216–238 (zitiert: *Tolstoi*, Neuzheli a.a.O., S.).

TOLSTOI, Leo: Muss es denn so sein? Berlin o. J. [1900/1901].

TOLSTOI, Leo: Nikolai Palkin (Nikolai Palkin); in: A. Bd. 26. Moskau 1936. S. 555–562 (zitiert: *Tolstoi*, Nikolai a.a.O., S.).

TOLSTOI, Leo: Nikolai Palkin; in: B. Bd. 15. Berlin 1974. S. 728–740.

Tolstoi, Leo: Nowyj ssud w ego priloshenii (Das neue Gericht und seine Tätigkeit); in: A. Bd. 17. Moskau 1936. S. 319–323 (zitiert: *Tolstoi*, Nowyj a.a.O., S.). Eigene Übersetzung.

Tolstoi, Leo: O besumii (Über den Wahnsinn); in: A. Bd. 38. Moskau 1936. S. 395–411 (zitiert: *Tolstoi*, besumii a.a.O., S.). Eigene Übersetzung.

Tolstoi, Leo: Odumajtes! (Besinnt Euch!); in: A. Bd. 36. Moskau 1936. S. 100–148 (zitiert: *Tolstoi*, Odumajtes! a.a.O., S.).

Tolstoi, Leo: Besinnt Euch! Berlin 1904.

Tolstoi, Leo: O nauke (Über die Wissenschaft); in: A. Bd. 38. Moskau 1936. S. 132–149 (zitiert: *Tolstoi*, nauke a.a.O., S.). Eigene Übersetzung.

Tolstoi, Leo: O prisojedinenii Bosnii I Gerzogowiny k Awstrii (Über die österreichische Annexion Bosniens und der Herzegowina); in: A. Bd. 37. Moskau 1956. S. 222–242 (zitiert: *Tolstoi*, Bosnii a.a.O., S.).

Tolstoi, Leo: Die Annexion Bosniens und der Herzegowina. Berlin 1909. Teilweise eigene Übersetzung.

Tolstoi, Leo: O snatschenii russkoi revoluzii (Über die Bedeutung der russischen Revolution); in: A. Bd. 36. Moskau 1936. S. 315–362 (zitiert: *Tolstoi*, snatschenii, a.a.O., S.).

Tolstoi, Leo: Die Bedeutung der russischen Revolution. Oldenburg 1907.

Tolstoi, Leo: O sozialisme (Über den Sozialismus); in: A. Bd. 38. Moskau 1936. S. 426–432 (zitiert: *Tolstoi*, sozialisme a.a.O., S.). Eigene Übersetzung.

Tolstoi, Leo: O wojenno-ugolownom sakonodatelstwe (Über das Militärstrafrecht); in: A. Bd. 5. Moskau 1935. S. 237–240 (zitiert: *Tolstoi*, sakonodatelstwe a.a.O., S.). Eigene Übersetzung.

Tolstoi, Leo: O wospitanii (Über die Erziehung); in: A. Bd. 38. Moskau 1936. S. 62–69 (zitiert: *Tolstoi*, wospitanii a.a.O., S.). Eigene Übersetzung.

Tolstoi, Leo: O zhisni (Über das Leben), in: A. Bd. 26. Moskau 1936. S. 313–442 (zitiert: *Tolstoi*, O zhisni a.a.O., S.).

Tolstoi, Leo: Über das Leben. Leipzig 1889.

Tolstoi, Leo: Oprawdannaja (Die Freigesprochene); in: A. Bd. 26. Moskau 1936. S. 655–656 (zitiert: *Tolstoi*, Oprawdannaja a.a.O., S.). Eigene Übersetzung.

TOLSTOI, Leo: Pismo studentu o prawe (Über das Recht. Briefwechsel mit einem Juristen); in: A. Bd. 38. Moskau 1936. S. 54–61 (zitiert: *Tolstoi*, Pismo a.a.O., S.).

TOLSTOI, Leo: Über das Recht. Briefwechsel mit einem Juristen. Heidelberg 1910. Teilweise eigene Übersetzung.

TOLSTOI, Leo: Pismo w inostrannye gasety po powodu gonenij na kawkazskich duchoborow (Brief an die ausländische Presse über die Verfolgung der Duchoborzen im Kaukasus); in: A. Bd. 39. Moskau 1956. S. 209–215 (zitiert: *Tolstoi*, gasety a.a.O., S.). Eigene Übersetzung.

TOLSTOI, Leo: Po powodu sakljutschenija W. A. Molotschnikowa (Über die Inhaftierung von W. A. Molotschnikow); in: A. Bd. 37. Moskau 1956. S. 76–82 (zitiert: zitiert: *Tolstoi*, Molotschnikowa a.a.O., S.).

TOLSTOI, Leo: Die Verfolgung meiner Leser; in: Peter Urban (Hrsg.), Leo N. Tolstoj. Rede gegen den Krieg. Frankfurt am Main 1983. S. 142–150.

TOLSTOI, Leo: Posleslowije k knige E. I. Popowa „Zhisn i smert Jewdokima Nikitschitscha Droshshina 1866–1894 (Nachwort zum Buch „Leben und Tod von Jewdokim Nikitschitch Droschin (1866–1894)“ von E. I. Popow); in: A. Bd. 39. Moskau 1956. S. 81–98 (zitiert: *Tolstoi*, Popowa a.a.O., S.).

TOLSTOI, Leo: Vorwort; in: Evgenij Popov, Leben und Tod von Jewdokim Nikitschitch Droschin (1866–1894). Berlin 1895. S. 1–28.

TOLSTOI, Leo: Posleslowije k „Kreizerowoi Sonate“ (Nachwort zur Kreutzersonate); in: A. Bd. 27. Moskau 1936. S. 79–92 (zitiert: *Tolstoi*, Posleslowije a.a.O., S.).

TOLSTOI, Leo: Die Kreutzersonate. Berlin 2006.

TOLSTOI, Leo: Potschemu christianskije narody woobtsche i w osobennosti russkij nachodjatsja teper w bestwennom polosheniji (Was ist der Grund für die gegenwärtige Not der christlichen Völker, insbesondere des russischen); in: A. Bd. 37. Moskau 1956. S. 348–359 (zitiert: *Tolstoi*, Potschemu a.a.O., S.). Eigene Übersetzung.

TOLSTOI, Leo: Prawednyj sudja (Der gerechte Richter); in: A. Bd. 21. Moskau 1957. S. 217–220 (zitiert: *Tolstoi*, Prawednyj a.a.O., S.).

TOLSTOI, Leo: Der gerechte Richter; in: B. Bd. 8. 2. Auflage. Berlin 1982. S. 218–221.

TOLSTOI, Leo: Predislowije k anglijskoi biografii Garrisona, sostawlennoi W. G. Tschertkowym i F. Hollah (Vorwort zur englischsprachigen Biographie von Garrison, verfasst von W. G. Tschertkow und F. Hollah); in: A. Bd. 36. Moskau 1936. S. 95–99 (zitiert: *Tolstoi*, Predislowije a.a.O., S.). Eigene Übersetzung.

TOLSTOI, Leo: Priblizhenije konza (Das Ende naht); in: A. Bd. 31. Moskau 1954. S. 78–86 (zitiert: *Tolstoi*, Priblizhenije a.a.O., S.).

TOLSTOI, Leo: Das Ende naht!. Zürich (Uebersax Verlag) o. J.

TOLSTOI, Leo: Put zhisni (Der Lebensweg); in: A. Bd. 45. Moskau 1956 (zitiert: *Tolstoi*, Put a.a.O., S.).

TOLSTOI, Leo: Der Lebensweg – ein Werk von Leo Tolstoi: Ein Buch für Wahrheitssucher. Leipzig 1912. Teilweise eigene Übersetzung.

TOLSTOI, Leo: Rabstwo naschego wremeni (Die Sklaverei unserer Zeit); in: A. Bd. 34. Moskau 1952. S. 144–149 (zitiert: *Tolstoi*, Rabstwo a.a.O., S.).

TOLSTOI, Leo: Die Sklaverei unserer Zeit. Berlin o. J. [1979/80].

TOLSTOI, Leo: Sakon nassilija i sakon ljubwi (Das Gesetz der Gewalt und das Gesetz der Liebe); in: A. Bd. 37. Moskau 1956. S. 149–221 (zitiert: *Tolstoi*, Sakon a.a.O., S.).

TOLSTOI, Leo: Das Gesetz der Gewalt und das Gesetz der Liebe. Berlin 1909.

TOLSTOI, Leo: Shiwoi trup (Der lebende Leichnam); in: A. Bd. 34. Moskau 1952. S. 5–99 (zitiert: *Tolstoi*, Shiwoi a.a.O., S.).

TOLSTOI, Leo: Der lebende Leichnam; in: Leo Tolstoj, Dramen. München 1966. S. 67–114.

TOLSTOI, Leo: Siddartha, proswaanyj Buddoi, to jest swjatym (Siddhartha, genannt „Buddha", d.h. „der Heilige"); in: A. Bd. 25. Moskau 1937. S. 659–662 (zitiert: *Tolstoi*, Siddartha a.a.O., S.). Eigene Übersetzung.

TOLSTOI, Leo: Smert Iwana Illjitscha (Der Tod des Iwan Iljitsch); in: A. Bd. 26. Moskau 1936. S. 61–113 (zitiert: *Tolstoi*, Iwana a.a.O., S.).

TOLSTOI, Leo: Der Tod des Iwan Iljitsch. Frankfurt am Main 2002.

TOLSTOI, Leo: Ssojedinenije i perowod tschetyrjoch Jevangelij (Vereinigung und Übersetzung der vier Evangelien); in: A. Bd. 24. Moskau 1957. S. 7–800 (zitiert: *Tolstoi*, Ssojedinenije a.a.O., S.). Eigene Übersetzung.

TOLSTOI, Leo: Sson molodogo zarja (Der Traum des jungen Zaren); in: A. Bd. 31. Moskau 1954. S. 105–112 (zitiert: *Tolstoi*, Sson a.a.O., S.).

TOLSTOI, Leo: Der Traum des jungen Zaren; in: B. Bd. 12. 2. Auflage. Berlin 1976. S. 356–369.

TOLSTOI, Leo: Tak tshto she nam delat? (Was sollen wir denn tun?); in: A. Bd. 25. Moskau 1937. S. 182–412 (zitiert: *Tolstoi*, Tak a.a.O., S.).

TOLSTOI, Leo: Was sollen wir denn tun?; in: B. Bd. 15. Berlin 1974. S. 165–470.

TOLSTOI, Leo: Tschto takoje isskusstwo? (Was ist Kunst?); in: A. Bd. 30. Moskau 1951. S. 27–203 (zitiert: *Tolstoi*, Tschto a.a.O., S.).

TOLSTOI, Leo: Was ist Kunst?; in: B. Bd. 14. Berlin 1984. S. 39–232.

TOLSTOI, Leo: Tschto takoje religija i w tschom ssuschtschnost ejo? (Was ist Religion und worin besteht ihr Wesen?); in: A. Bd. 35. Moskau 1950. S. 157–198 (zitiert: *Tolstoi*, Tschto takoje a.a.O., S.). Eigene Übersetzung.

TOLSTOI, Leo: Upustisch ogon-ne potuschisch (Versäumst du den Funken zu löschen, wirst du der Flamme nicht Herr); in: A. Bd. 25. Moskau 1937. S. 46–58 (zitiert: *Tolstoi*, Upustisch a.a.O., S.).

TOLSTOI, Leo: Versäumst du den Funken zu löschen, wirst du der Flamme nicht Herr; in: Leo Tolstoi, Volkserzählungen und Legenden. Stuttgart 1963. S. 37–58.

TOLSTOI, Leo: Warianty k statje „O sozialisme“ (Entwürfe zum Aufsatz „Über den Sozialismus“); in: A. Bd. 38. Moskau 1936. S. 433–435 (zitiert: *Tolstoi*, O sozialisme a.a.O., S.). Eigene Übersetzung.

TOLSTOI, Leo: Warianty k statje „Welikij Grech“. Plany i warianty (Entwürfe zum Aufsatz „Die große Sünde“); in: A. Bd. 36. Moskau 1936. S. 464–475 (zitiert: *Tolstoi*, Grech a.a.O., S.). Eigene Übersetzung.

TOLSTOI, Leo: Wlast tmy (Macht der Finsternis); in: A. Bd. 26. Moskau 1936. S. 123–244 (zitiert: *Tolstoi*, Wlast a.a.O., S.).

TOLSTOI, Leo: Macht der Finsternis; in: Leo Tolstoj, Dramen. München 1966. S. 5–66.

TOLSTOI, Leo: Woina i mir (Krieg und Frieden); in: A. Bd. 9–12. Moskau 1937–1940 (zitiert: *Tolstoi*, Woina a.a.O., Bd. S.).

TOLSTOI, Lew [sic!]: Krieg und Frieden. Bd. 1–2. München 2010.

TOLSTOI, Leo: „Woina i mir“. Tschernowyje redakzii i warianty („Krieg und Frieden“. Entwürfe und frühere Fassungen); in: A. Bd. 15. Moskau 1935. S. 5–350 (zitiert: *Tolstoi*, Woina. Tschernowyje a.a.O., S.). Eigene Übersetzung.

TOLSTOI, Leo: Woskressenije (Auferstehung); in: A. Bd. 32. Moskau 1936 (zitiert: *Tolstoi*, Woskressenije a.a. O., S.).

TOLSTOI, Leo: Auferstehung. 3. Auflage. Frankfurt am Main 2010. Aus dem Russischen von Ilse Frapan.

TOLSTOI, Lew [sic!]: Auferstehung. München 2016. Aus dem Russischen übersetzt und kommentiert von Barbara Conrad.

TOLSTOI, Leo: „Woskressenije". Tschernowyje redakzii i warianty („Auferstehung". Entwürfe und frühere Fassungen); in: A. Bd. 33. Moskau 1935. S. 3–328 (zitiert: *Tolstoi*, „Woskressenije". Tschernowyje a.a.O., S.). Eigene Übersetzung.

TOLSTOI, Leo: Wosspominanije o ssude nad ssoldatom (Meine Erinnerungen an das Gericht über einen Soldaten); in: A. Bd. 37. Moskau 1956. S. 67–75 (zitiert: *Tolstoi*, Wosspominanije a.a.O., S.). Eigene Übersetzung.

TOLSTOI, Leo: Wremja prischlo (Die Zeit ist gekommen); in: A. Bd. 37. Moskau 1956. S. 366–371 (zitiert: *Tolstoi*, Wremja a.a.O., S.). Eigene Übersetzung.

TOLSTOI, Leo: W tschom moja wera (Worin mein Glaube besteht); in: A. Bd. 23. Moskau 1957. S. 304–468 (zitiert: *Tolstoi*, W tschom a.a.O., S.).

TOLSTOI, Leo: Mein Glaube. München 1990.

TOLSTOI, Leo: Zarstwo boshije wnutri nass ili christianstwo ne kak mistitscheskoje utschenije, a kak nowoje zhisneponimanije (Das Reich Gottes ist inwendig in Euch oder das Christentum als eine neue Lebensauffassung, nicht als eine mystische Lehre); in: A. Bd. 28. Moskau 1957. S. 1–308 (zitiert: *Tolstoi*, Zarstwo a.a.O., S.).

TOLSTOI, Leo: Das Reich Gottes ist inwendig in Euch. Bd. 1–2, Jena 1911.

TOLSTOI, Leo: Zerkow i gossudarstwo (Kirche und Staat); in: A. Bd. 23. Moskau 1957. S. 475–483 (zitiert: *Tolstoi*, Zerkow a.a.O., S.).

TOLSTOI, Leo: Kirche und Staat; in: Martin George / Jens Herlth / Christian Münch / Ulrich Schmid (Hrsg.), Tolstoj als theologischer Denker und Kirchenkritiker. 2. Auflage. Göttingen 2015. S. 72–82.

III. Bibliographie der verwendeten sonstigen Literatur

ACKERET, Markus: In der Welt der Katorga. Die Zwangsarbeitsstrafe für politische Delinquenten im ausgehenden Zarenreich (Ostsibirien und Sachalin). München 2007 (zitiert: *Ackeret*, Katorga, S.).

ALEXEJEW, Anatolij: Iskanije Prawdy (Die Wahrheitssuche), auf Russisch. Moskau („Juriditscheskaja Literatura" Verlag) 1980 (zitiert: *Alexejew*, Iskanije, S.).

ALEXEJEWA, Galina: Awtorefereat Wosprijatije L. N. Tolstym proiswedenij amerikanskich pissatelij 19-natschala 20 weka (Referat „Die Rezeption der amerikanischen Schriftsteller des 19. und frühen 20. Jahrhunderts durch L. N. Tolstoi"), auf Russisch (zitiert: *Alexejewa*, Tolstym a.a.O., S.). http://www.dslib.net/russkaja-literatura/vosprijatie-l-n-tolstym-proizvedenij-amerikanskih-pisatelej-xix-nachala-xx-v.html. Zuletzt besucht am 2.11.2019.

ALSTON, Charlotte: Tolstoy and his Disciples: The History of a Radical International Movement. London (I. B. Tauris) 2014 (zitiert: *Alston*, Tolstoy, S.).

ALTUCHOW, Roman: Lew Nikolajewitsch Tolstoi i Ralph Waldo Emerson (Leo Nikolajewitsch Tolstoi und Ralph Waldo Emerson), auf Russisch (zitiert: *Altuchow*, Tolstoi). http://roman-altuchov.livejournal.com/62396.html. Zuletzt besucht am 2.11.2019.

AMALRIK, Andrei: Zapiski dissidenta (Aufzeichnungen eines Dissidenten), auf Russisch. Ann Arbor („Ardis Publishing" Verlag) 1982 (zitiert: *Amalrik*, dissidenta, S.).

ANIKIN, G. W.: Garrison und Tolstoi (Garrison und Tolstoi), auf Russisch. http://tolstoy.lipetsk.ru/tolstoj-vzglyad-iz-70-x-godov-xx-veka/garrison-i-tolstoj-chast1/ (zitiert: *Anikin*, Tolstoi). Zuletzt besucht am 2.11.2019.

APOSTOLOV, N. N.: Tolstoi w gody russkoi rewoljuzii (L. N.Tolstoi in den Jahren der Russischen Revolution), auf Russisch; in: Iwan Gorbunow-Possadow (Hrsg.), K stoletiju L. N. Tolstogo. Sbornik (Zum hundertsten Geburtstag von L. N. Tolstoi. Sammelband), auf Russisch. Moskau („Chudoshestwennaja Literatura" Verlag) 1928. S. 20–21 (zitiert: *Apostolov*, Tolstoi a.a.O., S.).

ARAPOWA, Jelisaweta: Awtoreferat Poreformennaja adwokatura 60–70 ch. godow 19. weka w wosprijatii russkogo obschtschestwa (Dissertationsexposé „Die russische Anwaltschaft in den 1860 und 1870 Jahren in der Wahrnehmung der russischen Gesellschaft"), auf Russisch (zitiert: *Arapowa*, Adwokatura a.a.O., S.). http://www.hist.msu.ru/Science/Disser/Arapova.pdf. Zuletzt besucht am 2.11.2019.

ARCHANGELSKIJ, Andrej: Der ganze Tolstoi auf einen Klick (zitiert: *Archangelskij*, Tolstoi.). https://de.rbth.com/lifestyle/2013/10/28/der_ganze_tolstoi_auf _einen_klick_26559. Zuletzt besucht am 2.11.2019.

ATWOOD, Craig D.: The Theology of the Czech Brethren from Hus to Comenius. State College („The Pennsylvania State University Press" Verlag) 2009 (zitiert: *Atwood*, Theology, S.).

BACHTIN, Michail: Kunst und Verantwortung; in: Michail Bachtin, Die Ästhetik des Wortes. 9. Auflage. Frankfurt am Main 2015. S. 93–94 (zitiert: *Bachtin*, Kunst a.a.O., S.).

BAER, Joachim T.: Anregungen Schopenhauers in einigen Werken von *Tolstoj*; in: Die Welt der Slaven 23 (1978), S. 229–247 (zitiert: *Baer*, WdS 1978, [S.]).

BALASUBRAMANIAN, Radha: Buddhismus; in: Martin George / Jens Herlth / Christian Münch / Ulrich Schmid (Hrsg.), Tolstoj als theologischer Denker und Kirchenkritiker. 2. Auflage. Göttingen 2015. S. 575–584 (zitiert: *Balasubramanian*, Buddhismus a.a.O., S.).

BALLOU, Adin: Non-Resistant Catechism (zitiert: *Ballou*, Catechism). http://www.adinballou.org/catechism.shtml. Zuletzt besucht am 2.11.2019.

BALUCHATYJ, S. D. / **MISCHIN**, W. S.: „Shiwoi trup". Kommentarij („Der lebende Leichnam". Kommentar), auf Russisch; in: Leo Tolstoi, Schriften (1900–1903), auf Russisch; in: Leo Tolstoi, Polnoje sobrabranije sotschinenij w 90 tomach (Gesamtausgabe in 90 Bänden), auf Russisch. Bd. 34. Moskau („Chudoshestwennaja Literatura" Verlag) 1952. S. 533–545 (zitiert: *Baluchatyj / Mischin*, Shiwoi a.a.O., S.).

BAR, Ludwig von: Geschichte des deutschen Strafrechts und der Strafrechtstheorien. Bd. 1. Berlin 1882 (zitiert: *von Bar*, Geschichte, S.).

BARTOLF, Christian: Ursprung der Lehre vom Nicht-Widerstehen. Über Sozialethik und Vergeltungskritik bei Leo Tolstoi. Ein Beitrag zur Bildungsphilosophie der Neuzeit. Berlin 2006 (zitiert: *Bartolf*, Nicht-Widerstehen, S.).

BARTSCH, Günter: Der internationale Anarchismus: 1862–1972. Hannover 1972 (zitiert: *Bartsch*, Anarchismus, S.).

BECCHI, Paolo: Die Strafe als Versöhnung und die Strafzwecke bei Hegel. Ein kritischer Überblick; in: Andreas von Hirsch / Ulfried Neumann / Kurt Seelmann (Hrsg.), Strafe – Warum? Gegenwärtige Strafbegründungen im Lichte von Hegels Straftheorie. Baden-Baden 2011. S. 87–95 (zitiert: *Becchi*, a.a.O., S.).

Belaja, I. A.: Buddhism kak teoretitscheskij istotschnik utschenija soznanija shizni L. N. Tolstogo (Buddhismus als theoretische Quelle der Bewusstseinslehre von L. N. Tolstoi), auf Russisch; in: Etitscheskaja mysl 2 (2001), S. 203–215 (zitiert: *Belaja*, EM 2001, [S.]).

Berdjajew, Nikolai: Duchi Russkoi Revoluzii (Die Geister der russischen Revolution), auf Russisch; in: Peter Struve (Hrsg.), Iz glubiny. Sbornik statei o russkoi rewoluzii (Aus der Tiefe. Aufsatzsammlung über die Russische Revolution), auf Russisch. Moskau („Russkaja Mysl" Verlag) 1918. S. 49–89 (zitiert: *Berdjaew*, Duchi a.a.O., S.).

Berdjajew, Nikolai: L. Tolstoi (L. Tolstoi), auf Russisch; in: Nikolai Berdjajew, Slawjanophily i swoboda sowesti. Sbornik statei 1908–1912 godow. (Die Slawophilen und die Gewissensfreiheit. Aufsatzsammlung 1908–1912), auf Russisch. Moskau („Direkt Media" Verlag) 2015. S. 63–70 (zitiert: *Berdjajew*, Tolstoi a.a.O., S.).

Berdjajew, Nikolai: O nasnatschenii tscheloweka (Über die Bestimmung des Menschen), auf Russisch. Moskau („Respublika" Verlag) 1989 (zitiert: *Berdjajew*, nasnatschenii, S.).

Berlin, Isaiah: Russische Denker. Frankfurt am Main 1981 (zitiert: *Berlin*, Denker, S.).

Beyme, Klaus von: Politische Theorien in Russland: 1789–1945. Wiesbaden 2001 (zitiert: *Beyme*, Russland, S.).

Birjukow, Pawel: Biografija L. N. Tolstogo (L. N. Tolstois Biographie), auf Russisch, Bd. 2. Bd. 4 Petrograd (Staatsverlag) 1923 (zitiert: *Birjukow*, Tolstogo Bd. S.).

Birukoff [**Birjukow**], Paul [Pawel]: Tolstoi und der Orient. Briefe und sonstige Zeugnisse über Tolstois Beziehungen zu den Vertretern orientalischer Religionen. Zürich und Leipzig (Rotapfel-Verlag) 1925 (zitiert: *Birukoff*, Tolstoi, S.).

Blum, Arlen: Russkaja Klassika 19. weka pod sowetskoi zensuroi (Die russische klassische Literatur des 19. Jahrhunderts unter der Sowjetzensur), auf Russisch (zitiert: *Blum*, Klassika). http://www.opentextnn.ru/censorship/russia/sov/libraries/books/blium/?id=609. Zuletzt besucht am 2.11.2019.

Bode, Wilhelm: Tolstois Lehren. Ein Gedanken-Auszug aus allen Werken von Lew [sic!] Tolstoi. Neudruck der Ausgabe Weimar 1900. Hamburg 2012 (zitiert: *Bode*, Tolstois, S.).

Boétie, Étienne de la: Von der freiwilligen Knechtschaft. Frankfurt am Main 2009 (zitiert: *Boétie*, Knechtschaft, S.).

Braganza Pereira, A. B.: Brief an Leo Tolstoi vom 28.8.1906. Abgedruckt in: Akademie der Wissenschaften der UdSSR. Maxim-Gorki-Literaturinstitut (Hrsg.), Literaturnoje nasledstwo (Literarisches Erbe), auf Russisch, Bd. 75. Buch 1. Moskau („Nauka" Verlag) 1965. S. 365 (zitiert: *Braganza Pereira*, Brief an Leo Tolstoi a.a.O., S.).

Brajer, Sven: Kurt Eisner und sein ethisches Sozialismuskonzept am Ende der Wilhelminischen Ära; in: Klaus Freitag / Dominik Groß (Hrsg.), Zurück in die Zukunft? Die Bedeutung von Diskursen über „Zukunft" in der Wissenschaftsgeschichte. Kassel 2017. S. 63–74 (zitiert: *Brajer*, Eisner a.a.O., S.).

Brodsky, Joseph: A Commencement Address vom 16. August 1984. (zitiert: *Brodsky*, Address). http://www.nybooks.com/articles/1984/08/16/a-commencement-address/. Zuletzt besucht am 2.11.2019.

Bulgakow, Walentin: U L. N. Tolstogo w posslednij god ego zhisni (Bei L. N. Tolstoi in seinem letzten Lebensjahr), auf Russisch. Moskau („Prawda" Verlag) 1989 (zitiert: *Bulgakow*, Tolstogo, S.).

Bunin, Iwan: Oswoboshdenije Tolstogo (Tolstois Befreiung), auf Russisch (zitiert: *Bunin*, Tolstogo). http://az.lib.ru/b/bunin_i_a/text_1850-1.shtml. Zuletzt besucht am 2.11.2019.

Cain, T. G.: Tolstoy. New York (Barnes and Noble) 1977 (zitiert: *Cain*, Tolstoy, S.).

Caspers, Britta: „Schuld" im Kontext der Handlungslehre Hegels. Hamburg 2012 (zitiert: *Caspers*, *B.*, Hegels, S.).

Caspers, Olga: Marxismus; in: Martin George / Jens Herlth / Christian Münch / Ulrich Schmid (Hrsg.), Tolstoj als theologischer Denker und Kirchenkritiker. 2. Auflage. Göttingen 2015. S.628–637 (zitiert: *Caspers*, *O.*, Marxismus a.a.O., S.).

Caspers, Olga: Sozialismus; in: Martin George / Jens Herlth / Christian Münch / Ulrich Schmid (Hrsg.), Tolstoj als theologischer Denker und Kirchenkritiker. 2. Auflage. Göttingen 2015. S. 521–527 (zitiert: *Caspers*, *O.*, Sozialismus a.a.O., S.).

Charabet, Konstantin V.: Prestuplenije i nakasanije. Sakon I porjadok w klassitscheskoj russkoi literature XIX weka (Verbrechen und Strafe. Verbrechen und Ordnung in der klassischen russischen Literatur des XIX. Jahrhunderts), auf Russisch. Moskau („RIPOL Klassik" Verlag) 2012 (zitiert: *Charabet*, Prestuplenije, S.).

Cheltschizki [sic!], Peter: Das Netz des Glaubens. Hildesheim 1970 (zitiert: *Cheltschizki*, Netz, S.).

Christoyannopoulos, Alexander: Tolstoy the Peculiar Christian Anarchist. Paper presented at the first Jesus Radicals UK conference in June 2006 (zitiert: *Christoyannopoulos*, Tolstoy). https://archive.org/details/TolstoyThePeculiar ChristianAnarchist. Zuletzt besucht am 2.11.2019.

Conrad, Barbara: Anmerkungen; in: Lew Tolstoi, Auferstehung. Aus dem Russischen übersetzt und kommentiert von Barbara Conrad. München 2018. S. 659–716 (zitiert: *Conrad*, Anmerkungen a.a.O., S.).

Conrad, Barbara: Vorwort; in: Lew Tolstoi, Auferstehung. Aus dem Russischen übersetzt und kommentiert von Barbara Conrad. München 2018. S. 659–716 (zitiert: *Conrad*, Vorwort a.a.O., S.).

Cooke, George Willis: Ralph Waldo Emerson: His Life, Writings, and Philosophy. Honolulu, Hawaii („University Press of the Pacific" Verlag) 2003 (zitiert: *Cooke*, Emerson, S.).

Dameschek, L. M. / Dameschek, i. l.: Ssylka i katorga w imperskom sakonodatelswe (Die Verbannung und Zwangsarbeit in der kaiserlichen Gesetzgebung); in: Sibirskaja ssylka. Sbornik statei. (Die Verbannung in Sibirien. Aufsatzsammlung.), auf Russisch. Irkutsk („Ottisk" Verlag) 2011 (6/18) S. 66–92 (zitiert: *Dameschek* / *Dameschek*, Ssylka a.a.O., S.).

Danilewskij, G. P.: Poesdka w Jasnuju Poljanu, (Die Reise nach Jasnaja Poljana), auf Russisch (zitiert: *Danilewskij*, Poesdka). http://tolstoy-lit.ru/ tolstoy/vospominaniya/v-vospominaniyah-sovremennikov/danilevskij-poe- zdka-v-yasnuyu-polyanu.htm. Zuletzt besucht am 2.11.2019.

Dawydow, N. W.: Lew Nikolajewitsch Tolstoi i ssud (Leo Nikolajewitsch Tolstoi und das Gericht), auf Russisch. Moskau („Lessner" Verlag) 1913 (zitiert: *Dawydow*, Tolstoi, S.).

Dement'ev, I. P.: Leo Tolstoy and Social Critics in the United States at the Turn of the Century, in: Saul McKinzie (Hrsg.), Russian-American Dialogue on Cultural Relations, 1776–1914. Columbia (University of Missouri Press) 1996. S. 170–190 (zitiert: *Dement'ev*, Tolstoy a.a.O., S.).

Demitschew, A. A.: Istorija suda prisjashnych w dorewoljuzionnoi Rossii (1864–1917). Geschichte des Geschworenengerichts im vorrevolutionären Russland (1864–1917), auf Russisch. Moskau („Jurlitinform" Verlag) 2007 (zitiert: *Demitschew*, Istorija, S.).

DENNER, Michael: The "Proletarian Lord": Leo Tolstoy's Image During the Russian Revolutionary Period, in: Donna Orwin (Hrsg.), Anniversary Essays on Tolstoy. Cambridge (Cambridge University Press) 2010. S. 219–244 (zitiert: *Denner*, Tolstoy's a.a.O., S.).

DIE BIBEL oder die ganze Heilige Schrift des Alten und Neuen Testaments. Stuttgart 1913.

DIECKMANN, Eberhard: Polemik um einen Klassiker: Lew [sic!] Tolstoi im Urteil seiner russischen Zeitgenossen; 1855–1910. Berlin und Weimar 1987 (zitiert: *Dieckmann*, Polemik, S.).

DIWILKOWSKIJ, Anatolij: Tolstoi i Rousseau (Tolstoi und Rousseau), auf Russisch (zitiert: *Diwilkowskij*, Tolstoi). http://az.lib.ru/d/diwilxkowskij_a_a/text_1912_tolstoy_i_russo.shtml. Zuletzt besucht am 2.11.2019.

DONSKOV, Andrew: Die Duchoborzen in Kanada; in: Martin George / Jens Herlth / Christian Münch / Ulrich Schmid (Hrsg.), Tolstoj als theologischer Denker und Kirchenkritiker. 2. Auflage. Göttingen 2015. S. 719–730 (zitiert: *Donskov*, Duchoborzen a.a.O., S.).

DONSKOV, Andrew: Leo Tolstoy and the Canadian Doukhobors. Ottawa (Slavic Research Group at the University of Ottawa) 2005. (zitiert: *Donskov*, Tolstoy, S.).

DONSKOV, Andrew: Leo Tolstoy and Russian Peasant Sectarian Writers. Ottawa (University of Ottawa) 2008 (zitiert: *Donskov*, Writers, S.).

DOSTOJEWSKIJ, Fjodor: Aufzeichnungen aus einem toten Hause. München 1960 (zitiert: *Dostojewskij*, Aufzeichnungen, S.)

DOSTOJEWSKIJ, Fjodor: Der Idiot. Frankfurt am Main 2009 (zitiert: *Dostojewskij*, Idiot, S.).

DOSTOJEWSKIJ, Fjodor: Tagebuch eines Schriftstellers. München 2004 (zitiert: *Dostojewskij*, Tagebuch, S.).

DOSTOJEWSKIJ, Fjodor: Verbrechen und Strafe. Frankfurt am Main 2017 (zitiert: *Dostojewskij*, Verbrechen, S.).

DÖRING, Johanna Renate: Von Puschkin bis Sorokin: zwanzig russische Autoren im Porträt. Köln 2013 (zitiert: *Döring*, Autoren, S.).

DUMAS, Georges: Tolstoy et la philosophie de l'amour. Paris (Hachette) 1893 (zitiert: *Dumas*, Tolstoy, S.).

EDGERTON, William B.: The Artist Turned Prophet: Leo Tolstoy After 1880; in: American Contributions to the Sixth International Congress of Slavists, Den Haag (Mouton) 1968, S. 61–85 (zitiert: *Edgerton*, Prophet a.a.O., S.).

EDGERTON, William B.: Tolstoy, Immortality, and Twentieth-Century Physics; in: Canadian Slavonic Papers 21 (1979), S. 289–300 (zitiert: *Edgerton*, CSP 1989, [S.]).

EDGERTON, William B.: Tolstoi i tolstowzy (Tolstoi und die Tolstoianer), auf Russisch; in: Nowy Mir 3 (1989), S. 266–267 (zitiert: *Edgerton*, NM 1989, 267 [S.]).

EEDEN, Willem van: Einer der Wenigen; in: Der Sozialist 2 (1910), S. 186–187 (zitiert: *Eeden*, DS 1910, [S.]).

EICHENBAUM, Boris: Is studentscheskich let L. N. Tolstogo (Aus den Studienjahren von L. N. Tolstoi), auf Russisch; in: Boris Eichenbaum, O prose (Über die Prosa). Leningrad (Staatsverlag „Chudoshestwennaja Literatura") 1969. S. 91–116 (zitiert: *Eichenbaum*, Tolstogo a.a.O., S.).

EISNER, Kurt: Evangelium Tolstoi. Abgedruckt in: Christian Bartolf: Ursprung der Lehre vom Nicht-Widerstehen. Berlin 2006. S. 239–241 (zitiert: *Eisner*, Evangelium Tolstoi, a.a.O., S.).

ELIASBERG, Alexander: Russische Literaturgeschichte in Einzelporträts. Bremen 2016 (zitiert: *Eliasberg*, Literaturgeschichte, S.).

ELTZBACHER, Paul: Der Anarchismus. Neudruck der Ausgabe Berlin 1900. Vaduz/Lichtenstein (Topos Verlag AG) 1978 (zitiert: *Eltzbacher*, Anarchismus, S.).

ELTZBACHER, Paul: Die Rechtsphilosophie Tolstoj's; in: Preußische Jahrbücher 100 (1900), S. 266–282 (zitiert: *Eltzbacher*, PJ 1900, [S.]).

EMERSON, Ralph Waldo: Compensation (zitiert: *Emerson*, Compensation). http://www.emersoncentral.com/compensation.htm. Zuletzt besucht am 2.11.2019.

EMERSON, Ralph Waldo: Politics (zitiert: *Emerson*, Politics). https://emersoncentral.com/texts/essays-second-series/politics/. Zuletzt besucht 2.11.2019.

FALKNER, Dirk: „Anarchism" Lva Tolstogo – fakt ili mif? (Leo Tolstois „Anarchismus" – Fakt oder Mythos?), auf Russisch; in: Gumanitarnyje wedomosi tulskogo pedagogitscheskogo uniwersiteta imeni L. N. Tolstogo, 27 (2018), S. 67–73 (zitiert: *Falkner*, GWTPU 2018, [S.]).

Falkner, Dirk: Lew Tolstoi kak „serkalo“ i opponent ssozialistitscheskoi revoluzii (Leo Tolstoi als „Spiegel“ und Opponent der sozialistischen Revolution), auf Russisch; in: Russische Akademie der Wissenschaften (Hrsg.), Rossijskaja revoluzija i konstitutija (Die Russische Revolution und die Verfassung), auf Russisch. Moskau (Akademieverlag) 2017. S. 95–101 (zitiert: *Falkner*, Tolstoi a.a.O., S.).

Feuerbach, Paul Johann Anselm von: Lehrbuch des gemeinen in Deutschland geltenden peinlichen Rechts. Nachdruck der Ausgabe von 1801. Frankfurt am Main 1985 (zitiert: *Feuerbach*, Lehrbuch, S.).

Filippow, Michail: Lew Tolstoi i jego „Woskressenije“ (Leo Tolstoi und seine „Auferstehung“), auf Russisch (zitiert: *Filippow*, Tolstoi). http://dugward.ru/library/filippov_m_m/filippov_m_m_lev_tolstoy_i_ego_voskresenie.html. Zuletzt besucht am 2.11.2019.

Fjodorow, Nikolai: Filosofija obschtschego dela (Philosophie der gemeinsamen Sache), auf Russisch, Bd. 2. Moskau („ACT“ Verlag). 2003 (zitiert: *Fjodorow*, Filosofija, S.).

Fraiman-Morris, Sarah: Stefan Zweig's „Untergang eines Herzens“ as a Version of Tolstoy's „The Death of Ivan Illych“; in: Mark H. Gelber (Hrsg.), Stefan Zweig Reconsidered: New Perspectives on his Literary and Biographical Writings. Tübingen 2007. S. 107–117 (zitiert: *Fraiman-Morris*, a.a.O., S.).

Gadelschin, Mubarakscha: Otkas mussulmanina-waissowza ot woinskoi sluzhby (Ein moslemischer Waissowianer als Militärdienstverweigerer), auf Russisch (zitiert: *Gadelschin*, Otkas). http://www.nivestnik.ru/2011_3/16_gordeeva_11.shtml#_edn6. Zuletzt besucht am 2.11.2019.

Gandhi, Mohandas Karamchand: Eine Autobiographie oder die Geschichte meiner Experimente mit der Wahrheit. Berlin 1982 (zitiert: *Gandhi*, Autobiographie, S.).

Gandhi, Mohandas Karamchand: The Late Lamented Tolstoy the Great; in: Indian Opinion vom 26. 11.1910. S. 2. (zitiert: *Gandhi*, Indian Opinion 1910, [S.]).

Garrison, William Lloyd: Declaration of Sentiments Adopted by the Peace Convention. Held in Boston, September 18, 19 & 20, 1838 (zitiert: *Garrison*, Declaration). http://fair-use.org/the-liberator/1838/09/28/declaration-of-sentiments-adopted-by-the-peace-convention. Zuletzt besucht am 2.11.2019.

Garrison, Wendell Phillips / Garrison, Francis Jackson: William Lloyd Garrison, 1805–1879. The Story of His Life Told by His Children. Bd. 3. New York (Century Co.) 1894 (zitiert: *Garrison, W. P. / Garrison, F. J.*, Garrison, S.).

Gelfond, Marija: Kritika utschenija L. N. Tolstogo o neprotiwlenii slu nassilijem w otetschestwenoi religiosno-filosofskoi mysli konza 19 – natschala 20 weka (Kritik der Gewaltlosigkeitslehre von L. N. Tolstoi im vaterländischen religiös-philosophischen Diskurs am Ende des 19. und Anfang des 20. Jahrhunderts), auf Russisch. Moskau 2011 (zitiert: *Gelfond*, Kritika, S.).

Gelfond, Marija: Nrawstwenno-religiosnoje utschenije L. N. Tolstogo: teoretitscheskoje soderzhanie i normativnyj smysl (Die moralisch-religiöse Lehre von L. N. Tolstoi: theoretischer Inhalt und normativer Sinn), auf Russisch. Moskau (Verlag der Russischen Akademie der Wissenschaften). 2011 (zitiert: *Gelfond*, Nrawstwenno-religiosnoje, S.).

George, Martin / Herlth, Jens / Münch, Christian / Schmid, Ulrich: Einleitung; in: Martin George / Jens Herlth / Christian Münch / Ulrich Schmid (Hrsg.), Tolstoj als theologischer Denker und Kirchenkritiker. 2. Auflage. Göttingen 2015. S. 11–36 (zitiert: *George / Herlth / Münch / Schmid*, Einleitung a.a.O., S.).

George, Martin: Kirche; in: Martin George / Jens Herlth / Christian Münch / Ulrich Schmid (Hrsg.), Tolstoj als theologischer Denker und Kirchenkritiker. 2. Auflage. Göttingen 2015. S. 389–407 (zitiert: *George / Herlth / Münch / Schmid*, Kirche a.a.O., S.).

George, Martin / Herlth, Jens / Münch, Christian / Schmid, Ulrich: Vorwort; in: Martin George / Jens Herlth / Christian Münch / Ulrich Schmid (Hrsg.), Tolstoj als theologischer Denker und Kirchenkritiker. 2. Auflage. Göttingen 2015. S. 9–10 (zitiert: *George / Herlth / Münch / Schmid*, Vorwort a.a.O., S.).

Gluchow, Maxim: Wremja sobirat kamni (Steine sammeln hat seine Zeit), auf Russisch; in: Maxim Gluchow, Nowye sruby: Krajewedtscheskie Otscherki (Neue Blockhütten: Lokalgeschichtliche Schriften), auf Russisch. Kasan (Tatarischer Buchverlag) 1990. S. 300–310 (zitiert: *Gluchow*, Wremja a.a.O., S.).

Goldenweiser, Alexander: Das Verbrechen als Strafe und die Strafe als Verbrechen. Berlin 1904 (zitiert: *Goldenweiser*, *Alexander*, Verbrechen, S.).

Goldenweiser, Alexis: Tolstois Kampf gegen das Recht. (Zum 100. Geburtstag Leo Tolstois); in: Archiv für Rechts- und Wirtschaftsphilosophie 22 (1928), S. 98–116 (zitiert: *Goldenweiser*, *Alexis*, Archiv 1928/1929, [S.]).

Goldenweiser, Alexis: W saschtschitu prawa. Statji i retschi (Zur Verteidigung des Rechts. Aufsätze und Reden), auf Russisch. New York (Chekhov Publishing House of the East European Fund, Inc.). 1952 (zitiert: *Goldenweiser*, *Alexis*, prawa, S.).

GORKI, Maxim: Istorija russkoi literatury (Geschichte der russischen Literatur), auf Russisch. Bd. 1. Moskau („Chudoshestwennaja Literatura“ Verlag) 1939 (zitiert: *Gorki*, Istorija, S. 4.).

GORNAJA, W. S.: Zarubeshnyje sowremenniki L. N. Tolstogo o romane „Woskressenije“ (L. N. Tolstois ausländische Zeitgenossen über den Roman „Auferstehung“), auf Russisch; in: Akademie der Wissenschaften der UdSSR. Maxim-Gorki-Literaturinstitut (Hrsg.), Roman L. N. Tolstogo „Wosskresenje“ Istoriko-funktionalnoje issledowanije (L. N. Tolstois Roman „Auferstehung“ und seine Rolle in der Geschichte), auf Russisch. Moskau („Nauka“ Verlag) 1991. S. 100–165 (zitiert: *Gornaja*, Zarubeshnyje a.a.O., S.).

GOSSE, E.: Count Lyon Tolstoy; in: Contemporary Review 10 (1908), S. 271–280 (zitiert: *Gosse*, Contemporary Review 1908, [S.]).

GRASS, Karl Konrad: Die russischen Sekten. 2 Bände. Bd. 1: Die Gottesleute oder Chlüsten nebst Skakunen, Maljowanzü, Panijaschkowzü u.a. Leipzig 1907. Nachdruck: Leipzig 1966 (zitiert: *Grass*, Chlüsten, S.). Bd. 2: Die Weissen [sic!] Tauben oder Skopzen nebst geistlichen Skopzen, Neuskopzen u.a. Leipzig 1914. Nachdruck: Leipzig 1966 (zitiert: *Grass*, Skopzen, S.).

GRAU, Bernd: Kurt Eisner. München 2017 (zitiert: *Grau*, Eisner, S.).

GRIGORJEW, A. L.: Roman „Woskressenije“ za rubeshom (Der Roman „Auferstehung“ im Ausland), auf Russisch; in: Lew Tolstoi Woskressenije (Auferstehung), auf Russisch. Moskau („Nauka“ Verlag) 1964. S. 552–573 (zitiert: *Grigorjew*, „Woskressenije“ a.a.O., S.).

GROTTEWITZ, Curt: Leo Tolstoj und die moderne Kultur; in: Das Magazin für Litteratur 60 (1891) S. 378–381 (zitiert: *Grottewitz*, DML 1891 [S.]).

GUDSIJ, N. K.: Istorija napisanija i petschatanija „Woskressenija“ (Wie „Auferstehung“ verfasst und veröffentlicht wurde), auf Russisch; in: Leo Tolstoi, „Woskressenije“. Tschernowyje redakzii i warianty („Auferstehung“. Entwürfe und frühere Fassungen), auf Russisch; in: Leo Tolstoi, Polnoje sobrabranije sotschinenij w 90 tomach (Gesamtausgabe in 90 Bänden), auf Russisch. Bd. 33. Moskau („Chudoshestwennaja Literatura“ Verlag) 1935. S. 329–422 (zitiert: *Gudsij*, „Wosskressenja“ a.a.O., S.).

GUDSIJ, N. K.: „Wlast tmy“. Kommentarij. („Macht der Finsternis“. Kommentar), auf Russisch; in: Leo Tolstoi, Werke (1885–1889), auf Russisch; in: Leo Tolstoi, Polnoje sobrabranije sotschinenij w 90 tomach (Gesamtausgabe in 90 Bänden), auf Russisch. Bd. 26. Moskau („Chudoshestwennaja Literatura“ Verlag) 1936. S. 705–736 (zitiert: *Gudsij*, Wlast a.a.O., S.).

GUSSEINOW, Abdussalam: Neprotiwlenije slu nasilijem (Nichtwiderstehen dem Bösen mit Gewalt), auf Russisch (zitiert: *Gusseinow*, Neprotiwlenije). https://iphras.ru/uplfile/ethics/biblio/N/10.html. Zuletzt besucht am 2.11.2019.

GUSSEINOW, Abdussalam: Sakon nassilija i sakon ljubwi. Teoretitscheskii kommentarii k odnoimjonnomu traktatu L. N. Tolstogo (Das Gesetz der Gewalt und das Gesetz der Liebe. Theoretischer Kommentar zu L. N. Tolstois gleichnamigen Traktat), auf Russisch; in: I. T. Kassawin (Hrsg.), Tchelowjek. Nauka. Zivilisazija (Mensch. Wissenschaft. Zivilisation), auf Russisch. Moskau („Kanon+" Verlag) 2004. S. 722–737 (zitiert: *Gusseinow*, Sakon a.a.O., S.).

GUSSEINOW, Abdussalam: Welikije Moralisty (Große Morallehrer), auf Russisch. 2., ergänzte Auflage. Moskau („Respublika" Verlag) 2008 (zitiert: *Gusseinow*, Moralisty, S.).

GUSSEW, Alexander: Ossnownye „religioznyje" natschala grafa L. N. Tolstogo (Die „religiösen" Hauptgedanken des Grafen L. N. Tolstoi), auf Russisch. Kasan (Universitätsverlag) 1893 (zitiert: *Gussew A.*, Ossnownye, S.).

GUSSEW, N. N.: „Bosheskoje i tschelowetscheskoje". Kommentarij. („Göttliches und Menschliches". Kommentar), auf Russisch; in: Leo Tolstoi, Für alle Tage (1904–1908). Bd. 2, auf Russisch; in: Leo Tolstoi, Polnoje sobrabranije sotschinenij w 90 tomach (Gesamtausgabe in 90 Bänden), auf Russisch. Bd. 42. Moskau („Chudoshestwennaja Literatura" Verlag) 1957. S. 645–665 (zitiert: *Gussew N.*, Bosheskoje a.a.O., S.).

GUSSEW, N. N.: Dwa goda s L. N. Tolstym (Zwei Jahre mit L. N. Tolstoi), auf Russisch. Moskau („Chudoshestwennaja Literatura" Verlag) 1973 (zitiert: *Gussew N.*, Tolstym, S.).

GUSSEW, N. N.: „Falschiwyi Kupon". Kommentarij. („Der gefälschte Kupon" Kommentar), auf Russisch; in: Leo Tolstoi, Schriften (1904–1906), auf Russisch; in: Leo Tolstoi, Polnoje sobrabranije sotschinenij w 90 tomach (Gesamtausgabe in 90 Bänden), auf Russisch. Bd. 36. Moskau („Chudoshestwennaja Literatura" Verlag) 1936. S. 557–581 (zitiert: *Gussew, N.*, Falschiwyi a.a.O., S.).

GUSSEW, N. N.: „Isretschenija Magometa, ne woschedschije w Koran." Istotoja pisanija i petschatanija („Die Sprüche von Mohammed, die im Koran nicht enthalten sind." Geschichte des Verfassens und der Publikation), auf Russisch; in: Leo Tolstoi, Schriften (1886, 1903–1909, auf Russisch; in: Leo Tolstoi, Polnoje sobrabranije sotschinenij w 90 tomach (Gesamtausgabe in 90 Bänden), auf Russisch. Bd. 40. Moskau („Chudoshestwennaja Literatura" Verlag) 1956. S. 499 (zitiert: *Gussew N.*, Magometa a.a.O., S.).

Gussew, N. N.: „Krug tschtenija". Kommentarij. („Für jeden Tag". Kommentar), auf Russisch; in: Leo Tolstoi, Für jeden Tag. Bd. 2, auf Russisch; in: Leo Tolstoi, Polnoje sobrabranije sotschinenij w 90 tomach (Gesamtausgabe in 90 Bänden), auf Russisch. Bd. 42. Moskau („Chudoshestwennaja Literatura" Verlag) 1957. S. 609–613 (zitiert: *Gussew N.*, Krug a.a.O., S.).

Gussew, N. N.: Lew Nikolajewitsch Tolstoi. Materialy k biografii (Lew Nikolajewitsch Tolstoi. Biographische Materialien), auf Russisch. Bd. 1. Moskau (Verlag der sowjetischen Akademie der Wissenschaften) 1954 (zitiert: *Gussew N.*, Tolstoi, S.).

Hanke, Edith: Prophet des Unmodernen: Leo N. Tolstoi als Kulturkritiker in der deutschen Diskussion der Jahrhundertwende. Tübingen 1993 (zitiert: *Hanke*, Prophet, S.).

Hegel, Georg Wilhelm Friedrich: Grundlinien der Philosophie des Rechts oder Naturrecht und Staatswissenschaft im Grundrisse. Berlin 1981 (zitiert: *Hegel*, Grundlinien, S.).

Herlth, Jens: Jean-Jacques Rousseau; in: Martin George / Jens Herlth / Christian Münch / Ulrich Schmid (Hrsg.), Tolstoj als theologischer Denker und Kirchenkritiker. 2. Auflage. Göttingen 2015. S. 477–490 (zitiert: *Herlth*, Rousseau a.a.O., S.).

Hippel, Robert: Deutsches Strafrecht. Bd. 1. Berlin 1925 (zitiert: *Hippel*, Strafrecht, S.).

Hobbes, Thomas: Vom Bürger; in: Thomas Hobbes, Vom Bürger. Vom Menschen. Hamburg 2017. S. 3–350 (zitiert: *Hobbes*, Bürger a.a.O., S.).

Hoblík, J.: Chelčický i Tolstoi (Chelčický und Tolstoi), auf Russisch; in: Staatliche Universität Sankt Petersburg (Hrsg.), Lew Tolstoi i nowoje zhisneponimanije (Leo Tolstoi und ein neues Lebensverständnis), auf Russisch. Sankt Petersburg (Universitätsverlag) 20013. S. 25–36 (zitiert: *Hoblík*, Tolstoi a.a.O., S.).

Hoerster, Norbert: Art. „Strafe"; in: Axel Görlitz (Hrsg.), Handlexikon zur Rechtswissenschaft, Bd. 2. Hamburg 1974. S. 456–465 (zitiert: *Hoerster*, „Strafe" a.a.O., S.).

Hoerster, Norbert: Muss Strafe sein? Positionen der Philosophie. München 2012 (zitiert: *Hoerster*, Strafe, S.).

Höffe, Otfried (Hrsg.): Kant, Immanuel: Metaphysische Anfangsgründe der Rechtslehre. (Klassiker Auslegen). Berlin 1999 (zitiert: *Höffe*, Kant, S.).

Holler, Eckard: Linke Strömungen in der freien bürgerlichen Jugendbewegung; in: Gideon Botsch / Josef Haverkamp (Hrsg.), Jugendbewegung, Antisemitismus und rechtsradikale Politik. Berlin 2014. S. 165–194 (zitiert: *Holler*, a.a.O., S.).

Hugo, Victor: La déportation – 1850 (zitiert: *Hugo*, deportation). http://lettres.ac-rouen.fr/francais/dernier/deportat.htm. Zuletzt besucht am 2.11.2019.

Hurban-Vajanský, Svetozár: Vzkriesenie a Tolstovci (Die Auferstehung und Tolstoi), auf Slowakisch; in: Národný Noviny 31 (1900). S. 29 (zitiert: *Hurban-Vajanský*, Národný Noviny 1900, [S.]).

Iljin, Iwan: Nazionalsozialism. Nowyj duch (Nationalsozialismus. Der neue Geist), auf Russisch (zitiert: *Iljin*, Nazionalsozialism). http://iljinru.tsygankov.ru/works/vozr170533full.htm Zuletzt besucht am 2.11.2019.

Iljin, Iwan: O Faschisme (Über Faschismus), auf Russisch (zitiert: *Iljin*, O Faschisme). http://apocalypse.orthodoxy.ru/problems/037.htm. Zuletzt besucht am 2.11.2019.

Iljin, Iwan: Über den gewaltsamen Widerstand gegen das Böse. (Philosophia Eurasia. Band 2). Wachtendonk 2018 (zitiert: *Iljin*, Widerstand, S.).

Jahn, G. R.: Tolstoj [sic!] and Kant; in: L. Leighton / G. Gutsche (Hrsg.), New Perspectives on Nineteenth-Century Russian Prose. Columbus Ohio (Slavic Press) 1982 (zitiert: *Jahn*, Tolstoj a.a.O., S.).

Jans, Rudolf: Tolstoj in Nederland. Bussum (P. Brand Verlag) 1952 (zitiert: *Jans*, Tolstoj, S.).

Jatschewki, Witalij: Obschtschestwenno-polititscheskie i prawowye wsglyady L. N. Tolstogo (L. N. Tolstois Ansichten über die Gesellschaftspolitik und das Recht), auf Russisch. Woronesh (Universitätsverlag) 1983 (zitiert: *Jatschewki*, Obschtschestwenno-polititscheskie, S.).

Jaurès, Jean: Leon Tolstoi: Conférence faite à Toulouse le 10.11.1911; in: Revue Socialiste 3 (1911), S. 200–210 (zitiert: *Jaurès*, RS 1911, [S.]).

Jessaulow, I. A.: Passchalnost russkoj slowesnosti (Das Osterfest im russischen Schrifttum), auf Russisch. Moskau („Krug“ Verlag) 2004 (zitiert: *Jessaulow*, Passchalnost, S.).

Kalicha, Sebastian: Christlicher Anarchismus. Heidelberg 2013 (zitiert: *Kalicha*, Christlicher, S.).

KALICHA, Sebastian: Gewaltfreier Anarchismus & anarchistischer Pazifismus. Auf den Spuren einer revolutionären Theorie und Bewegung. Heidelberg 2017 (zitiert: *Kalicha*, Anarchismus, S.).

KANT, Immanuel: Metaphysische Anfangsgründe der Rechtslehre. Hamburg 1986 (zitiert: *Kant*, Metaphysische, S.).

KANT, Immanuel: Vorarbeiten und Nachträge, in: Kant, Immanuel: Gesammelte Schriften, Berlin 1900 ff. (noch nicht abgeschlossen). Bd. 23. Berlin/DDR 1955 (zitiert: *Kant*, Vorarbeiten a.a.O., S.).

KELLER, Ursula / SHARANDAK, Natalja: Lew [sic!] Tolstoj. Hamburg 2010 (zitiert: *Keller / Sharandak*, Tolstoj, S.).

KING, Martin Luther jr.: The Papers of Martin Luther King, Jr. Band 4: Symbol of the Movement, January 1957–December 1958. Los Angeles (University of California Press) 2000 (zitiert: *King*, Symbol, S.). Band 5: Threshold of a New Decade, January 1959–December 1960. Los Angeles (University of California Press) 2005 (zitiert: *King*, Threshhold, S.).

KOGAN-BERNSTEIN, F.: Lew Nikolajewitsch Tolstoi i La Boétie (Leo Nikolajewitsch Tolstoi und La Boétie), auf Russisch; in: Étienne de La Boétie, Rassushdenije o dobrowolnom rabstwe (Von der freiwilligen Knechtschaft), auf Russisch. Moskau (Verlag der sowjetischen Akademie der Wissenschaften) 1952. S. 94–110 (zitiert: *Kogan-Bernstein*, Tolstoi a.a.O., S.).

KONDRATJEW, A. S. / BELJANIN, Tolstoi w kriwom zerkale tolstowedenija (Tolstoi im verzerrten Spiegel der Tolstoi-Forschung), auf Russisch (zitiert: *Kondratjew / Beljanin*, Tolstoi S. 15). http://transformations.russian-literature.com/pdf/kondratjev-beljanin-tolstoj-v-krivom-zerkale-tosltovedenia.pdf. Zuletzt besucht am 2.11.2019.

KONI, Anatolij: Wospominanija o pisateljach (Meine Erinnerungen an die Schriftsteller), auf Russisch. Moskau („Prawda“ Verlag) 1989 (zitiert: *Koni*, Wospominanija, S.).

KOSLICHIN, I. J.: Lew Tolstoi kak zerkalo russkogo prawososnanija (Leo Tolstoi als Spiegel des russischen Rechtsdenkens), auf Russisch; in: W. G. Grafskij (Hrsg.), Prawo i Literatura (Recht und Literatur), auf Russisch. Moskau („Norma“ Verlag) 2014. S. 41–52 (zitiert: *Koslichin*, a.a.O., S.).

KOSTOMAROWA, Jelena: „Woina i mir“. Istorija ekranizazij („Krieg und Frieden“. Geschichte der Verfilmungen), auf Russisch; in: Argumenty i fakty vom 29.12.2014 (zitiert: *Kostomarowa*, Woina, S.). http://www.aif.ru/culture/ movie/ voyna_i_mir_istoriya_ekranizaciy. Zuletzt besucht am 2.11.2019.

KRAKOWSKIJ, Konstantin: „Bessy“ ili „ljudi wysokoj nrawstwennosti“ ? („Die Dämonen“ oder „hochanständige Menschen“ ?), auf Russisch; in: W. G. Grafskij (Hrsg.), Prawo i literatura (Recht und Literatur), auf Russisch. Moskau („Norma“ Verlag) 2014. S. 174–181 (zitiert: *Krakowskij*, „ljudi“ a.a.O., S.).

KROUGLOV, Alexei N.: Leo Nikolaevič Tolstoj als Leser Kants. Zur Wirkungsgeschichte Kants in Russland; in: Kant-Studien 99 (2008), S. 361–386 (zitiert: *Krouglov*, KS 2008, [S.]).

KRUMEICH, Gerd: Ein einzigartiges Werk; in: Ernst Friedrich, Krieg dem Kriege. Neu herausgegeben vom Anti-Kriegs-Museum Berlin. Berlin 2015 S. VII–XXXVII (zitiert: *Krumeich*, Werk a.a.O., S.).

KUCHEROV, Samuel: Courts, Lawyers and Trials Under the Last Three Tsars. New York (Frederick A. Praeger Inc. Publishers) 1953 (zitiert: *Kucherov*, Courts, S.).

KURAKOW, L. P. / KURAKOW, W. L. / KURAKOW, A. L.: Ekonomika i prawo. Slowar-sprawotschnik (Wirtschaft und Recht. Nachschlagewerk), auf Russisch (zitiert: *Kurakow, L. P. / Kurakow, W. L. / Kurakow A. L.*, Ekonomika). http://dic.academic.ru/dic.nsf/dic_economic_law/15438/СУДЕБНАЯ. Zuletzt besucht am 2.11.2019.

KUSSE, Holger: Religion; in: Martin George / Jens Herlth / Christian Münch / Ulrich Schmid (Hrsg.), Tolstoj als theologischer Denker und Kirchenkritiker. 2. Auflage. Göttingen 2015. S. 408–432 (zitiert: *Kusse*, Religion a.a.O., S.).

KUSINA, L. N. / TJUNKIN, K. I.: „Woskressenije“. Kommentarij („Auferstehung“. Kommentar), auf Russisch; in: Leo Tolstoi, Woskresseniije (Auferstehung), auf Russisch; in: Leo Tolstoi, Polnoje sobrabranije sotschinenij w 22 tomach (Werkausgabe in 22 Bänden), auf Russisch. Bd. 13. Moskau („Chudoshestwennaja Literatura“ Verlag) 1983. S. 459–485 (zitiert: *Kusina / Tjunkin*, „Woskresenije“ a.a.O., S.).

KÜNG, Hans: Projekt Weltethos. 5. Auflage. München 1999 (zitiert: *Küng*, Weltethos, S.).

KÜNG, Hans: Was ich glaube. München 2008 (zitiert: *Küng*, glaube, S.).

KWITKO, D. J.: Filossofija Tolstogo (Tolstois Philosophie). 2., ergänzte Auflage. Moskau (Verlag der Kommunistischen Akademie). 1930 (zitiert: *Kwitko*, Tolstogo, S.).

LANCZKOWSKI, Günter: Die neuen Religionen. Frankfurt am Main 1974 (zitiert: *Lanczkowski*, Religionen, S.).

Landauer, Gustav: Die Zukunft und die Kunst; in: Die Neue Zeit 10 (1891/1892). S. 532–535 (zitiert: *Landauer*, DNZ 1891/1892, [S.]).

Landauer, Gustav: Gewalt als Quelle von Despotie und Autorität, in: Felix Wemheuer (Hrsg.), Linke und Gewalt: Pazifismus, Tyrannenmord, Befreiungskampf. Wien (Promedia Verlag) 2014. S. 79–82 (zitiert: *Landauer*, Gewalt a.a.O., S.).

Landauer, Gustav: Lew [sic!] Nikolajewitsch Tolstoi; in: Der Sozialist 2 (1910), S. 179–181 (zitiert: *Landauer*, DS 1910, [S.]).

Landauer, Gustav: Schwache Staatsmänner, schwächeres Volk!; in: Gustav Landauer: Beginnen: Aufsätze über Sozialismus. Westbevern 1977 (zitiert: *Landauer*, Schwache a.a.O., S.).

Lange, Dennis: Die Revolution bist Du! Der Tolstojanismus als soziale Bewegung in den Niederlanden. Heidelberg 2016 (zitiert: *Lange*, Revolution S.).

Lauter, Reinhard: L. N. Tolstojs Auferstehung; in: Ulrich Mölk (Hrsg.), Literatur und Recht. Literarische Rechtsfälle von der Antike bis in die Gegenwart. Göttingen 1996. S. 292–311 (zitiert: *Lauter*, Auferstehung a.a.O., S.).

Lebedew G. / **Posse** W.: Zhisn L. N. Tolstogo (L. N. Tolstois Leben), auf Russisch. Sankt Petersburg („Zhisn dlja wsech“ Verlag) 1913 (zitiert: *Lebedew / Posse*, Tolstogo, S.).

Leblond, M: La justice russe. D'après les oeuvres de Gogol, Dostoiewski, Tourgueneff et Tolstoi; in: Revue bleue 19 (1899), S. 585–591 (zitiert: *Leblond*, Revue bleue 1899, [S.]).

Lenin, Vladimir [sic!] I.: Lev Tolstoj als Spiegel der russischen Revolution; in: Peter Urban (Hrsg.), Leo N. Tolstoj. Rede gegen den Krieg. Politische Flugschriften. Frankfurt am Main 1983. S. 163–170 (zitiert: *Lenin*, Tolstoj a.a.O., S.).

Lenkewitz, Anna: Vom „gerechten Herrscher“ zur „gerechten Herrschaft“. Aushandlung und Kommunikation von Gerechtigkeit im späten Zarenreich; in: Aljona Brewer / Anna Lenkewitz / Stefan Plaggenborg (Hrsg.), „Gerechte Herrschaft“ im Russland der Neuzeit. Dokumente. Kulturen der Gerechtigkeit. Normative Diskurse im Transfer zwischen Westeuropa und Russland. München 2014. S. 571–574 (zitiert: *Lenkewitz*, Herrschaft a.a.O., S.). https://epub.ub.uni-muenchen.de/21202/1/"Gerechte Herrschaft“ in Russland der Neuzeit.pdf. Zuletzt besucht am 2.11.2019.

LEONTJEW, Konstantin: O romanach gr. L. N. Tolstogo (Über die Romane des Gr. [Grafen] L. N. Tolstoi), auf Russisch (zitiert: *Leontjew*, Tolstogo). http://az.lib.ru/l/leontxew_k_n/text_0130oldorfo.shtml. Zuletzt besucht am 2.11.2019.

LESKOW, Nikolai: Brief an Leo Tolstoi vom 26. August 1891, auf Russisch (zitiert: Leskow, *Brief an Leo Tolstoi vom 26. August 1891 a.a.O.*). http://az.lib.ru/t/tolstoj_lew_nikolaewich/text_0340.shtml. Zuletzt besucht am 2.11.2019.

LESKOW, Nikolai: Brief an Leo Tolstoi vom 28. Juli 1893, auf Russisch (zitiert: Leskow, *Brief an Leo Tolstoi vom 28. Juli 1893* a.a.O.). http://az.lib.ru/t/tolstoj_lew_nikolaewich/text_0340.shtml. Zuletzt besucht am 2.11.2019.

LETTENBAUER, Wilhelm: Russische Literaturgeschichte. 2. Auflage. Wiesbaden 1958 (zitiert: *Lettenbauer*, Literaturgeschichte, S.).

LEPPMANN, Wolfgang: Rilke. Sein Leben, seine Welt, sein Werk. München 1996 (zitiert: *Leppmann*, Rilke, S.).

LISZT, Franz von: Der Zweckgedanke im Strafrecht. Baden-Baden 2002 (zitiert: *Liszt*, Zweckgedanke, S.).

LISZT, Franz von: Die gesellschaftlichen Faktoren der Kriminalität, in: Franz von Liszt, Strafrechtliche Aufsätze und Vorträge. Bd. 2. Berlin 1970. S. 433–447 (zitiert: *Liszt*, Kriminalität a.a.O., S.).

LOMBROSO, Cesare: Mein Besuch bei Tolstoi; in: Das freie Wort (1901), S. 391–397 (zitiert: *Lombroso*, Das freie Wort 1901, [S.]).

LOMBROSO, Cesare: Neue Fortschritte in den Verbrechensstudien. Gera 1899 (zitiert: *Lombroso*, Verbrechensstudien, S.).

LOMUNOW, Konstantin: Leo Tolstoi, auf Russisch; in: W. N. Baskakow (Hrsg.), u.a., Russkije pisateli 1880–1917. Bibliographitscheskij slowar (Russische Schriftsteller 1800–1917. Bibliographisches Lexikon), auf Russisch. Bd. 2. Moskau („Proswetschenije“ Verlag) 1990. S. 295 (zitiert: *Lomunow*, Tolstoi a.a.O., S.).

LOMUNOW, K. [Konstantin]: Predislowije (Vorwort), auf Russisch; in: Leo Tolstoi, Schriften (1900–1903), auf Russisch; in: Leo Tolstoi, Polnoje sobrabranije sotschinenij w 90 tomach (Gesamtausgabe in 90 Bänden), auf Russisch. Bd. 34. Moskau („Chudoshestwennaja Literatura“ Verlag) 1952. S. I–XXIII (zitiert: *Lomunow*, Predislowije a.a.O., S.).

LOSURDO, Domenico: Gewaltlosigkeit. Eine Gegengeschichte. Hamburg 2015 (zitiert: *Losurdo*, Gewaltlosigkeit, S.).

Lowance, Mason: Against Slavery: An Abolitionist Reader. Penguin Classics. New York (Penguin Books). 2000 (zitiert: Lowance, *Slavery*, S.).

Luhrssen, David: Hammer of the Gods: The Thule Society and the Birth of Nazism. Washington, D. C. (Potomac Books) 2012 (zitiert: *Luhrssen*, Thule, S.).

Lurje, Jakow: Posle Ljwa Tolstogo. Istoritscheskije wossrenija Lwa Tolstogo i problemy 20. weka (Nach Leo Tolstois Tod. Tolstois Geschichtsauffassung und Probleme des 20. Jahrhunderts), auf Russisch. Sankt Petersburg („Dmitrij Bulawin" Verlag) 1993 (zitiert: *Lurje*, Posle, S.).

Machinek, Marian: Gottes- und Menschenbild als Schlüssel zum Verständnis des radikalen Pazifismus Leo Tolstois; in: Forum Katholische Theologie 14 (1998), S. 49–61 (zitiert: *Machinek*, FKT 1998, [S.]).

Majorowa, Jelena: W ogne rewoljuzii. Marija Spiridonowa. Larissa Reisner (Im Feuer der Revolution. Marija Spiridonowa. Larissa Reisner), auf Russisch. Sankt Petersburg („Aleteja" Verlag) 2019 (zitiert: *Majorowa*, rewoljuzii, S.).

Maklakow, Wassilij: Tolstoi i bolschwewism. Retsch (Tolstoi und der Bolschewismus. Rede), auf Russisch. Paris („Zemgor" Verlag) 1921 (zitiert: *Maklakow*, bolschwewism, S.).

Maklakow, Wassilij: Tolstoi i ssud (Tolstoi und das Gericht), auf Russisch; in: Russkaja Mysl 3 (1914), S. 35–72 (zitiert: *Maklakow*, RM 1914, [S.]).

Makovický, D.: U Tolstogo (Bei Tolstoi), auf Russisch. Bd. 2–4. Moskau („Nauka" Verlag) 1979 (zitiert: *Makovický*, Tolstogo a.a.O., Bd. S.).

Mamytaliew, Kusztar: Duchownoje poslanije Ljwa Tolstogo skwos prismu utschenija Bahai (Leo Tolstois spirituelle Botschaft, gesehen durch das Prisma der Bahai-Lehre), auf Russisch (zitiert: *Mamytaliew*, Tolstogo, S.). Posen (Universitätsverlag) 2006.

Mandela, Nelson: The Sacred Warrior; in: Time vom 31.12.1999 (zitiert: *Mandela*, Warrior). http://content.time.com/time/magazine/article/ 0,9171,993 025,00.html. Zuletzt besucht am 2.11.2019.

Mann, Klaus: Kind dieser Zeit. Erweiterte Neuausgabe. Reinbek bei Hamburg 2000 (zitiert: *Mann, K.*, Zeit, S.).

Mann, Thomas: Goethe und Tolstoi. Vortrag, zum ersten Mal gehalten September 1921 anlässlich der Nordischen Woche zu Lübeck. Aachen 1923 (zitiert: *Mann, T.*, Goethe, S.).

Mann, Thomas: Goethe und Tolstoi. Zum Problem der Humanität. Neue, veränderte Ausgabe. Berlin 1932 (zitiert: *Mann, T.*, Goethe, S.).

Maritain, Jacques, Tolstoï et Le Matin; in: Jacques Maritain / Raissa Maritain, Oeuvres completes. Bd. 16. Fribourg (Edition Universitaires Fribourg Suisse) 1999. S. 674–684 (zitiert: *Maritain*, Tolstoï a.a.O., S.).

Marks, Steven G.: How Russia Shaped the Modern World: From Art to Anti-Semitism, Ballet to Bolshevism. 2. Auflage. Princeton (Princeton University Press) 2004 (zitiert: *Marks*, Russia, S.).

Marx, Karl: Das Kapital. Kritik der politischen Ökonomie, in: Karl Marx, Friedrich Engels Werke. Bd. 23. Berlin/DDR 1962 (zitiert: *Marx*, Kapital a.a.O., S.).

Maude, Aylmer: Tolstoy and His Problems. Essays. New York (Funk & Waghalls Company) 1904 (zitiert: *Maude*, Tolstoy, S.).

McLaughlin, Sigrid: Some Aspects of Tolstoy's Intellectual Development: Tolstoy and Schopenhauer; in: California Slavic Studies 5 (1970). S. 187–245 (zitiert: *McLaughlin*, CSS 1970, [S.]).

Meleschko, Jelena: Filosofija neprotiwlenija L. N. Tolstogo: Sistematitscheskoje utschenije i duchownyj opyt (L. N. Tolstois Lehre vom Nicht-Widerstehen: Systematisches Konzept und spirituelle Erfahrung), auf Russisch. Tula (Verlag der Pädagogischen Leo-Tolstoi-Universität) 1999 (zitiert: *Meleschko*, Filosofija, S.).

Men, Alexander: Trudnyj put k dialogu (Der schwierige Weg zum Dialog), auf Russisch. Moskau („Fond Alexandra Menja" Verlag) 2001. (zitiert: *Men*, Trudnyj, S.).

Mereschkowski, Dmitri: Ewige Gefährten. 5. Auflage. München 1924 (zitiert: *Mereschkowski*, Gefährten, S.).

Mereschkowski, Dmitri: L. Tolstoi i bolschwewism (L. Tolstoi und der Bolschewismus), auf Russisch (zitiert: *Mereschkowski*, bolschwewism). http://az.lib.ru/m/merezhkowskij_d_s/text_1922_tolstoy.shtml. Zuletzt besucht am 2.11.2019.

Mereschkowski, Dmitri: Tolstoi und Dostojewski als Menschen und als Künstler: eine kritische Würdigung ihres Lebens und Schaffens. Leipzig 1903 (zitiert: *Mereschkowski*, Tolstoi, S.).

Mirgasisow, Rafael: Bagautdin Waissow: Slushim Allahu, a ne zarju (Bagautdin Waissow: Wir dienen Allah und nicht dem Zaren), auf Russisch (zitiert: *Mirgasisow*, Waissow). http://rt-online.ru/p-rubr-kult-33480/. Zuletzt besucht am 2.11.2019.

MISCHIN, W. S.: Kommentar zu Leo Tolstois Brief an M. M. Tschernawskij vom Januar (?) 1888, auf Russisch; in: Leo Tolstoi, Briefe (1887–1889), auf Russisch; in: Leo Tolstoi, Polnoje sobrabranije sotschinenij w 90 tomach (Gesamtausgabe in 90 Bänden), auf Russisch. Bd. 64. Moskau („Chudoshestwennaja Literatura" Verlag) 1953. S. 145 (zitiert: *Mischin*, Kommentar a.a.O., S.).

MURAWJOW, N. W.: Is proschloi dejatelnosti (Meine Berufstätigkeit in der Vergangenheit), auf Russisch. Bd. 1–2. Moskau („M. M. Stasjulewitsch" Verlag) 1900 (zitiert: *Murawjow*, Is proschloi a.a.O., Bd. S.).

MÜHSAM, Erich: Anarchistisches Bekenntnis; in: Kain. Zeitschrift für Menschlichkeit 2 (1912). S. 1–9 (zitiert: *Mühsam*, Kain 1912, [S.]).

MÜHSAM, Erich: Tolstojs Tod (am 20. November 1910); in: Erich Mühsam, Brennende Erde. Verse eines Kämpfers. München 1920. S. 13–15 (zitiert: *Mühsam*, Tolstojs a.a.O., S.).

MÜHSAM, Erich: Tolstois Vermächtnis; in: Fanal 3 (1928) S. 1–8 (zitiert: *Mühsam*, Fanal 1928, [S.]).

MÜNCH, Christian: Jesus Christus; in: Martin George / Jens Herlth / Christian Münch / Ulrich Schmid (Hrsg.), Tolstoj als theologischer Denker und Kirchenkritiker. 2. Auflage. Göttingen 2015. S. 373–388 (zitiert: *Münch*, Jesus a.a.O., S.).

NETTLAU, Max: Anarchisten und Syndikalisten. Der französische Syndikalismus bis 1909. Der Anarchismus in Deutschland und Rußland bis 1914. Die kleineren Bewegungen in Europa und Asien. Vaduz (Topos-Verlag) 1984 (zitiert: *Nettlau*, Anarchisten, S.).

NIGG, Walter: Das Buch der Ketzer. Zürich (Diogenes Verlag) 1986 (zitiert: *Nigg*, Ketzer, S.).

NIKITIN, W.: „Bogostroitelstwo" i bogobortschestwo L. N. Tolstogo (Leo N. Tolstois „Gottessuche" und Kampf gegen Gott), auf Russisch; in: Troize-Sergijew-Kloster (Hrsg.), Lsheutschenija naschego wremeni (Irrlehren unserer Zeit), auf Russisch. Moskau (Verlag des Troize-Sergijew-Klosters) 1999. S. 59–79 (zitiert: *Nikitin*, „Bogostroitelstwo" a.a.O., S.).

N. N.: Kneel to Tolstoy's Portrait; Great Crowd of Soldiers and Workers Greet His Widow at Her Home; in: New York Times vom 27. März 1917, S. 4. (zitiert: *N. N.*, New York Times 1917, [S.]).

N. N.: Erich Mühsam (zitiert: *N. N.*, Mühsam). http://www.literatisch.de/erich-muehsam.html. Zuletzt besucht am 2.11.2019.

N. N.: Nehru, Gandhi Among Greatest Sources of Influence: Suu Kyi; in: Hindustan Times vom 23.9.2012 (zitiert: *N. N.*, Gandhi). http://www.hindustantimes.com/world/nehru-gandhi-among-greatest-sources-of-influence-suu-kyi/story-7BtPPtyzGeQBTCMA2PSrfJ.html. Zuletzt besucht am 2.11.2019.

N. N.: „O wojenno-ugolownom sakonodatelstwe“. Kommentarij. („Über das Militärstrafrecht“. Kommentar), auf Russisch; in: Leo Tolstoi, Werke (1856–1859), auf Russisch; in: Leo Tolstoi, Polnoje sobrabranije sotschinenij w 90 tomach (Gesamtausgabe in 90 Bänden), auf Russisch. Bd. 5. Moskau („Chudoshestwennaja Literatura“ Verlag) 1935. S. 334–335 (zitiert: *Tolstoi*, sakonodatelstwe a.a.O., S.).

N. N.: Art. „Tolstowstwo (Tolstoianertum)“; in: Bolschaja Sowetskaja Enziklopedija (Große Sowjetische Enzyklopädie), auf Russisch. 3. Auflage. Bd. 26. Moskau („Sowjetskaja enziklopedija“ Verlag) 1977. S. 49 (zitiert: *N. N.*, Tolstowstwo a.a.O., S.).

NURUTDINOV, Fargat: Zhisn Sardara (Sardars Leben), auf Russisch (zitiert: *Nurutdinov*, Sardara). http://web.archive.org/web/20050215002445/http://bolgar.by.ru/sardarl.htm. Zuletzt besucht am 2.11.2019.

PETROWSKIJ, A. S.: „Dnewnik“. Kommentarij („Tagebuch“. Kommentar), auf Russisch; in: Leo Tolstoi, Tagebücher (1847–1854), auf Russisch; in: Leo Tolstoi, Polnoje sobrabranije sotschinenij w 90 tomach (Gesamtausgabe in 90 Bänden), auf Russisch. Bd. 46. Moskau („Chudoshestwennaja Literatura“ Verlag) 1937. S. 317–478 (zitiert: *Petrowskij*, „Dnewnik“ a.a.O., S.).

PETRUS, Pavol: Slovenská literárna kritika koncom 19 storočia a inonárodné literatúry (Slowakische Literaturkritik am Ende des 19. Jahrhunderts und ausländische Literatur), auf Slowakisch. Literaria. Štúdie a dokumenty. Bd. 1. Bratislava 1958 (zitiert: *Petrus*, Slovenská, S.).

PFAHL-TRAUGHBER, Armin: Der gewaltfreie Anarchist Leo Tolstoi. https://hpd.de/artikel/10901 (zitiert: *Pfahl-Traughber*, Tolstoi). Zuletzt besucht am 2.11.2019.

PHILIPP, Franz-Heinrich: Tolstoj und der Protestantismus. 2. Auflage. Giessen 1959 (zitiert: *Philipp*, Tolstoj, S.).

POKROWSKAJA, A.: Istorija ugolownych nakasanij w russkom ugolownom prawe (Die Geschichte der Prügelstrafe im russischen Strafrecht), auf Russisch (zitiert: *Pokrowskaja*, *Istorija*). https://www.gumer.info/bibliotek_Buks/Pravo/Article/pokr_isttel.php. Zuletzt besucht am 2.11.2019.

Ponomarew, E.: Lew Tolstoi w literaturnom sosnanii russkoj emigrazii (Leo Tolstoi im Spiegel der russischen Exilliteratur der 1920er und 1930er Jahre), auf Russisch; in: Russkaja Literatura 3 (2000), S. 202–211 (zitiert: *Ponomarew*, RL 2000, [S.]).

Popowskij, Mark: Russkije mushiki rasskasywajut … Posledowateli L. N. Tolstogo w Sowjetskom Sojuse (1918–1977) (Russische Bauern berichten … L. N. Tolstois Schüler in der Sowjetunion (1918–1977), auf Russisch. London (Overseas Publications Interchange LTD) 1983 (zitiert: *Popowskij*, Russkije, S.).

Porudominskij, Wladimir: Pirogow (Pirogow), auf Russisch (zitiert: *Porudominskij*, Pirogow). http://coollib.com/b/166550/read. Zuletzt besucht am 2.11.2019.

Potseluev, Evgeny: Das russische Strafgesetzbuch (Ugolovnoje Uloženje) vom 22. März 1903. Ursachen der Verabschiedung und Geschichte; in: Jahrbuch der juristischen Zeitgeschichte (2016), S. 211–236 (zitiert: *Potseluev*, JJZ 2016, [S.]).

Prugavin, Alexander: Die Inquisition der Russisch-orthodoxen Kirche: Die Klostergefängnisse. Berlin 1905 (zitiert: *Prugavin*, Klostergefängnisse, S.).

Prugavin, Alexander: Religiosnyje otschtschepenzy. Otscherki sowremennogo sektantstwa (Religiöse Dissidenten. Beiträge über das moderne Sektierertum), auf Russisch. Sankt Petersburg (Verlag „Obschtschestwennaja Polsa“) 1904 (zitiert: *Prugavin*, Religiosnyje, S.).

Ramus, Pierre: Leo Tolstoi als Anarchist; in: Wohlstand für Alle (Beilage „Ohne Herrschaft“) 18–19 (1908), S. 10–20 (zitiert: *Ramus*, Tolstoi, [S.]).

Ratschin, Jewgenij: Istoki i evoluzija mirowossrenija L. N. Tolstogo (Quellen und Evolution der Weltanschauung von L.N. Tolstoi), auf Russisch. Moskau (Universitätsverlag) 1999 (zitiert: *Ratschin*, Istoki, S.).

Reinhardt, N. W.: „Woskressenije“ gr. [grafa] L. N. Tolstogo i woprosy ugolownogo prawa (Graf L. N. Tolstois „Auferstehung“ und die Fragen des Strafrechts), auf Russisch. Kasan (Universitätsverlag) 1903 (zitiert: *Reinhardt*, „Woskressenije“, S.).

Riwlin, A. L.: Lew Tolstoi i zarskaja justizija (Leo Tolstoi und die Zarenjustiz), auf Russisch; in: Iswestija wysschich utschebnych sawedenii. Prawowedenie 3 (1961), S. 164–170 (zitiert: *Riwlin*, IWUSP 1961, [S.]).

Rolland, Romain: La vie de Tolstoï. Paris (Hachette) 1911 (zitiert: *Rolland*, Tolstoï, S.).

Rolland, Romain: Das Leben Tolstois. Zürich (Diogenes Verlag) 1994 (zitiert: *Rolland*, Tolstois, S.).

Rostowzew, E. A.: Kasus Professora Lista. Episod is uniwersitetskoi istorii perioda Perwoi mirowoi wojny. (Der Fall von Professor Liszt. Eine Episode der Universitätsgeschichte zur Zeit des Ersten Weltkriegs), auf Russisch; in: A. U. Dwornitschenko (Hrsg.), Uroki istori-uroki istorika (Lehre aus der Geschichte – Lehre für den Geschichtsschreiber), auf Russisch. Sankt Petersburg („Dmitrij Bulawin" Verlag) 1993. („Nestor – Istorija" Verlag) 2012. S. 308–314 (zitiert: *Rostowzew*, Lista a.a.O., S.).

Rotzetter, Anton: Im Kreuz ist Leben. Einsiedeln (Paulusverlag) 1996 (zitiert: *Rotzetter*, Kreuz, S.).

Rousseau, Jean-Jacques: Der Gesellschaftsvertrag oder Grundlagen des Staatsrechts. München o.J. (zitiert: *Rousseau*, Gesellschaftsvertrag, S.).

Rousseau, Jean-Jacques: Emil oder die Erziehung. Berlin 2015 (zitiert: *Rousseau*, Erziehung, S.).

Rushitzkaja, I. W: Ssudebnoje sakonodatelstwo Nikolaja I. (Die gerichtliche Gesetzgebung des [Kaisers] Nikolaus I.); in: Otetschchestvennayja Istorija 4 (2010), S. 41–57 (zitiert: *Rushitzkaja*, OI 2001, [S.]).

Sandfuchs, Wolfgang: Dichter – Moralist – Anarchist. Die deutsche Tolstojkritik 1880–1900. Stuttgart 1995 (zitiert: *Sandfuchs*, Tolstojkritik, S.).

Sapir, Boris: Dostojewsky und Tolstoi über Probleme des Rechts. Neudruck der Ausgabe Tübingen 1932. Aalen 1977 (zitiert: *Sapir*, Tolstoi, S.).

Sassurski, J. / Slobin, G. / Kowlaljow, J: Pissateli SSchA, Kratkie twortscheskije biografii (Amerikanische Schriftsteller. Biographisches Kurzlexikon), auf Russisch. Moskau („Raduga" Verlag) 1990 (zitiert: Sassurski J. / Slobin, G. / Kowlaljow J., *Pissateli, S.*).

Schaffner, Martin: Rousseau, Condorcet und die Figur des Volks in der Französischen Revolution; in: Hansjörg von Reinau, / Jürgen von Ungern-Sternberg (Hrsg.), Politische Partizipation: Idee und Wirklichkeit von der Antike bis in die Gegenwart, S. 231–246. Berlin 2013 (zitiert: *Schaffner*, Rousseau a.a.O., S.).

Scherrer, Jutta: Die Petersburger religiös-philosophischen Vereinigungen: die Entwicklung des religiösen Selbstverständnisses ihrer Intelligencija-Mitglieder (1901–1917). Wiesbaden 1973 (zitiert: *Scherrer*, Vereinigungen, S.).

Schewzow, S. P: Osnowanija negatiwnoi ozenki prawa u L. N. Tolstogo (Gründe für L.N. Tolstois negative Einstellung zum Recht), auf Russisch; in: Utschenyje sapiski Tawritscheskogo nazionalnogo uniwrsiteta imeni W. I. Wernadskogo (2010), S. 68–76 (zitiert: *Schewzow*, USTNU 2010, [S.]).

Schiffmann, Aleksander: Lew Tolstoi i wostok. (Leo Tolstoi und der Orient), auf Russisch. 2., überarbeitete Auflage. Moskau („Nauka" Verlag) 1971 (zitiert: *Schiffmann*, Tolstoi, S.).

Schild, Wolfgang: Ende und Zukunft des Strafrechts; in: Archiv fürRechts- und Sozialphilosophie 70 (1984), S. 71–112 (zitiert: *Schild*, ARSP 1998, [S.]).

Schischow, Oleg: Smertnaja kasn w rossii w 20 weke (Die Todesstrafe in Russland im 20.Jahrhundert), auf Russisch (zitiert: *Schischow*, Smertnaja). http://index.org.ru/journal/14/shishov1401.html. Zuletzt besucht am 2.11.2019.

Schlüchter, Anita: Recht und Moral. Argumente „zur Verteidigung des Rechts" an der Wende vom 19. zum 20. Jahrhunderts in Russland. Fribourg (Pano Verlag) 2006 (zitiert: *Schlüchter*, Recht, S.).

Schmid, Ulrich: Anarchismus; in: Martin George / Jens Herlth / Christian Münch / Ulrich Schmid (Hrsg.), Tolstoj als theologischer Denker und Kirchenkritiker. 2. Auflage. Göttingen 2015. S. 516–520 (zitiert: *Schmid*, Anarchismus a.a.O., S.).

Schmid, Ulrich: Immanuel Kant und Arthur Schopenhauer; in: Martin George / Jens Herlth / Christian Münch / Ulrich Schmid (Hrsg.), Tolstoj als theologischer Denker und Kirchenkritiker. 2. Auflage. Göttingen 2015. S. 491–498 (zitiert: *Schmid*, Kant a.a.O., S.).

Schmid, Ulrich: Islam; in: Martin George / Jens Herlth / Christian Münch / Ulrich Schmid (Hrsg.), Tolstoj als theologischer Denker und Kirchenkritiker. 2. Auflage. Göttingen 2015. S. 571–574 (zitiert: *Schmid*, Islam a.a.O., S.).

Schopenhauer, Arthur: Die Welt als Wille und Vorstellung. Vier Bücher, nebst einem Anhange, der die Kritik der Kantischen Philosophie enthält; in: Arthur Schopenhauer, Sämtliche Werke. Bd. 2–3. Wiesbaden. 1972 (zitiert: *Schopenhauer*, Welt a.a.O., Bd., S.).

Schröder, Friedrich Christian: Tolstojs Auferstehung aus der Sicht des Juristen; in: Ulrich Mölk (Hrsg.), Literatur und Recht. Literarische Rechtsfälle von der Antike bis in die Gegenwart. Göttingen 1996. S. 312–324 (zitiert: *Schröder*, „Auferstehung" a.a.O., S.).

Schultz, Lothar: Russische Rechtsgeschichte. Lahr 1951 (zitiert: *Schultz*, Rechtsgeschichte, S.).

SEIDENSCHNUR, E. E. / RODIONOWA, N. S.: Neskolko slow po powodu knigi „Woina i mir" (Einige Anmerkungen zum Buch „Krieg und Frieden"), auf Russisch; in: Leo Tolstoi, Polnoje sobrabranije sotschinenij w 90 tomach (Gesamtausgabe in 90 Bänden), auf Russisch. Bd. 16. Moskau („Chudoshestwennaja Literatura" Verlag) 1955 (zitiert: *Seidenschnur / Rodionowa*, Neskolko a.a.O., S.).

SENJUTKINA, Olga: Waissow i waissowtsy (Waissow und die Waissowianer), auf Russisch (zitiert: *Senjutkina*, Waissow). http://www.idmedina.ru/books/history_culture/ramazan/2/vais.htm. Zuletzt besucht am 2.11.2019.

SEREBROWSKAJA, E. S.: „Rabstwo naschego wremeni". Kommentarij. („Die Sklaverei unserer Zeit" Kommentar), auf Russisch; in: Leo Tolstoi, Schriften (1900–1903), auf Russisch; in: Leo Tolstoi, Polnoje sobrabranije sotschinenij w 90 tomach (Gesamtausgabe in 90 Bänden), auf Russisch. Bd. 34. Moskau („Chudoshestwennaja Literatura" Verlag) 1952. S. 563–567 (zitiert: *Serebrowskaja*, Rabstwo a.a.O., S.).

SERKE, Jürgen: Erich Mühsam. Der Anarchist, der die Gewalt hasste; in: Jürgen Serke, Die verbrannten Dichter. Erweiterte Jubiläumsausgabe der erstmals 1977 erschienenen Ausgabe. Berlin 2002. S. 174–189 (zitiert: *Serke*, Mühsam a.a.O., S.).

SEUL, Jürgen: Das Recht als Rechtfertigung von Gewalt; in: Legal Tribune Online vom 9.9.2010 (zitiert: *Seul*, Recht). ps://www.lto.de/recht/feuilleton/f/leo-tolstoi-zum-geburtstag-das-recht-als-rechtfertigung-von-gewalt/. Zuletzt besucht am 2.11.2019.

SMITH, Larry: Tough Call: Civil Rights Landmark That Has Parallels In The Bahamas; in: The Tribune vom 11.3.2015 (zitiert: *Smith*, Bahamas). http://www.tribune242.com/news/2015/mar/11/tough-call-civil-rights-landmark-has-parallels-bah/. Zuletzt besucht am 2.11.2019.

SMOLJARTSCHUK, W. I.: L. N. Tolstoi o prawe I juriditscheskoi nauke (Leo N. Tolstoi über das Recht und die Rechtswissenschaft), auf Russisch; in: Sowetskoje gossudatswo i prawo 9 (1978), S. 88–96 (zitiert: *Smoljartschuk*, SGP 1978, [S.]).

SOLOWJOW, Jewgenij: J., L. N. Tolstoi, jego zhisn i literaturnaja dejatelnost (L. N. Tolstoi, sein Leben und Werk), auf Russisch. 3. Auflage. Sankt Petersburg (J. N. Ehrlich Verlag) 1902 (zitiert: *Solowjow J.*, Tolstoi, S.).

SOLOWJOW, Wladimir: Drei Gespräche über den Krieg, den Fortschritt und das Ende der Weltgeschichte; in: Wladimir Szylkarski / Wilhelm Lettenbauer / Ludolf Müller (Hrsg.), Deutsche Gesamtausgabe der Werke von Wladimir Solowjow Werke. Bd. 8. München 1980. S. 115–294 (zitiert: *Solowjow W.*, Gespräche a.a.O., S.).

SPENCE, Gordon William: Tolstoy the Ascetic. London (Oliver & Boyd) 1967 (zitiert: *Spence*, Tostoy, S.).

SPREE, Tommy / OELZE, Patrick: Ich kenne keine Feinde; in: Ernst Friedrich, Krieg dem Kriege. Neu herausgegeben vom Anti-Kriegs-Museum Berlin. Berlin 2015. S. XXXIX–LXXI (zitiert: *Spree / Oelze* a.a.O., S.).

SRESNEWSKIJ, W. I.: „Krestnik". Istorija napisanija i petschatanija. („Der Taufsohn". Entstehungs- und Publikationsgeschichte), auf Russisch; in: Leo Tolstoi, Proiswedenija 1880-ch godow (Werke der 1880er-Jahre), auf Russisch; in: Leo Tolstoi, Polnoje sobrabranije sotschinenij w 90 tomach (Gesamtausgabe in 90 Bänden), auf Russisch. Bd. 25. Moskau („Chudoshestwennaja Literatura" Verlag) 1937. S. 725–734 (zitiert: *Sresnewskij*, „Krestnik" a.a.O., S.).

SSYTINA, E. I.: Wospomiminanija E. I. Ssytinoj (Tschichatschewoj), (Die Memoiren von E. I. Ssyttina (Tschichatschewa), auf Russisch; in: K. Schochor-Trozki (Hrsg.), L. N. Tolstoi, auf Russisch. Bd. 2. Moskau (Verlag der sowjetischen Akademie der Wissenschaften) 1939. S. 401–416 (zitiert: *Ssytina*, Wospomiminanija, S.).

STATSCHINSKIJ, Ewgenij: Brief an Leo Tolstoi vom 8.10.1901. Abgedruckt in: W.S. Gornaja: Zarubeshnyje sowremenniki L. N. Tolstogo o romane „Woskressenije" (L. N. Tolstois ausländischen Zeitgenossen über den Roman „Auferstehung"), auf Russisch; in: Akademie der Wissenschaften der UdSSR. Maxim-Gorki-Literaturinstitut (Hrsg.), Roman L. N. Tolstogo „Wosskresenje" Istoriko-funktionalnoje issledowanije (L. N. Tolstois Roman „Auferstehung" und seine Rolle in der Geschichte), auf Russisch. Moskau („Nauka" Verlag) 1991. S. 108 (zitiert: *Statschinskij*, Brief an Leo Tolstoi a.a.O., S.).

STEIGER, Edgar: Auferstehung; in: Das Litterarische Echo 10 (1900), S. 674–679 (zitiert: *Steiger*, Das Litterarische Echo 1900, [S.]).

STEPANOWA, Natalja: Prawowoje regulirowanije sibirskoi katorgi w perwoi polowine XIX. weka (Rechtsregulierung der Zwangsarbeit in Sibierien in der Ersten Hälfte des XIX Jahrhunderts), auf Russisch; in: Sibirskaja ssylka. Sbornik statei. (Die Verbannung in Sibirien. Aufsatzsammlung.), auf Russisch. Irkutsk („Ottisk" Verlag) 2009. (5/17). S. 240–251 (zitiert: *Stepanowa*, Prawowoje a.a.O., S.).

STRUNSKY, Rose: Introduction; in: Alfred A. Knopf (Hrsg.), The Journal of Leo Tolstoi. First Volume: 1895–1899. New York (Alfred A. Knopf Verlag). S. V–XVIII (zitiert: *Strunsky*, Introduction a.a.O., S.).

Suchotina-Tolstaja, Tatjana: Wospominanija (Erinnerungen), auf Russisch. Moskau („Chudoshestwennaja Literatura“ Verlag) 1976 (zitiert: *Suchotina-Tolstaja*, Wospominanija, S.).

Swjatopolk-Mirskj, Dimitrij: Russland. Von der Vorgeschichte bis zur Oktoberrevolution. Essen 1967 (zitiert: *Swjatopolk-Mirskij*, Russland, S.).

Tajewskij, Dmitrij: Sekty mira (Sekten der Welt), auf Russisch. Moskau („Feniks“ Verlag) 2007 (zitiert: *Tajewskij*, Sekty, S.).

Tamcke, Martin: Tolstois Religion: Eine spirituelle Biographie. Berlin 2010 (zitiert: Tamcke, Tolstojs, S.).

Tarasoff, Koozma J.: Plakun Trava. The *Doukhobors*. Grand Forks, Canada (Mir Publication Society) 1982 (zitiert: *Tarasoff*, Doukhobors, S.).

Tarasoff, Koozma J.: *Legacy* of Lev N. Tolstoy to the World (zitiert: *Tarasoff*, Legacy, S.). https://docs.google.com/document/d/15SK64uwHBGa MDSr-RI3udEFY7atW3pRX8CXo28TICVU/preview. Zuletzt besucht am 2.11.2019.

Tchertkoff, V. / Holah, F**:** A Short Biography Of William Lloyd Garrison by W. Tchertkoff and F. Hollah With an Introductory Appreciation of His Life and Work by Leo Tolstoy. London (Free Age) 1904 (zitiert: *Tchertkoff*, V. / *Holah*, F., Garrison, S.).

Thal, Wilhelm: Vorwort; in: Leo Tolstoi, Auferstehung. Bd. 1. Berlin 1900. S. 4 (zitiert: *Thal*, Vorwort a.a.O., S.).

Thoreau, Henry David: Über die Pflicht zum Ungehorsam gegen den Staat (zitiert: *Thoreau*, Ungehorsam, S.). http://thoreau.de/wp-content/uploads/2016/02/Civil_Disobedience.pdf. Zuletzt besucht am 2.11.2019.

Tolstoi, Wladimir: Islam priwlekal Tolstogo kak molodaja, ssilnaja religija (Islam zog Tolstoi als junge, starke Religion an), auf Russisch (zitiert: *Tolstoi, W.*, Islam). https://kazved.ru/article/42223.aspx. Zuletzt besucht am 2.11.2019.

Troyat, Henri: Tolstoi oder Die Flucht in die Wahrheit. Düsseldorf 1966 (zitiert: *Troyat*, Tolstoi, S.).

Udolph, Ludger: Mahatma Gandhi; in: Martin George / Jens Herlth / Christian Münch / Ulrich Schmid (Hrsg.), Tolstoj als theologischer Denker und Kirchenkritiker. 2. Auflage. Göttingen 2015. S. 683–691 (zitiert: *Udolph*, Gandhi a.a.O., S.).

Urban, Peter: Einführung; in: Peter Urban (Hrsg.), Leo N. Tolstoj. Rede gegen den Krieg. Politische Flugschriften. Frankfurt am Main 1983. S. 7–27 (zitiert: *Urban*, Einführung a.a.O., S.).

Utechin, S. V.: Russian Political Thought. A Concise and Comprehensive History. London (J. M. Dent & Sons Pty Limited) 1964 (zitiert: *Utechin*, Russian, S.).

Walejew, Ramsi / Schakurow, Kamil: Obschtschestwenno polititscheskaja dejatelnost waissowzew w ssylke (Politisch-soziale Aktivitäten der verbannten Waissowianer), auf Russisch (zitiert: *Walejew / Schakurow*, waissowzew). http://www.archive.gov.tatarstan.ru/magazine/go/anonymous/main/?path=mg:/numbers/2008_1/09/09_06/. Zuletzt besucht am 2.11.2019.

Walicki, Andrzej: A History of Russian thought from the Enlightenment to Marxism. Stanford/California (University Press) 1997 (zitiert: *Walicki*, Russian, S.).

Walter, Michael: Tolstoi nach seinen sozialökonomischen, staatstheoretischen und politischen Anschauungen. Zürich (Schulthess & Co. Verlag) 1906 (zitiert: *Walter*, Tolstoi, S.).

Weisbein, Nicolas: L'évolution religieuse de Tolstoï. Paris (Librairie des Cinq Continents) 1960 (zitiert: *Weisbein*, Tolstoi, S.).

Wolfe, Bertram David: The Bridge and the Abyss; the Troubled Friendship of Maxim Gorky and V. I. Lenin. New York (Hoover Institution on War, Revolution and Peace) 1967 (zitiert: *Wolfe*, Bridge, S.).

Wolgin, Igor: Ujti ot wsech. Lew Tolstoi kak russkij skitalez (Um alle Menschen zu verlassen. Leo Tolstoi als russischer Wanderer), auf Russisch (zitiert: *Wolgin*, Ujti). http://magazines.russ.ru/october/2010/10/vo2.html. Zuletzt besucht am 2.11.2019.

Woodcock, George: Leo Tolstoi. Ein gewaltfreier Anarchist; in: Anarchismus – Information Nr. 2 [o. J.]. S.1–10 (zitiert: *Woodcock*, Tolstoi [S.]).

Zhuk, Sergei: Die Stundisten in der Ukraine; in: Martin George / Jens Herlth / Christian Münch / Ulrich Schmid (Hrsg.), Tolstoj als theologischer Denker und Kirchenkritiker. 2. Auflage. Göttingen 2015. S. 707–718 (zitiert: *Zhuk*, Stundisten a.a.O., S.).

Zwahlen, Regula: Russische Religionsphilosophie; in: Martin George / Jens Herlth / Christian Münch / Ulrich Schmid (Hrsg.), Tolstoj als theologischer Denker und Kirchenkritiker. 2. Auflage. Göttingen 2015. S. 594–607 (zitiert: *Zwahlen*, Religionsphilosophie a.a.O., S.).

Zweig, Stefan: Tolstoi als religiöser und sozialer Denker; in: Stefan Zweig, Menschen und Schicksale. 3. Auflage. Frankfurt am Main 1998. S. 594–607 (zitiert: *Zweig*, Tolstoi a.a.O., S.).

Zitierte Rechtsnormen

I. Aus „Swod sakonow Rossijskoi imperii“

Die unten angeführten, nach Reihen und Nummern aufgelisteten, Rechtsvorschriften stammen aus dem folgenden Gesetzeswerk:

„Swod sakonow Rossijskoi imperii“ („Sammlung der Gesetze des russischen Kaiserreichs“), auf Russisch, 1649–1913.

1. Reihe: 1649–1825. Bd. 1–45.

2. Reihe: 1825–1881. Bd. 1–55.

3. Reihe: 1881–1913. Bd. 1–33.

http://nlr.ru/e-res/law_r/content.html. Zuletzt besucht am 2.11.2019.

Wyssotschaische Udtwershdjonnyj Ustaw o ssylnych (Kaiserliche Verbannungsordnung) vom 22. Juli 1822, auf Russisch in: Swod sakonow, 1. Reihe, Nr. 29128, Bd. 38 (1822–1823). S. 433–469 (zitiert: *1. Reihe*, *Nr. 29128*, a.a.O., Art.)

Wyssotschaische Udtwershdjonnyj Ustaw ob etapach w ssibirskich gubernijach (Kaiserliche Eskortenordnung für die sibirischen Gouvernements) vom 22. Juli 1822, auf Russisch in: Swod sakonow, 1. Reihe, Nr. 29129, Bd. 38 (1822–1823). S. 469–486 (zitiert: *1. Reihe*, *Nr. 29129*, a.a.O., Art.).

Wyssotschaische Udtwershdjonnoje Uloshenije o nakasanijach ugolownych i isprawitelnych (Strafgesetzbuch) vom 15. August 1845, auf Russisch in: Swod sakonow, 2. Reihe, Nr. 19283, Bd. 20 (1845). S. 598–1010 (zitiert: *2. Reihe*, *Nr. 19283*, a.a.O.). Ins Deutsche übersetzt unter dem Titel „Strafgesetzbuch des Russischen Reichs“, promulgirt [sic!] im Jahr 1845. Nach der Russischen Originalausgabe. Deutsch bearbeitet von C.S. Carlsruhe [sic!] 1847“ (zitiert: „StGBRR“).

Wyssotscaische Udtwershdejonnoje utschtwershdenije ssudebnych postanowlenij (Verordnung betreffend die Gründung der neuen Gerichtseinrichtungen) vom 20. November 1864, auf Russisch in: Swod sakonow, 2. Reihe, Nr. 41475, Bd. 39 (1864). S. 180–215 (zitiert: *2. Reihe*, *Nr. 41475*, a.a.O., Art.).

https://doi.org/10.1515/9783110726206-014

Wyssotscaische Udtwershdejonnoje ustaw ogolownogo ssudoproiswodstwa (Verordnung betreffend die reformierte Strafgerichtbarkeit) vom 20. November 1864, auf Russisch in: Swod sakonow, 2. Reihe, Nr. 41476, Bd. 39 (1864). S. 215–306 (zitiert: *2. Reihe, Nr. 41476*, a.a.O., Art.).

Wyssotscaische Udtwershdejonnoje mnenije gossudarstwennogo ssoweta (Hoheitlich gebilligte Auffassung des Staatsrates) vom 9. Mai 1878, auf Russisch in: Swod sakonow, 2. Reihe, Nr. 58488, Bd. 53 (1878). S. 335 (zitiert: *2. Reihe, Nr. 58488*, a.a.O., Art.).

O Wremennom Podcineniji del o gossudarstwenych prestuplenijach i o njekotorych prestuplenijach protiw dolshnostnych litz wwedenju woennogo ssuda, ustanowlennogo dlja woennogo wremeni (Über die vorübergehende Zuweisung einiger Staatsverbrechen und der Verbrechen gegen Amtsträger an die ordentlichen Kriegsgerichte) vom 9. August 1878, auf Russisch in: Swod sakonow, 2. Reihe, Nr. 58778, Bd. 53 (1878). S. 89–90 (zitiert: *2. Reihe, Nr. 58778*, a.a.O., Art.).

Wyssotscaische Udtwershdejonnoje postanowlenije o merach k ochraneniju gossudarstwennago porjadka i obschtschestwennago spokoistwija (Verordnung betreffend Maßnahmen zum Schutz der staatlichen Ordnung und der öffentlichen Ruhe) vom 14. August 1881, auf Russisch in: Swod sakonow, 3. Reihe, Nr. 350, Bd. 1 (1881). S. 261–266 (zitiert: *3. Reihe, Nr. 350*, a.a.O., Art.).

Wyssotscaische Udtwershdejonnoje poloshenije kabineta ministrow (Hoheitlich gebilligte Verfügung des Ministerrates) vom 4. Dezember 1881, auf Russisch in: Swod sakonow, 3. Reihe, Nr. 550, Bd. 1 (1881), S. 364 (zitiert: *3. Reihe*, Nr. 550, a.a.O., Art).

Wyssotscaische Udtwershdejonnoje mnenije gossudarstwennogo ssoweta (Hoheitlich gebilligte Auffassung des Staatsrates) vom 11. Mai 1882, auf Russisch in: Swod sakonow, 3. Reihe, Nr. 861, Bd. 2 (1882). S. 198–199 (zitiert: *3. Reihe, Nr. 861*, a.a.O., Art.).

Wyssotscaische Udtwershdejonnoje mnenije gossudarstwennogo ssoweta (Hoheitlich gebilligte Auffassung des Staatsrates) vom 21. Juli 1889, auf Russisch in: Swod sakonow, 3. Reihe, Nr. 6162, Bd. 9 (1889). S. 386–389 (zitiert: *3. Reihe, Nr. 6162*, a.a.O., Art.).

Wyssotscaische Udtwershdejonnija (Hoheitliche Verfügungen) vom 12. Juli 1889, auf Russisch in: Swod sakonow, 3. Reihe, Nr. 61196, Bd. 9 (1889). S. 508–535 (zitiert: *3. Reihe, Nr. 61196*, a.a.O., Art.).

Wyssotscaische Udtwershdejonnyi odobrennyi gossusarstwennym sowetom i gossudarstwennoju dumoju sakon (Hoheitliche gebilligtes und vom Staatsrat und der Staatsduma verabschiedetes Gesetz) vom 12. Juli 1889, auf Russisch in: Swod sakonow, 3. Reihe, Nr. 37328, Bd. 32 (1912). S. 662–705 (zitiert: *3. Reihe, Nr. 37328*, a.a.O., Art.).

II. Sonstige Rechtsnormen

Strafgesetzbuch. Verabschiedet am 15.Mai 1871, in der Fassung der Bekanntmachung vom 13. November 1998, das zuletzt durch Artikel 1 des Gesetzes vom 30. November 2020, geändert worden ist (zitiert: *StGB*).

Swod Wojennych Postanowlenij (Kodex des Militärrechts) vom 25. Juni 1839, auf Russisch. Sankt Petersburg („Eigenverlag der Kanzlei Seiner Kaiserlichen Majestät“) 1838-1839. (zitiert: *Swod wojennych*).

Juristische Zeitgeschichte

Herausgeber: Prof. Dr. Dr. Dr. h.c. Thomas Vormbaum, FernUniversität in Hagen

Abteilung 1: Allgemeine Reihe

1 *Thomas Vormbaum (Hrsg.):* Die Sozialdemokratie und die Entstehung des Bürgerlichen Gesetzbuchs. Quellen aus der sozialdemokratischen Partei und Presse (1997)
2 *Heiko Ahlbrecht:* Geschichte der völkerrechtlichen Strafgerichtsbarkeit im 20. Jahrhundert (1999)
3 *Dominik Westerkamp:* Pressefreiheit und Zensur im Sachsen des Vormärz (1999)
4 *Wolfgang Naucke:* Über die Zerbrechlichkeit des rechtsstaatlichen Strafrechts. Gesammelte Aufsätze zur Strafrechtsgeschichte (2000)
5 *Jörg Ernst August Waldow:* Der strafrechtliche Ehrenschutz in der NS-Zeit (2000)
6 *Bernhard Diestelkamp:* Rechtsgeschichte als Zeitgeschichte. Beiträge zur Rechtsgeschichte des 20. Jahrhunderts (2001)
7 *Michael Damnitz:* Bürgerliches Recht zwischen Staat und Kirche. Mitwirkung der Zentrumspartei am Bürgerlichen Gesetzbuch (2001)
8 *Massimo Nobili:* Die freie richterliche Überzeugungsbildung. Reformdiskussion und Gesetzgebung in Italien, Frankreich und Deutschland seit dem Ausgang des 18. Jahrhunderts (2001)
9 *Diemut Majer:* Nationalsozialismus im Lichte der Juristischen Zeitgeschichte (2002)
10 *Bianca Vieregge:* Die Gerichtsbarkeit einer „Elite". Nationalsozialistische Rechtsprechung am Beispiel der SS- und Polizeigerichtsbarkeit (2002)
11 *Norbert Berthold Wagner:* Die deutschen Schutzgebiete (2002)
12 *Miloš Vec:* Die Spur des Täters. Methoden der Identifikation in der Kriminalistik (1879–1933), (2002)
13 *Christian Amann:* Ordentliche Jugendgerichtsbarkeit und Justizalltag im OLG-Bezirk Hamm von 1939 bis 1945 (2003)
14 *Günter Gribbohm:* Das Reichskriegsgericht (2004)
15 *Martin M. Arnold:* Pressefreiheit und Zensur im Baden des Vormärz. Im Spannungsfeld zwischen Bundestreue und Liberalismus (2003)
16 *Ettore Dezza:* Beiträge zur Geschichte des modernen italienischen Strafrechts (2004)
17 *Thomas Vormbaum (Hrsg.):* „Euthanasie" vor Gericht. Die Anklageschrift des Generalstaatsanwalts beim OLG Frankfurt/M. gegen Werner Heyde u. a. vom 22. Mai 1962 (2005)
18 *Kai Cornelius:* Vom spurlosen Verschwindenlassen zur Benachrichtigungspflicht bei Festnahmen (2006)
19 *Kristina Brümmer-Pauly:* Desertion im Recht des Nationalsozialismus (2006)
20 *Hanns-Jürgen Wiegand:* Direktdemokratische Elemente in der deutschen Verfassungsgeschichte (2006)
21 *Hans-Peter Marutschke (Hrsg.):* Beiträge zur modernen japanischen Rechtsgeschichte (2006)
22 *Katrin Stoll:* Die Herstellung der Wahrheit (2011)

23 *Thorsten Kurtz:* Das Oberste Rückerstattungsgericht in Herford (2014)
24 *Sebastian Schermaul:* Die Umsetzung der Karlsbader Beschlüsse an der Universität Leipzig 1819–1848 (2013)
25 *Minoru Honda:* Beiträge zur Geschichte des japanischen Strafrechts (2020)
26 *Michael Seiters:* Das strafrechtliche Schuldprinzip. Im Spannungsfeld zwischen philosophischem, theologischem und juridischem Verständnis von Schuld (2020)

Abteilung 2: Forum Juristische Zeitgeschichte

1 *Franz-Josef Düwell / Thomas Vormbaum (Hrsg.):* Themen juristischer Zeitgeschichte (1) – Schwerpunktthema: Recht und Nationalsozialismus (1998)
2 *Karl-Heinz Keldungs:* Das Sondergericht Duisburg 1943–1945 (1998)
3 *Franz-Josef Düwell / Thomas Vormbaum (Hrsg.):* Themen juristischer Zeitgeschichte (2) – Schwerpunktthema: Recht und Juristen in der Revolution von 1848/49 (1998)
4 *Thomas Vormbaum:* Beiträge zur juristischen Zeitgeschichte (1999)
5 *Franz-Josef Düwell / Thomas Vormbaum:* Themen juristischer Zeitgeschichte (3), (1999)
6 *Thomas Vormbaum (Hrsg.):* Themen juristischer Zeitgeschichte (4), (2000)
7 *Frank Roeser:* Das Sondergericht Essen 1942–1945 (2000)
8 *Heinz Müller-Dietz:* Recht und Nationalsozialismus – Gesammelte Beiträge (2000)
9 *Franz-Josef Düwell (Hrsg.):* Licht und Schatten. Der 9. November in der deutschen Geschichte und Rechtsgeschichte – Symposium der Arnold-Freymuth-Gesellschaft, Hamm (2000)
10 *Bernd-Rüdiger Kern / Klaus-Peter Schroeder (Hrsg.):* Eduard von Simson (1810–1899). „Chorführer der Deutschen" und erster Präsident des Reichsgerichts (2001)
11 *Norbert Haase / Bert Pampel (Hrsg.):* Die Waldheimer „Prozesse" – fünfzig Jahre danach. Dokumentation der Tagung der Stiftung Sächsische Gedenkstätten am 28. und 29. September in Waldheim (2001)
12 *Wolfgang Form (Hrsg.):* Literatur- und Urteilsverzeichnis zum politischen NS-Strafrecht (2001)
13 *Sabine Hain:* Die Individualverfassungsbeschwerde nach Bundesrecht (2002)
14 *Gerhard Pauli / Thomas Vormbaum (Hrsg.):* Justiz und Nationalsozialismus – Kontinuität und Diskontinuität. Fachtagung in der Justizakademie des Landes NRW, Recklinghausen, am 19. und 20. November 2001 (2003)
15 *Mario Da Passano (Hrsg.):* Europäische Strafkolonien im 19. Jahrhundert. Internationaler Kongreß des Dipartimento di Storia der Universität Sassari und des Parco nazionale di Asinara, Porto Torres, 25. Mai 2001 (2006)
16 *Sylvia Kesper-Biermann / Petra Overath (Hrsg.):* Die Internationalisierung von Strafrechtswissenschaft und Kriminalpolitik (1870–1930). Deutschland im Vergleich (2007)
17 *Hermann Weber (Hrsg.):* Literatur, Recht und Musik. Tagung im Nordkolleg Rendsburg vom 16. bis 18. September 2005 (2007)
18 *Hermann Weber (Hrsg.):* Literatur, Recht und (bildende) Kunst. Tagung im Nordkolleg Rendsburg vom 21. bis 23. September 2007 (2008)
19 *Francisco Muñoz Conde / Thomas Vormbaum (Hrsg.):* Transformation von Diktaturen in Demokratien und Aufarbeitung der Vergangenheit (2010)

20 *Kirsten Scheiwe / Johanna Krawietz* (Hrsg.): (K)Eine Arbeit wie jede andere? Die Regulierung von Arbeit im Privathaushalt (2014)
21 *Helmut Irmen:* Das Sondergericht Aachen 1941–1945 (2018)

Abteilung 3: Beiträge zur modernen deutschen Strafgesetzgebung. Materialien zu einem historischen Kommentar

1 *Thomas Vormbaum / Jürgen Welp (Hrsg.):* Das Strafgesetzbuch seit 1870. Sammlung der Änderungen und Neubekanntmachungen; fünf Textbände (1999–2017) und drei Supplementbände (2005, 2006)
2 *Christian Müller:* Das Gewohnheitsverbrechergesetz vom 24. November 1933. Kriminalpolitik als Rassenpolitik (1998)
3 *Maria Meyer-Höger:* Der Jugendarrest. Entstehung und Weiterentwicklung einer Sanktion (1998)
4 *Kirsten Gieseler:* Unterlassene Hilfeleistung – § 323c StGB. Reformdiskussion und Gesetzgebung seit 1870. (1999)
5 *Robert Weber:* Die Entwicklung des Nebenstrafrechts 1871–1914 (1999)
6 *Frank Nobis:* Die Strafprozeßgesetzgebung der späten Weimarer Republik (2000)
7 *Karsten Felske:* Kriminelle und terroristische Vereinigungen – §§ 129, 129a StGB (2002)
8 *Ralf Baumgarten:* Zweikampf – §§ 201–210 a.F. StGB (2003)
9 *Felix Prinz:* Diebstahl – §§ 242 ff. StGB (2003)
10 *Werner Schubert / Thomas Vormbaum (Hrsg.):* Entstehung des Strafgesetzbuchs. Kommissionsprotokolle und Entwürfe. Band 1: 1869 (2002); Band 2: 1870 (2004)
11 *Lars Bernhard:* Falsche Verdächtigung (§§ 164, 165 StGB) und Vortäuschen einer Straftat (§ 145d StGB), (2003)
12 *Frank Korn:* Körperverletzungsdelikte – §§ 223 ff., 340 StGB. Reformdiskussion und Gesetzgebung von 1870 bis 1933 (2003)
13 *Christian Gröning:* Körperverletzungsdelikte – §§ 223 ff., 340 StGB. Reformdiskussion und Gesetzgebung seit 1933 (2004)
14 *Sabine Putzke:* Die Strafbarkeit der Abtreibung in der Kaiserzeit und in der Weimarer Zeit. Eine Analyse der Reformdiskussion und der Straftatbestände in den Reformentwürfen (1908–1931), (2003)
15 *Eckard Voßiek:* Strafbare Veröffentlichung amtlicher Schriftstücke (§ 353d Nr. 3 StGB). Gesetzgebung und Rechtsanwendung seit 1851 (2004)
16 *Stefan Lindenberg:* Brandstiftungsdelikte – §§ 306 ff. StGB. Reformdiskussion und Gesetzgebung seit 1870 (2004)
17 *Ninette Barreneche †:* Materialien zu einer Strafrechtsgeschichte der Münchener Räterepublik 1918/1919 (2004)
18 *Carsten Thiel:* Rechtsbeugung – § 339 StGB. Reformdiskussion und Gesetzgebung seit 1870 (2005)
19 *Vera Große-Vehne:* Tötung auf Verlangen (§ 216 StGB), „Euthanasie“ und Sterbehilfe. Reformdiskussion und Gesetzgebung seit 1870 (2005)
20 *Thomas Vormbaum / Kathrin Rentrop (Hrsg.):* Reform des Strafgesetzbuchs. Sammlung der Reformentwürfe. Band 1: 1909 bis 1919. Band 2: 1922 bis 1939. Band 3: 1959 bis 1996 (2008)

21 *Dietmar Prechtel:* Urkundendelikte (§§ 267 ff. StGB). Reformdiskussion und Gesetzgebung seit 1870 (2005)
22 *Ilya Hartmann:* Prostitution, Kuppelei, Zuhälterei. Reformdiskussion und Gesetzgebung seit 1870 (2006)
23 *Ralf Seemann:* Strafbare Vereitelung von Gläubigerrechten (§§ 283 ff., 288 StGB). Reformdiskussion und Gesetzgebung seit 1870 (2006)
24 *Andrea Hartmann:* Majestätsbeleidigung (§§ 94 ff. StGB a.F.) und Verunglimpfung des Staatsoberhauptes (§ 90 StGB). Reformdiskussion und Gesetzgebung seit dem 19. Jahrhundert (2006)
25 *Christina Rampf:* Hausfriedensbruch (§ 123 StGB). Reformdiskussion und Gesetzgebung seit 1870 (2006)
26 *Christian Schäfer:* „Widernatürliche Unzucht“ (§§ 175, 175a, 175b, 182, a.F. StGB). Reformdiskussion und Gesetzgebung seit 1945 (2006)
27 *Kathrin Rentrop:* Untreue und Unterschlagung (§§ 266 und 246 StGB). Reformdiskussion und Gesetzgebung seit dem 19. Jahrhundert (2007)
28 *Martin Asholt:* Straßenverkehrsstrafrecht. Reformdiskussion und Gesetzgebung seit dem Ausgang des 19. Jahrhunderts (2007)
29 *Katharina Linka:* Mord und Totschlag (§§ 211–213 StGB). Reformdiskussion und Gesetzgebung seit 1870 (2008)
30 *Juliane Sophia Dettmar:* Legalität und Opportunität im Strafprozess. Reformdiskussion und Gesetzgebung von 1877 bis 1933 (2008)
31 *Jürgen Durynek:* Korruptionsdelikte (§§ 331 ff. StGB). Reformdiskussion und Gesetzgebung seit dem 19. Jahrhundert (2008)
32 *Judith Weber:* Das sächsische Strafrecht im 19. Jahrhundert bis zum Reichsstrafgesetzbuch (2009)
33 *Denis Matthies:* Exemplifikationen und Regelbeispiele. Eine Untersuchung zum 100-jährigen Beitrag von Adolf Wach zur „Legislativen Technik“ (2009)
34 *Benedikt Rohrßen:* Von der „Anreizung zum Klassenkampf“ zur „Volksverhetzung“ (§ 130 StGB). Reformdiskussion und Gesetzgebung seit dem 19. Jahrhundert (2009)
35 *Friederike Goltsche:* Der Entwurf eines Allgemeinen Deutschen Strafgesetzbuches von 1922 (Entwurf Radbruch) (2010)
36 *Tarig Elobied:* Die Entwicklung des Strafbefehlsverfahrens von 1846 bis in die Gegenwart (2010)
37 *Christina Müting:* Sexuelle Nötigung; Vergewaltigung (§ 177 StGB) (2010)
38 *Nadeschda Wilkitzki:* Entstehung des Gesetzes über Internationale Rechtshilfe in Strafsachen (IRG) (2010)
39 *André Brambring:* Kindestötung (§ 217 a.F. StGB). Reformdiskussion und Gesetzgebung seit 1870 (2010)
40 *Wilhelm Rettler:* Der strafrechtliche Schutz des sozialistischen Eigentums in der DDR (2010)
41 *Yvonne Hötzel:* Debatten um die Todesstrafe in der Bundesrepublik Deutschland von 1949 bis 1990 (2010)
42 *Dagmar Kolbe:* Strafbarkeit im Vorfeld und im Umfeld der Teilnahme (§§ 88a, 110, 111, 130a und 140 StGB). Reformdiskussion und Gesetzgebung seit dem 19. Jahrhundert (2011)
43 *Sami Bdeiwi:* Beischlaf zwischen Verwandten (§ 173 StGB). Reform und Gesetzgebung seit 1870 (2014)

44 *Michaela Arnold:* Verfall, Einziehung und Unbrauchbarmachung (§§ 73 bis 76a StGB). Reformdiskussion und Gesetzgebung seit dem 19. Jahrhundert (2015)
45 *Andrea Schurig:* „Republikflucht“ (§§ 213, 214 StGB/DDR). Gesetzgeberische Entwicklung, Einfluss des MfS und Gerichtspraxis am Beispiel von Sachsen (2016)
46 *Sandra Knaudt:* Das Strafrecht im Großherzogtum Hessen im 19. Jahrhundert bis zum Reichsstrafgesetzbuch (2017)
47 *Michael Rudlof:* Das Gesetz zur Strafbarkeit der geschäftsmäßigen Förderung der Selbsttötung (§ 217 StGB nF.) (2018)
48 *Karl Müller:* Steuerhinterziehung (§§ 370, 371 AO). Gesetzgebung und Reformdiskussion seit dem 19. Jahrhundert (2018)
49 *Katharina Kühne:* Die Entwicklung des Internetstrafrechts unter besonderer Berücksichtigung der §§ 202a–202c StGB sowie § 303a und § 303b StGB (2018)
50 *Benedikt Beßmann:* Das Strafrecht des Herzogtums Braunschweig im 19. Jahrhundert bis zum Reichsstrafgesetzbuch (2019)
51 *Josef Roth:* Die Entwicklung des Weinstrafrechts seit 1871 (2020)
52 *Arne Fischer*: Die Legitimität des Sportwettbetrugs (§ 265c StGB). Unter besonderer Berücksichtigung des „Rechtsguts“ Integrität des Sports (2020)

Abteilung 4: Leben und Werk. Biographien und Werkanalysen

1 *Mario A. Cattaneo:* Karl Grolmans strafrechtlicher Humanismus (1998)
2 *Gerit Thulfaut:* Kriminalpolitik und Strafrechtstheorie bei Edmund Mezger (2000)
3 *Adolf Laufs:* Persönlichkeit und Recht. Gesammelte Aufsätze (2001)
4 *Hanno Durth:* Der Kampf gegen das Unrecht. Gustav Radbruchs Theorie eines Kulturverfassungsrechts (2001)
5 *Volker Tausch:* Max Güde (1902–1984). Generalbundesanwalt und Rechtspolitiker (2002)
6 *Bernd Schmalhausen:* Josef Neuberger (1902–1977). Ein Leben für eine menschliche Justiz (2002)
7 *Wolf Christian von Arnswald:* Savigny als Strafrechtspraktiker. Ministerium für die Gesetzesrevision (1842–1848), (2003)
8 *Thilo Ramm:* Ferdinand Lassalle. Der Revolutionär und das Recht (2004)
9 *Martin D. Klein:* Demokratisches Denken bei Gustav Radbruch (2007)
10 *Francisco Muñoz Conde:* Edmund Mezger – Beiträge zu einem Juristenleben (2007)
11 *Whitney R. Harris:* Tyrannen vor Gericht. Das Verfahren gegen die deutschen Hauptkriegsverbrecher nach dem Zweiten Weltkrieg in Nürnberg 1945–1946 (2008)
12 *Eric Hilgendorf (Hrsg.):* Die deutschsprachige Strafrechtswissenschaft in Selbstdarstellungen (2010)
13 *Tamara Cipolla:* Friedrich Karl von Strombeck. Leben und Werk – Unter besonderer Berücksichtigung des Entwurfes eines Strafgesetzbuches für ein Norddeutsches Staatsgebiet (2010)
14 *Karoline Peters:* J.D.H. Temme und das preußische Strafverfahren in der Mitte des 19. Jahrhunderts (2010)

15 *Eric Hilgendorf (Hrsg.):* Die ausländische Strafrechtswissenschaft in Selbstdarstellungen. Die internationale Rezeption des deutschen Strafrechts (2019)
16 *Hannes Ludyga:* Otto Kahn-Freund (1900–1979). Ein Arbeitsrechtler in der Weimarer Zeit (2016)
17 *Rudolf Bastuck:* Rudolf Wassermann. Vision und Umsetzung einer inneren Justizreform (2020)
18 *Eric Hilgendorf (Hrsg.)*: Die deutschsprachige Strafrechtswissenschaft in Selbstdarstellungen II (2021)

Abteilung 5: Juristisches Zeitgeschehen.
Rechtspolitik und Justiz aus zeitgenössischer Perspektive

Mitherausgegeben von Gisela Friedrichsen („Der Spiegel")
und RA Prof. Dr. Franz Salditt

1 *Diether Posser:* Anwalt im Kalten Krieg. Ein Stück deutscher Geschichte in politischen Prozessen 1951–1968. 3. Auflage (1999)
2 *Jörg Arnold (Hrsg.):* Strafrechtliche Auseinandersetzung mit Systemvergangenheit am Beispiel der DDR (2000)
3 *Thomas Vormbaum (Hrsg.):* Vichy vor Gericht: Der Papon-Prozeß (2000)
4 *Heiko Ahlbrecht / Kai Ambos (Hrsg.):* Der Fall Pinochet(s). Auslieferung wegen staatsverstärkter Kriminalität? (1999)
5 *Oliver Franz:* Ausgehverbot für Jugendliche („Juvenile Curfew") in den USA. Reformdiskussion und Gesetzgebung seit dem 19. Jahrhundert (2000)
6 *Gabriele Zwiehoff (Hrsg.):* „Großer Lauschangriff". Die Entstehung des Gesetzes zur Änderung des Grundgesetzes vom 26. März 1998 und des Gesetzes zur Änderung der Strafprozeßordnung vom 4. Mai 1998 in der Presseberichterstattung 1997/98 (2000)
7 *Mario A. Cattaneo:* Strafrechtstotalitarismus. Terrorismus und Willkür (2001)
8 *Gisela Friedrichsen / Gerhard Mauz:* Er oder sie? Der Strafprozeß Böttcher/Weimar. Prozeßberichte 1987 bis 1999 (2001)
9 *Heribert Prantl / Thomas Vormbaum (Hrsg.):* Juristisches Zeitgeschehen 2000 in der Süddeutschen Zeitung (2001)
10 *Helmut Kreicker:* Art. 7 EMRK und die Gewalttaten an der deutsch-deutschen Grenze (2002)
11 *Heribert Prantl / Thomas Vormbaum (Hrsg.):* Juristisches Zeitgeschehen 2001 in der Süddeutschen Zeitung (2002)
12 *Henning Floto:* Der Rechtsstatus des Johanniterordens. Eine rechtsgeschichtliche und rechtsdogmatische Untersuchung zum Rechtsstatus der Balley Brandenburg des ritterlichen Ordens St. Johannis vom Spital zu Jerusalem (2003)
13 *Heribert Prantl / Thomas Vormbaum (Hrsg.):* Juristisches Zeitgeschehen 2002 in der Süddeutschen Zeitung (2003)
14 *Kai Ambos / Jörg Arnold (Hrsg.):* Der Irak-Krieg und das Völkerrecht (2004)
15 *Heribert Prantl / Thomas Vormbaum (Hrsg.)*: Juristisches Zeitgeschehen 2003 in der Süddeutschen Zeitung (2004)
16 *Sascha Rolf Lüder:* Völkerrechtliche Verantwortlichkeit bei Teilnahme an „Peacekeeping"-Missionen der Vereinten Nationen (2004)

17 *Heribert Prantl / Thomas Vormbaum (Hrsg.)*: Juristisches Zeitgeschehen 2004 in der Süddeutschen Zeitung (2005)

18 *Christian Haumann:* Die „gewichtende Arbeitsweise“ der Finanzverwaltung. Eine Untersuchung über die Aufgabenerfüllung der Finanzverwaltung bei der Festsetzung der Veranlagungssteuern (2008)

19 *Asmerom Ogbamichael:* Das neue deutsche Geldwäscherecht (2011)

20 *Lars Chr. Barnewitz:* Die Entschädigung der Freimaurerlogen nach 1945 und nach 1989 (2011)

21 *Ralf Gnüchtel:* Jugendschutztatbestände im 13. Abschnitt des StGB (2013)

22 *Helmut Irmen:* Stasi und DDR-Militärjustiz. Der Einfluss des MfS auf Militärjustiz und Militärstrafvollzug in der DDR (2014)

23 *Pascal Johann:* Möglichkeiten und Grenzen des neuen Vermögenschabschöpfungsrechts. Eine Untersuchung zur vorläufigen Sicherstellung und der Einziehung von Vermögen unklarer Herkunft (2019)

24 *Zekai Dağaşan:* Das Ansehen des Staates im türkischen und deutschen Strafrecht (2015)

25 *Camilla Bertheau:* Politisch unwürdig? Entschädigung von Kommunisten für nationalsozialistische Gewaltmaßnahmen. Bundesdeutsche Gesetzgebung und Rechtsprechung der 50er Jahre (2016)

Abteilung 6: Recht in der Kunst – Kunst im Recht

Mitherausgegeben von Prof. Dr. Gunter Reiß
und Prof. Dr. Anja Schiemann

1 *Heinz Müller-Dietz:* Recht und Kriminalität im literarischen Widerschein. Gesammelte Aufsätze (1999)

2 *Klaus Lüderssen (Hrsg.):* »Die wahre Liberalität ist Anerkennung«. Goethe und die Juris prudenz (1999)

3 *Bertolt Brecht:* Die Dreigroschenoper (1928) / Dreigroschenroman (1934). Mit Kommentaren von Iring Fetscher und Bodo Plachta (2001)

4 *Annette von Droste-Hülshoff:* Die Judenbuche (1842) / Die Vergeltung (1841). Mit Kommentaren von Heinz Holzhauer und Winfried Woesler (2000)

5 *Theodor Fontane:* Unterm Birnbaum (1885). Mit Kommentaren von Hugo Aust und Klaus Lüderssen (2001)

6 *Heinrich von Kleist:* Michael Kohlhaas (1810). Mit Kommentaren von Wolfgang Naucke und Joachim Linder (2000)

7 *Anja Sya:* Literatur und juristisches Erkenntnisinteresse. Joachim Maass' Roman „Der Fall Gouffé“ und sein Verhältnis zu der historischen Vorlage (2001)

8 *Heiner Mückenberger:* Theodor Storm – Dichter und Richter. Eine rechtsgeschichtliche Lebensbeschreibung (2001)

9 *Hermann Weber (Hrsg.):* Annäherung an das Thema „Recht und Literatur“. Recht, Literatur und Kunst in der NJW (1), (2002)

10 *Hermann Weber (Hrsg.):* Juristen als Dichter. Recht, Literatur und Kunst in der NJW (2), (2002)

11 *Hermann Weber (Hrsg.):* Prozesse und Rechtsstreitigkeiten um Recht, Literatur und Kunst. Recht, Literatur und Kunst in der NJW (3), (2002)

12 *Klaus Lüderssen:* Produktive Spiegelungen. 2., erweiterte Auflage (2002)
13 *Lion Feuchtwanger:* Erfolg. Drei Jahre Geschichte einer Provinz. Roman (1929). Mit Kommentaren von Theo Rasehorn und Ernst Ribbat (2002)
14 *Jakob Wassermann:* Der Fall Maurizius. Roman (1928). Mit Kommentaren von Thomas Vormbaum und Regina Schäfer (2003)
15 *Hermann Weber (Hrsg.):* Recht, Staat und Politik im Bild der Dichtung. Recht, Literatur und Kunst in der Neuen Juristischen Wochenschrift (4), (2003)
16 *Hermann Weber (Hrsg.):* Reale und fiktive Kriminalfälle als Gegenstand der Literatur. Recht, Literatur und Kunst in der Neuen Juristischen Wochenschrift (5), (2003)
17 *Karl Kraus:* Sittlichkeit und Kriminalität. (1908). Mit Kommentaren von Helmut Arntzen und Heinz Müller-Dietz (2004)
18 *Hermann Weber (Hrsg.):* Dichter als Juristen. Recht, Literatur und Kunst in der Neuen Juristischen Wochenschrift (6), (2004)
19 *Hermann Weber (Hrsg.):* Recht und Juristen im Bild der Literatur. Recht, Literatur und Kunst in der Neuen Juristischen Wochenschrift (7), (2005)
20 *Heinrich von Kleist:* Der zerbrochne Krug. Ein Lustspiel (1811). Mit Kommentaren von Michael Walter und Regina Schäfer (2005)
21 *Francisco Muñoz Conde / Marta Muñoz Aunión:* „Das Urteil von Nürnberg". Juristischer und filmwissenschaftlicher Kommentar zum Film von Stanley Kramer (1961), (2006)
22 *Fjodor Dostojewski:* Aufzeichnungen aus einem Totenhaus (1860). Mit Kommentaren von Heinz Müller-Dietz und Dunja Brötz (2005)
23 *Thomas Vormbaum (Hrsg.):* Anton Matthias Sprickmann. Dichter und Jurist. Mit Kommentaren von Walter Gödden, Jörg Löffler und Thomas Vormbaum (2006)
24 *Friedrich Schiller:* Verbrecher aus Infamie (1786). Mit Kommentaren von Heinz Müller-Dietz und Martin Huber (2006)
25 *Franz Kafka:* Der Proceß. Roman (1925). Mit Kommentaren von Detlef Kremer und Jörg Tenckhoff (2006)
26 *Heinrich Heine:* Deutschland. Ein Wintermährchen. Geschrieben im Januar 1844. Mit Kommentaren von Winfried Woesler und Thomas Vormbaum (2006)
27 *Thomas Vormbaum (Hrsg.):* Recht, Rechtswissenschaft und Juristen im Werk Heinrich Heines (2006)
28 *Heinz Müller-Dietz:* Recht und Kriminalität in literarischen Spiegelungen (2007)
29 *Alexander Puschkin:* Pique Dame (1834). Mit Kommentaren von Barbara Aufschnaiter/Dunja Brötz und Friedrich-Christian Schroeder (2007)
30 *Georg Büchner:* Danton's Tod. Dramatische Bilder aus Frankreichs Schreckensherrschaft. Mit Kommentaren von Sven Kramer und Bodo Pieroth (2007)
31 *Daniel Halft:* Die Szene wird zum Tribunal! Eine Studie zu den Beziehungen von Recht und Literatur am Beispiel des Schauspiels „Cyankali" von Friedrich Wolf (2007)
32 *Erich Wulffen:* Kriminalpsychologie und Psychopathologie in Schillers Räubern (1907). Herausgegeben von Jürgen Seul (2007)
33 *Klaus Lüderssen:* Produktive Spiegelungen: Recht in Literatur, Theater und Film. Band II (2007)
34 *Albert Camus:* Der Fall. Roman (1956). Mit Kommentaren von Brigitte Sändig und Sven Grotendiek (2008)

35 *Thomas Vormbaum (Hrsg.):* Pest, Folter und Schandsäule. Der Mailänder Prozess wegen „Pestschmierereien“ in Rechtskritik und Literatur. Mit Kommentaren von Ezequiel Malarino und Helmut C. Jacobs (2008)

36 *E.T.A. Hoffmann:* Das Fräulein von Scuderi – Erzählung aus dem Zeitalter Ludwigs des Vierzehnten (1819). Mit Kommentaren von Heinz Müller-Dietz und Marion Bönnighausen (2010)

37 *Leonardo Sciascia:* Der Tag der Eule. Mit Kommentaren von Gisela Schlüter und Daniele Negri (2010)

38 *Franz Werfel:* Eine blaßblaue Frauenschrift. Novelle (1941). Mit Kommentaren von Matthias Pape und Wilhelm Brauneder (2011)

39 *Thomas Mann:* Das Gesetz. Novelle (1944). Mit Kommentaren von Volker Ladenthin und Thomas Vormbaum (2013)

40 *Theodor Storm:* Ein Doppelgänger. Novelle (1886) (2013)

41 *Dorothea Peters:* Der Kriminalrechtsfall ‚Kaspar Hauser‘ und seine Rezeption in Jakob Wassermanns Caspar-Hauser-Roman (2014)

42 *Jörg Schönert:* Kriminalität erzählen (2015)

43 *Klaus Lüderssen:* Produktive Spiegelungen. Recht im künstlerischen Kontext. Band 3 (2014)

44 *Franz Kafka:* In der Strafkolonie. Erzählung (1919) (2015)

45 *Heinz Müller-Dietz:* Recht und Kriminalität in literarischen Brechungen (2016)

46 *Hermann Weber (Hrsg.):* Das Recht als Rahmen für Literatur und Kunst. Tagung im Nordkolleg Rendsburg vom 4. bis 6. September 2015 (2017)

47 *Walter Müller-Seidel:* Rechtsdenken im literarischen Text. Deutsche Literatur von der Weimarer Klassik zur Weimarer Republik (2017)

48 *Honoré de Balzac:* Eine dunkle Geschichte. Roman (1841). Mit Kommentaren von Luigi Lacchè und Christian von Tschilschke (2018)

49 *Anja Schiemann:* Der Kriminalfall Woyzeck. Der historische Fall und Büchners Drama (2018)

50 *E.T.A. Hoffmann:* Meister Floh. Ein Mährchen in sieben Abentheuern zweier Freunde (1822). Mit Kommentaren von Michael Niehaus und Thomas Vormbaum (2018)

51 *Bodo Pieroth:* Deutsche Schriftsteller als angehende Juristen (2018)

52 *Theodor Fontane:* Grete Minde. Nach einer altmärkischen Chronik (1880). Mit Kommentaren von Anja Schiemann und Walter Zimorski (2018)

53 *Britta Lange / Martin Roeber / Christoph Schmitz-Scholemann (Hrsg.):* Grenzüberschreitungen: Recht, Normen, Literatur und Musik. Tagung im Nordkolleg Rendsburg vom 8. bis 10. September 2017 (2019)

54 *Wolfgang Schild*: Richard Wagner *recht* betrachtet (2020)

55 *Uwe Scheffler u.a. (Hrsg.)*: Musik und Strafrecht. Ein Streifzug durch eine tönende Welt (2021)

56 *Britta Lange / Martin Roeber / Christoph Schmitz-Scholemann (Hrsg.)*: Verbrechen und Sprache. Tagung im Nordkolleg Rendsburg vom 13. bis 15. September 2019 (2021)

57 *Dirk Falkner*: Straftheorie von Leo Tolstoi (2021)

Abteilung 7: Beiträge zur Anwaltsgeschichte

Mitherausgegeben von RA Dr. Dieter Finzel (†), RA Dr. Tilman Krach; RA Dr. Thomas Röth; RA Dr. Ulrich Wessels; Prof. Dr. Gabriele Zwiehoff

1 *Babette Tondorf:* Strafverteidigung in der Frühphase des reformierten Strafprozesses. Das Hochverratsverfahren gegen die badischen Aufständischen Gustav Struve und Karl Blind (1848/49), (2006)

2 *Hinrich Rüping:* Rechtsanwälte im Bezirk Celle während des Nationalsozialismus (2007)

3 *Dieter Finzel:* Geschichte der Rechtsanwaltskammer Hamm (2018)

Abteilung 8: Judaica

1 *Hannes Ludyga:* Philipp Auerbach (1906–1952). „Staatskommissar für rassisch, religiös und politisch Verfolgte" (2005)

2 *Thomas Vormbaum:* Der Judeneid im 19. Jahrhundert, vornehmlich in Preußen. Ein Beitrag zur juristischen Zeitgeschichte (2006)

3 *Hannes Ludyga:* Die Rechtsstellung der Juden in Bayern von 1819 bis 1918. Studie im Spiegel der Verhandlungen der Kammer der Abgeordneten des bayerischen Landtags (2007)

4 *Michele Sarfatti:* Die Juden im faschistischen Italien. Geschichte, Identität, Verfolgung (2014)

Abteilung 9: Beiträge zur modernen Verfassungsgeschichte

1 *Olaf Kroon: Die Verfassung von Cádiz (1812). Spaniens Sprung in die Moderne, gespiegelt an der Verfassung Kurhessens von 1831 (2019)*